Dr.STONE

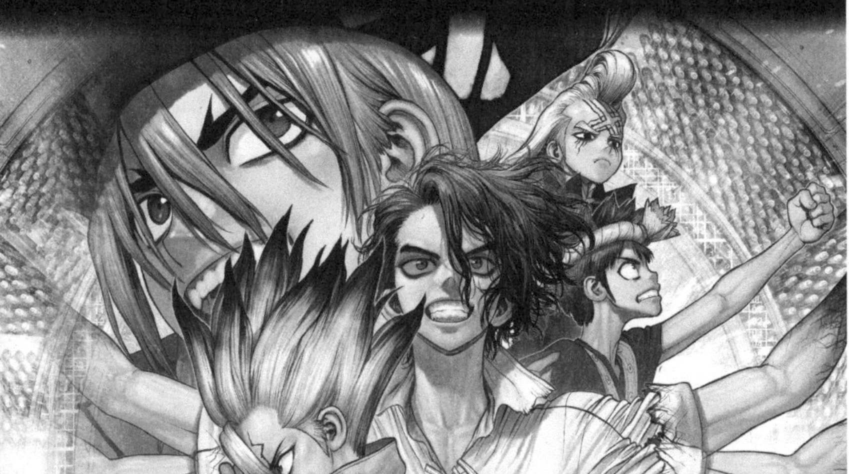

Story: Riichiro Inagaki

Art: Boichi

24

STONE TO SPACE

Charaktere

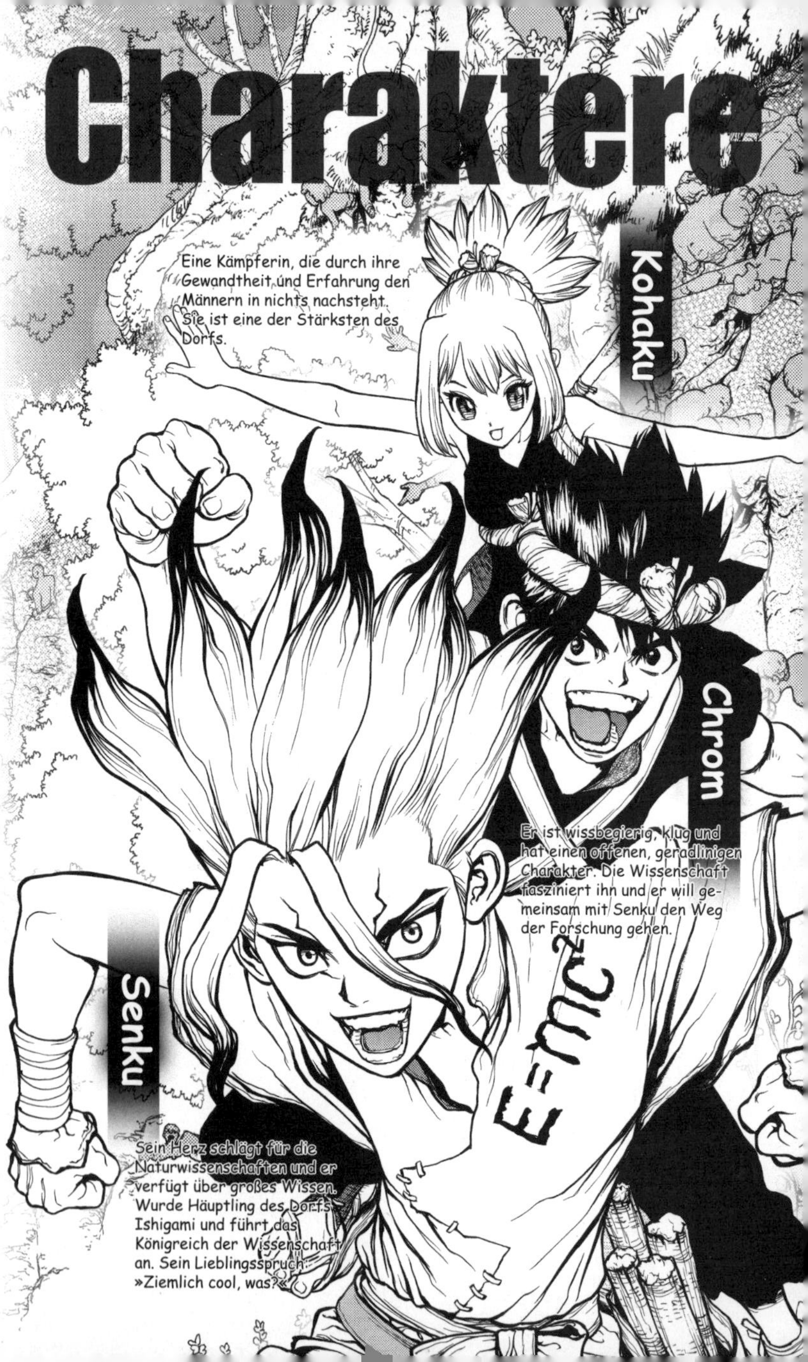
Kohaku
Eine Kämpferin, die durch ihre Gewandtheit und Erfahrung den Männern in nichts nachsteht. Sie ist eine der Stärksten des Dorfs.
Chrom
Er ist wissbegierig, klug und hat einen offenen, geradlinigen Charakter. Die Wissenschaft fasziniert ihn und er will gemeinsam mit Senku den Weg der Forschung gehen.
Senku
Sein Herz schlägt für die Naturwissenschaften und er verfügt über großes Wissen. Wurde Häuptling des Dorfs Ishigami und führt das Königreich der Wissenschaft an. Sein Lieblingsspruch: »Ziemlich cool, was?«
E=mc²

Dr. STONE

STORY

Eines Tages wird die gesamte Menschheit durch ein rätselhaftes Licht versteinert. Mehrere tausend Jahre später durchbrechen die Highschool-Schüler Senku und Taiju ihre Versteinerung und erwachen wieder zum Leben. Die beiden beschließen, Wissenschaft und Zivilisation von Grund auf neu aufzubauen und die Menschheit zu retten. Doch dann wird Senku von Tsukasa, dem stärksten Highschool-Schüler aller Zeiten, der die Wissenschaft verneint, beinahe umgebracht.

Senku überlebt im Geheimen und baut im Dorf Ishigami das Königreich der Wissenschaft auf, gerät dabei aber in einen Kampf gegen das Tsukasa-Imperium. Die beiden Lager können schließlich Frieden schließen, doch durch Hyogas Verrat wird Tsukasa schwer verletzt. Senku versetzt Tsukasa in einen Kälteschlaf, bis er eine Möglichkeit gefunden hat ihn zu heilen, findet auf der Schatzinsel die Versteinerungsvorrichtung und schafft es, Tsukasa wiederzuerwecken.

Die Versteinerungsvorrichtung überwindet sogar den Tod. Diese Tatsache, die die Regeln der Welt auf den Kopf stellt, treibt das Königreich der Wissenschaft an, sich mit dem Plan der Mondlandung zu beeilen. Während auf der ganzen Welt an der Herstellung verschiedener Komponenten gearbeitet wird, entsteinert Senku Sai – Ryusuis Bruder und ein genialer Mathematiker –, um einen Computer zu bauen!

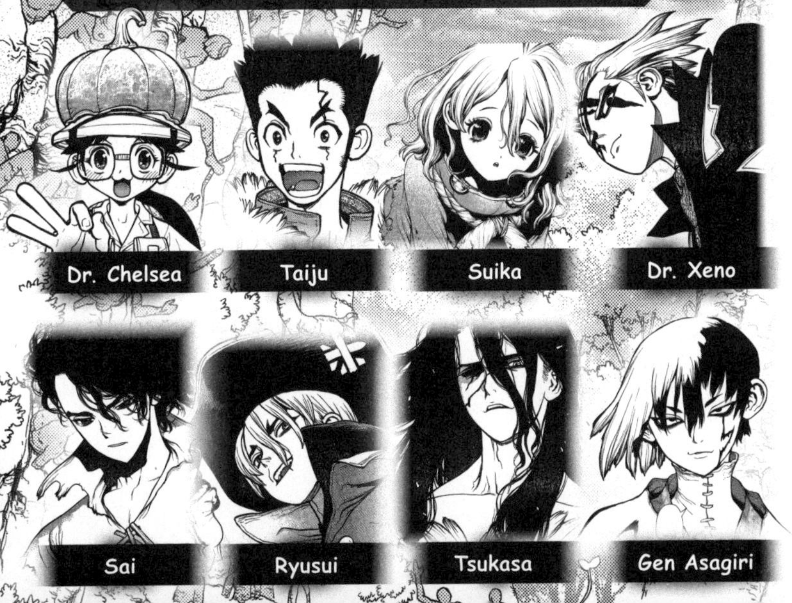

INHALT

24

STONE TO SPACE

Z=206 Computerdämmerung

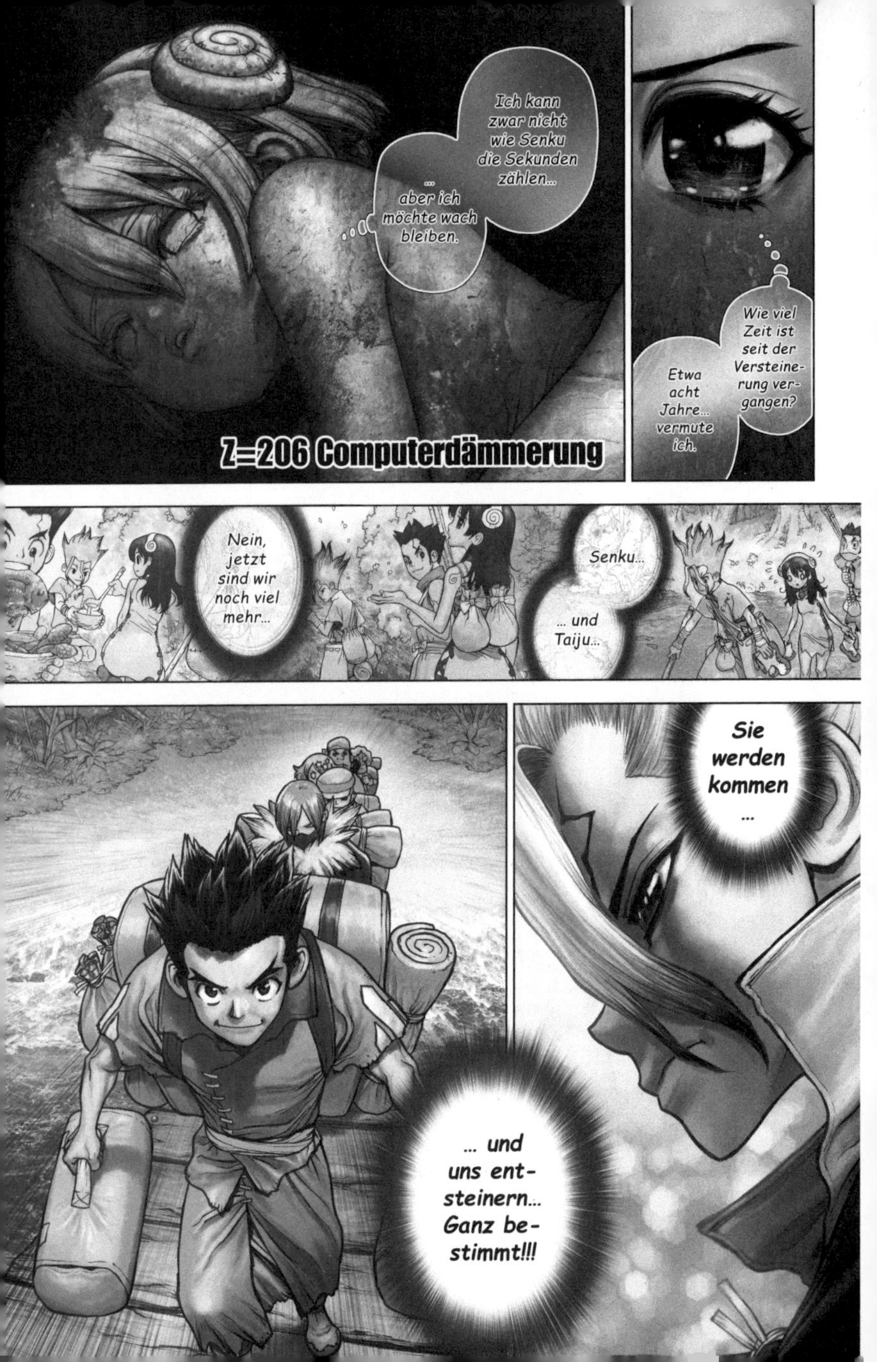

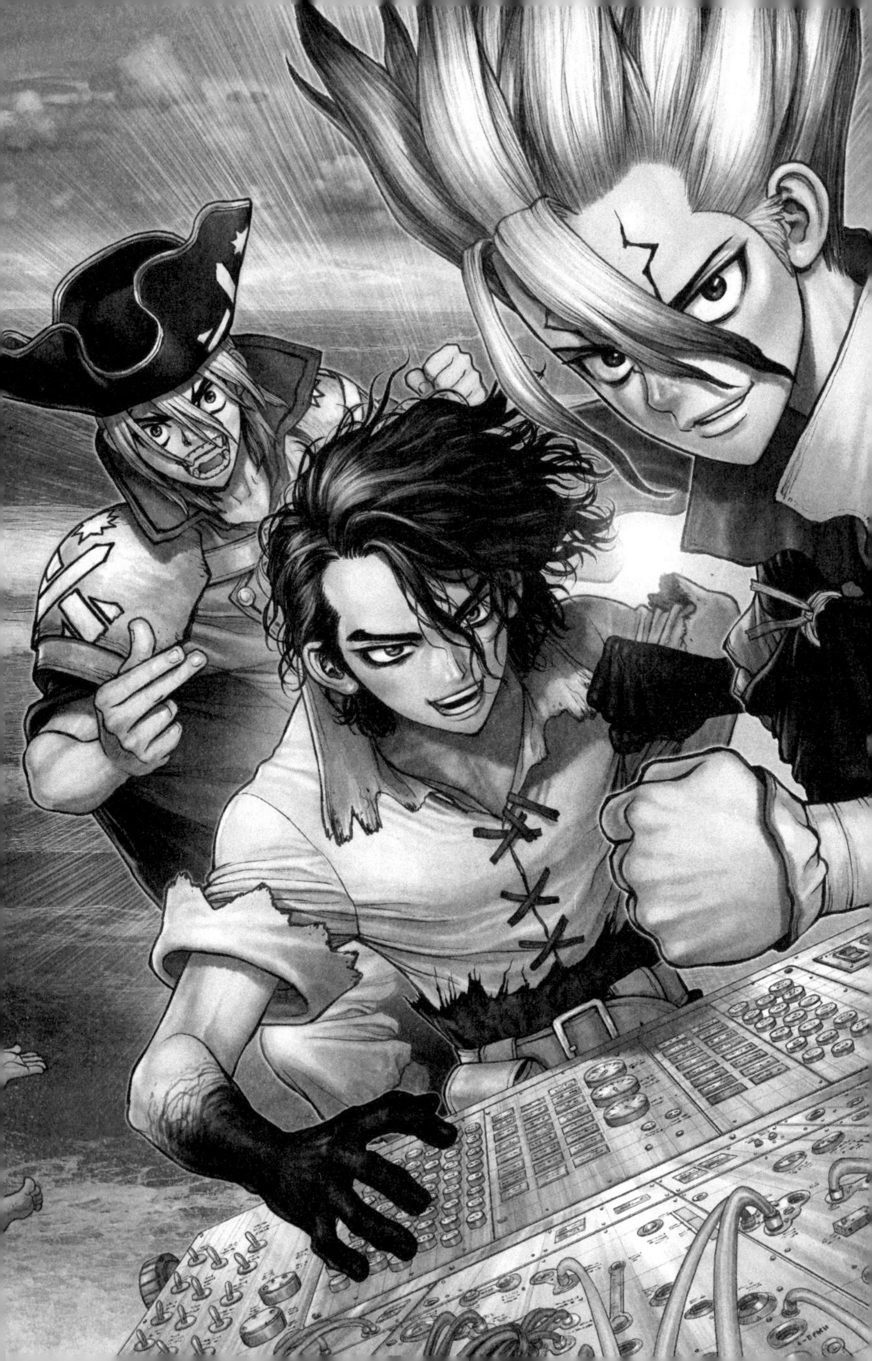

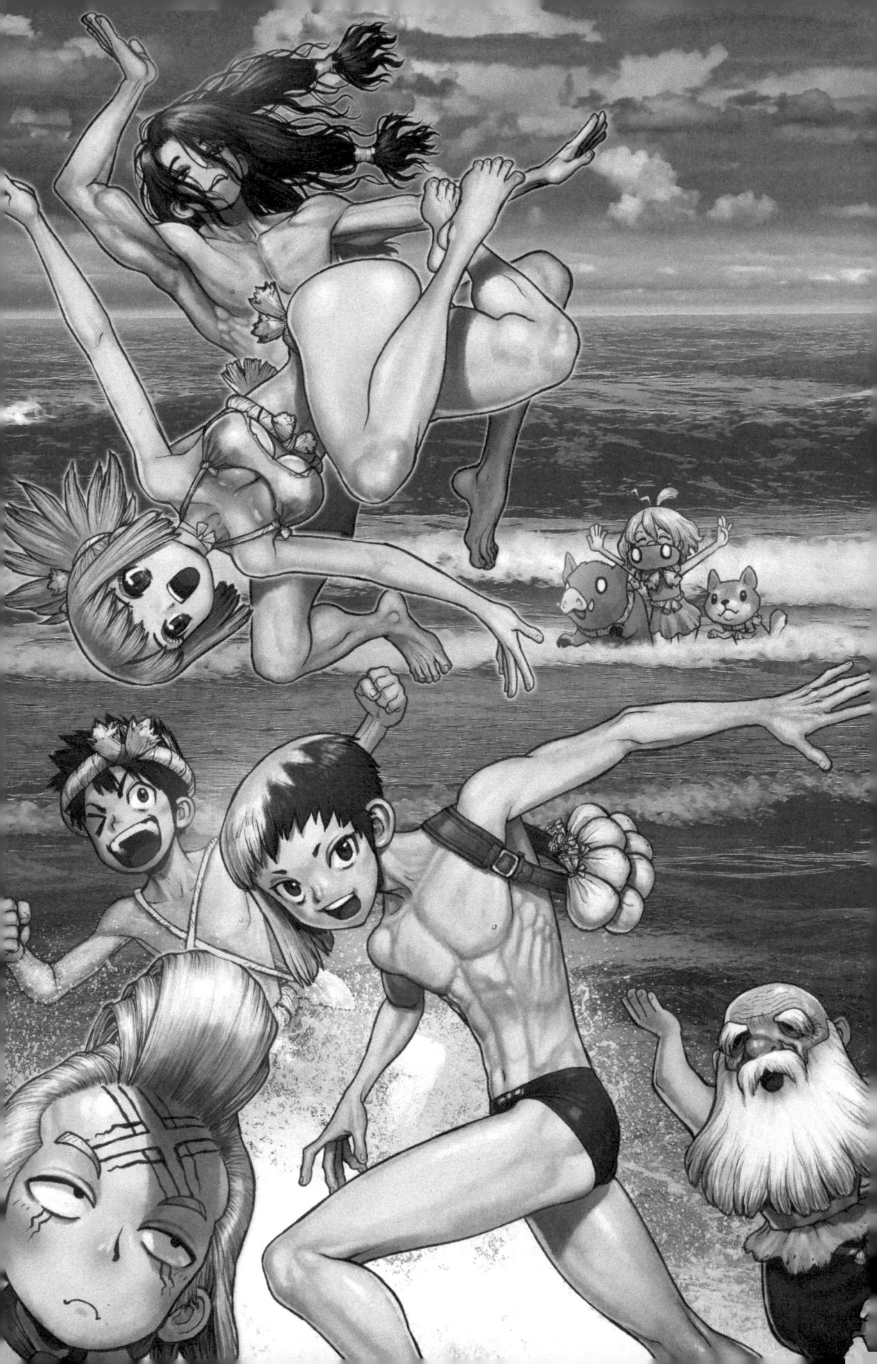

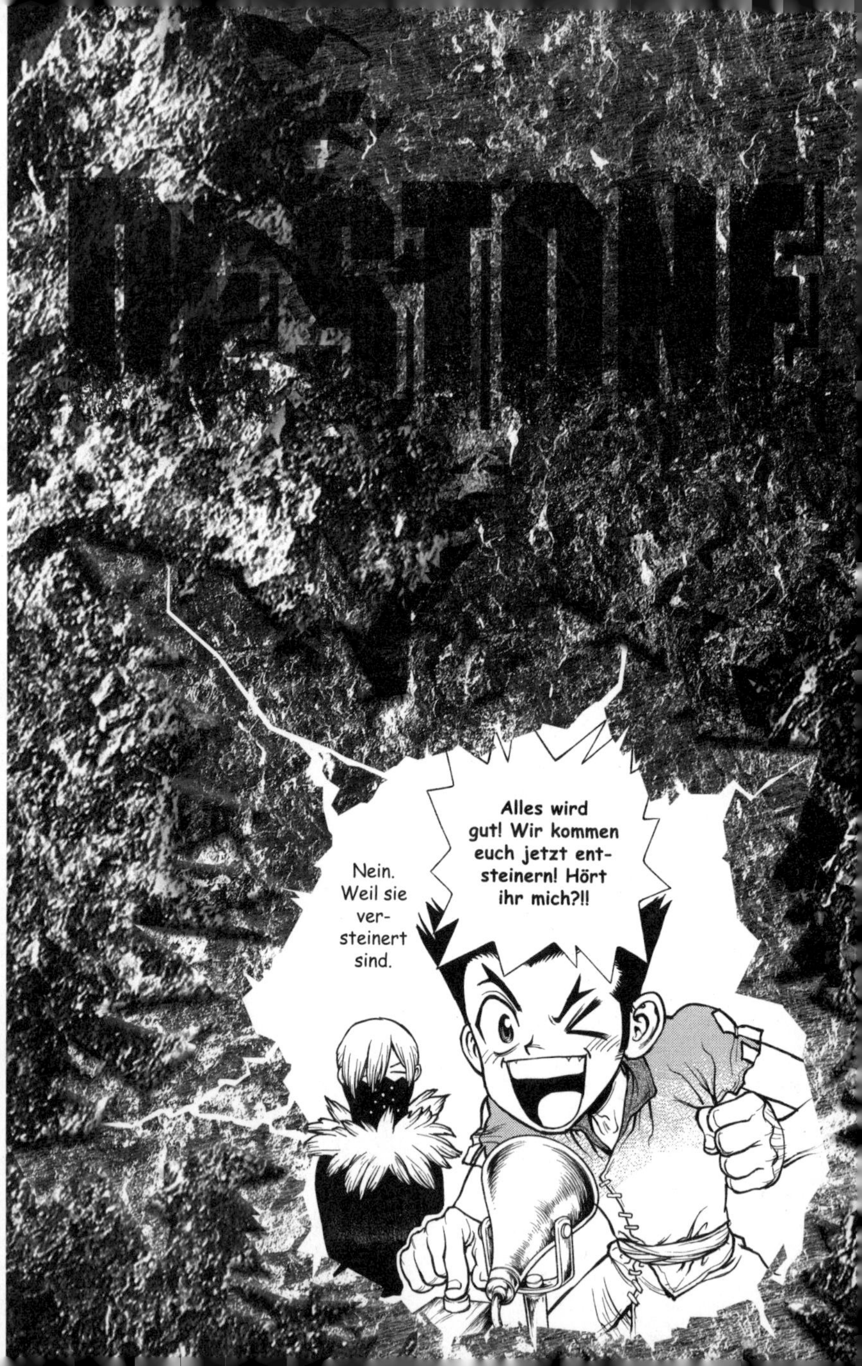
Alles wird gut! Wir kommen euch jetzt ent-steinern! Hört ihr mich?!!
Nein. Weil sie ver-steinert sind.

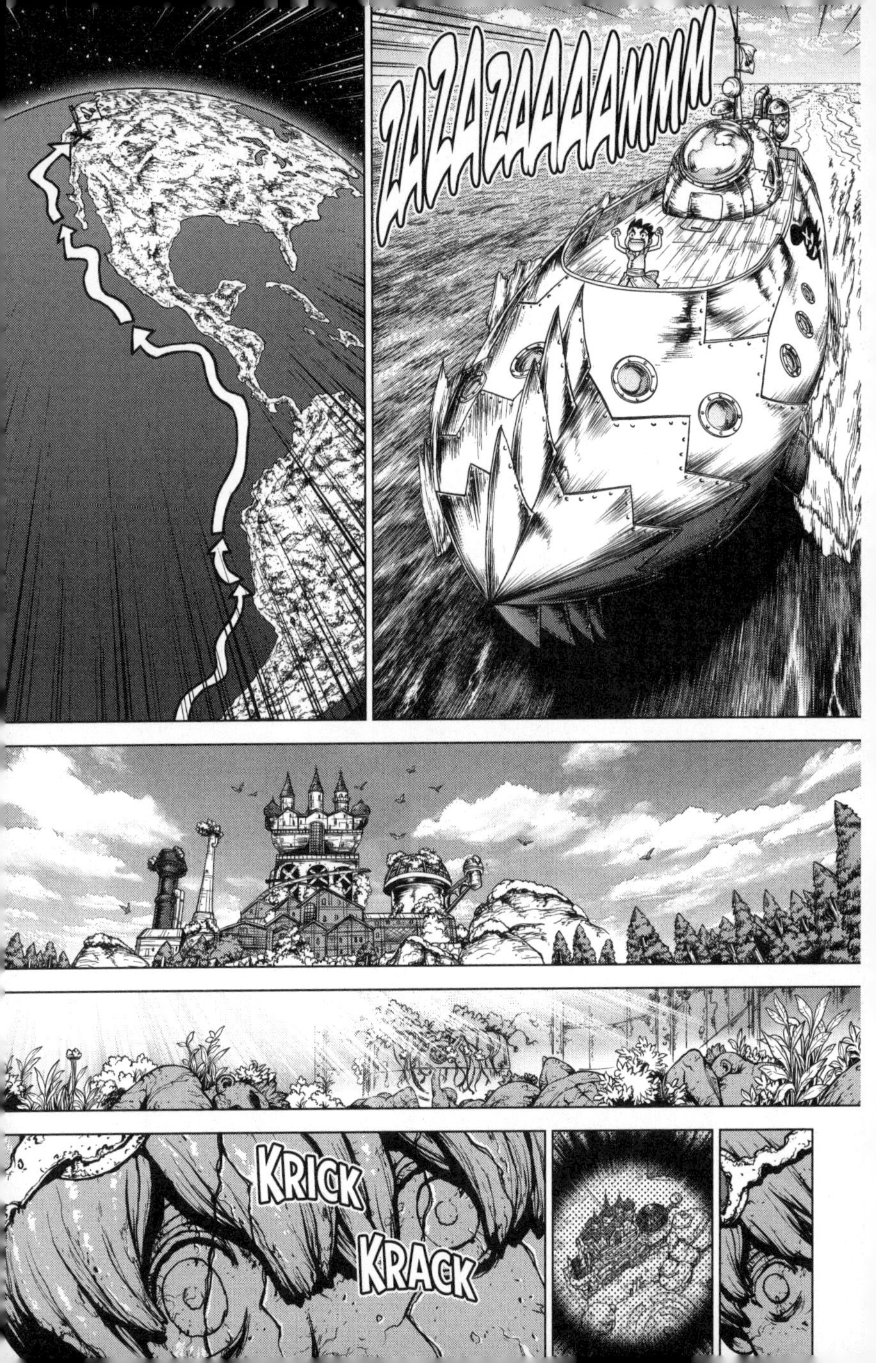
ZAZAZAAAAMMM
KRICK
KRACK

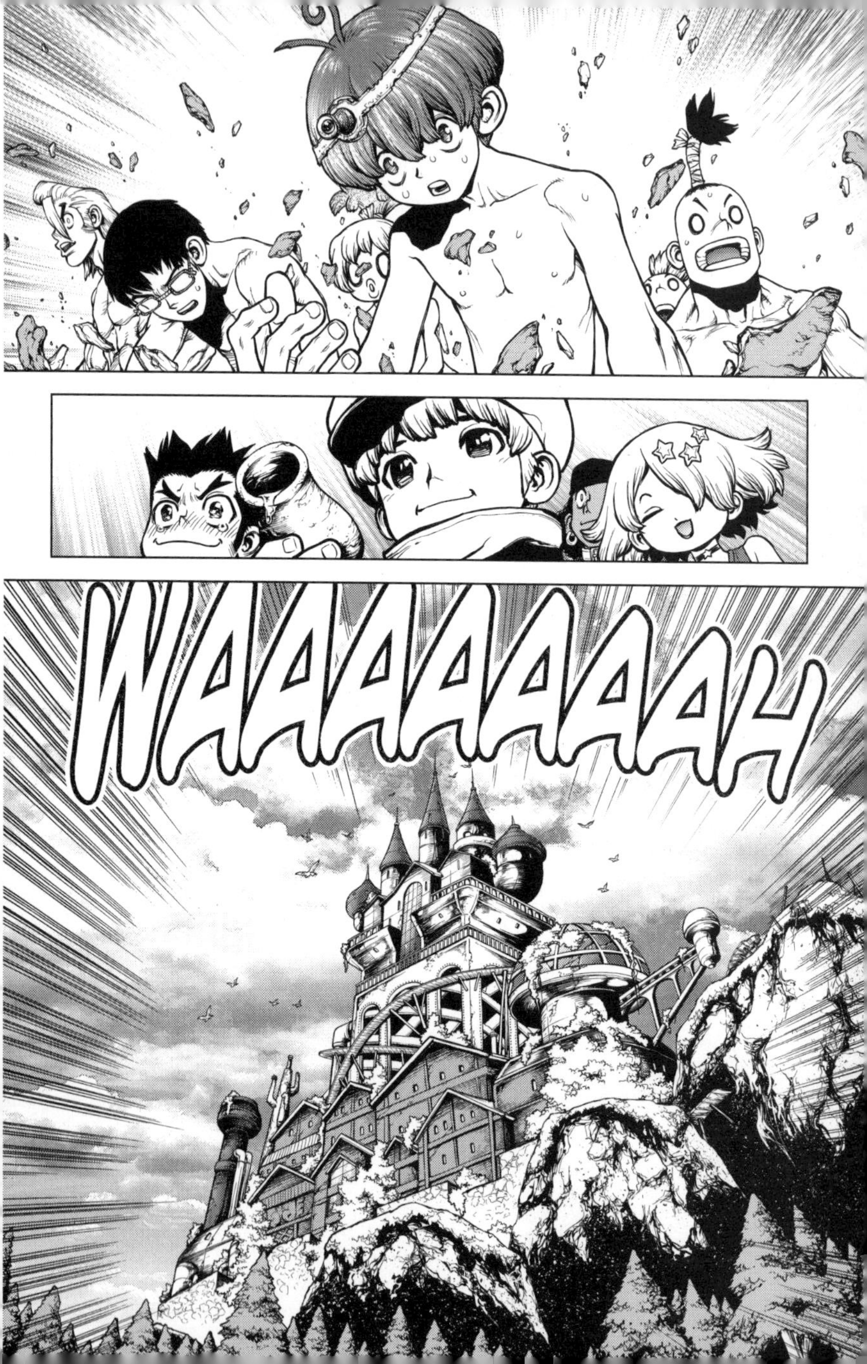
WAAAAAAAAH

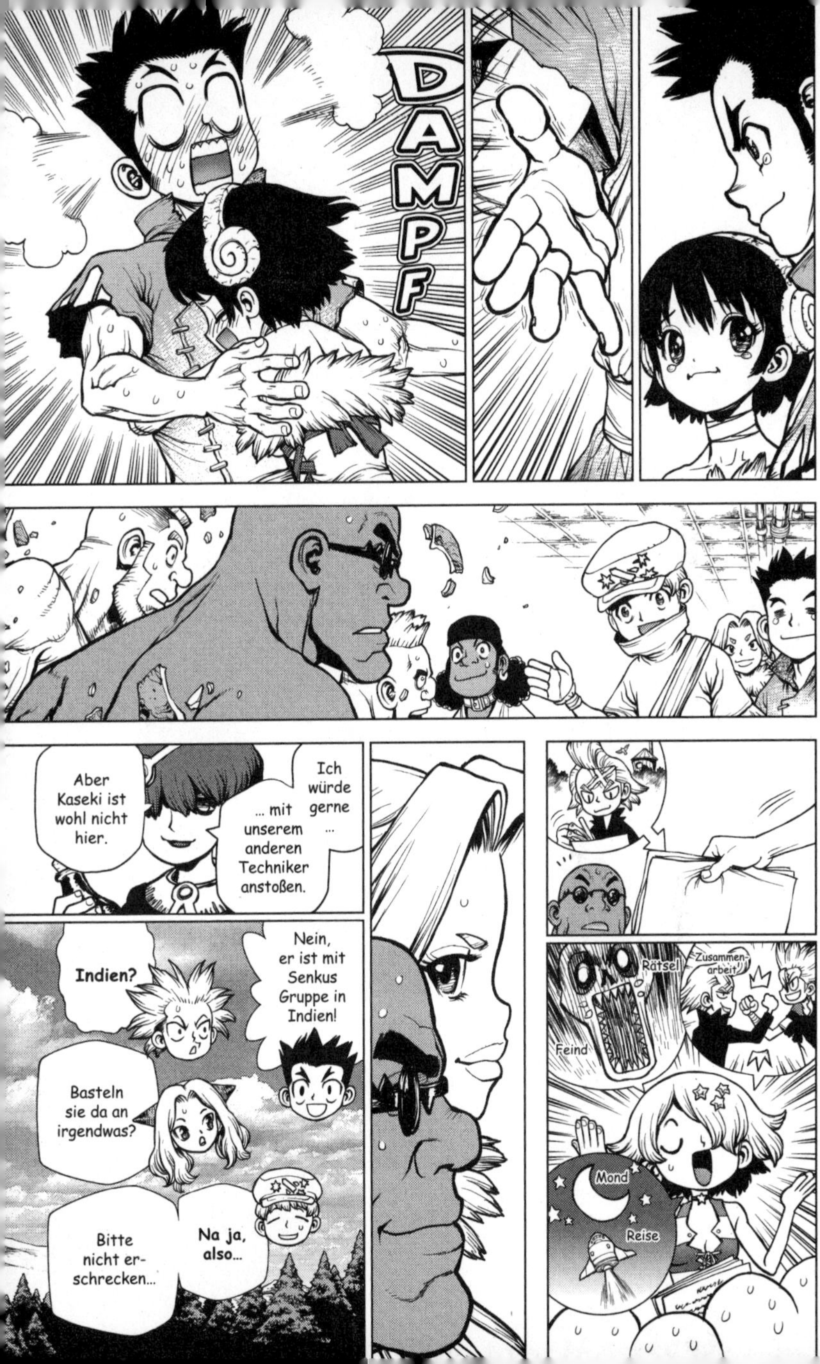
DAMPF
Rätsel
Zusammen-arbeit
Feind
Mond
Reise
Ich würde gerne ...
... mit unserem anderen Techniker anstoßen.
Aber Kaseki ist wohl nicht hier.
Nein, er ist mit Senkus Gruppe in Indien!
Indien?
Basteln sie da an irgendwas?
Na ja, also...
Bitte nicht er-schrecken...

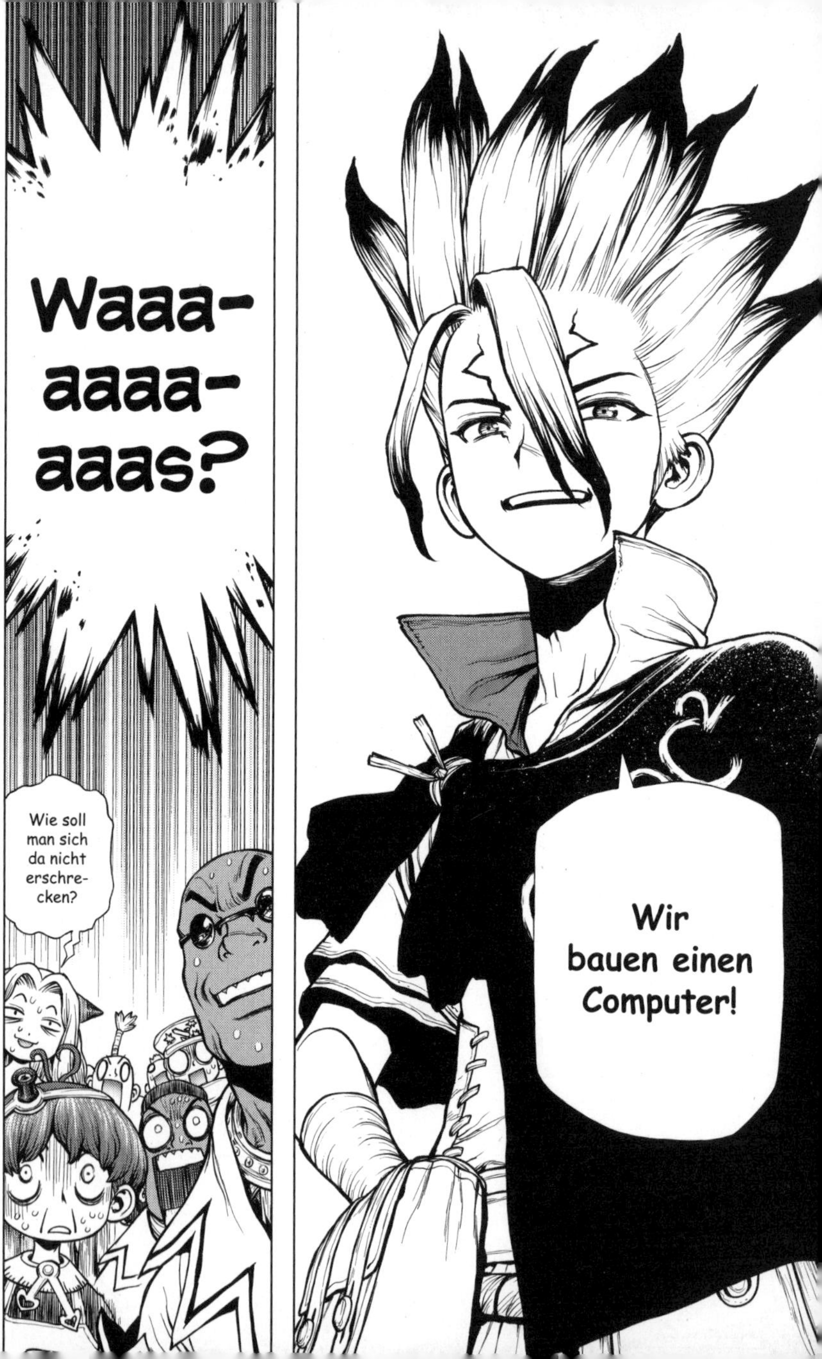
Wir bauen einen Computer!
Waaa-aaaa-aaas?
Wie soll man sich da nicht erschre-cken?

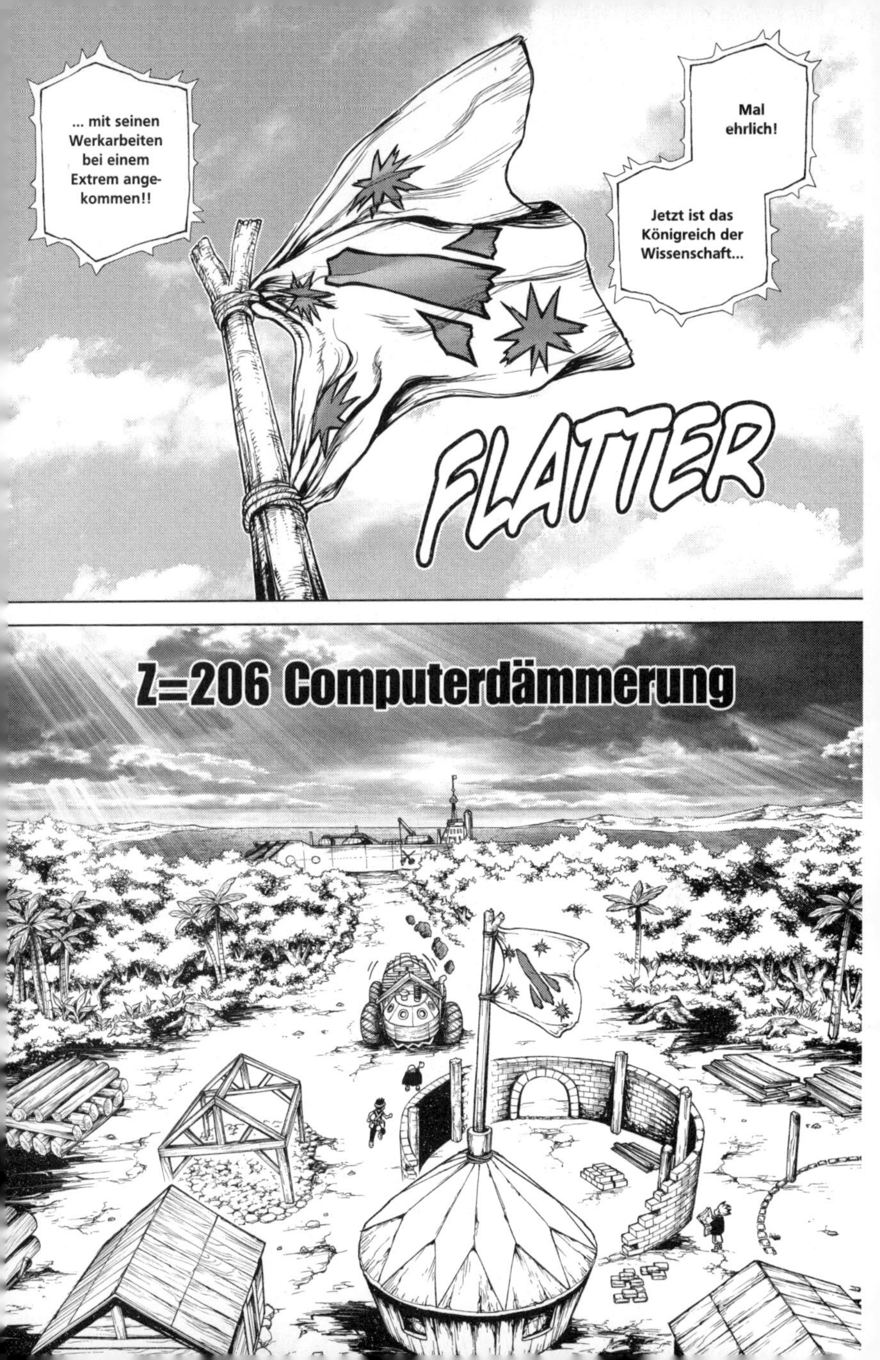
Mal ehrlich!
Jetzt ist das Königreich der Wissenschaft...
... mit seinen Werkarbeiten bei einem Extrem angekommen!!
FLATTER
Z=206 Computerdämmerung

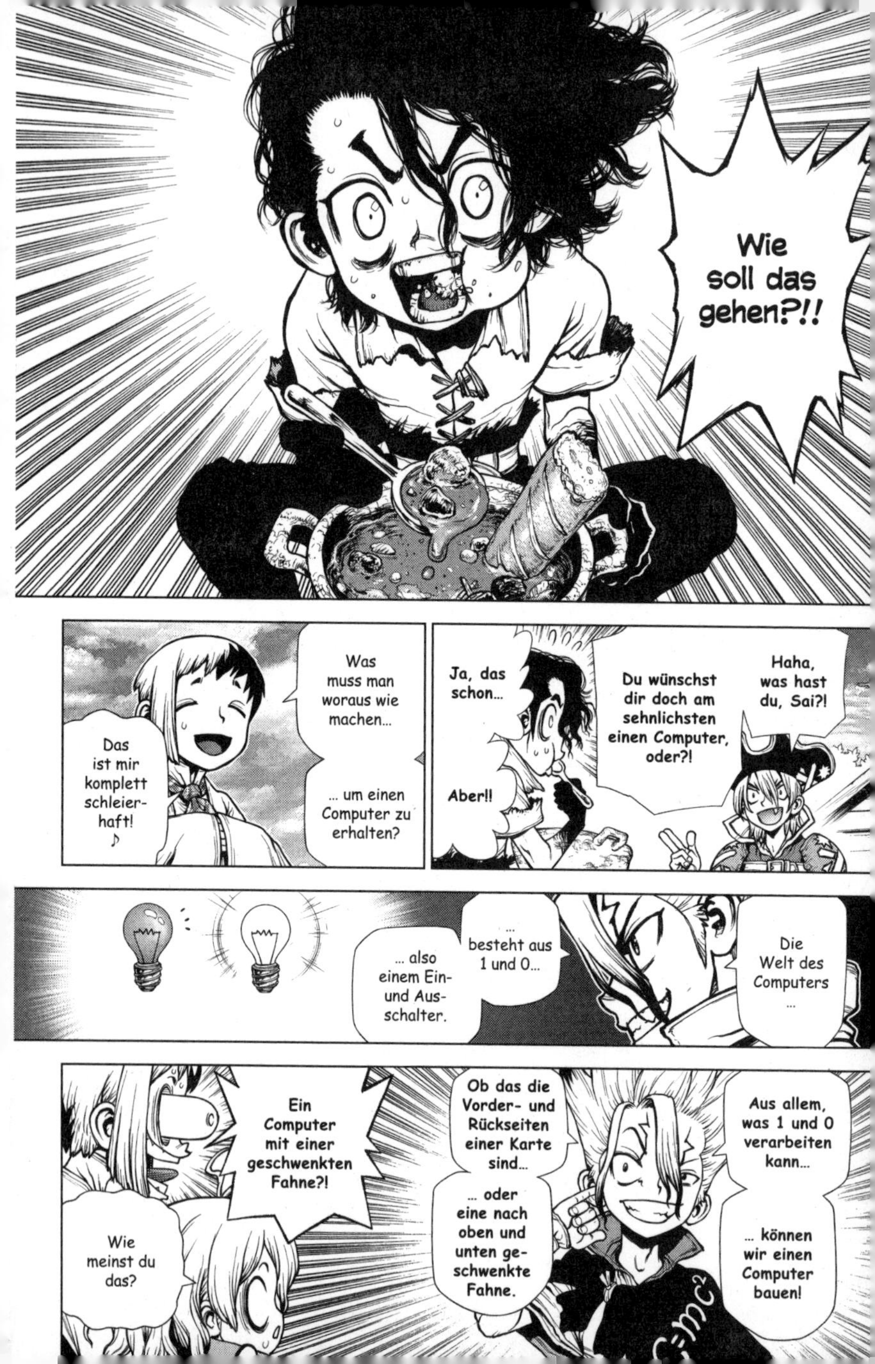
Wie soll das gehen?!!
Haha, was hast du, Sai?!
Du wünschst dir doch am sehnlichsten einen Computer, oder?!
Ja, das schon...
Aber!!
Was muss man woraus wie machen...
... um einen Computer zu erhalten?
Das ist mir komplett schleierhaft! ♪
Die Welt des Computers ...
... besteht aus 1 und 0...
... also einem Ein- und Ausschalter.
Aus allem, was 1 und 0 verarbeiten kann...
... können wir einen Computer bauen!
Ob das die Vorder- und Rückseiten einer Karte sind...
... oder eine nach oben und unten geschwenkte Fahne.
Ein Computer mit einer geschwenkten Fahne?!
Wie meinst du das?

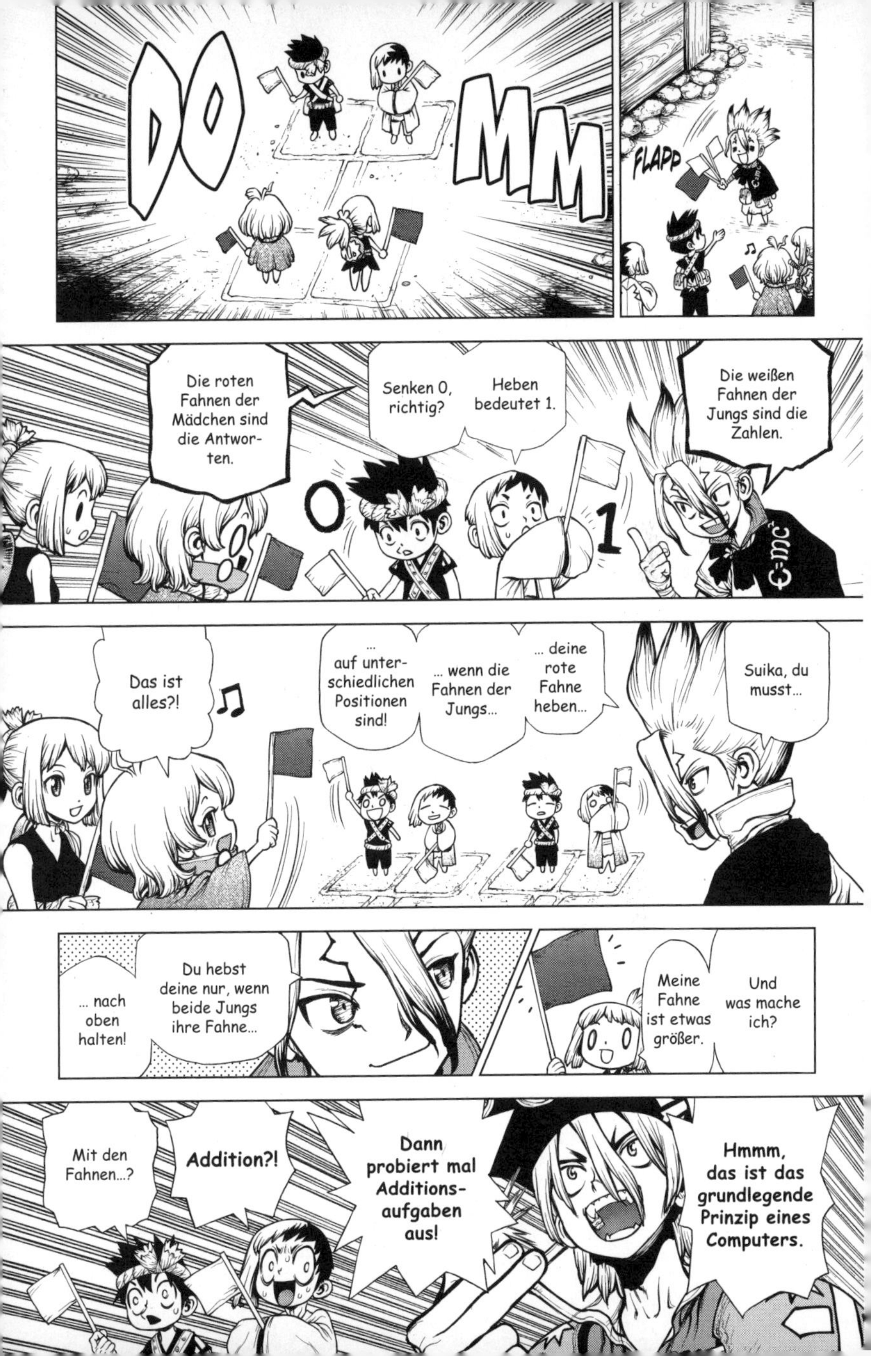
FLAPP
DOMM
Die weißen Fahnen der Jungs sind die Zahlen.
Heben bedeutet 1.
Senken 0, richtig?
0
1
Die roten Fahnen der Mädchen sind die Antworten.
Suika, du musst...
... deine rote Fahne heben...
... wenn die Fahnen der Jungs...
... auf unterschiedlichen Positionen sind!
Das ist alles?!
Und was mache ich?
Meine Fahne ist etwas größer.
Du hebst deine nur, wenn beide Jungs ihre Fahne...
... nach oben halten!
Hmmm, das ist das grundlegende Prinzip eines Computers.
Dann probiert mal Additionsaufgaben aus!
Addition?!
Mit den Fahnen...?

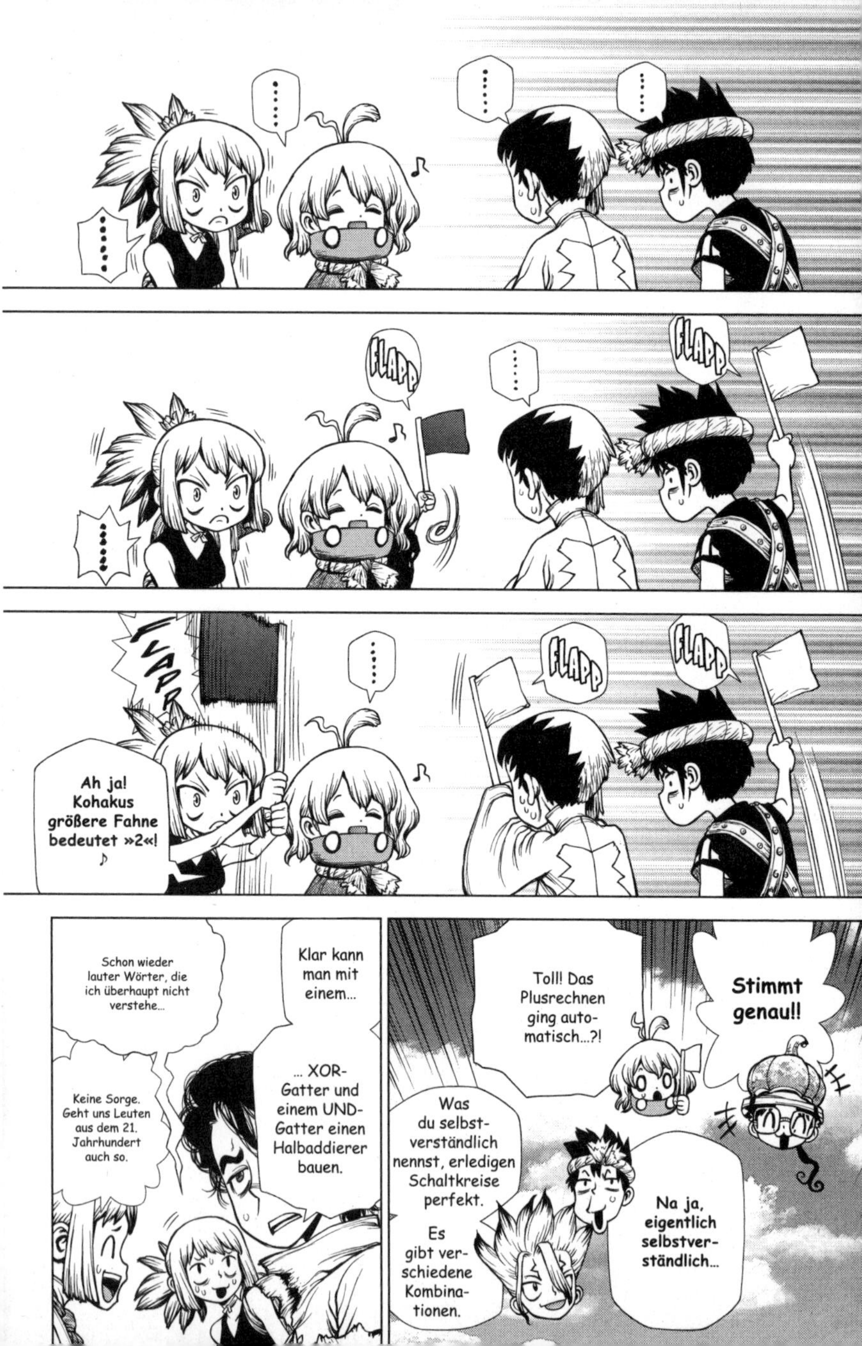
……
……
……
……
FLAPP
……
FLAPP
FLAPP
FLAPP
FLAPP
Ah ja! Kohakus größere Fahne bedeutet »2«! ♪
Stimmt genau!!
Toll! Das Plusrechnen ging automatisch...?!
Na ja, eigentlich selbstverständlich...
Was du selbstverständlich nennst, erledigen Schaltkreise perfekt.
Es gibt verschiedene Kombinationen.
Klar kann man mit einem...
Schon wieder lauter Wörter, die ich überhaupt nicht verstehe...
... XOR-Gatter und einem UND-Gatter einen Halbaddierer bauen.
Keine Sorge. Geht uns Leuten aus dem 21. Jahrhundert auch so.

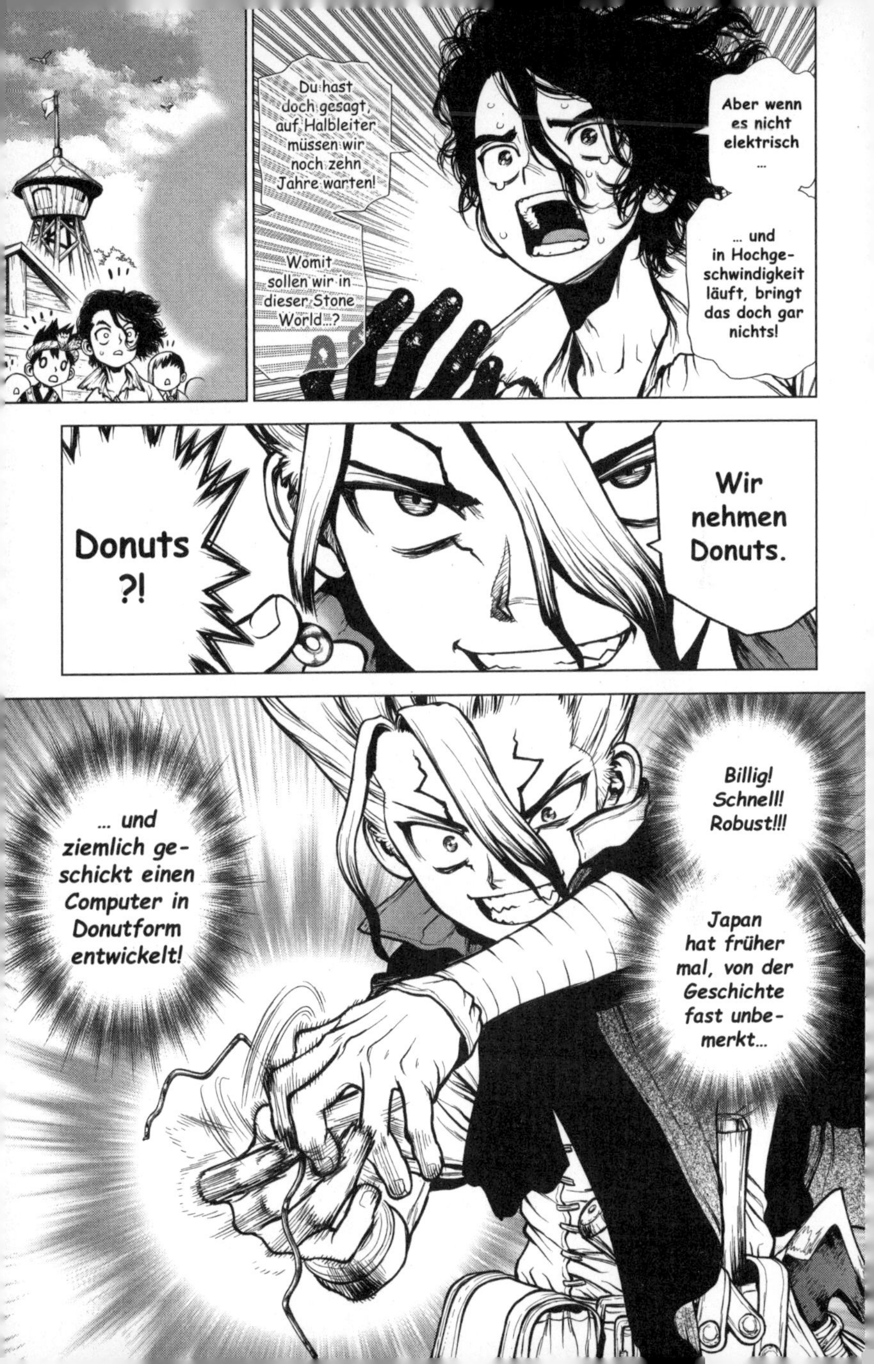
Aber wenn es nicht elektrisch ...
... und in Hochgeschwindigkeit läuft, bringt das doch gar nichts!
Du hast doch gesagt, auf Halbleiter müssen wir noch zehn Jahre warten!
Womit sollen wir in dieser Stone World...?
Wir nehmen Donuts.
Donuts ?!
Billig! Schnell! Robust!!!
Japan hat früher mal, von der Geschichte fast unbemerkt...
... und ziemlich geschickt einen Computer in Donutform entwickelt!

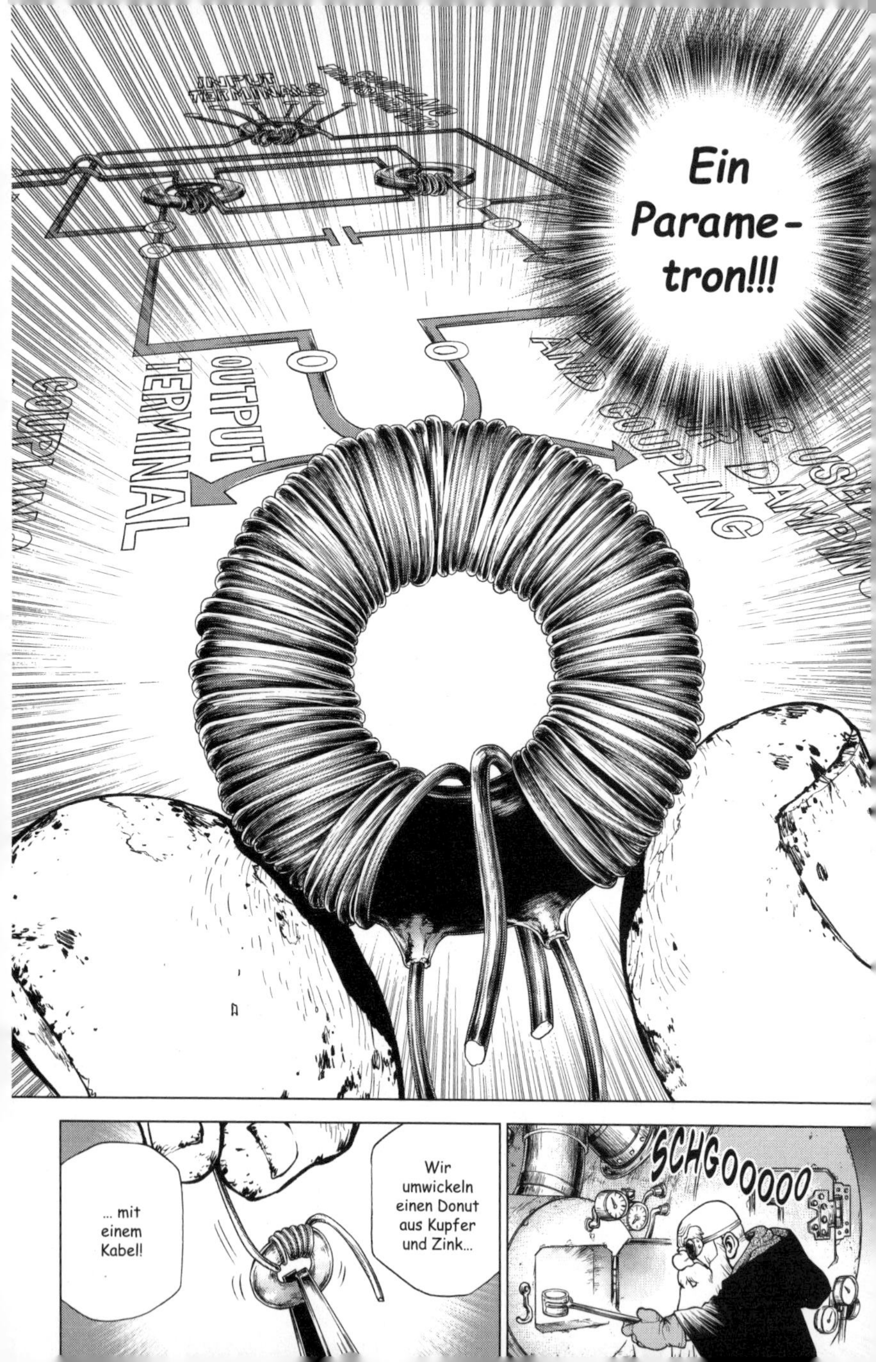
Ein Parametron!!!
INPUT TERMINALS
OUTPUT TERMINAL
AND COUPLING
SCHGOOOOOO
Wir umwickeln einen Donut aus Kupfer und Zink...
... mit einem Kabel!

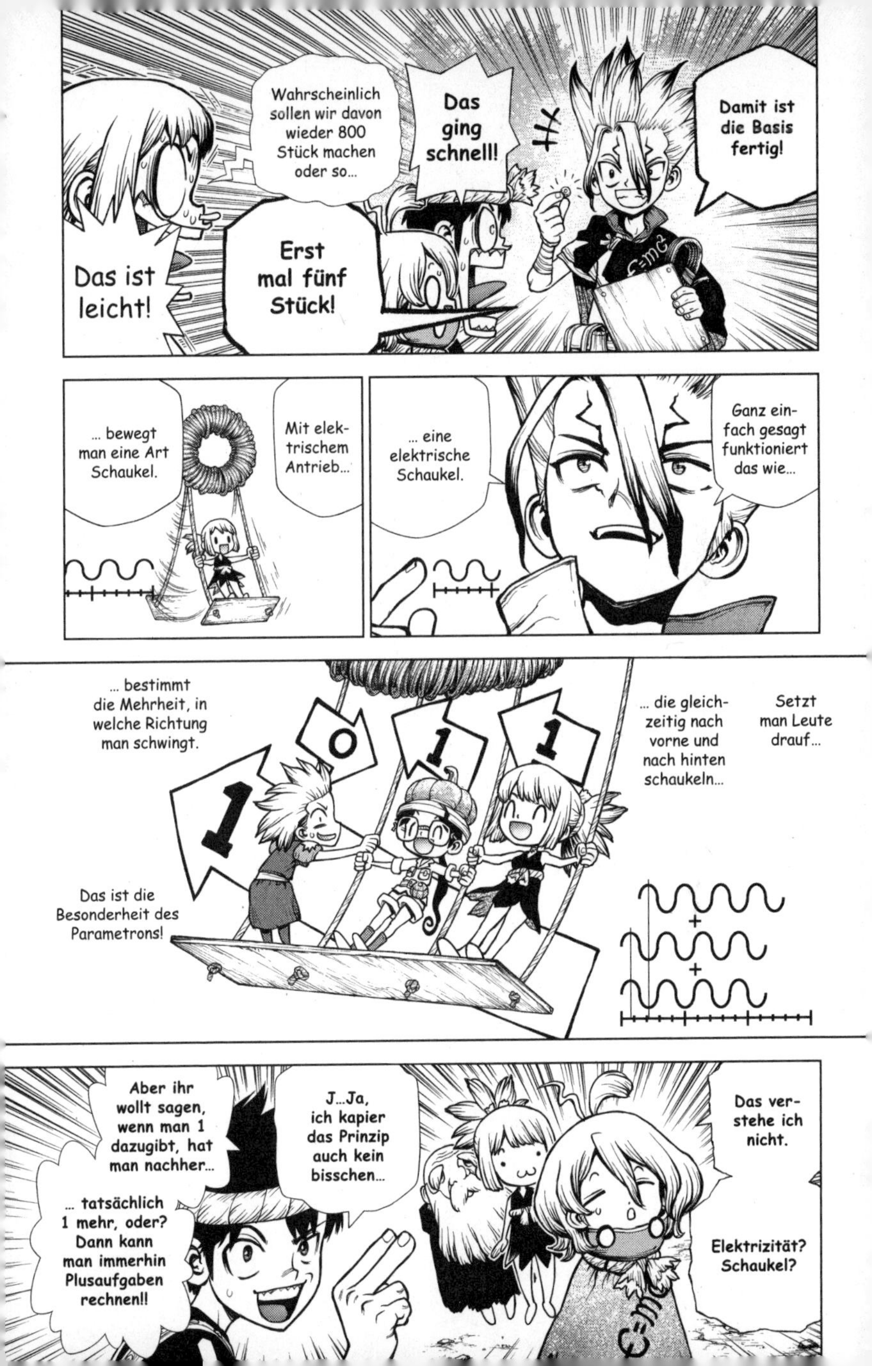
Damit ist die Basis fertig!
Das ging schnell!
Wahrscheinlich sollen wir davon wieder 800 Stück machen oder so...
Erst mal fünf Stück!
Das ist leicht!
Ganz einfach gesagt funktioniert das wie...
... eine elektrische Schaukel.
Mit elektrischem Antrieb...
... bewegt man eine Art Schaukel.
Setzt man Leute drauf...
... die gleichzeitig nach vorne und nach hinten schaukeln...
... bestimmt die Mehrheit, in welche Richtung man schwingt.
0
1
1
1
Das ist die Besonderheit des Parametrons!
+
+
Das verstehe ich nicht.
Elektrizität? Schaukel?
J...Ja, ich kapier das Prinzip auch kein bisschen...
Aber ihr wollt sagen, wenn man 1 dazugibt, hat man nachher...
... tatsächlich 1 mehr, oder? Dann kann man immerhin Plusaufgaben rechnen!!

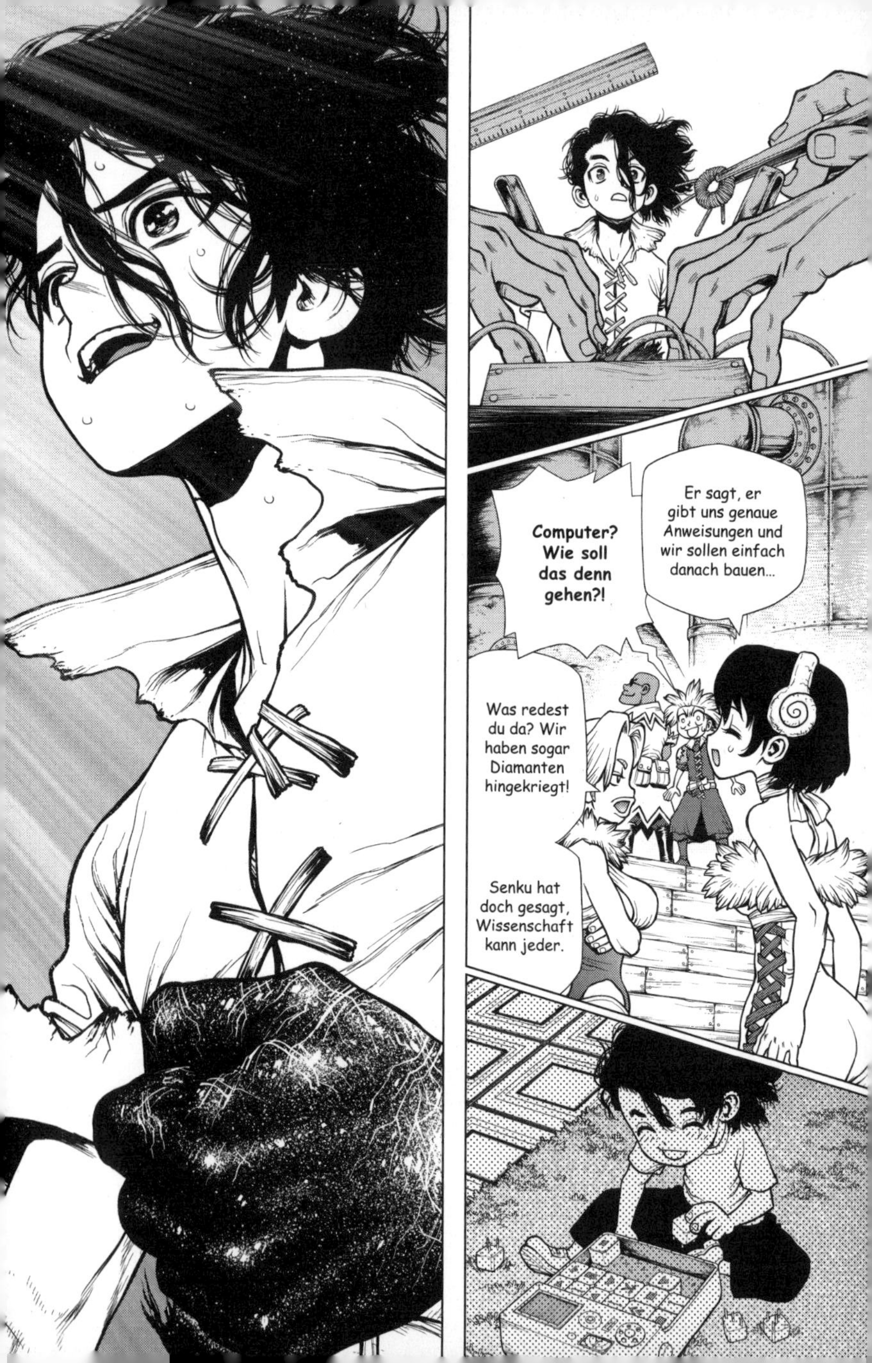
Er sagt, er gibt uns genaue Anweisungen und wir sollen einfach danach bauen...
Computer? Wie soll das denn gehen?!
Was redest du da? Wir haben sogar Diamanten hingekriegt!
Senku hat doch gesagt, Wissenschaft kann jeder.

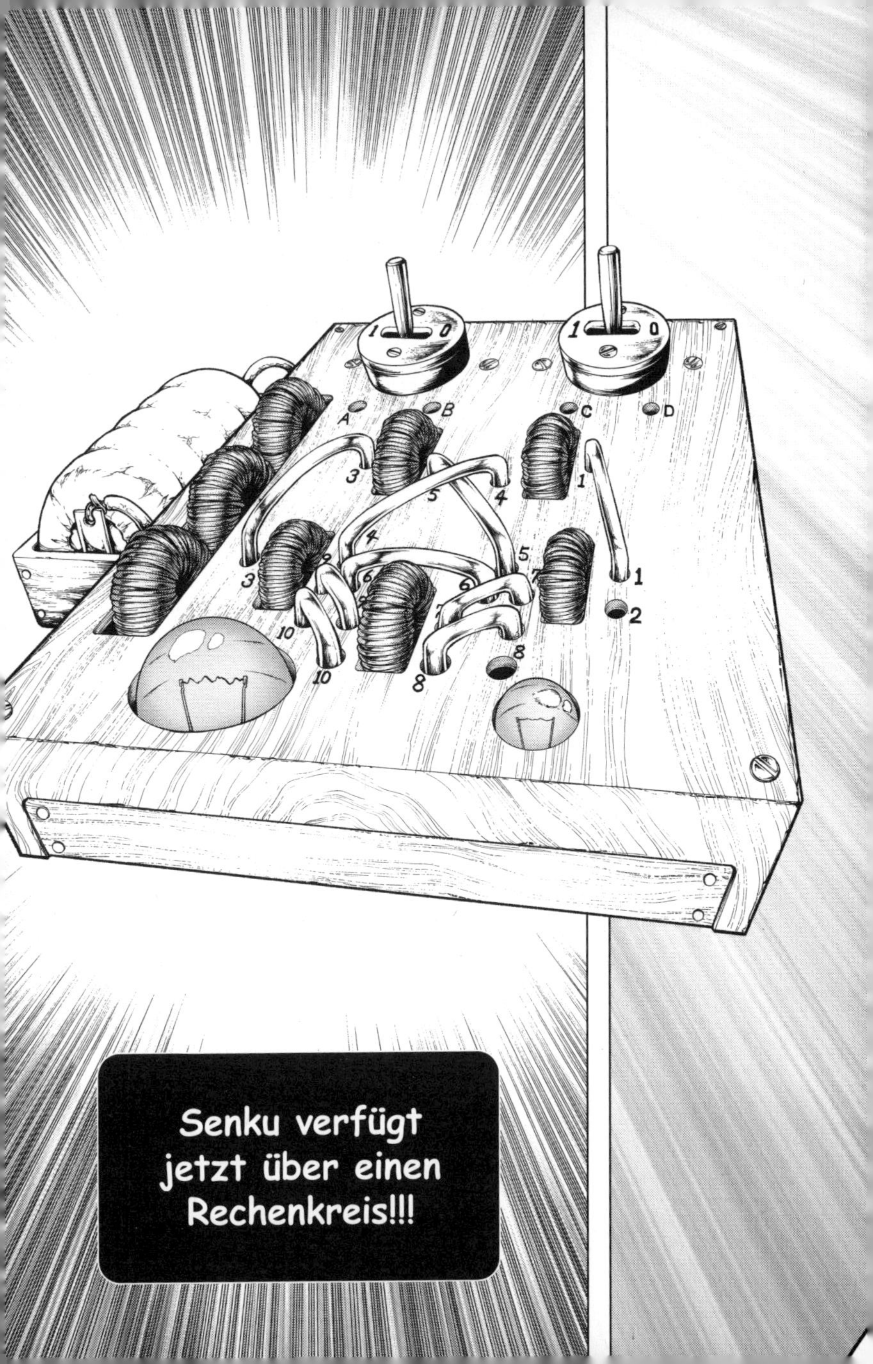
Senku verfügt
jetzt über einen
Rechenkreis!!!

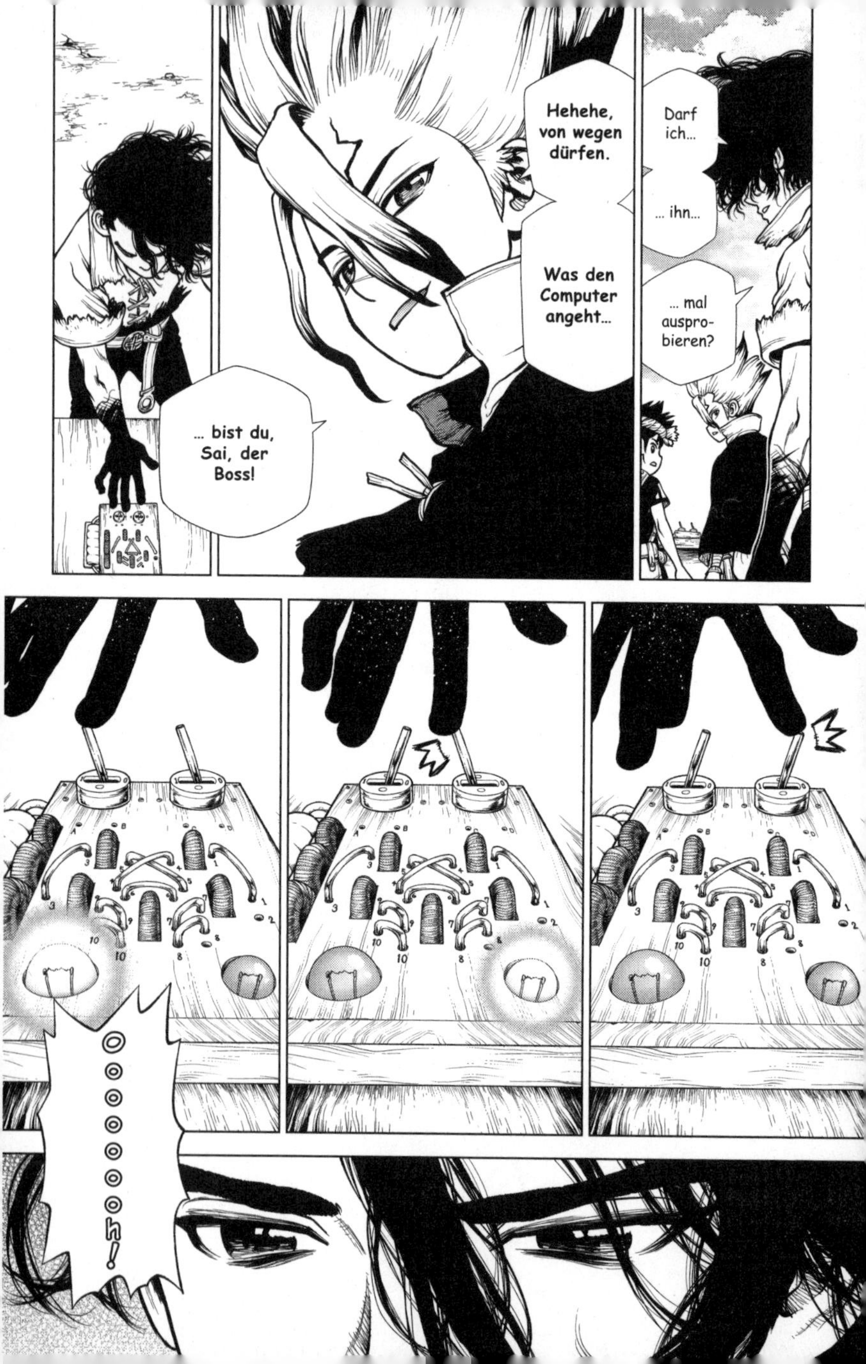
Darf ich...
... ihn...
... mal auspro-
bieren?
Hehehe, von wegen dürfen.
Was den Computer angeht...
... bist du, Sai, der Boss!
Ooooooh!

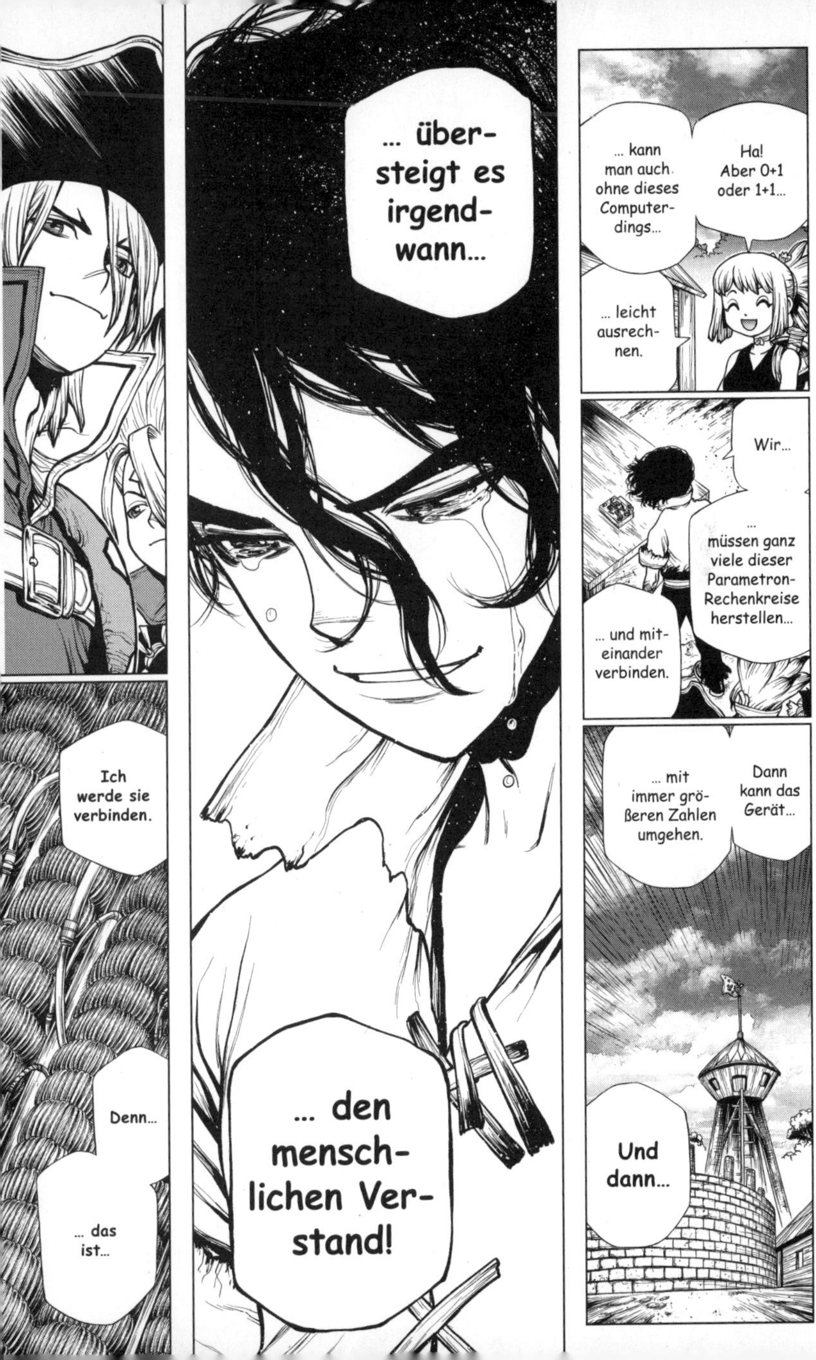
Ha! Aber 0+1 oder 1+1...
... kann man auch ohne dieses Computerdings...
... leicht ausrechnen.
Wir...
... müssen ganz viele dieser Parametron-Rechenkreise herstellen...
... und miteinander verbinden.
Dann kann das Gerät...
... mit immer größeren Zahlen umgehen.
Und dann...
... übersteigt es irgendwann...
... den menschlichen Verstand!
Ich werde sie verbinden.
Denn...
... das ist...

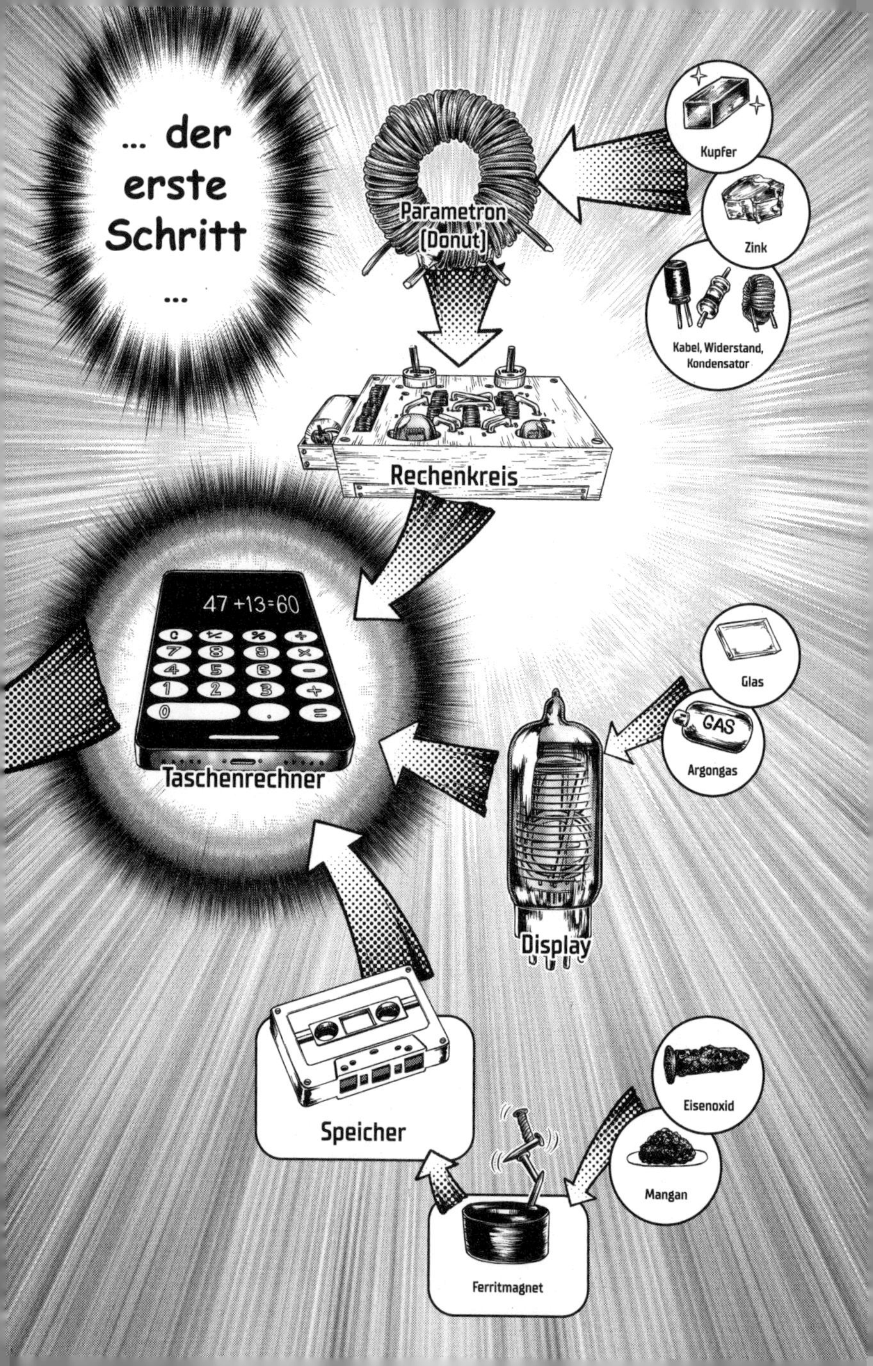

... der erste Schritt ...
Parametron (Donut)
Kupfer
Zink
Kabel, Widerstand, Kondensator
Rechenkreis
47 +13=60
Taschenrechner
Glas
GAS
Argongas
Display
Speicher
Eisenoxid
Mangan
Ferritmagnet

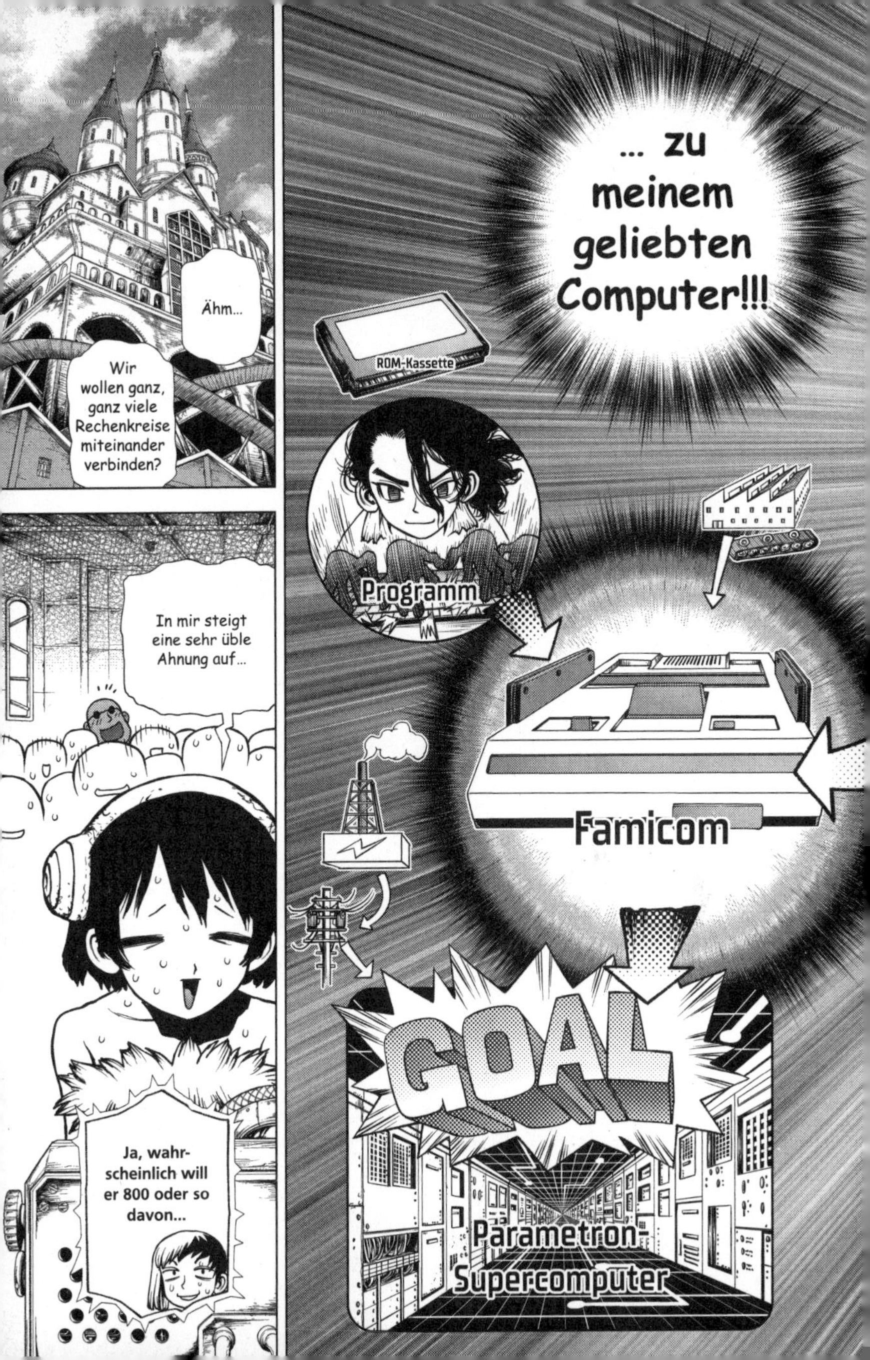

... zu meinem geliebten Computer!!!
ROM-Kassette
Programm
Famicom
GOAL
Parametron-Supercomputer
Ähm...
Wir wollen ganz, ganz viele Rechenkreise miteinander verbinden?
In mir steigt eine sehr üble Ahnung auf...
Ja, wahrscheinlich will er 800 oder so davon...

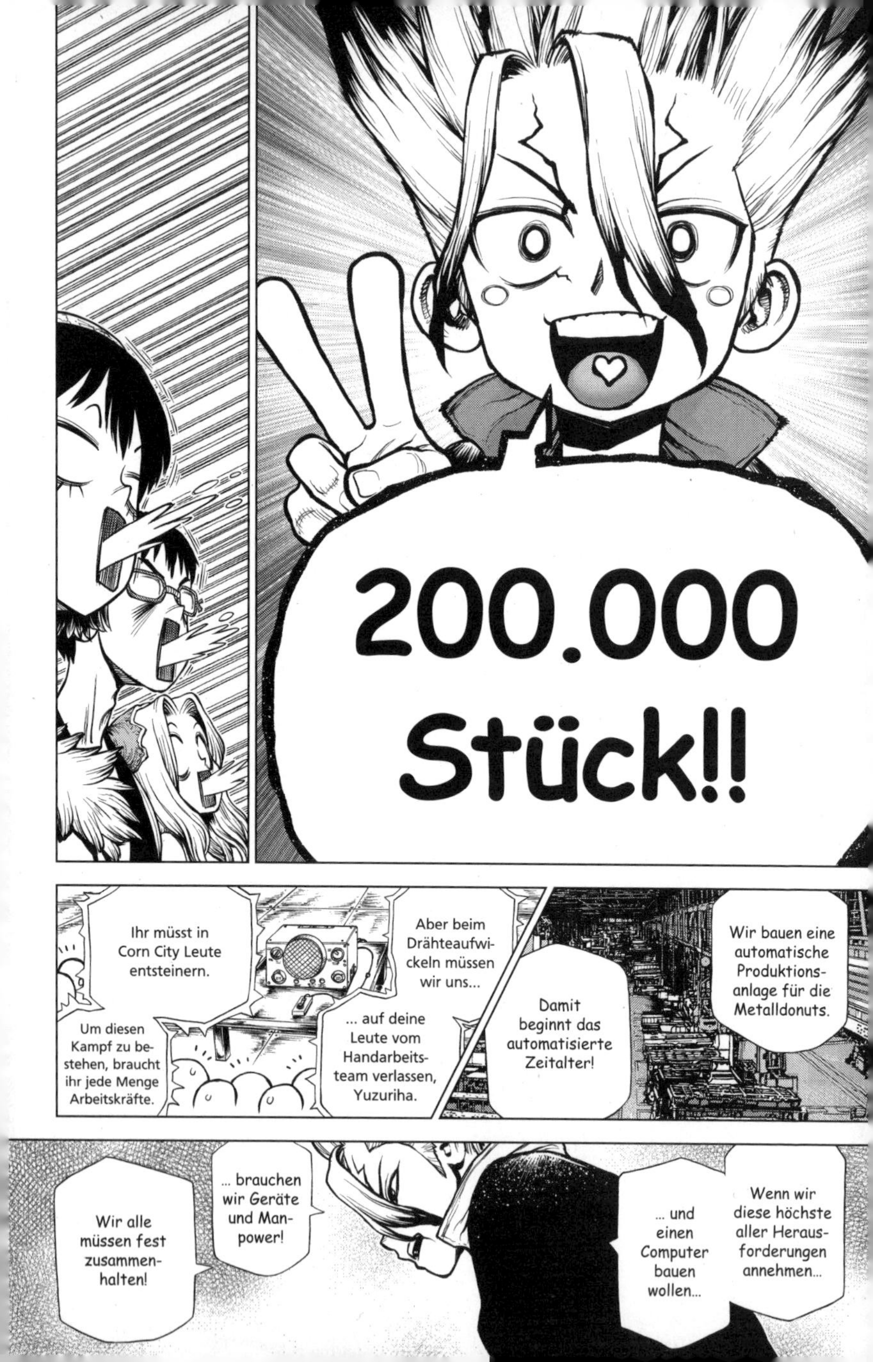

200.000 Stück!!
Wir bauen eine automatische Produktionsanlage für die Metalldonuts.
Damit beginnt das automatisierte Zeitalter!
Aber beim Drähteaufwickeln müssen wir uns...
... auf deine Leute vom Handarbeitsteam verlassen, Yuzuriha.
Ihr müsst in Corn City Leute entsteinern.
Um diesen Kampf zu bestehen, braucht ihr jede Menge Arbeitskräfte.
Wenn wir diese höchste aller Herausforderungen annehmen...
... und einen Computer bauen wollen...
... brauchen wir Geräte und Manpower!
Wir alle müssen fest zusammenhalten!

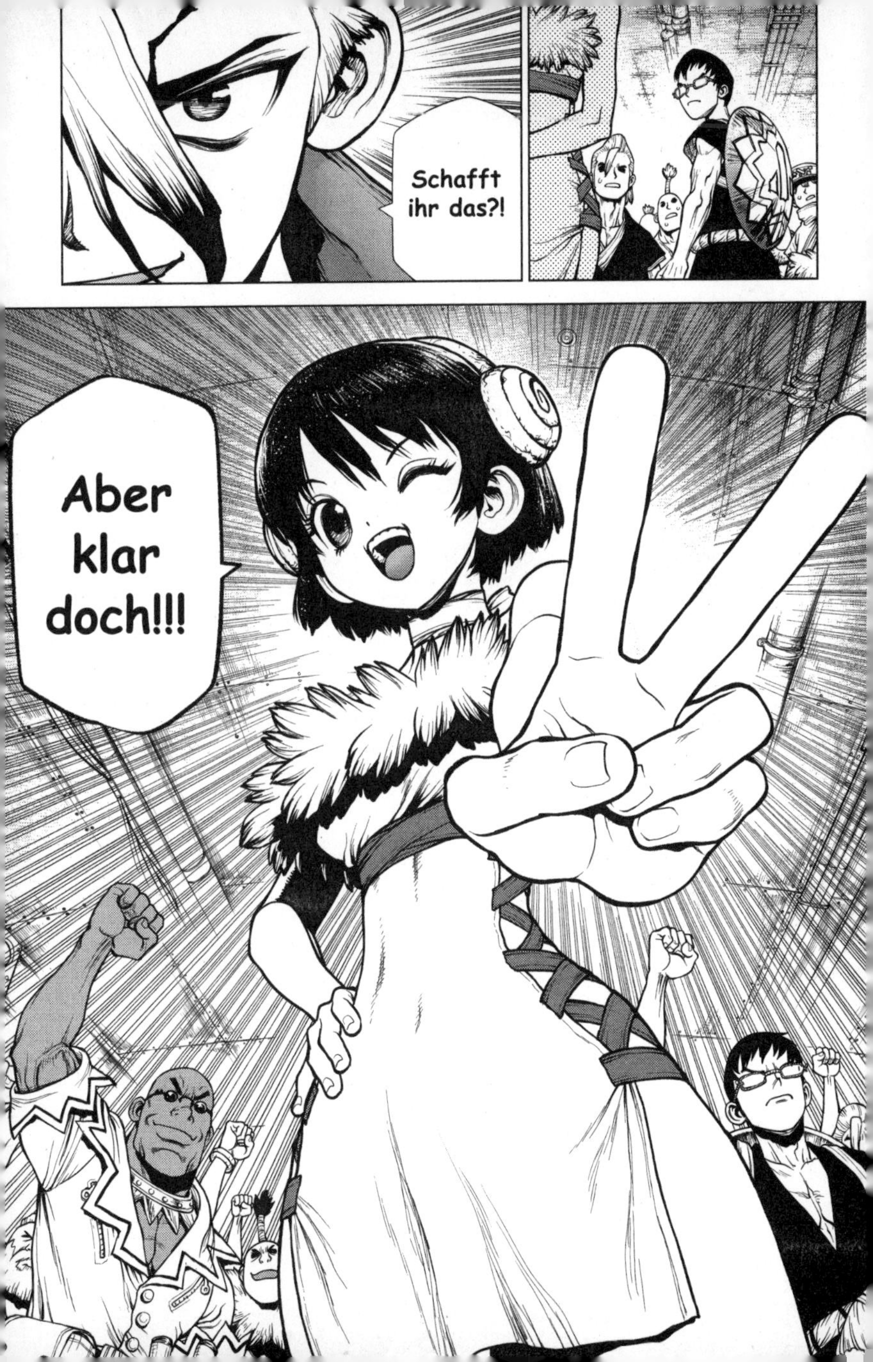
Schafft ihr das?!
Aber klar doch!!!

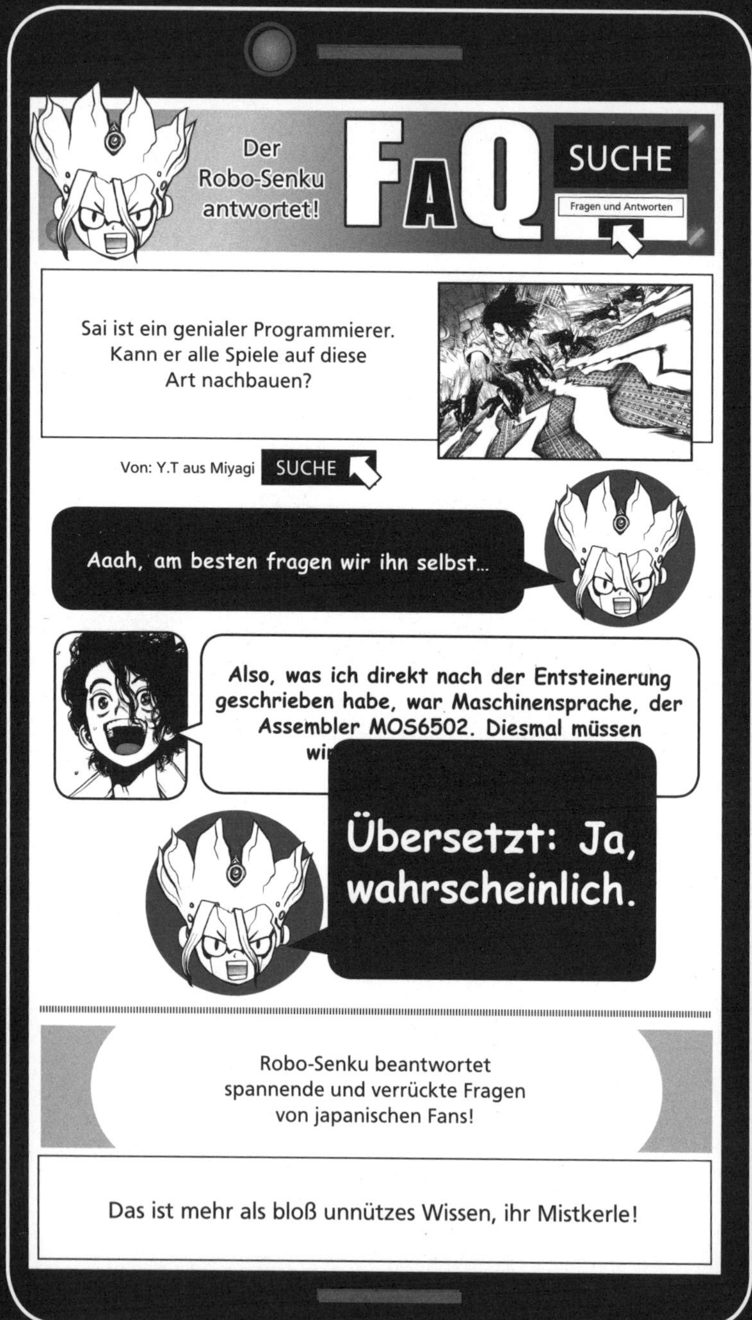
Der Robo-Senku antwortet!
FAQ
SUCHE
Fragen und Antworten
Sai ist ein genialer Programmierer. Kann er alle Spiele auf diese Art nachbauen?
Von: Y.T aus Miyagi
SUCHE
Aaah, am besten fragen wir ihn selbst…
Also, was ich direkt nach der Entsteinerung geschrieben habe, war Maschinensprache, der Assembler MOS6502. Diesmal müssen
Übersetzt: Ja, wahrscheinlich.
Robo-Senku beantwortet spannende und verrückte Fragen von japanischen Fans!
Das ist mehr als bloß unnützes Wissen, ihr Mistkerle!

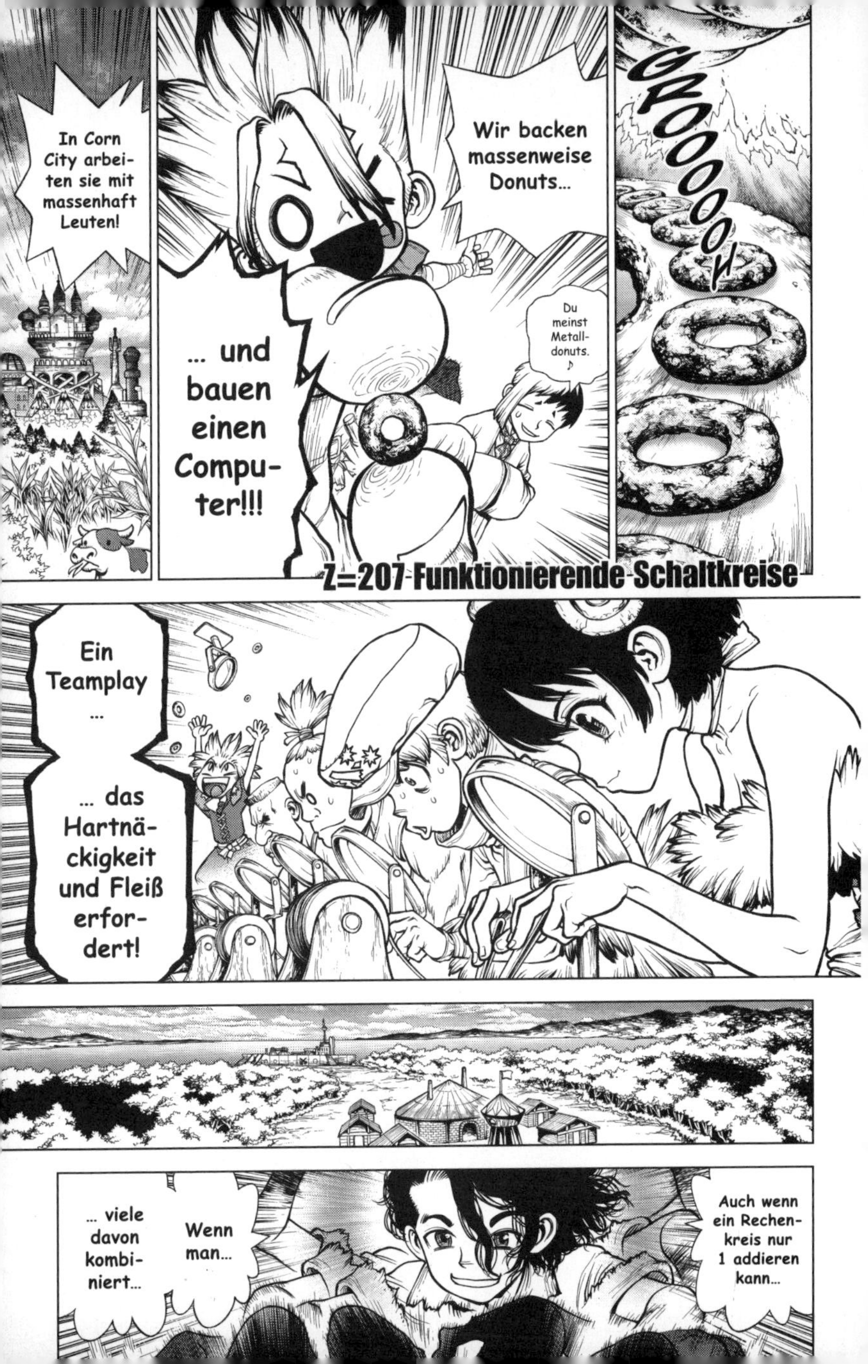
GROOOOOOH
Wir backen massenweise Donuts...
... und bauen einen Compu-ter!!!
Du meinst Metall-donuts. ♪
In Corn City arbei-ten sie mit massenhaft Leuten!
Z=207 Funktionierende Schaltkreise
Ein Teamplay ...
... das Hartnä-ckigkeit und Fleiß erfor-dert!
Auch wenn ein Rechen-kreis nur 1 addieren kann...
Wenn man...
... viele davon kombi-niert...

Z=207 Funktionierende Schaltkreise

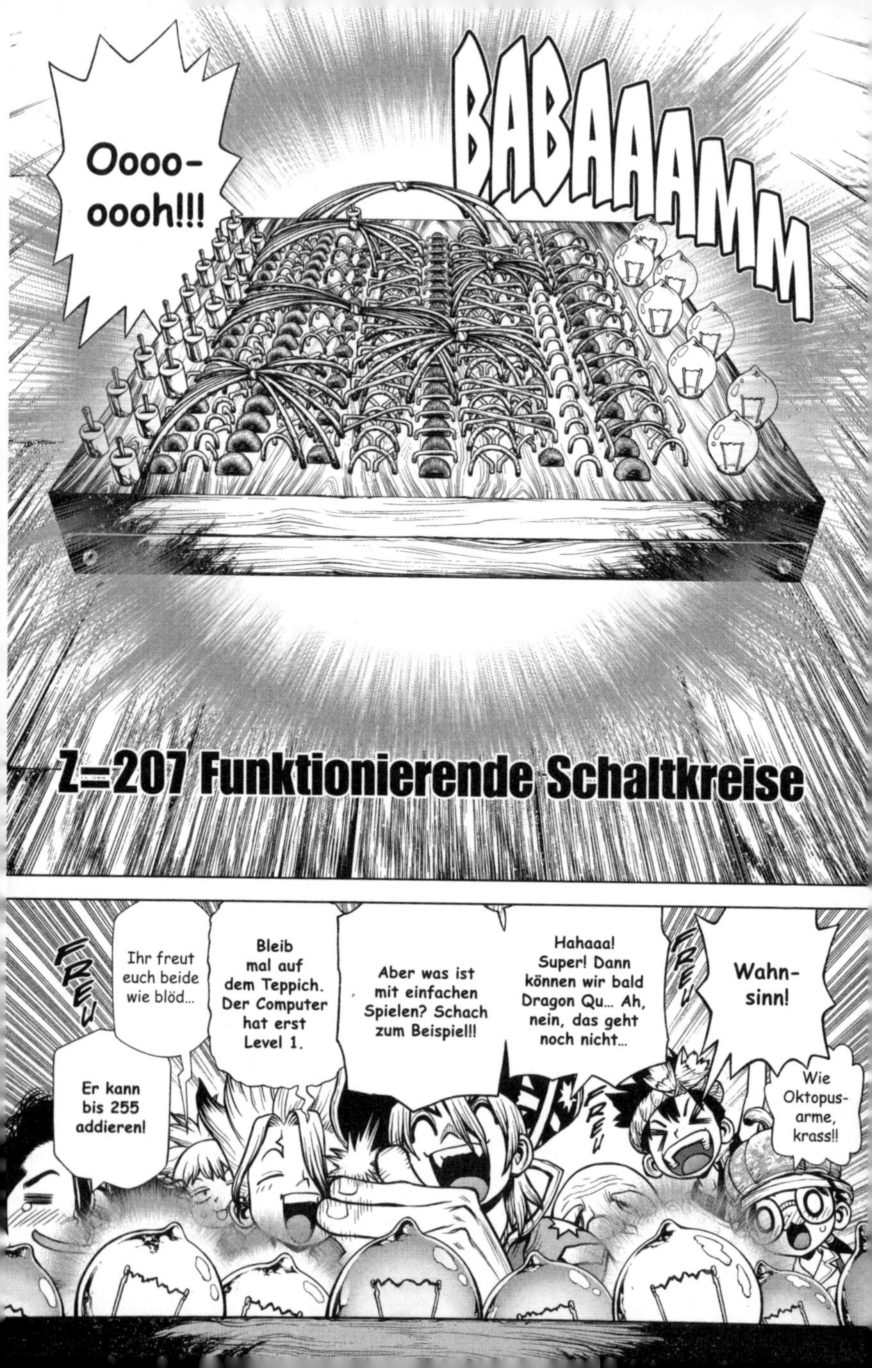

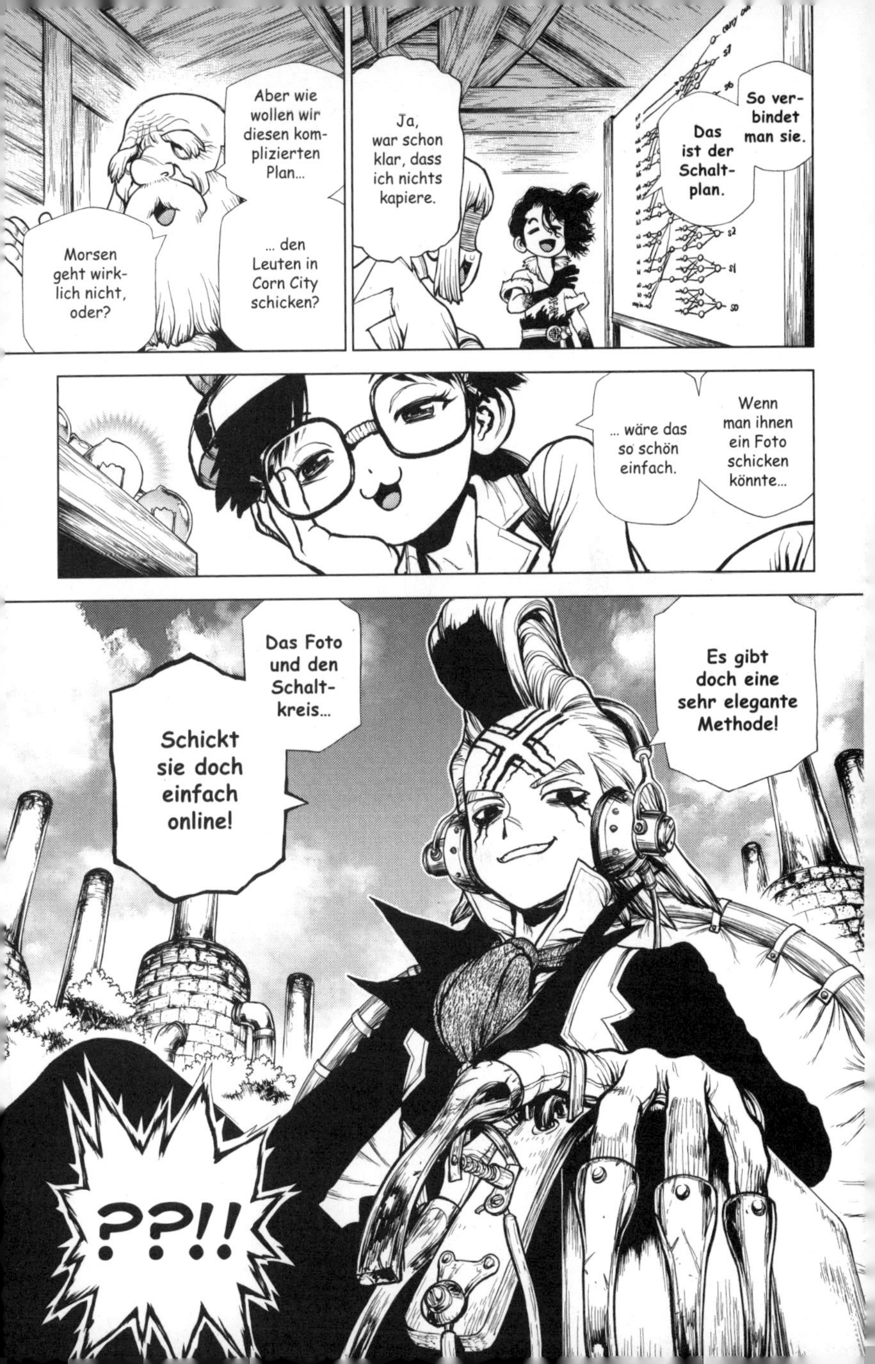

So verbindet man sie.
Das ist der Schaltplan.
Ja, war schon klar, dass ich nichts kapiere.
Aber wie wollen wir diesen komplizierten Plan...
... den Leuten in Corn City schicken?
Morsen geht wirklich nicht, oder?
Wenn man ihnen ein Foto schicken könnte...
... wäre das so schön einfach.
Es gibt doch eine sehr elegante Methode!
Das Foto und den Schaltkreis...
Schickt sie doch einfach online!
??!!

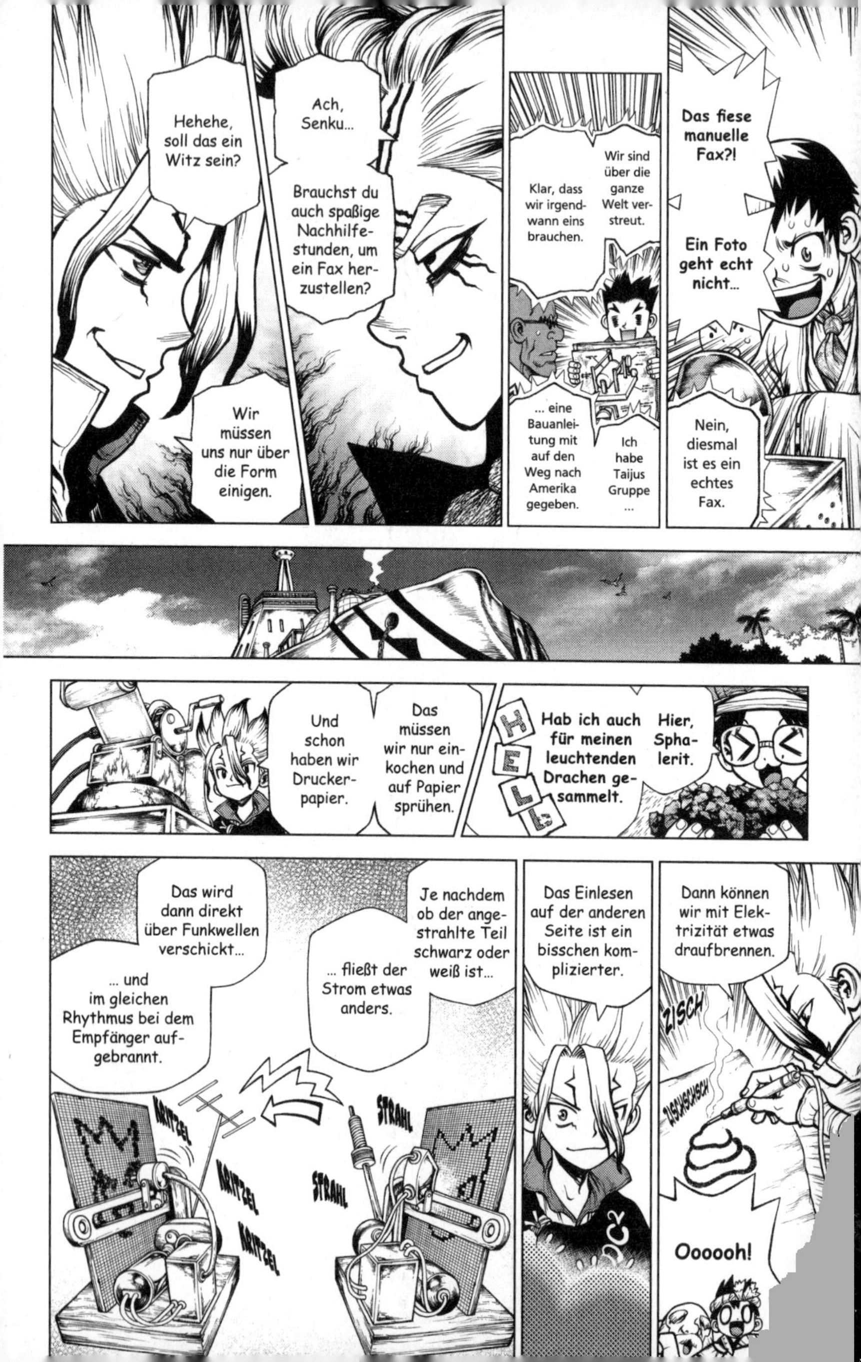
Das fiese manuelle Fax?!
Ein Foto geht echt nicht...
Nein, diesmal ist es ein echtes Fax.
Wir sind über die ganze Welt verstreut.
Klar, dass wir irgendwann eins brauchen.
Ich habe Taijus Gruppe ...
... eine Bauanleitung mit auf den Weg nach Amerika gegeben.
Ach, Senku...
Brauchst du auch spaßige Nachhilfestunden, um ein Fax herzustellen?
Hehehe, soll das ein Witz sein?
Wir müssen uns nur über die Form einigen.
Hier, Sphalerit.
Hab ich auch für meinen leuchtenden Drachen gesammelt.
HELL
Das müssen wir nur einkochen und auf Papier sprühen.
Und schon haben wir Druckerpapier.
Dann können wir mit Elektrizität etwas draufbrennen.
ZISCH
ZISCHSCHSCH
Oooooh!
Das Einlesen auf der anderen Seite ist ein bisschen komplizierter.
Je nachdem ob der angestrahlte Teil schwarz oder weiß ist...
... fließt der Strom etwas anders.
STRAHL
STRAHL
Das wird dann direkt über Funkwellen verschickt...
... und im gleichen Rhythmus bei dem Empfänger aufgebrannt.
KRITZEL
KRITZEL
KRITZEL

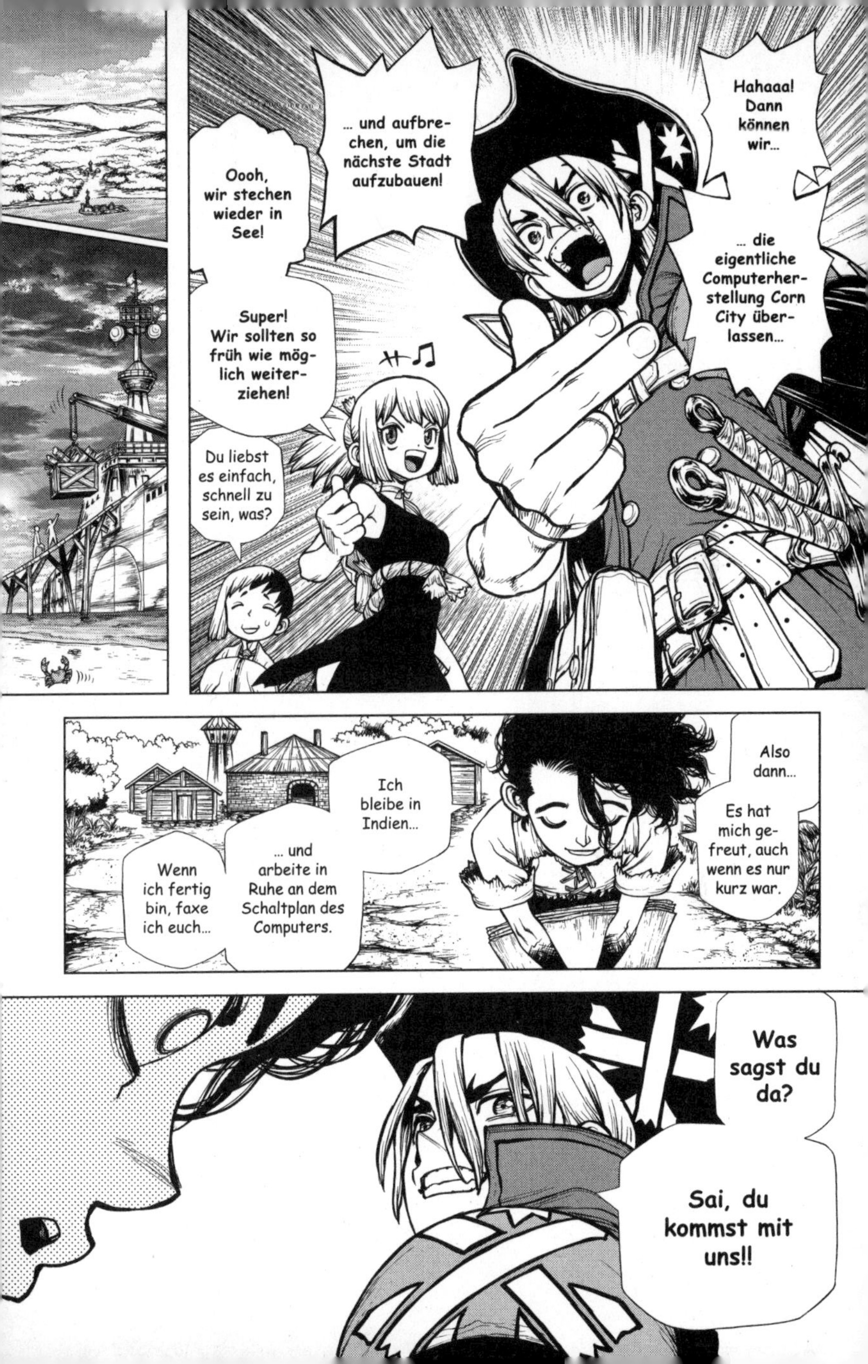

Hahaaa! Dann können wir...
... die eigentliche Computerherstellung Corn City überlassen...
... und aufbrechen, um die nächste Stadt aufzubauen!
Oooh, wir stechen wieder in See!
Super! Wir sollten so früh wie möglich weiterziehen!
Du liebst es einfach, schnell zu sein, was?
Also dann...
Es hat mich gefreut, auch wenn es nur kurz war.
Ich bleibe in Indien...
... und arbeite in Ruhe an dem Schaltplan des Computers.
Wenn ich fertig bin, faxe ich euch...
Was sagst du da?
Sai, du kommst mit uns!!

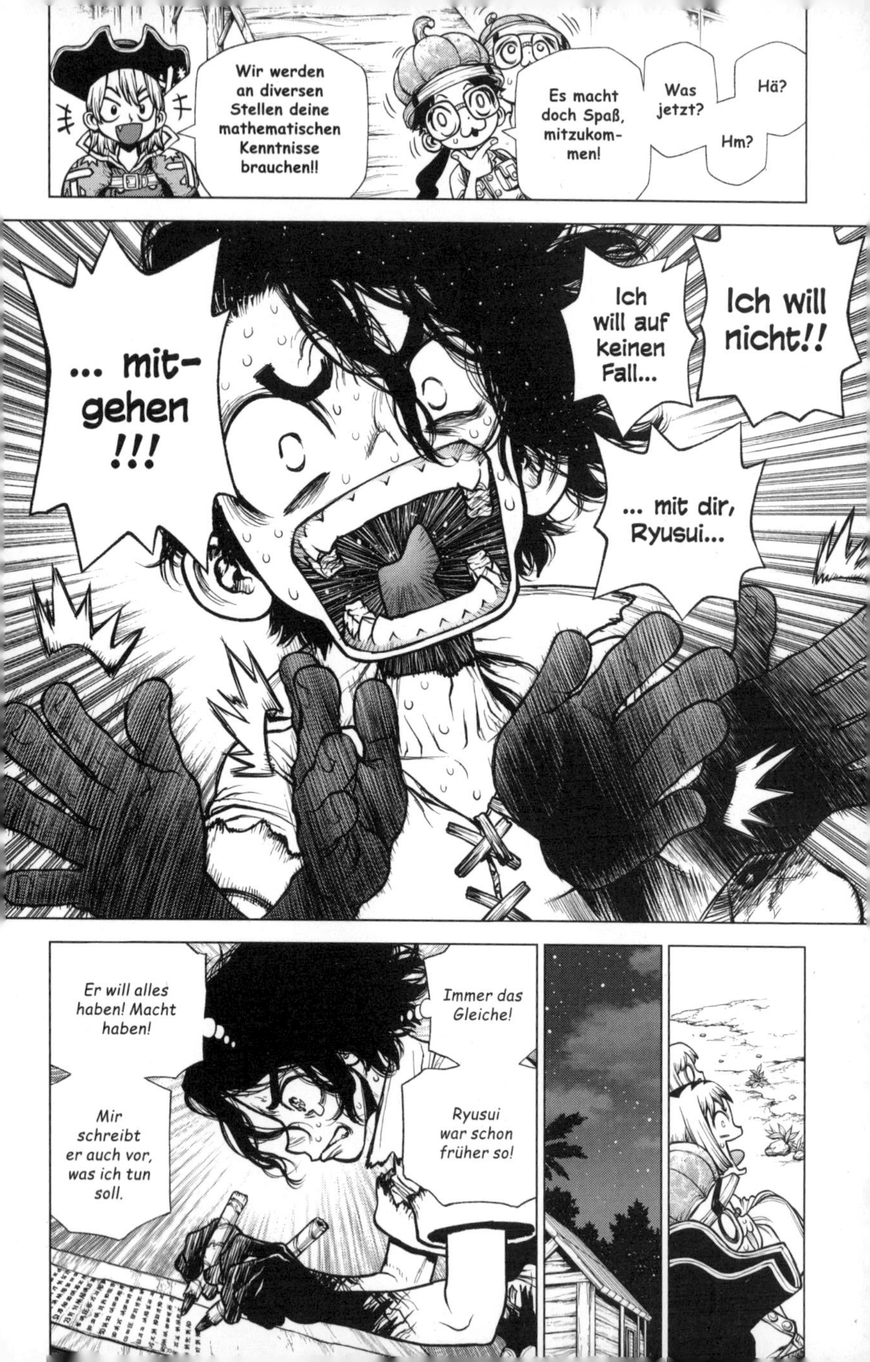
Hä?
Hm?
Was jetzt?
Es macht doch Spaß, mitzukommen!
Wir werden an diversen Stellen deine mathematischen Kenntnisse brauchen!!
Ich will nicht!!
Ich will auf keinen Fall...
... mit dir, Ryusui...
... mitgehen!!!
Ryusui war schon früher so!
Immer das Gleiche!
Er will alles haben! Macht haben!
Mir schreibt er auch vor, was ich tun soll.

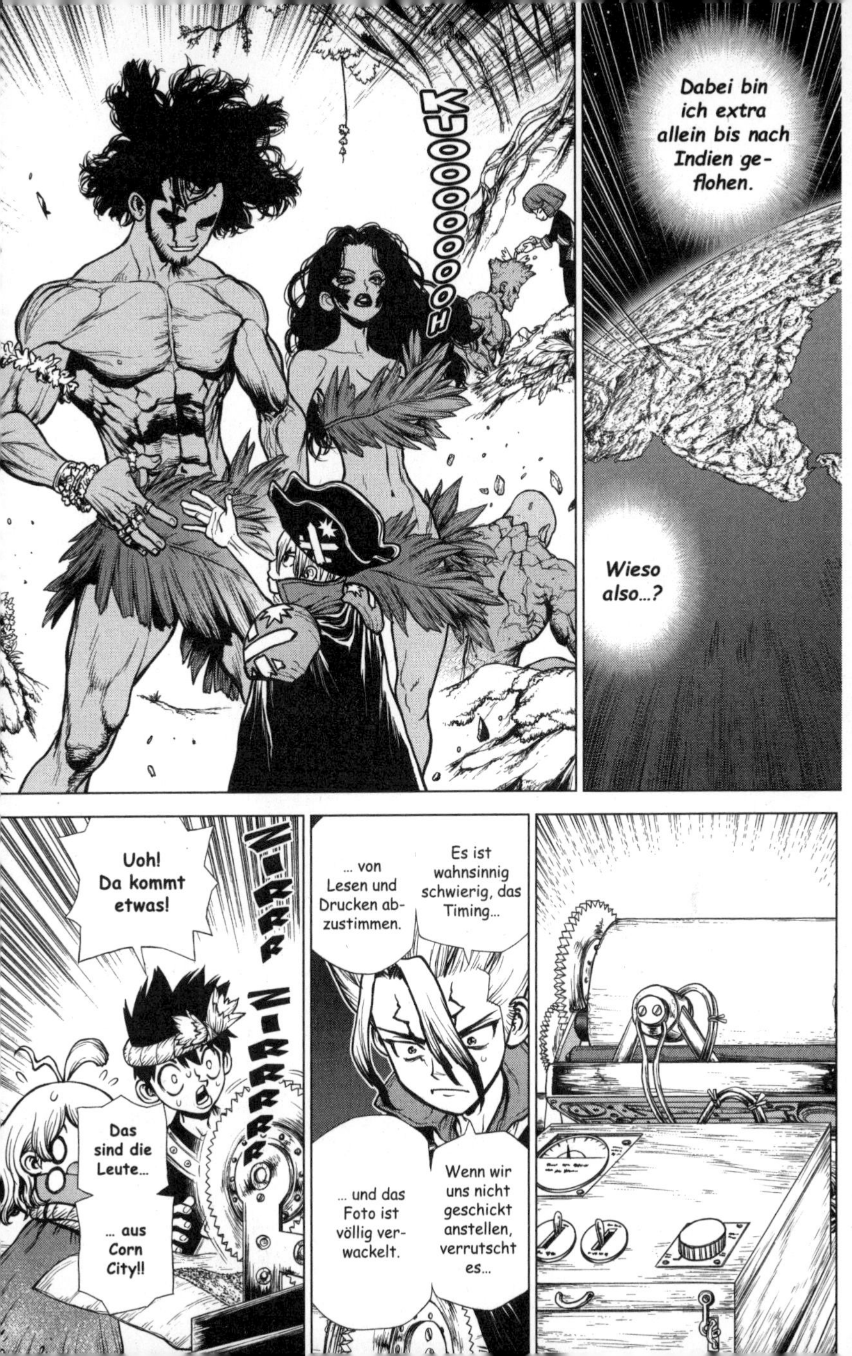
Dabei bin ich extra allein bis nach Indien geflohen.
Wieso also...?
KUOOOOOOOOOH
Es ist wahnsinnig schwierig, das Timing...
... von Lesen und Drucken abzustimmen.
Uoh! Da kommt etwas!
ZIRRR
ZIRRRRRRR
Wenn wir uns nicht geschickt anstellen, verrutscht es...
... und das Foto ist völlig verwackelt.
Das sind die Leute...
... aus Corn City!!

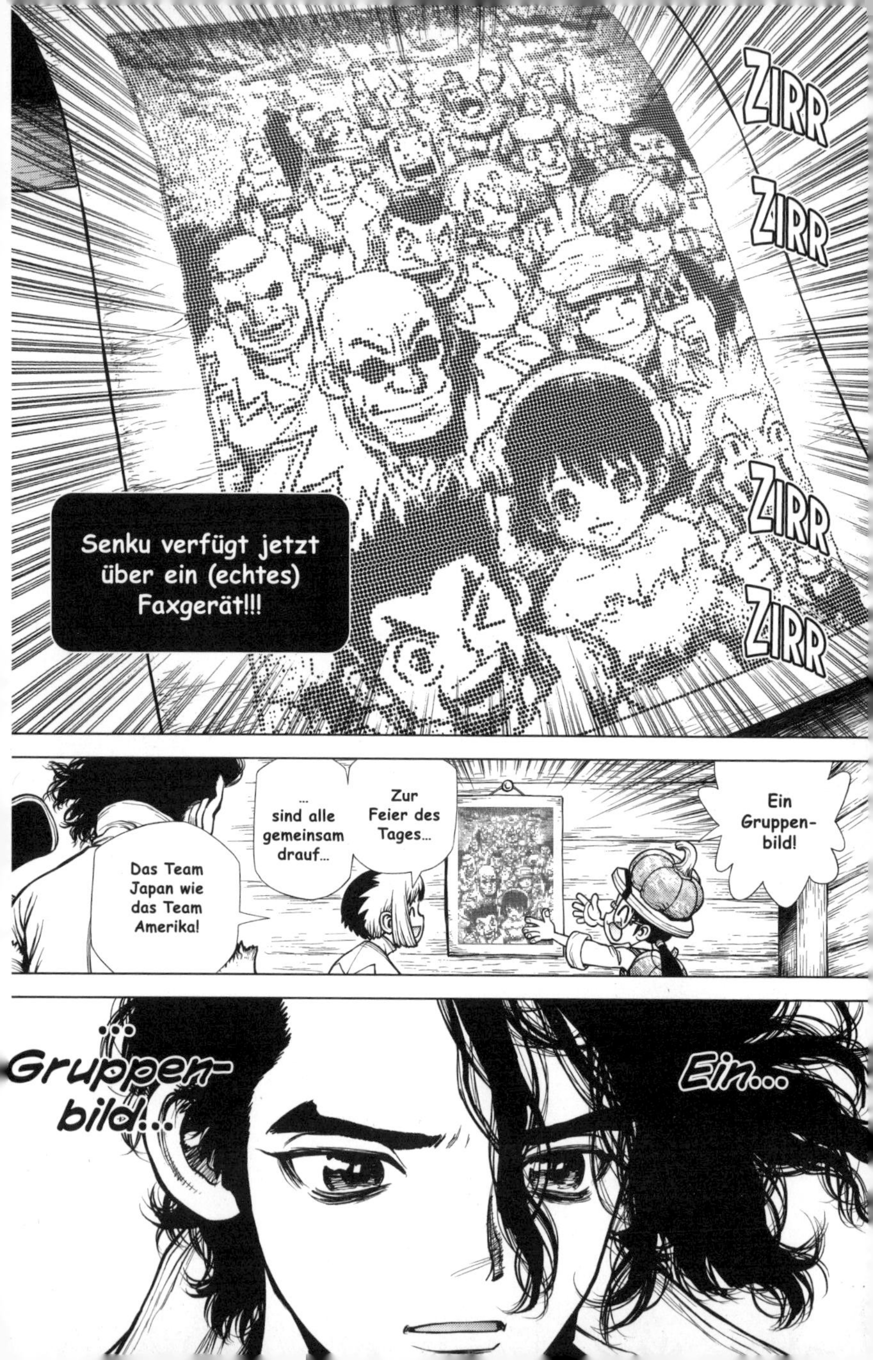
ZIRR
ZIRR
ZIRR
ZIRR
Senku verfügt jetzt über ein (echtes) Faxgerät!!!
Ein Gruppenbild!
Zur Feier des Tages…
… sind alle gemeinsam drauf…
Das Team Japan wie das Team Amerika!
Ein…
…Gruppenbild…

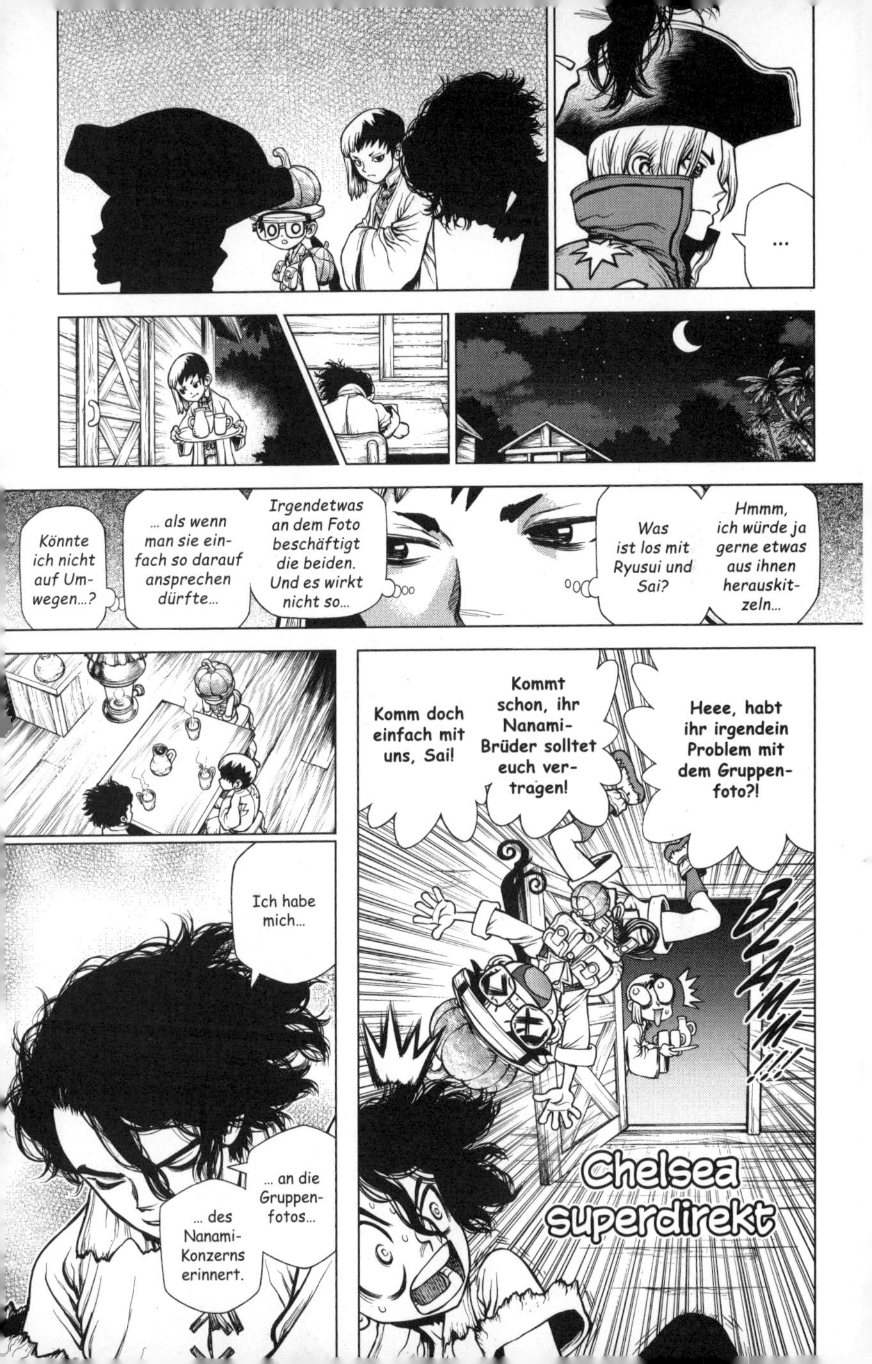
...
Hmmm, ich würde ja gerne etwas aus ihnen herauskitzeln...
Was ist los mit Ryusui und Sai?
Irgendetwas an dem Foto beschäftigt die beiden. Und es wirkt nicht so...
... als wenn man sie einfach so darauf ansprechen dürfte...
Könnte ich nicht auf Umwegen...?
Heee, habt ihr irgendein Problem mit dem Gruppenfoto?!
Kommt schon, ihr Nanami-Brüder solltet euch vertragen!
Komm doch einfach mit uns, Sai!
BLAMM!!!
Chelsea superdirekt
Ich habe mich...
... an die Gruppenfotos...
... des Nanami-Konzerns erinnert.

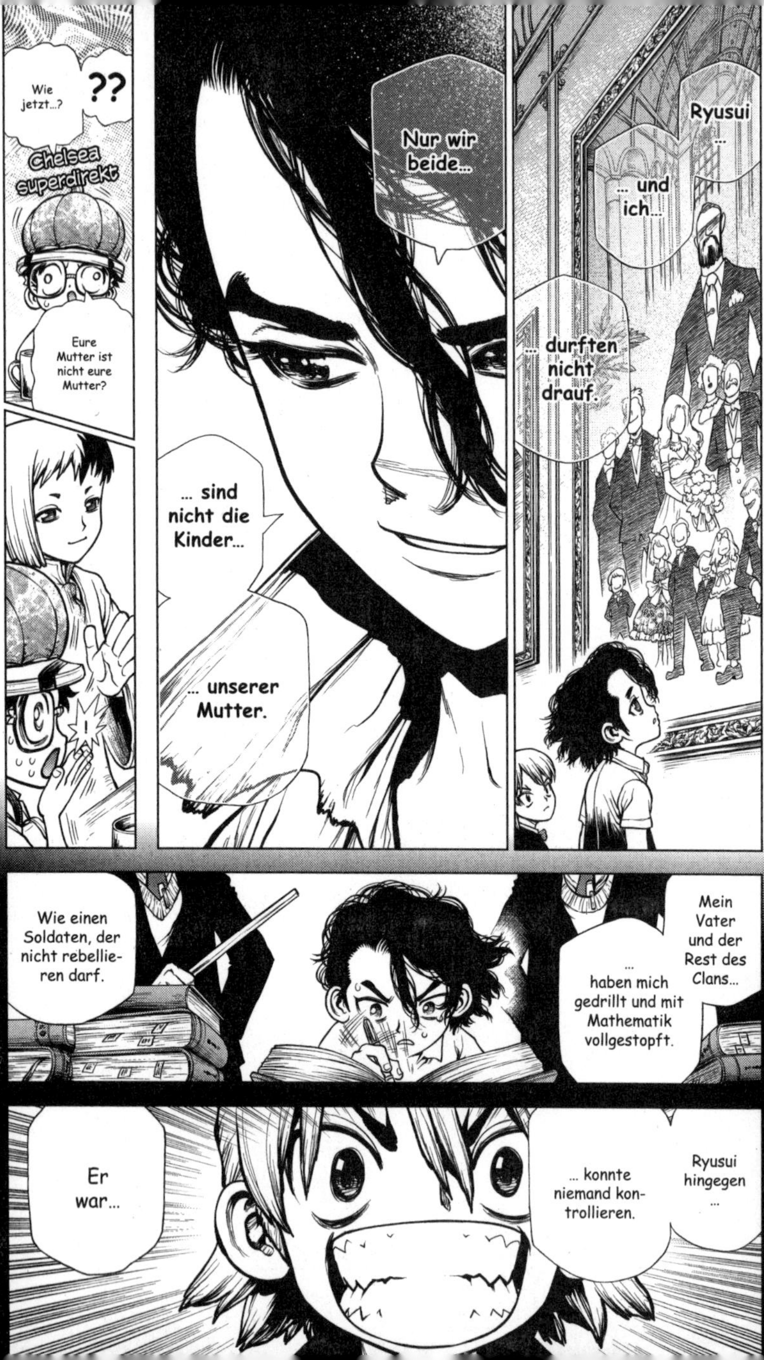
Ryusui ...
... und ich ...
... durften nicht drauf.
Nur wir beide ...
... sind nicht die Kinder ...
... unserer Mutter.
Wie jetzt ...?
??
Chelsea superdirekt
Eure Mutter ist nicht eure Mutter?
!
Mein Vater und der Rest des Clans ...
... haben mich gedrillt und mit Mathematik vollgestopft.
Wie einen Soldaten, der nicht rebellieren darf.
Ryusui hingegen ...
... konnte niemand kontrollieren.
Er war ...

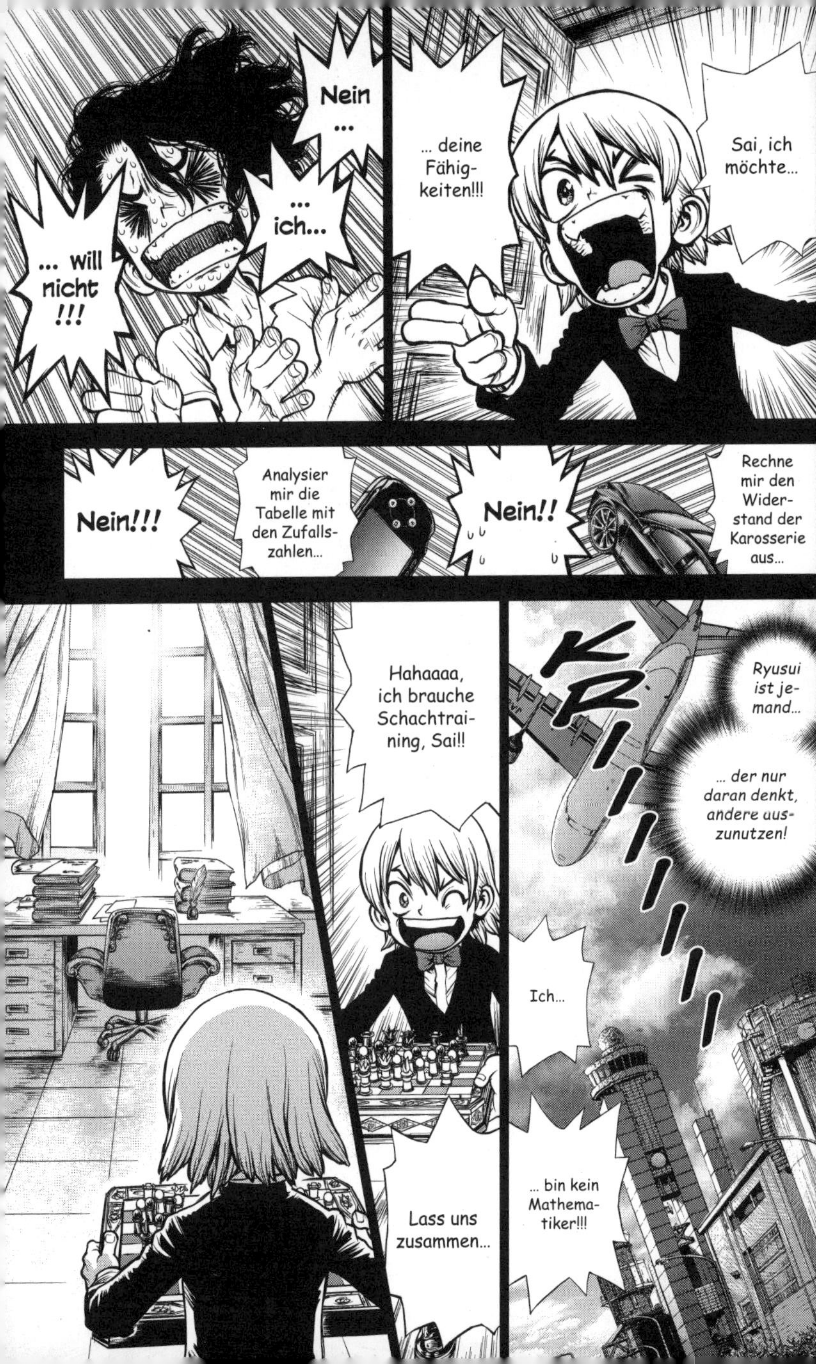
Sai, ich möchte...
... deine Fähig-keiten!!!
Nein ...
... ich...
... will nicht !!!
Rechne mir den Wider-stand der Karosserie aus...
Nein!!
Analysier mir die Tabelle mit den Zufalls-zahlen...
Nein!!!
Ryusui ist je-mand...
... der nur daran denkt, andere aus-zunutzen!
KRI
Ich...
... bin kein Mathema-tiker!!!
Hahaaa, ich brauche Schachtrai-ning, Sai!!
Lass uns zusammen...

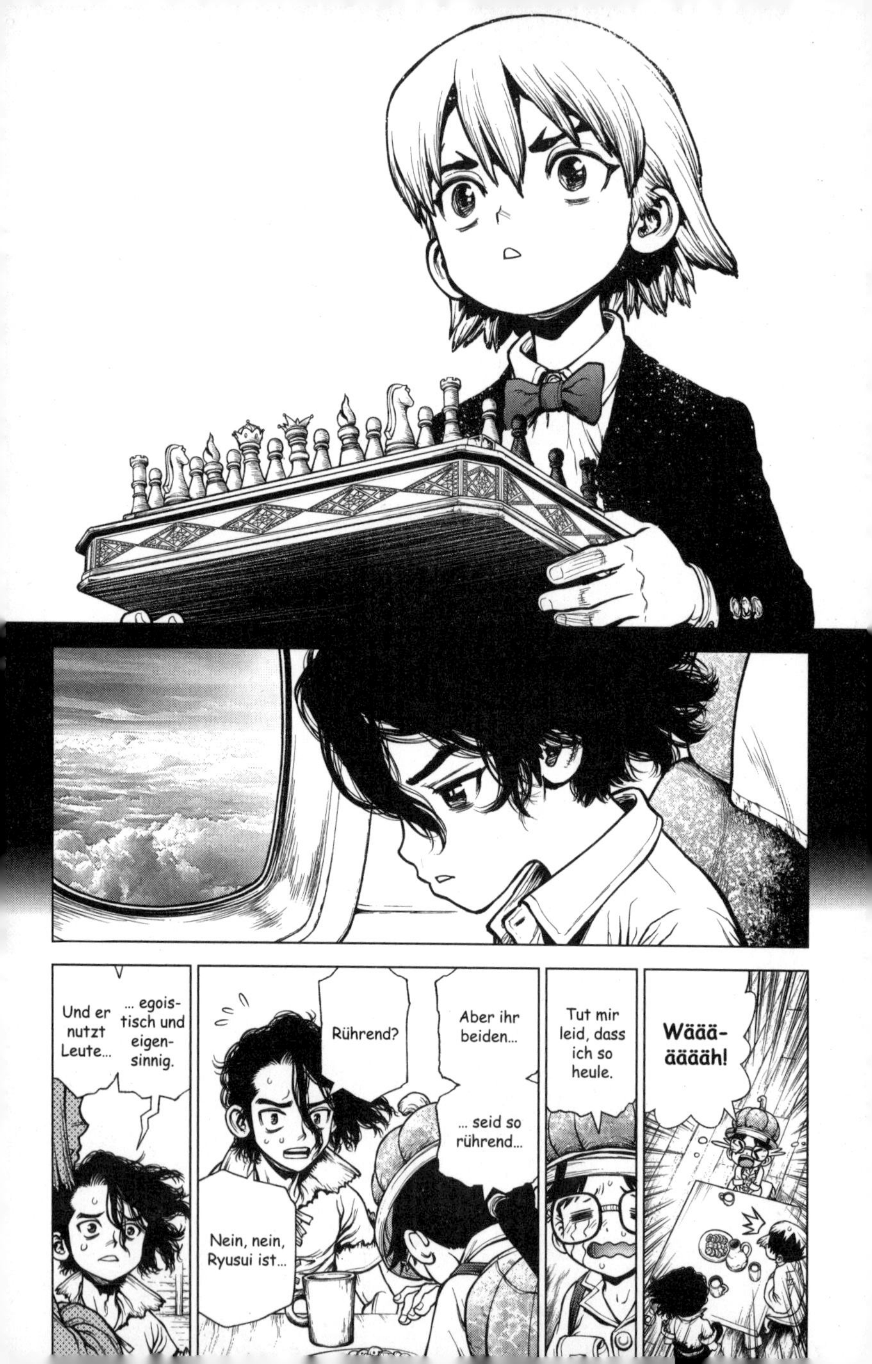
Wäää-äääh!
Tut mir leid, dass ich so heule.
Aber ihr beiden...
... seid so rührend...
Rührend?
Nein, nein, Ryusui ist...
... egois-tisch und eigen-sinnig.
Und er nutzt Leute...

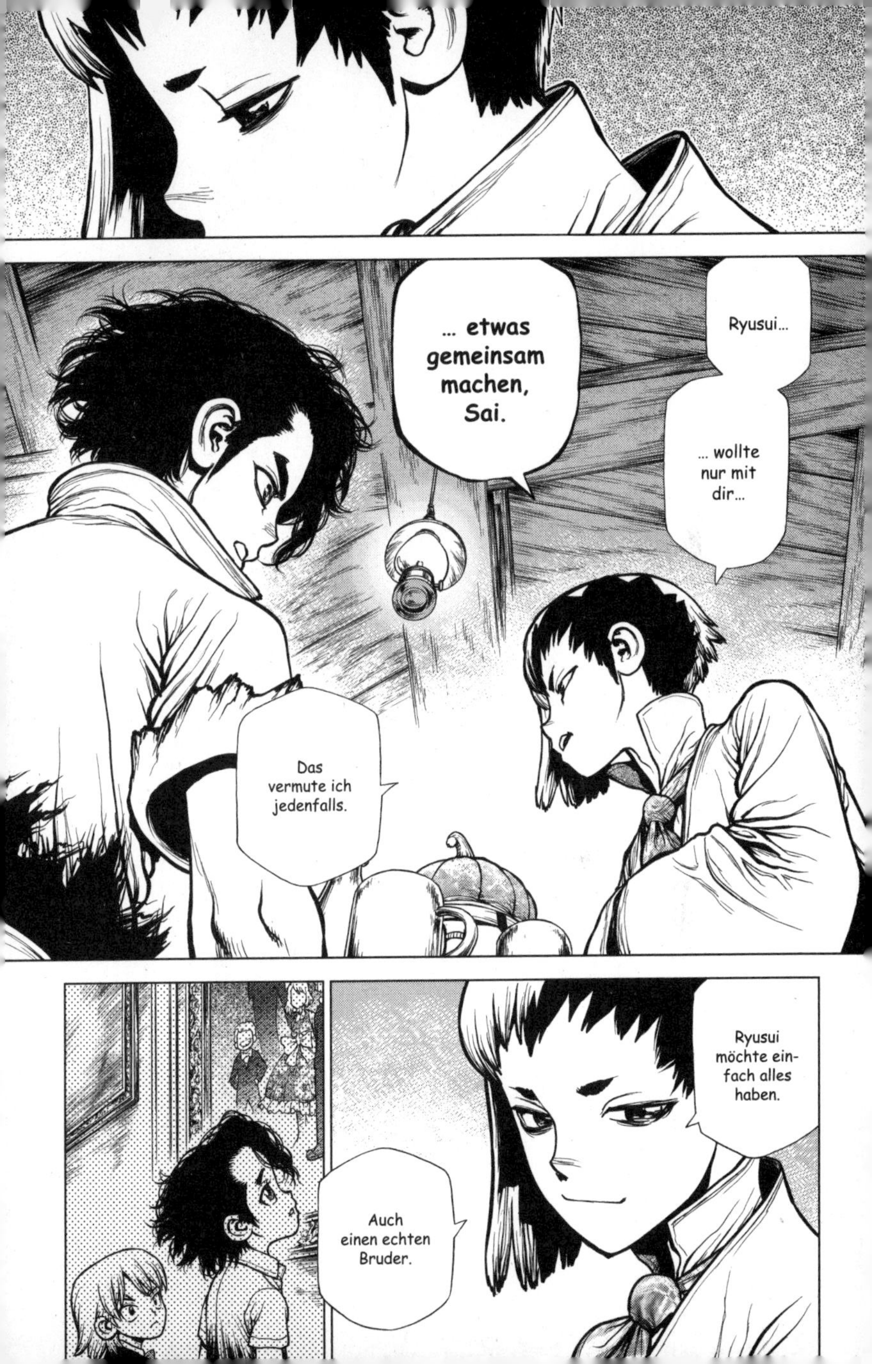
Ryusui…
… wollte nur mit dir…
… etwas gemeinsam machen, Sai.
Das vermute ich jedenfalls.
Ryusui möchte ein-fach alles haben.
Auch einen echten Bruder.

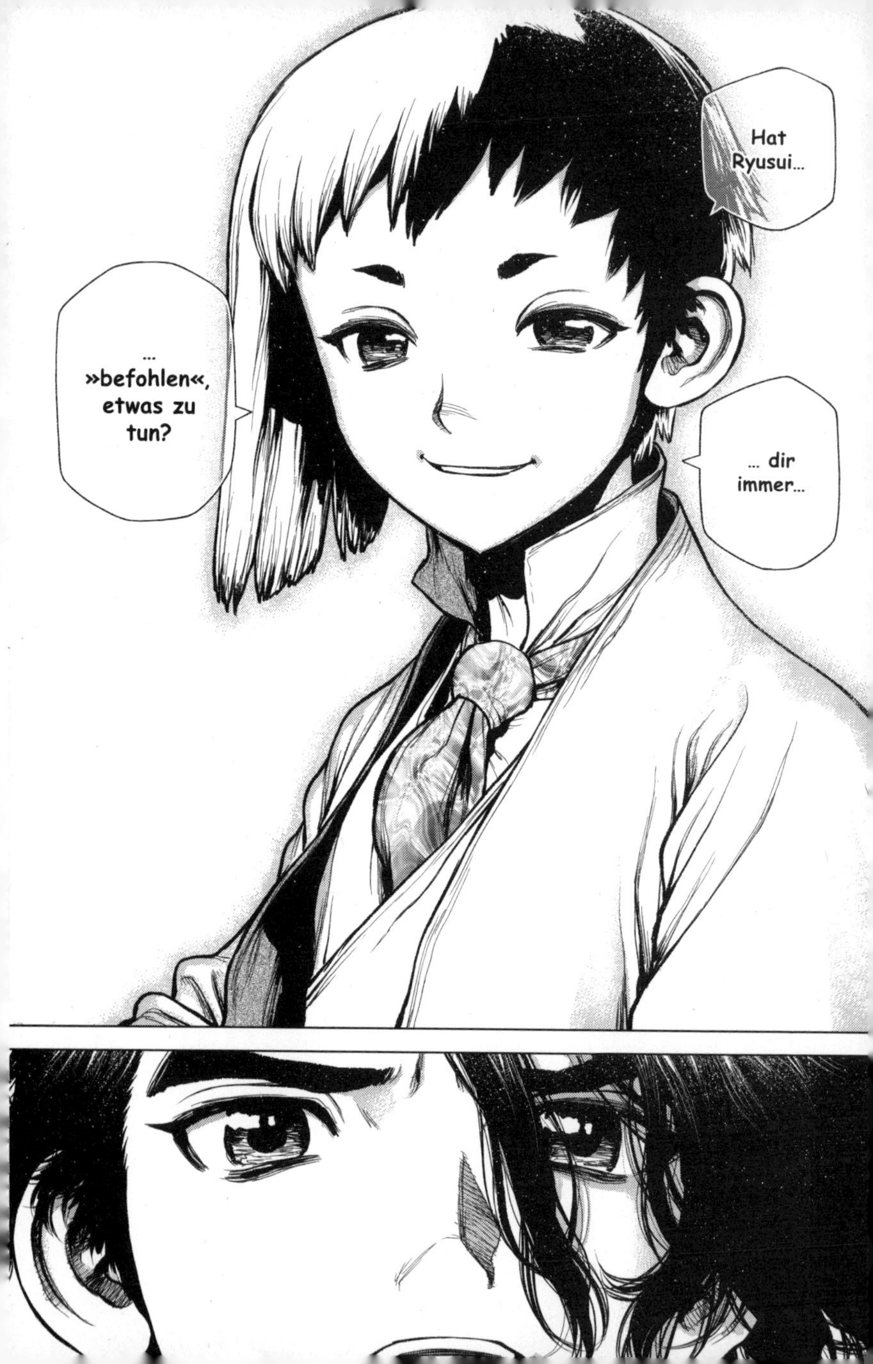
Hat Ryusui…
… dir immer…
… »befohlen«, etwas zu tun?

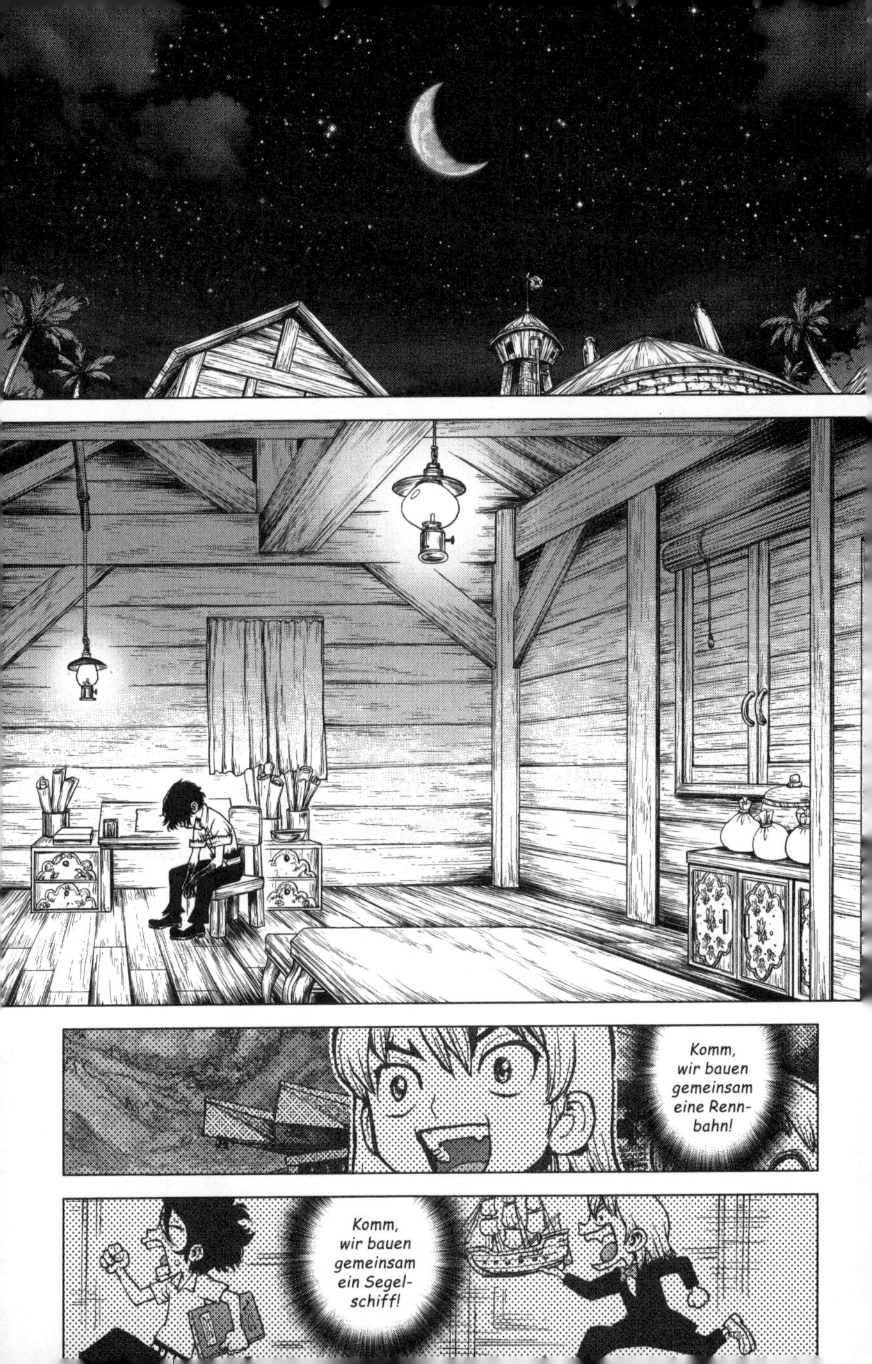
Komm, wir bauen gemeinsam eine Rennbahn!
Komm, wir bauen gemeinsam ein Segelschiff!

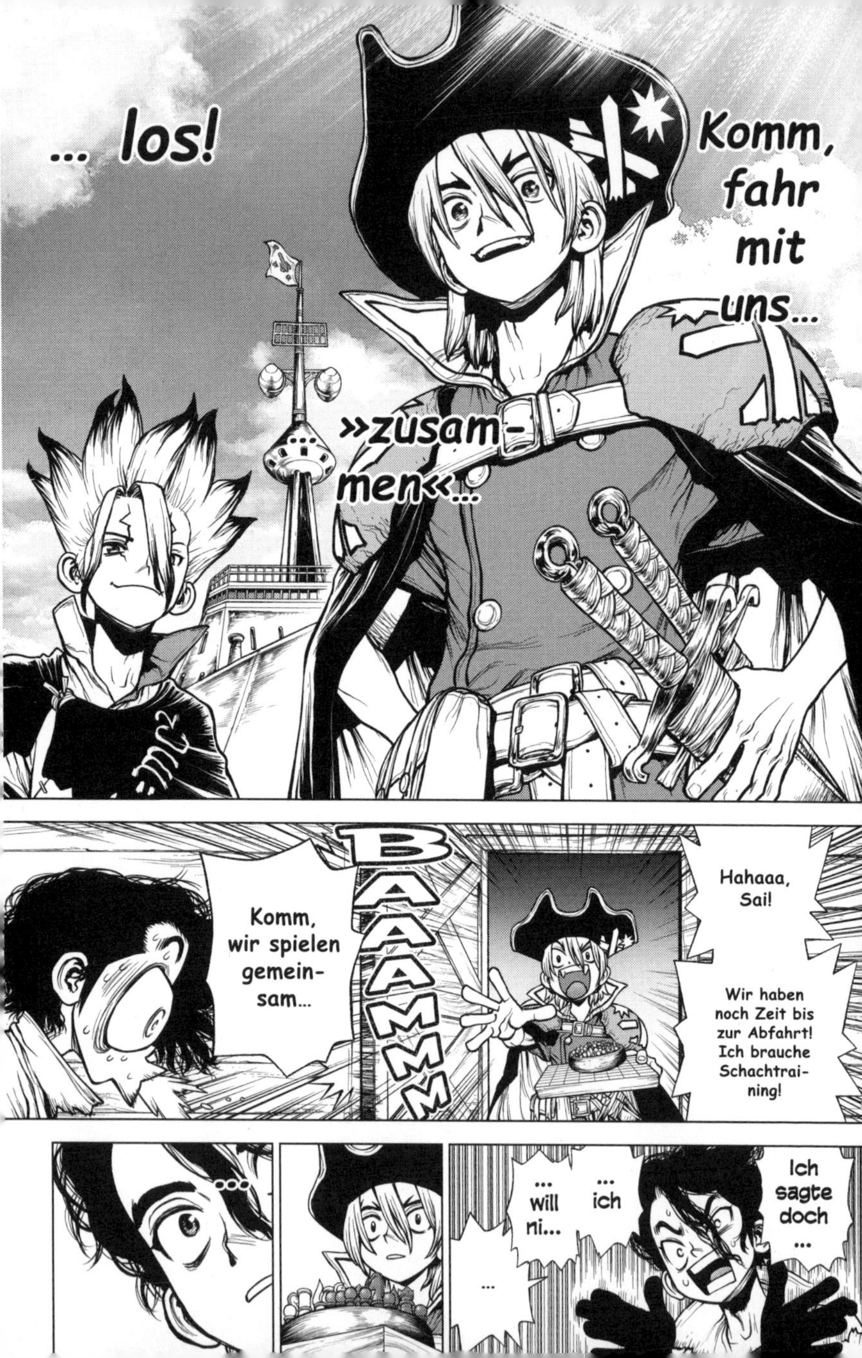

Komm, fahr mit uns...
...»zusammen«...
... los!
BAAAMMM
Hahaaa, Sai!
Wir haben noch Zeit bis zur Abfahrt! Ich brauche Schachtraining!
Komm, wir spielen gemeinsam...
Ich sagte doch ...
... ich
... will ni...
...
...

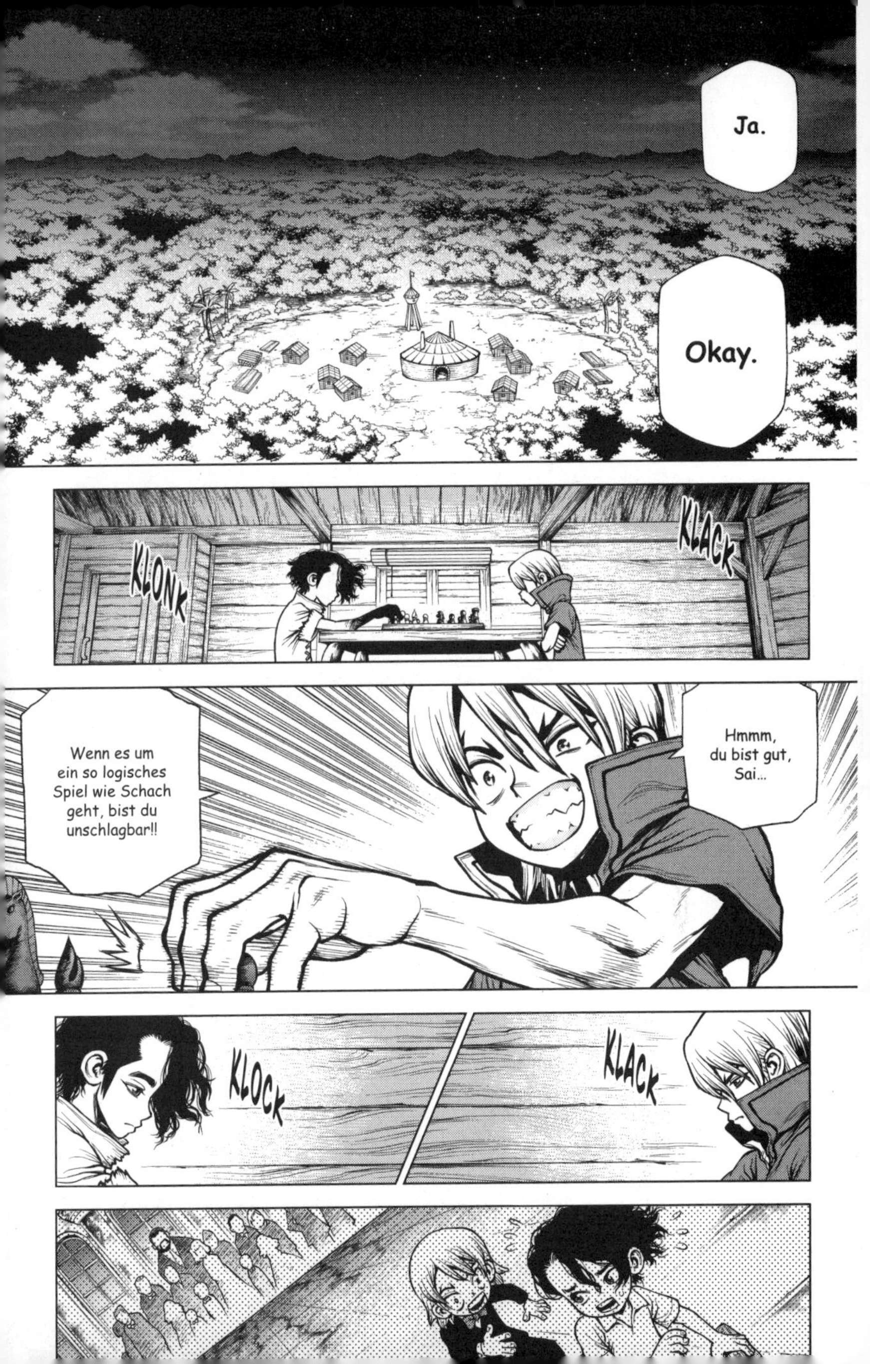
Ja.
Okay.
KLACK
KLONK
Hmmm, du bist gut, Sai...
Wenn es um ein so logisches Spiel wie Schach geht, bist du unschlagbar!!
KLACK
KLOCK

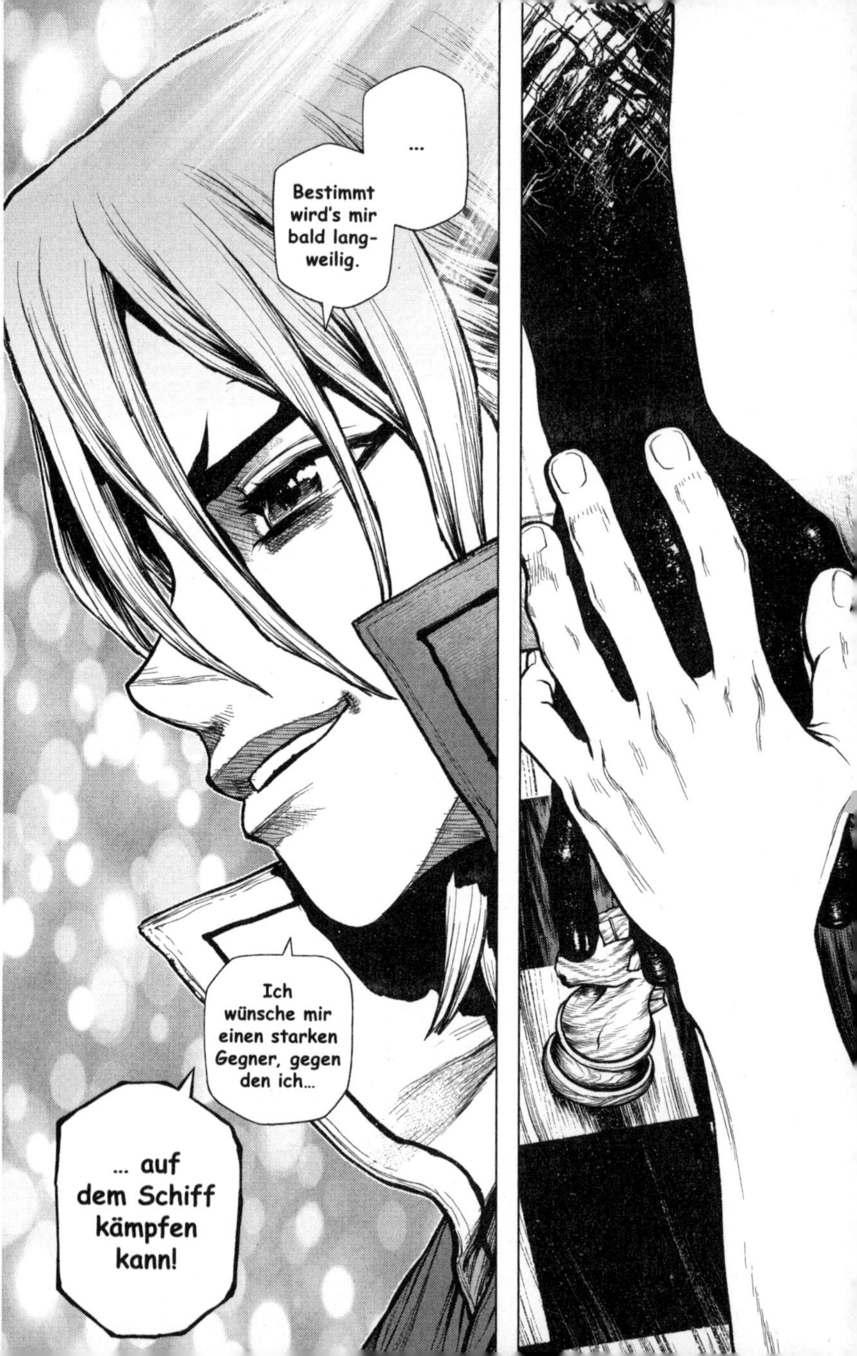
...
Bestimmt wird's mir bald lang-weilig.
Ich wünsche mir einen starken Gegner, gegen den ich...
... auf dem Schiff kämpfen kann!

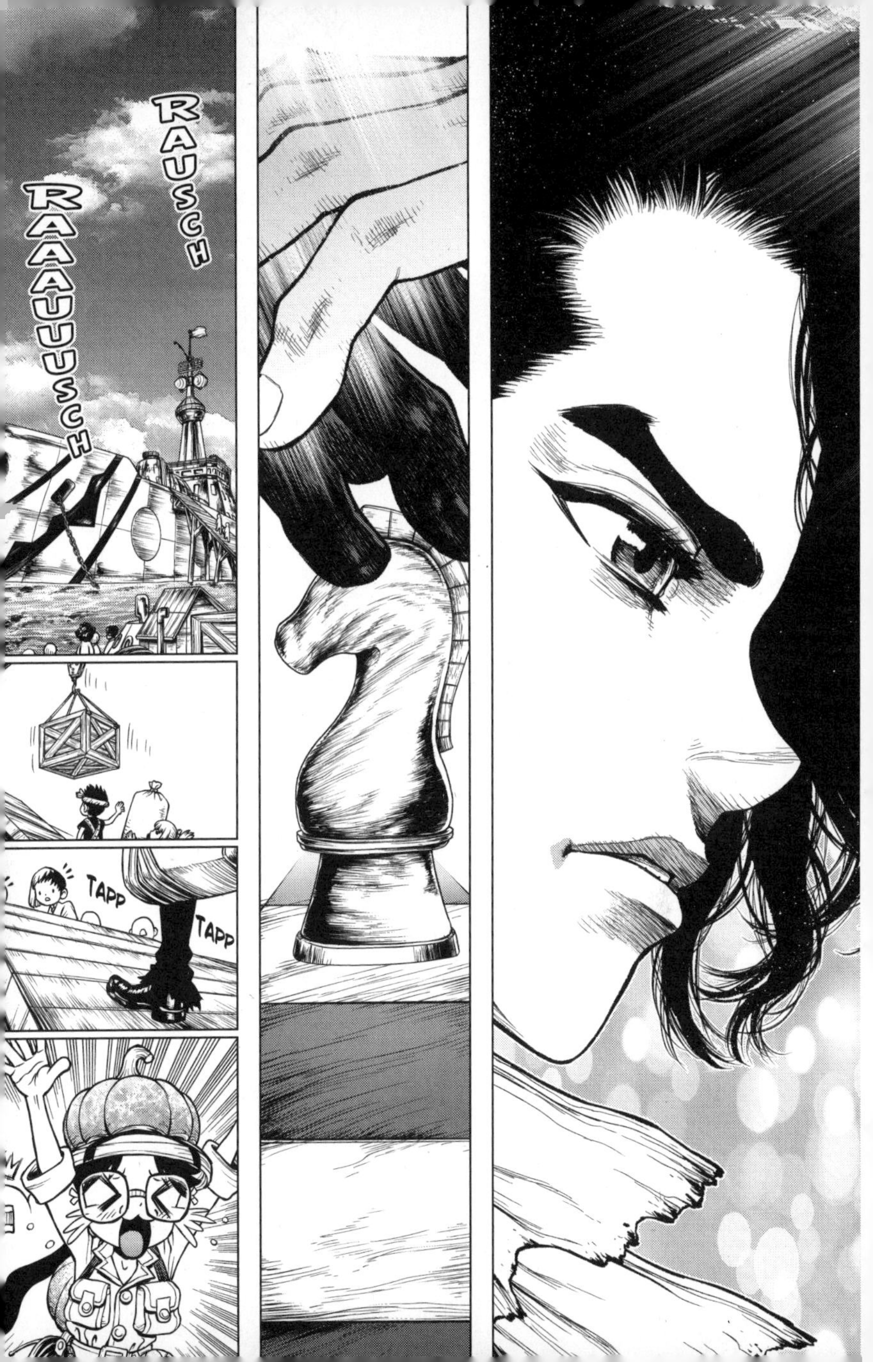

RAUSCH
RAAAUUUSCH
TAPP
TAPP

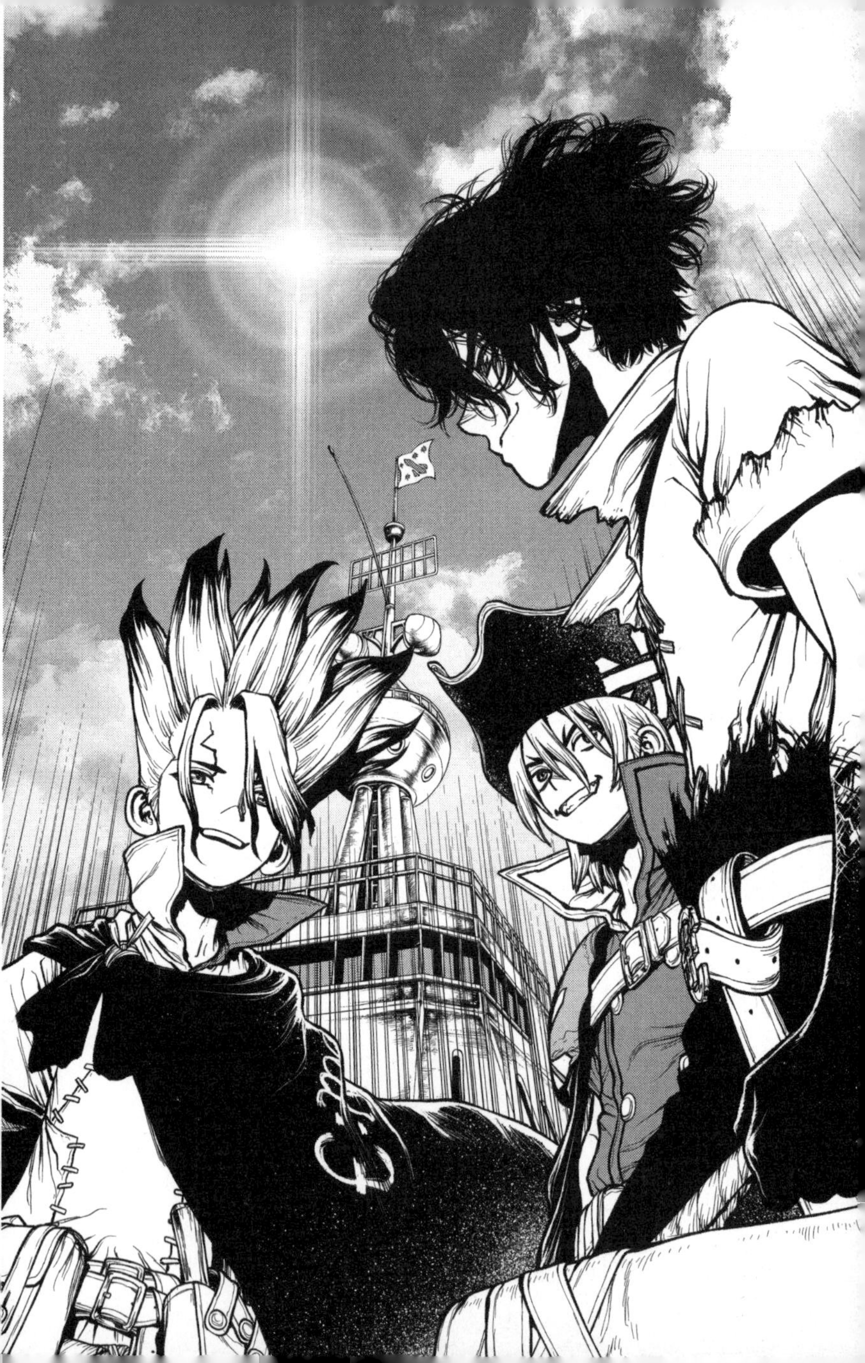

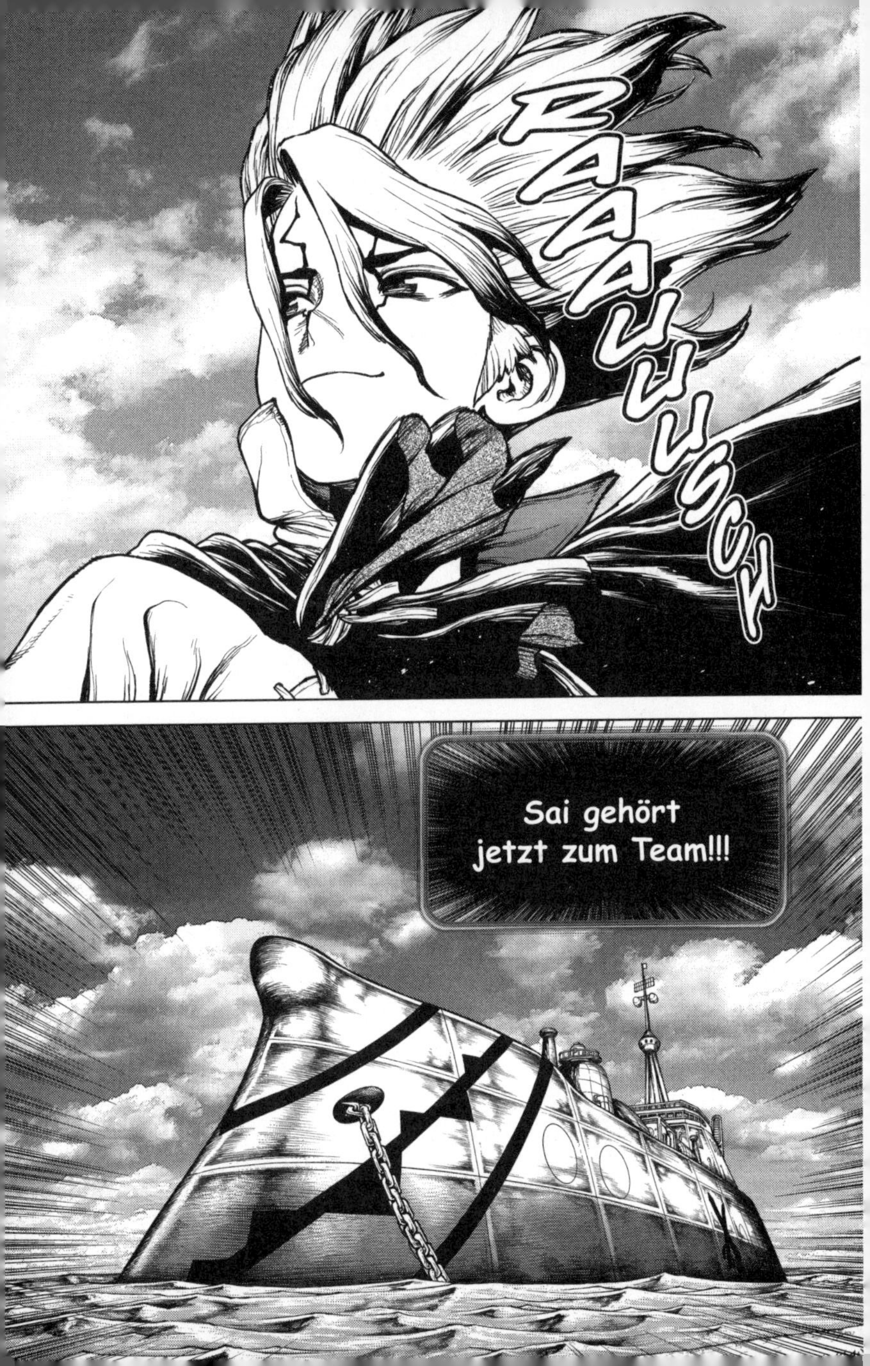
RAAAUUUSCH
Sai gehört jetzt zum Team!!!

Königreich der Wissenschaft

WORKER FILE 10

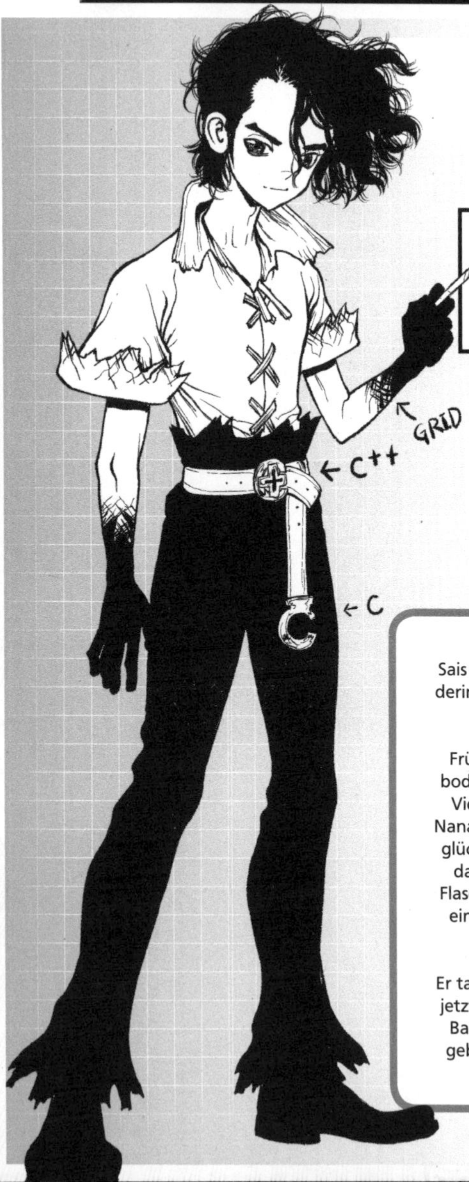

Sai

Programmieren	★★★★★
Mathematik	★★★★★
Geselligkeit	★★

Sai Nanami

Größe: 181 cm

Job: Programmierer

Sais Vater ist Japaner und seine Mutter Inderin. Er hat den gleichen Vater wie Ryusui und ist deshalb sein Halbbruder.

Früher versteckte er sich auf dem Dachboden und programmierte tagaus, tagein Videospiele, um dem Druck der Familie Nanami zu entkommen. Ryusui störte seine glücklichen Stunden dort und brachte ihn dazu, ein Programm für den Bau eines Flaschenschiffs zu entwickeln. Das war die einzige Gemeinschaftsarbeit der beiden Brüder aus dieser Zeit.

Er tat es ungern. Und er war genervt. Aber jetzt fällt ihm auf, dass Ryusui damals den Bau ebenso gut extern in Auftrag hätte geben können, so viel Geld wie er hatte.

Z=208 Die Wissenschaft übersteigt den menschlichen Verstand

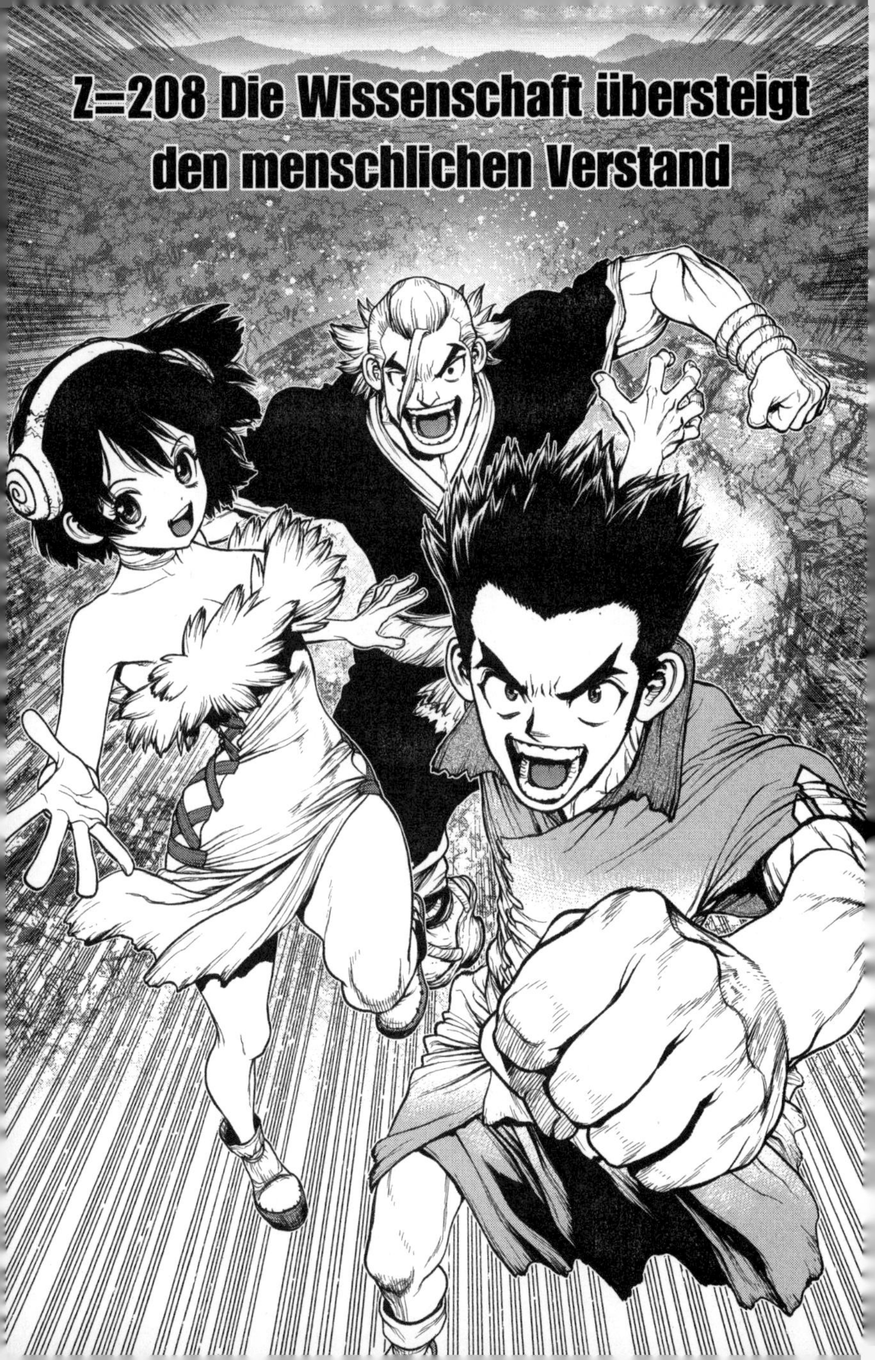

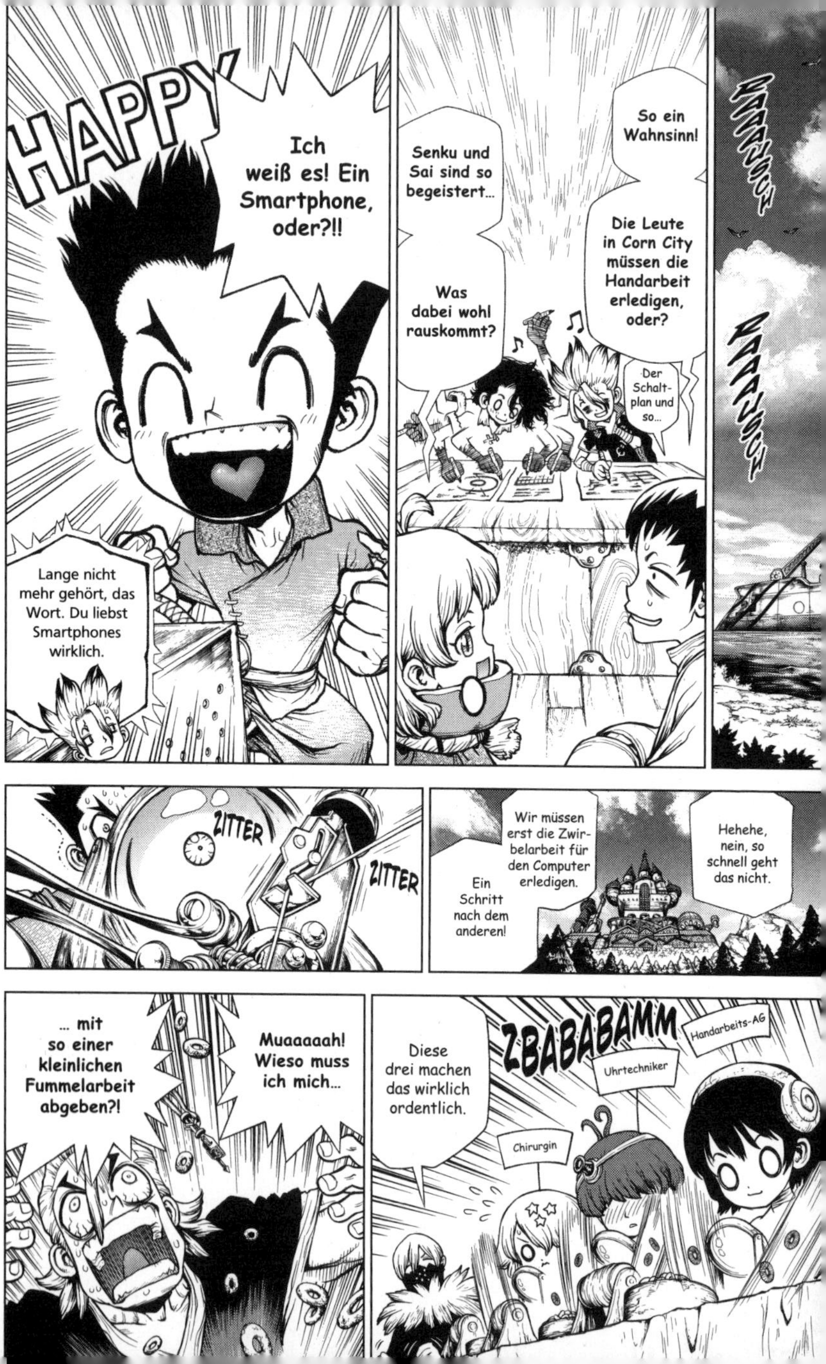
So ein Wahnsinn!
Die Leute in Corn City müssen die Handarbeit erledigen, oder?
Der Schalt-plan und so...
Senku und Sai sind so begeistert...
Was dabei wohl rauskommt?
HAPPY
Ich weiß es! Ein Smartphone, oder?!!
Lange nicht mehr gehört, das Wort. Du liebst Smartphones wirklich.
Hehehe, nein, so schnell geht das nicht.
Wir müssen erst die Zwir-belarbeit für den Computer erledigen.
Ein Schritt nach dem anderen!
ZITTER
ZITTER
ZBABABAMM
Handarbeits-AG
Uhrtechniker
Chirurgin
Diese drei machen das wirklich ordentlich.
Muaaaaah! Wieso muss ich mich...
... mit so einer kleinlichen Fummelarbeit abgeben?!

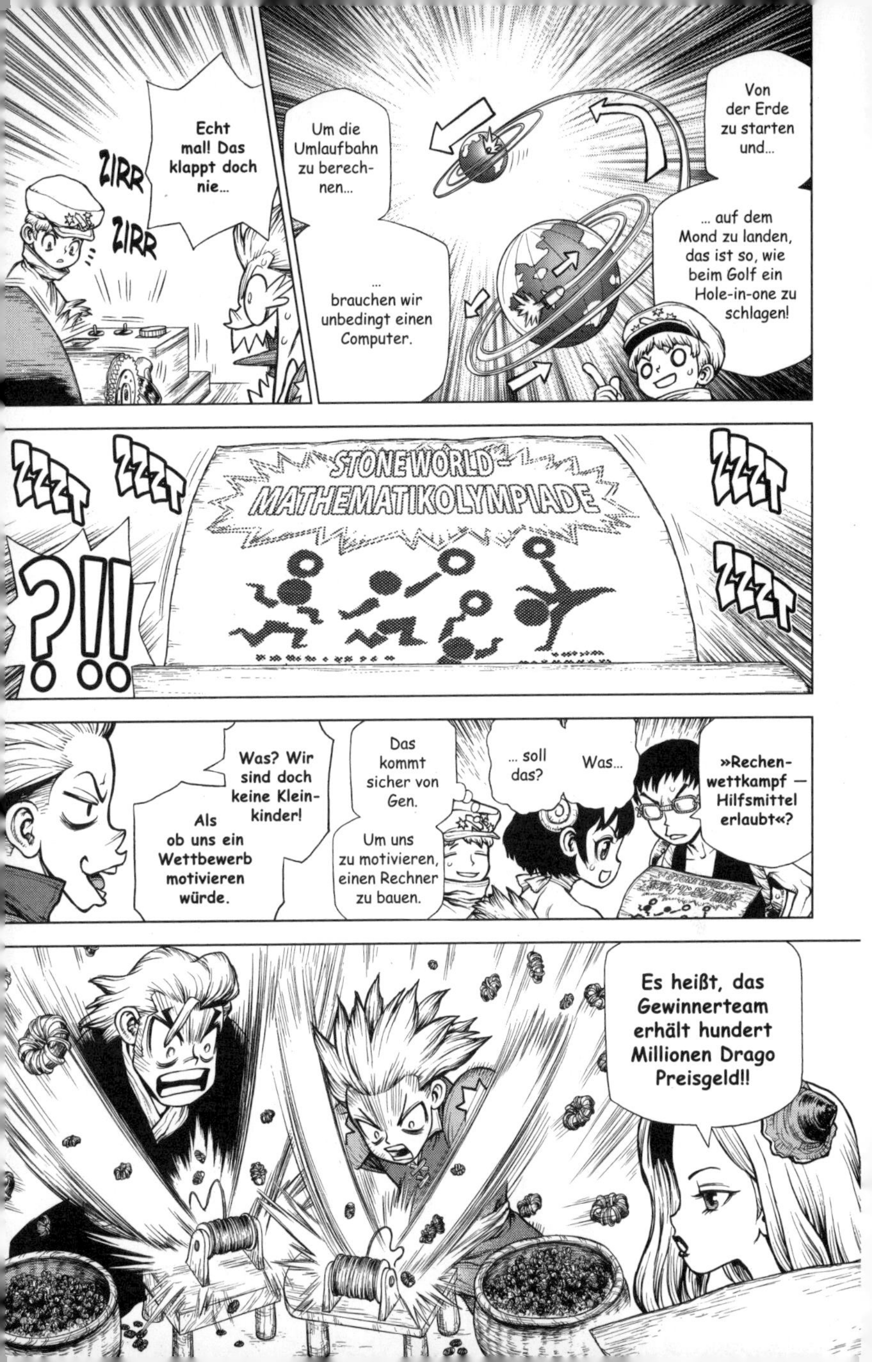
Von der Erde zu starten und...
... auf dem Mond zu landen, das ist so, wie beim Golf ein Hole-in-one zu schlagen!
Um die Umlaufbahn zu berechnen...
... brauchen wir unbedingt einen Computer.
Echt mal! Das klappt doch nie...
ZIRR
ZIRR
ZZZT
ZZZT
ZZZT
ZZZT
STONE WORLD-MATHEMATIKOLYMPIADE
?!!
»Rechenwettkampf — Hilfsmittel erlaubt«?
Was...
... soll das?
Das kommt sicher von Gen.
Um uns zu motivieren, einen Rechner zu bauen.
Was? Wir sind doch keine Kleinkinder!
Als ob uns ein Wettbewerb motivieren würde.
Es heißt, das Gewinnerteam erhält hundert Millionen Drago Preisgeld!!

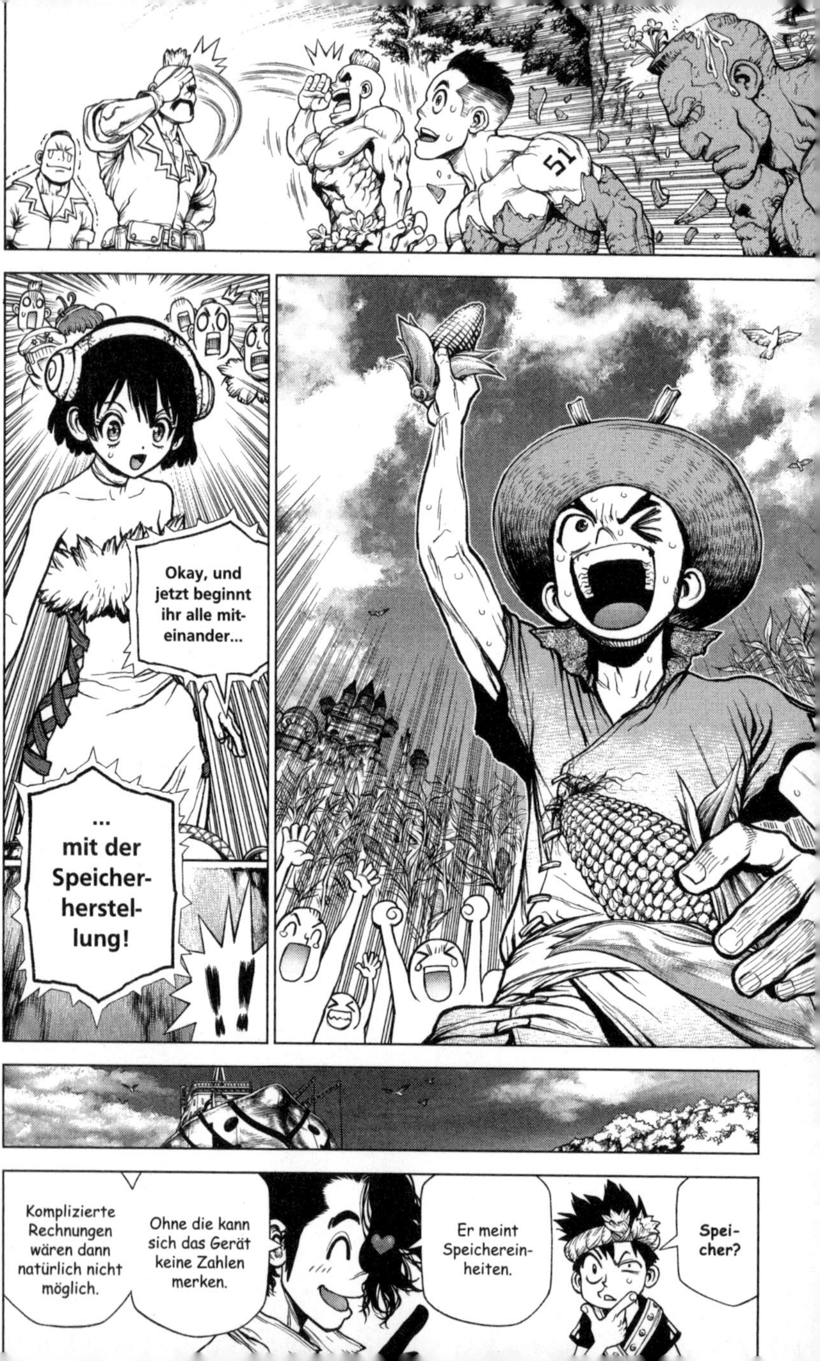

Okay, und jetzt beginnt ihr alle miteinander...
... mit der Speicherherstellung!
Speicher?
Er meint Speichereinheiten.
Ohne die kann sich das Gerät keine Zahlen merken.
Komplizierte Rechnungen wären dann natürlich nicht möglich.

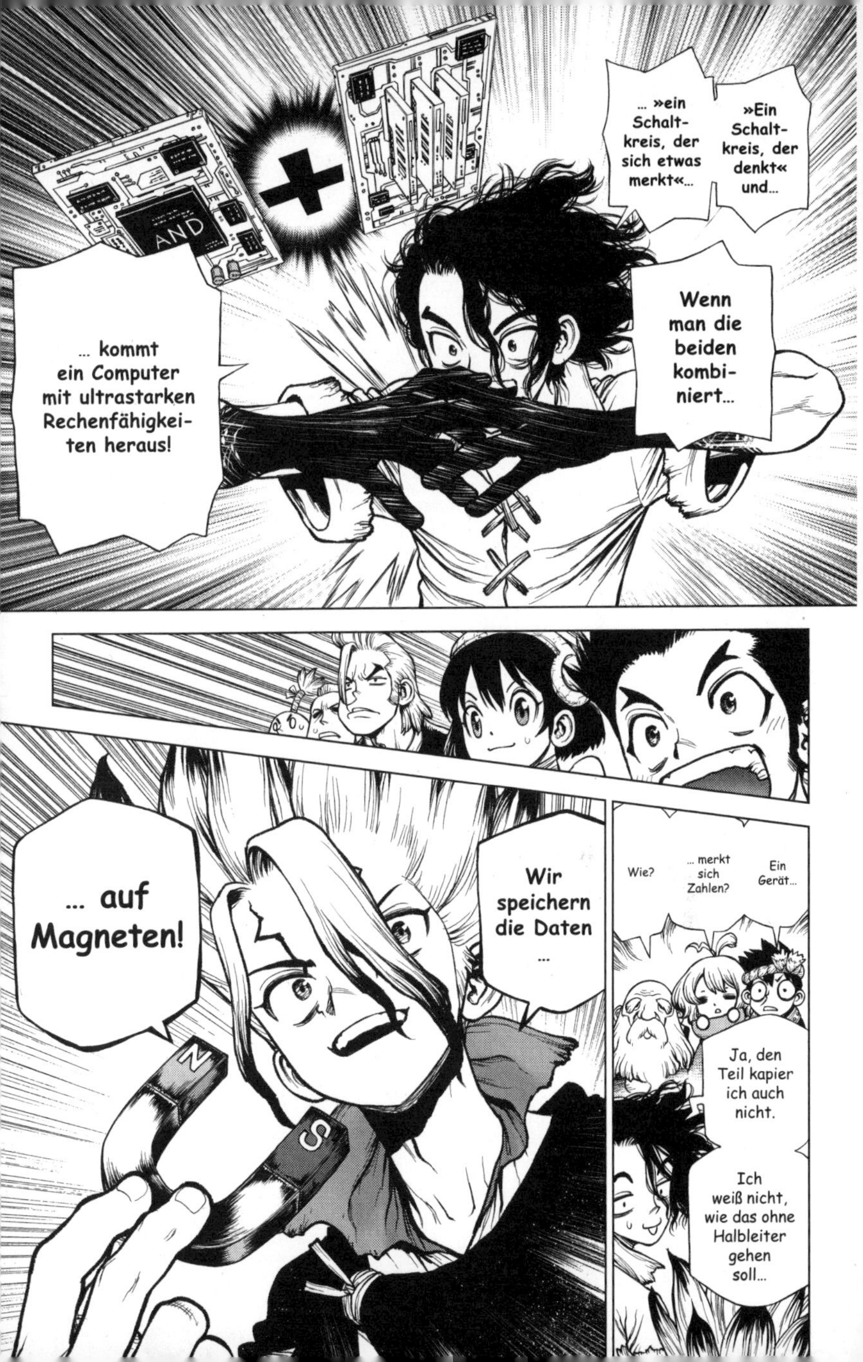

»Ein Schaltkreis, der denkt« und...
... »ein Schaltkreis, der sich etwas merkt«...
AND
Wenn man die beiden kombiniert...
... kommt ein Computer mit ultrastarken Rechenfähigkeiten heraus!
Ein Gerät...
... merkt sich Zahlen?
Wie?
Ja, den Teil kapier ich auch nicht.
Ich weiß nicht, wie das ohne Halbleiter gehen soll...
Wir speichern die Daten ...
... auf Magneten!
N
S

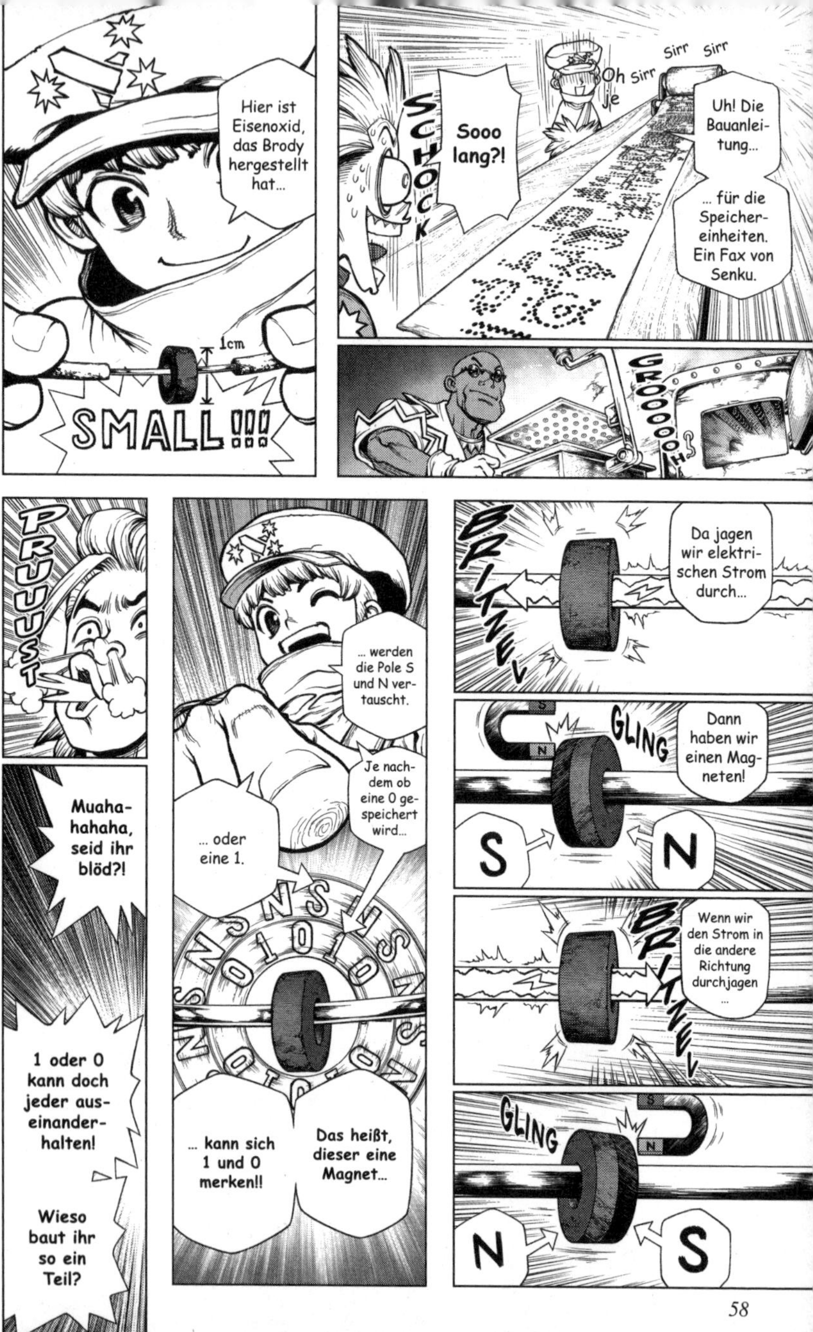

Sirr Sirr
Sirr
Oh je
Uh! Die Bauanleitung...
... für die Speichereinheiten. Ein Fax von Senku.
SCHOCK
Sooo lang?!
GROOOOOOH
Hier ist Eisenoxid, das Brody hergestellt hat...
1cm
SMALL!!!
Da jagen wir elektrischen Strom durch...
BRITZEL
Dann haben wir einen Magneten!
GLING
S
N
Wenn wir den Strom in die andere Richtung durchjagen ...
BRITZEL
GLING
N
S
... werden die Pole S und N vertauscht.
Je nachdem ob eine 0 gespeichert wird...
... oder eine 1.
Das heißt, dieser eine Magnet...
... kann sich 1 und 0 merken!!
PRUUUST
Muahahahaha, seid ihr blöd?!
1 oder 0 kann doch jeder auseinanderhalten!
Wieso baut ihr so ein Teil?

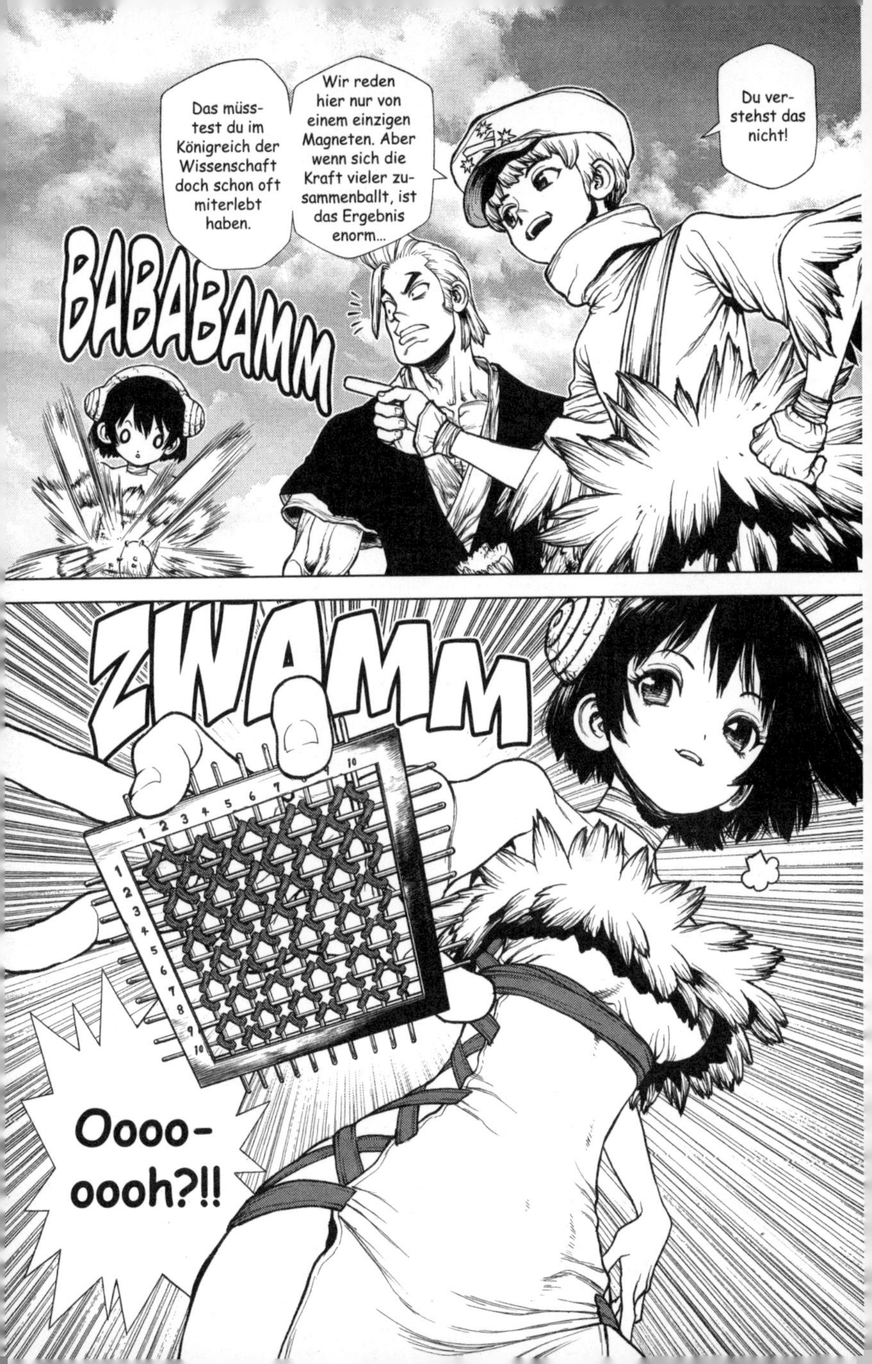
Du verstehst das nicht!
Wir reden hier nur von einem einzigen Magneten. Aber wenn sich die Kraft vieler zusammenballt, ist das Ergebnis enorm...
Das müsstest du im Königreich der Wissenschaft doch schon oft miterlebt haben.
BABABAMM
ZWAMM
Oooo-oooh?!!

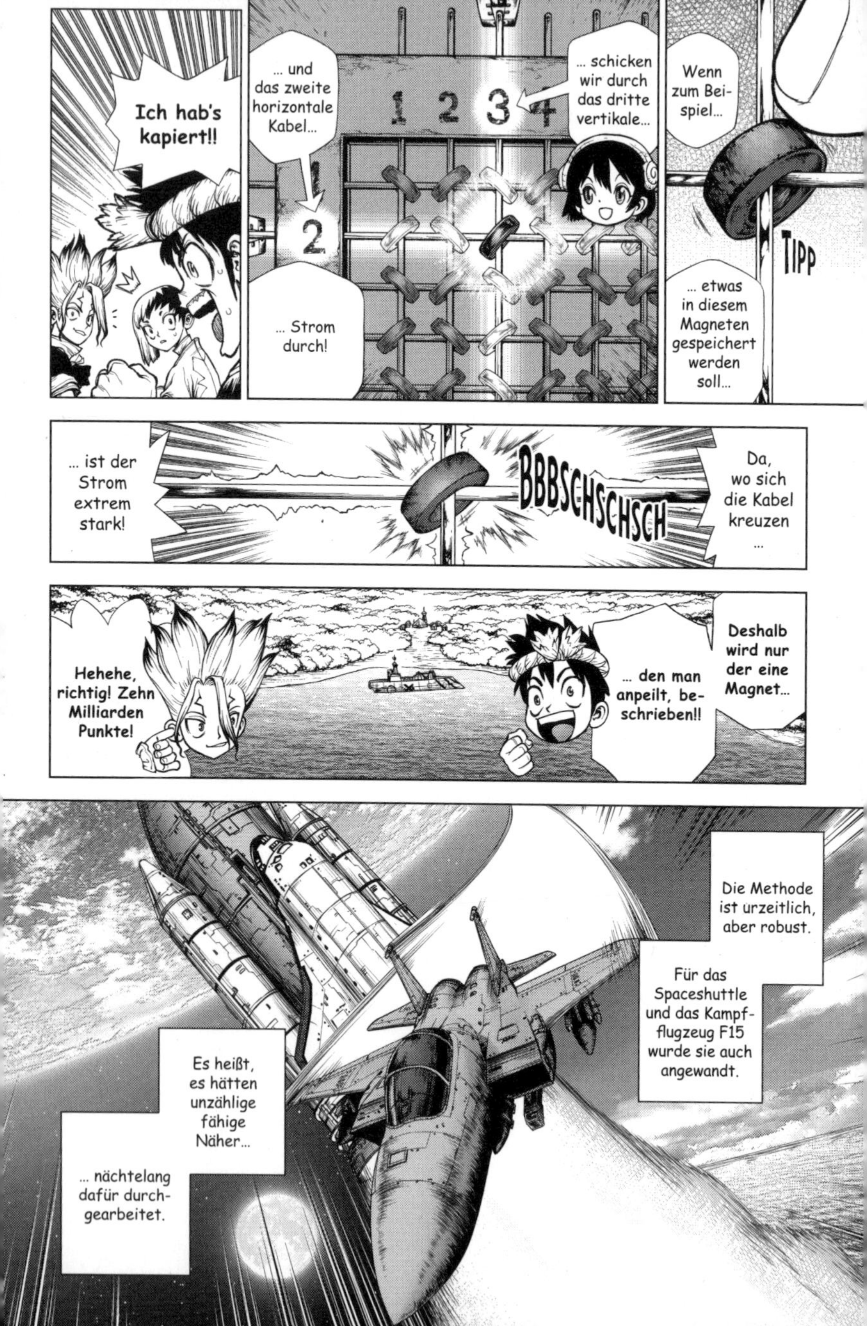
Wenn zum Beispiel...
... etwas in diesem Magneten gespeichert werden soll...
TIPP
... schicken wir durch das dritte vertikale...
1 2 3 4
... und das zweite horizontale Kabel...
2
... Strom durch!
Ich hab's kapiert!!
Da, wo sich die Kabel kreuzen ...
BBBSCHSCHSCH
... ist der Strom extrem stark!
Deshalb wird nur der eine Magnet...
... den man anpeilt, beschrieben!!
Hehehe, richtig! Zehn Milliarden Punkte!
Die Methode ist urzeitlich, aber robust.
Für das Spaceshuttle und das Kampfflugzeug F15 wurde sie auch angewandt.
Es heißt, es hätten unzählige fähige Näher...
... nächtelang dafür durchgearbeitet.

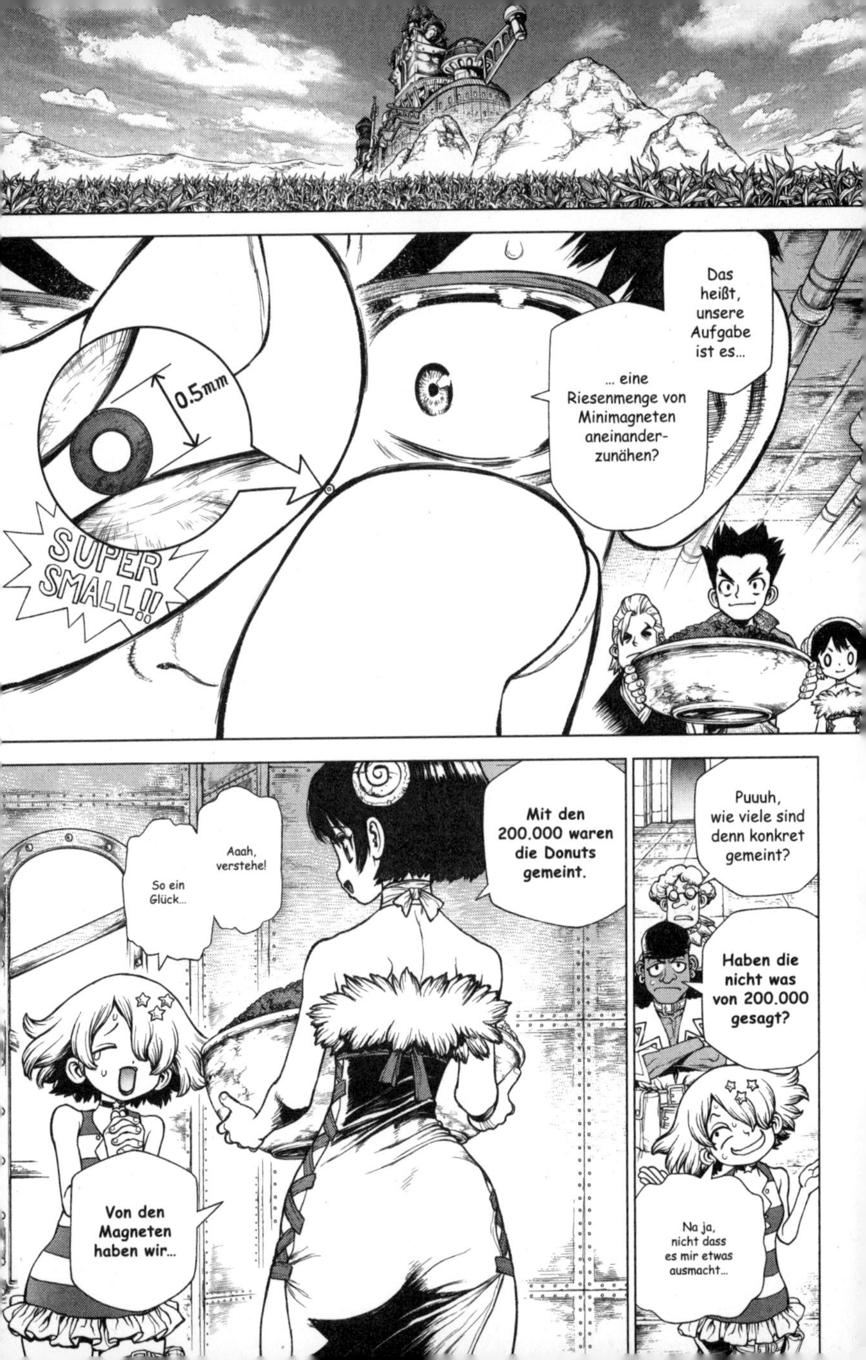
Das heißt, unsere Aufgabe ist es...
... eine Riesenmenge von Minimagneten aneinander-zunähen?
0.5mm
SUPER SMALL!!
Puuuh, wie viele sind denn konkret gemeint?
Haben die nicht was von 200.000 gesagt?
Na ja, nicht dass es mir etwas ausmacht...
Mit den 200.000 waren die Donuts gemeint.
Aaah, verstehe!
So ein Glück...
Von den Magneten haben wir...

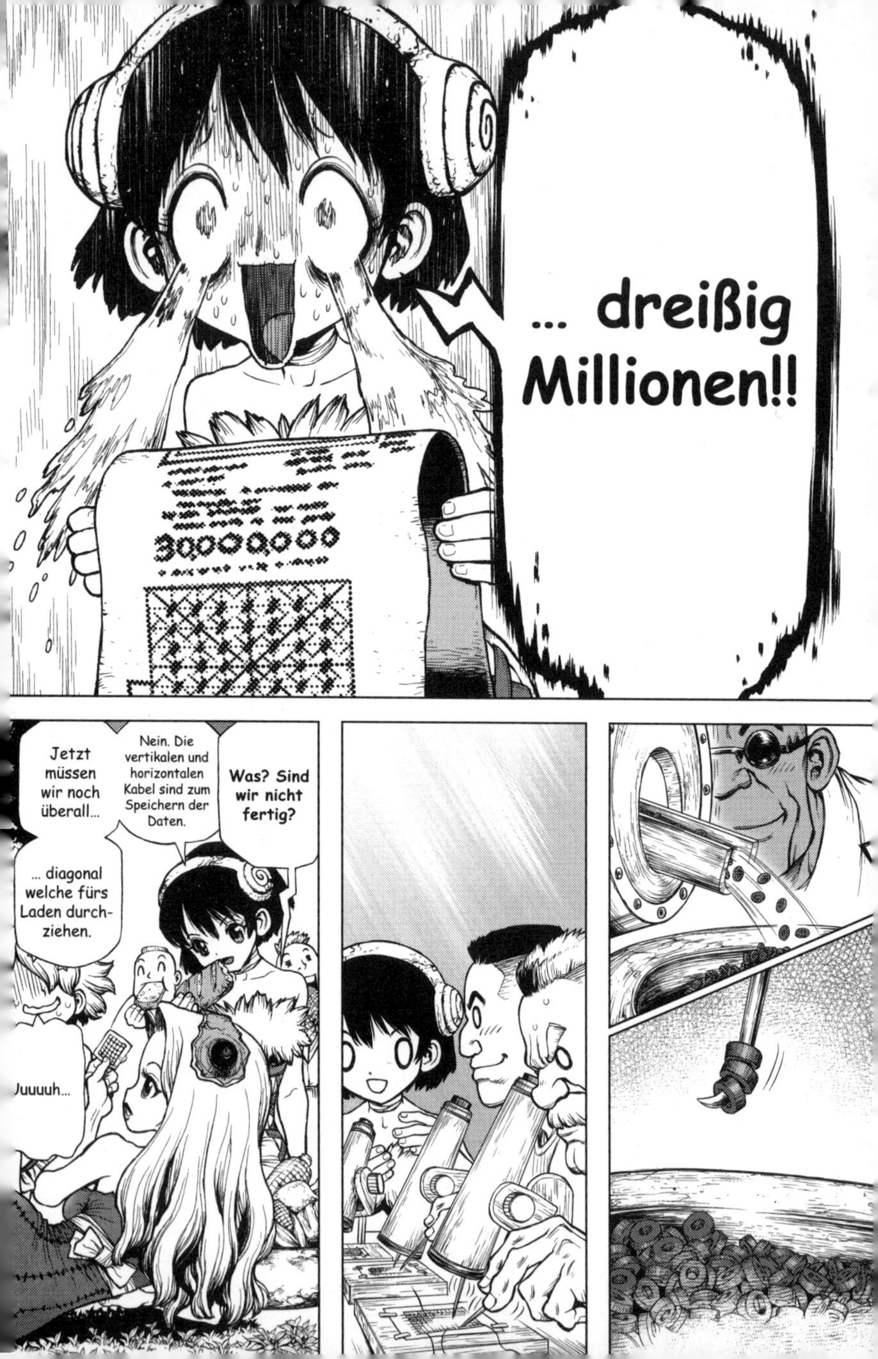
... dreißig Millionen!!
Was? Sind wir nicht fertig?
Nein. Die vertikalen und horizontalen Kabel sind zum Speichern der Daten.
Jetzt müssen wir noch überall...
... diagonal welche fürs Laden durchziehen.
Juuuuh...

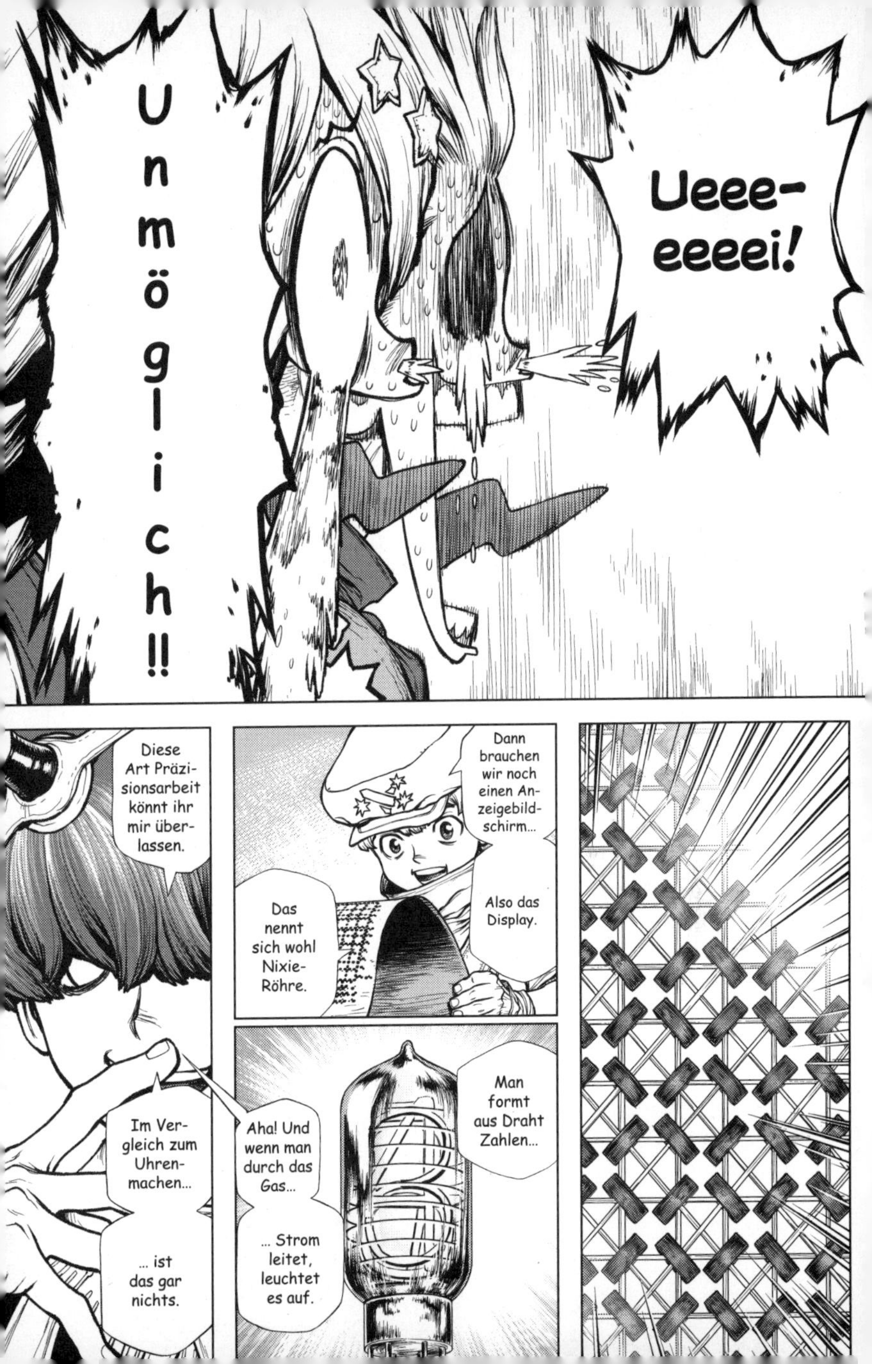
Ueee-eeeei!
Unmöglich!!
Dann brauchen wir noch einen Anzeigebildschirm…
Also das Display.
Das nennt sich wohl Nixie-Röhre.
Man formt aus Draht Zahlen…
Aha! Und wenn man durch das Gas…
… Strom leitet, leuchtet es auf.
Diese Art Präzisionsarbeit könnt ihr mir überlassen.
Im Vergleich zum Uhrenmachen…
… ist das gar nichts.

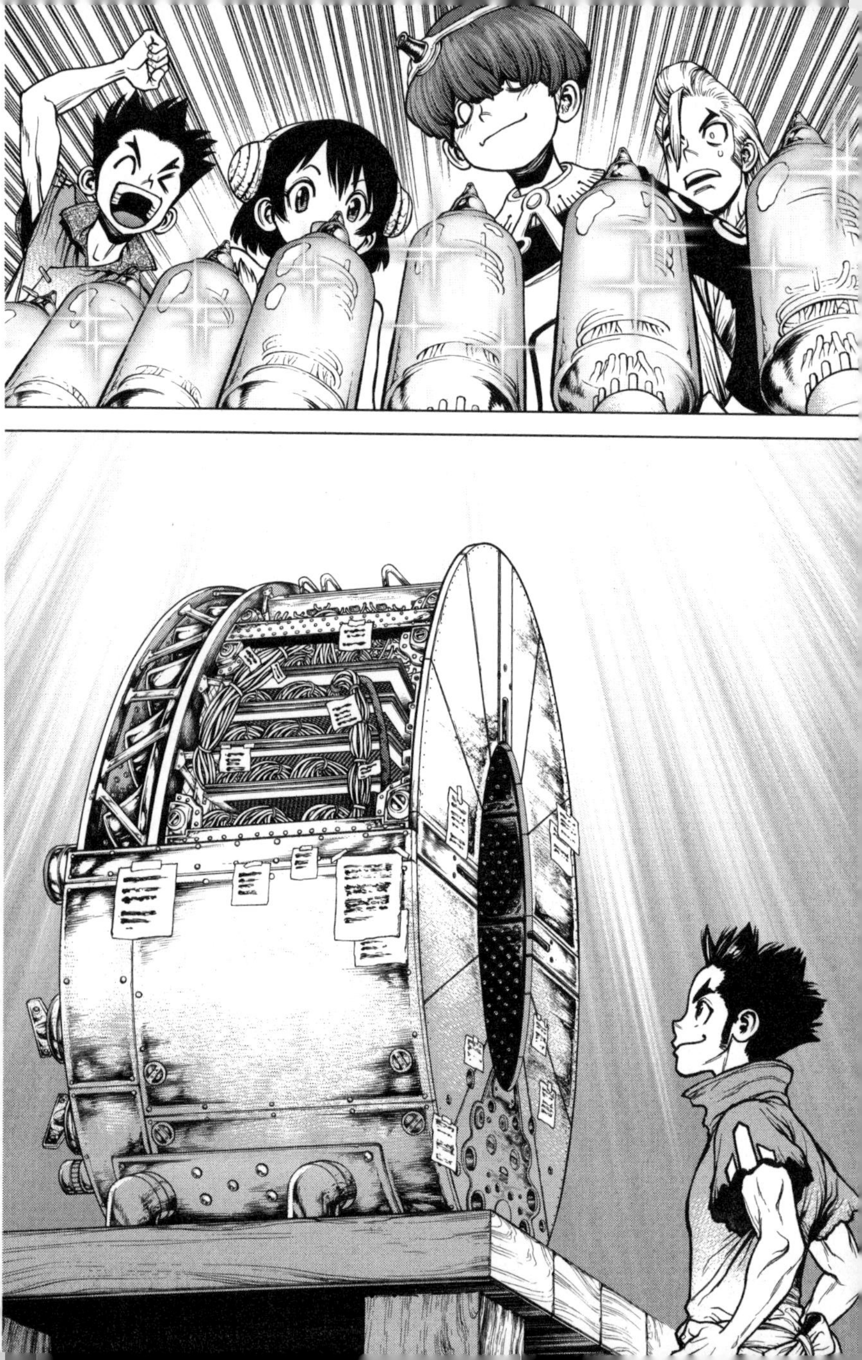

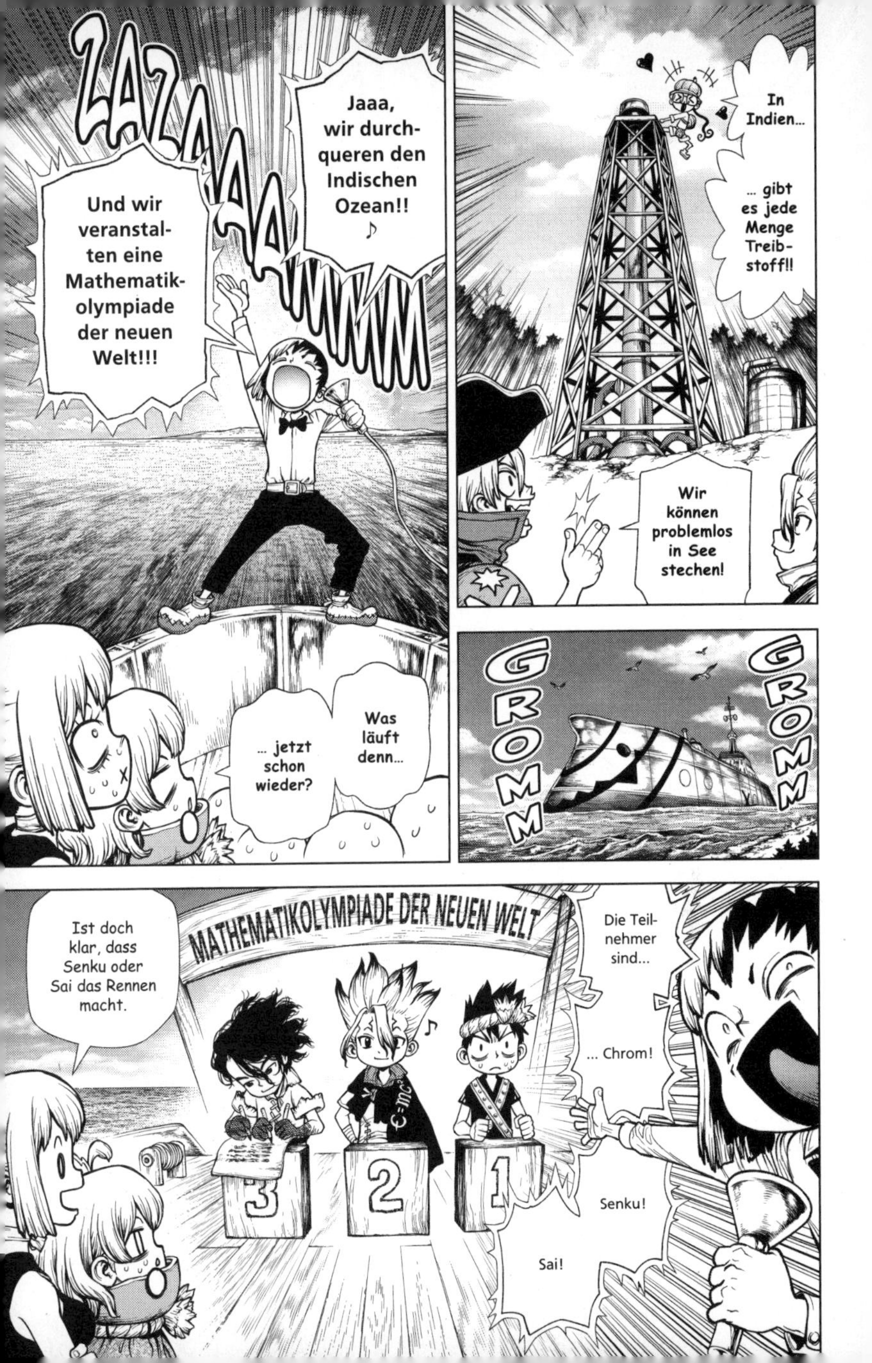
In Indien...
... gibt es jede Menge Treibstoff!!
Wir können problemlos in See stechen!
ZAZAAAAAWWWM
Jaaa, wir durchqueren den Indischen Ozean!! ♪
Und wir veranstalten eine Mathematikolympiade der neuen Welt!!!
GROMM
GROMM
Was läuft denn...
... jetzt schon wieder?
MATHEMATIKOLYMPIADE DER NEUEN WELT
Die Teilnehmer sind...
... Chrom!
Senku!
Sai!
Ist doch klar, dass Senku oder Sai das Rennen macht.

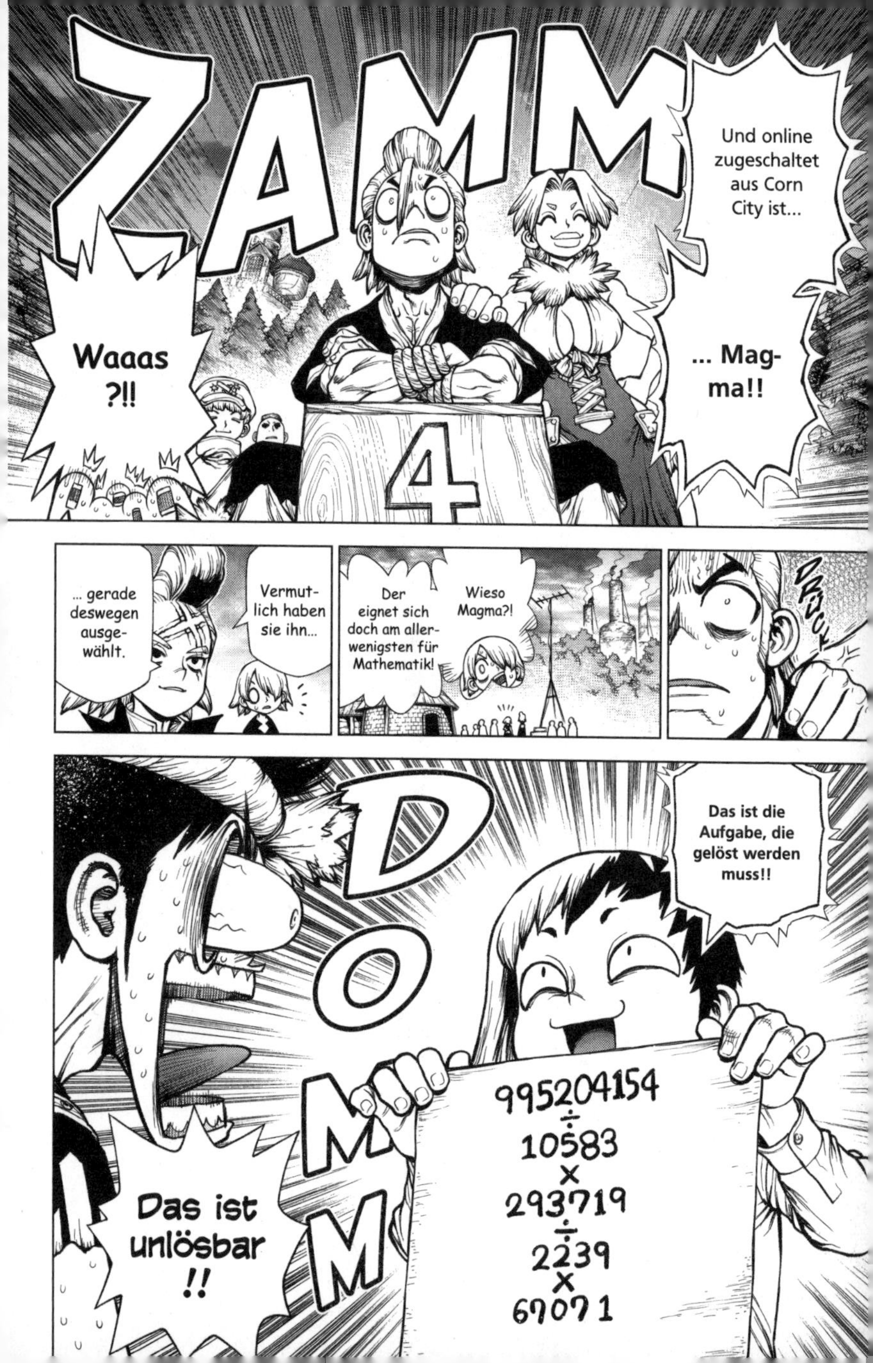
ZAMM
Und online zugeschaltet aus Corn City ist...
... Mag-ma!!
Waaas ?!!
DRÜCK
Wieso Magma?!
Der eignet sich doch am allerwenigsten für Mathematik!
Vermutlich haben sie ihn...
... gerade deswegen ausgewählt.
Das ist die Aufgabe, die gelöst werden muss!!
DOMM
995204154
÷
10583
×
293719
÷
2239
×
67071
Das ist unlösbar !!

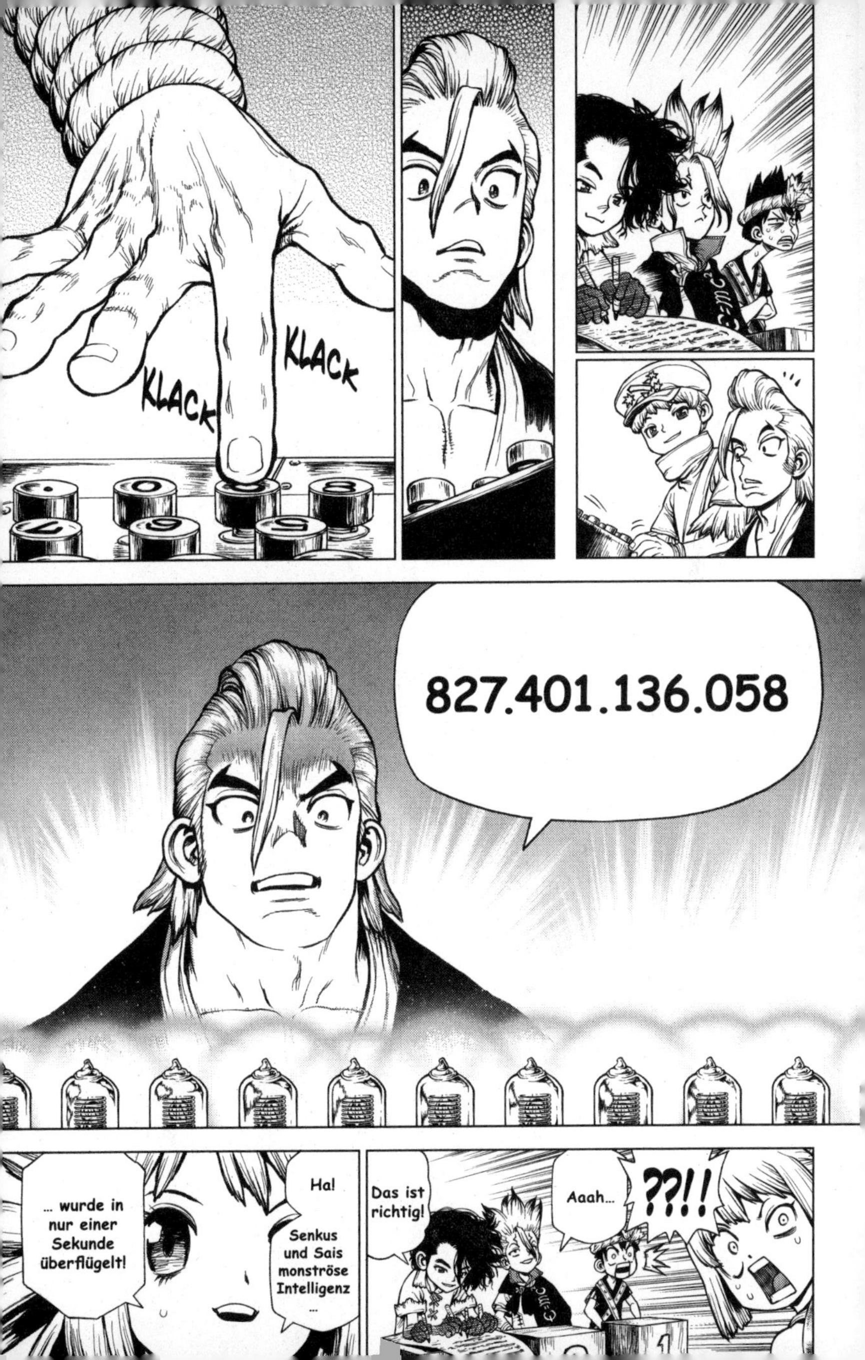

KLACK
KLACK
827.401.136.058
Ha!
Senkus und Sais monströse Intelligenz ...
... wurde in nur einer Sekunde überflügelt!
??!!
Aaah...
Das ist richtig!

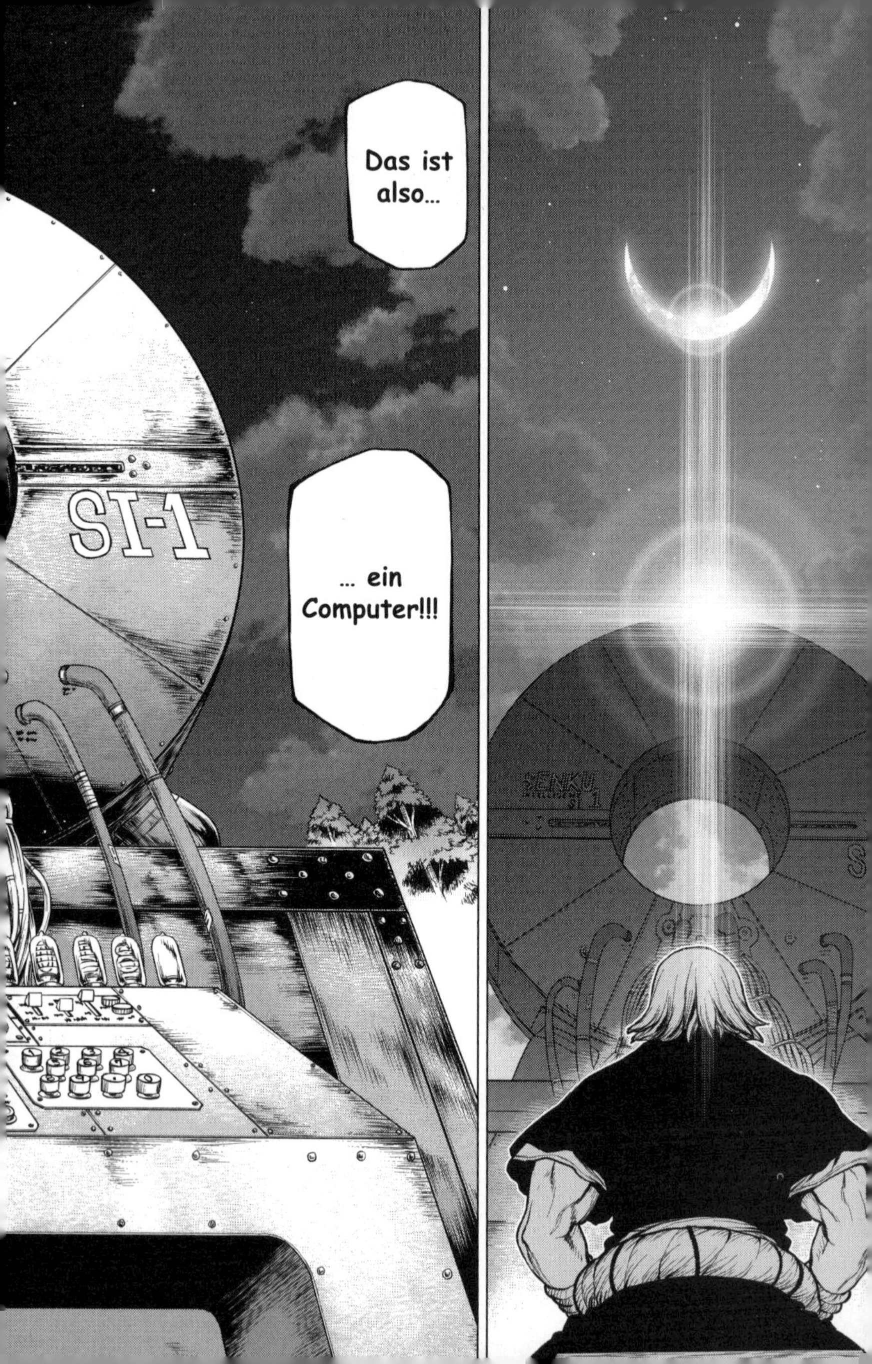
Das ist also…
… ein Computer!!!
SI-1

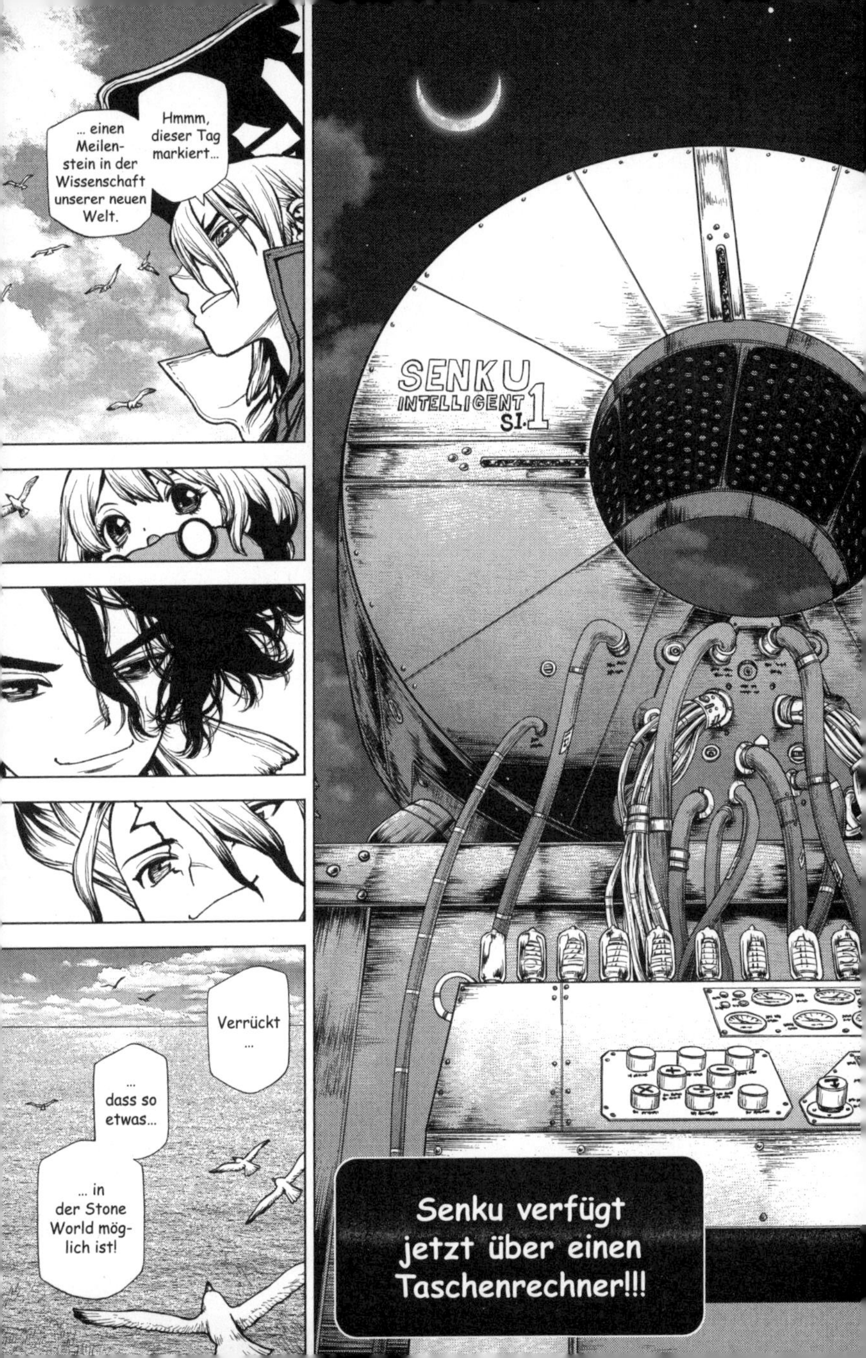
Hmmm, dieser Tag markiert...
... einen Meilenstein in der Wissenschaft unserer neuen Welt.
SENKU INTELLIGENT SI·1
Verrückt ...
... dass so etwas...
... in der Stone World möglich ist!
Senku verfügt jetzt über einen Taschenrechner!!!

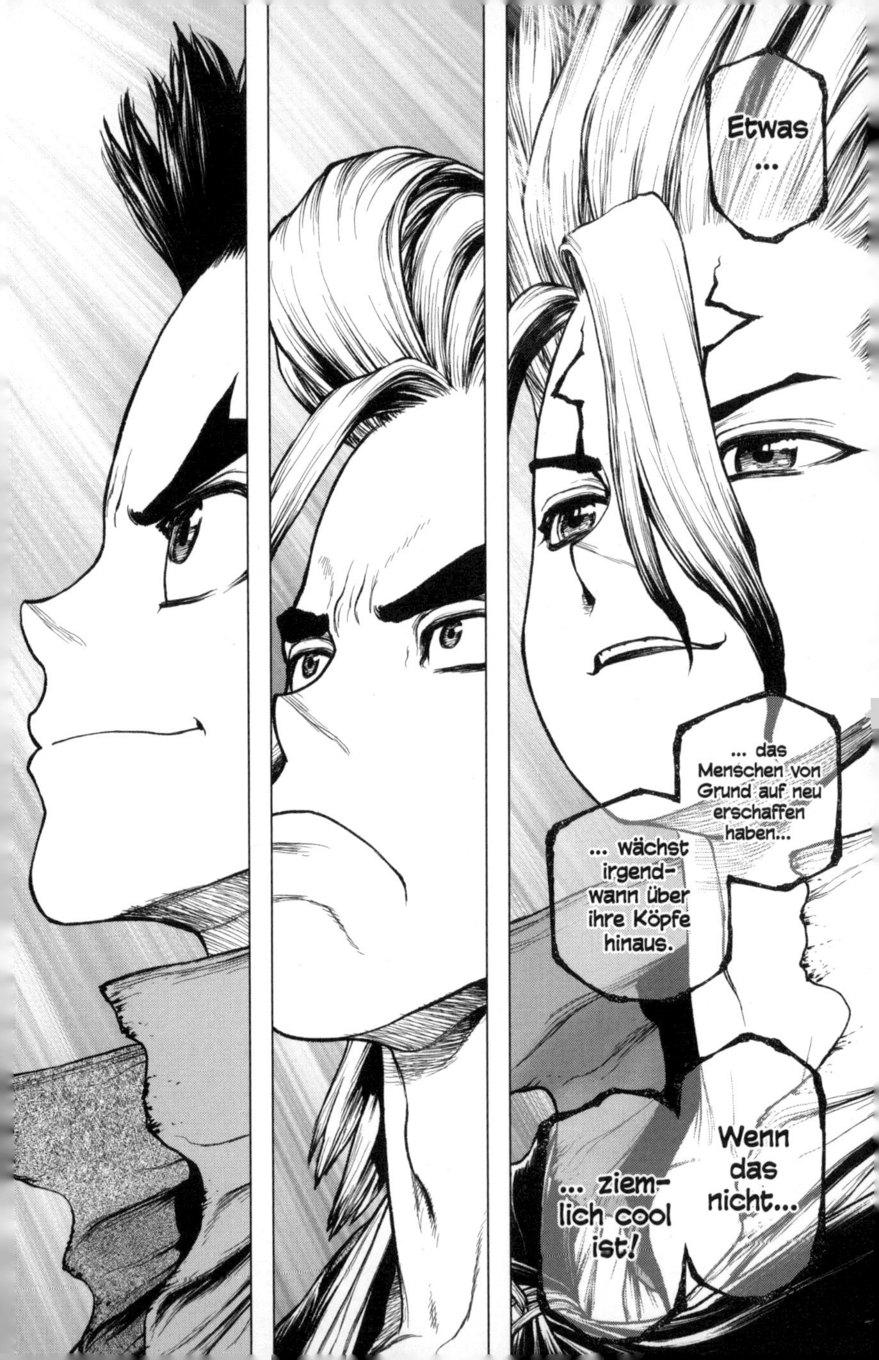

Etwas ...
... das Menschen von Grund auf neu erschaffen haben...
... wächst irgend-wann über ihre Köpfe hinaus.
Wenn das nicht...
... ziem-lich cool ist!

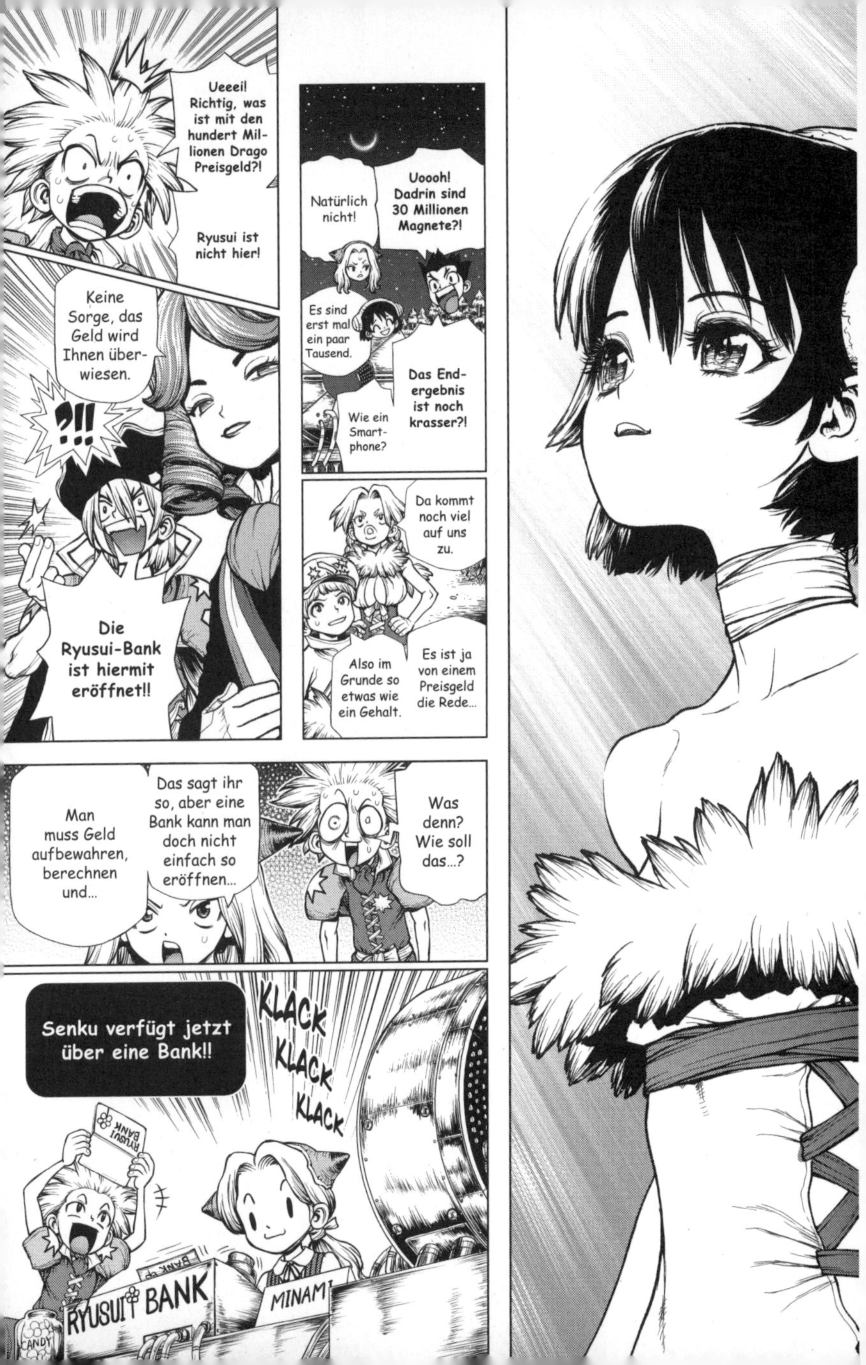
Ueeei! Richtig, was ist mit den hundert Millionen Drago Preisgeld?!
Ryusui ist nicht hier!
Keine Sorge, das Geld wird Ihnen überwiesen.
?!!
Die Ryusui-Bank ist hiermit eröffnet!!
Uoooh! Dadrin sind 30 Millionen Magnete?!
Natürlich nicht!
Es sind erst mal ein paar Tausend.
Das Endergebnis ist noch krasser?!
Wie ein Smartphone?
Da kommt noch viel auf uns zu.
Es ist ja von einem Preisgeld die Rede...
Also im Grunde so etwas wie ein Gehalt.
Was denn? Wie soll das...?
Das sagt ihr so, aber eine Bank kann man doch nicht einfach so eröffnen...
Man muss Geld aufbewahren, berechnen und...
Senku verfügt jetzt über eine Bank!!
KLACK
KLACK
KLACK
RYUSUI BANK
RYUSUI BANK
MINAMI
CANDY

Extra-Episode: Fließende Fadennudeln

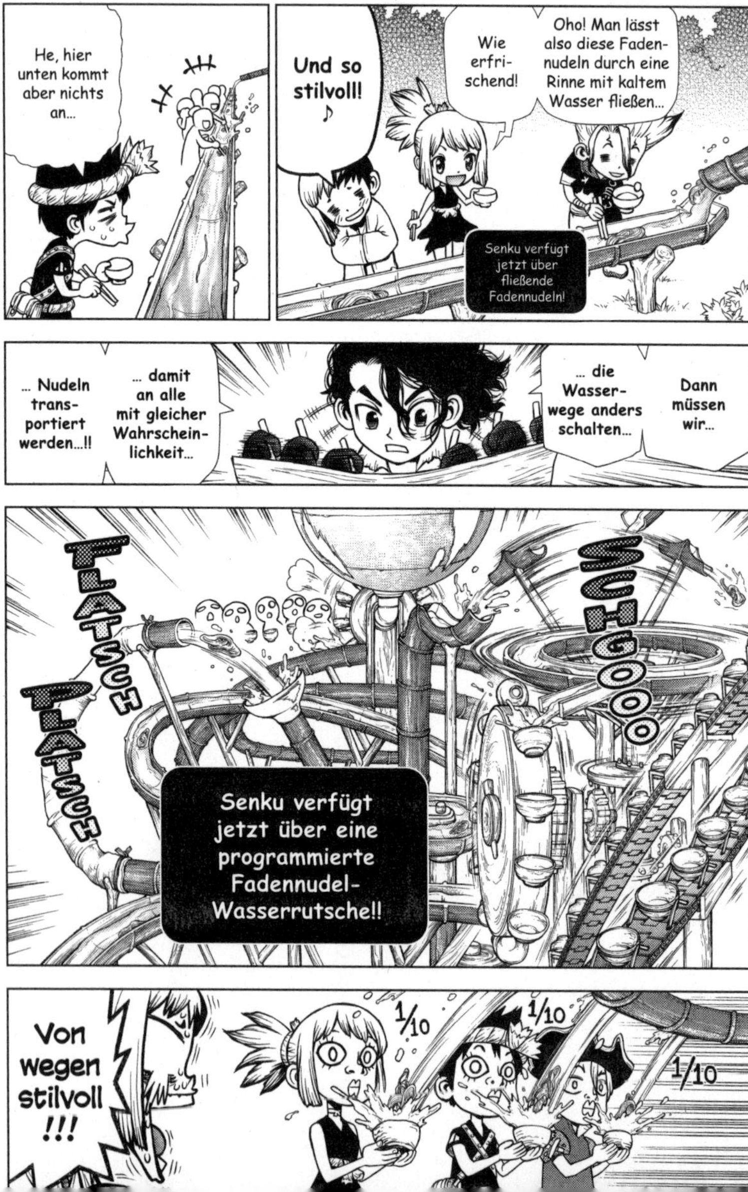

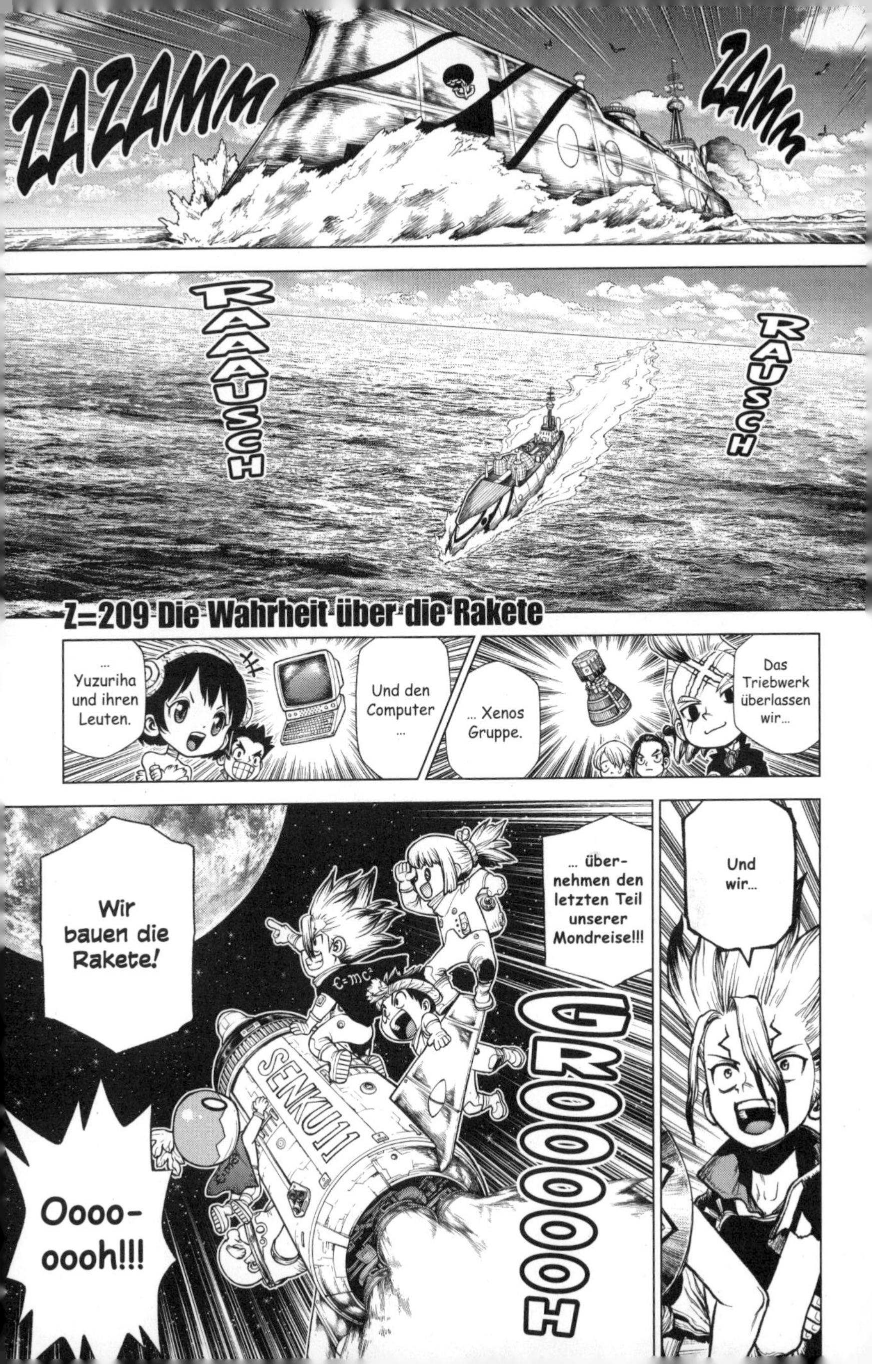
ZAMM
ZAZAMM
RAUSCH
RAAAUSCH
Z=209 Die Wahrheit über die Rakete
Das Triebwerk überlassen wir...
... Xenos Gruppe.
Und den Computer ...
... Yuzuriha und ihren Leuten.
Und wir...
... über-nehmen den letzten Teil unserer Mondreise!!!
GROOOOOOH
Wir bauen die Rakete!
Oooo-oooh!!!
SENKU 1

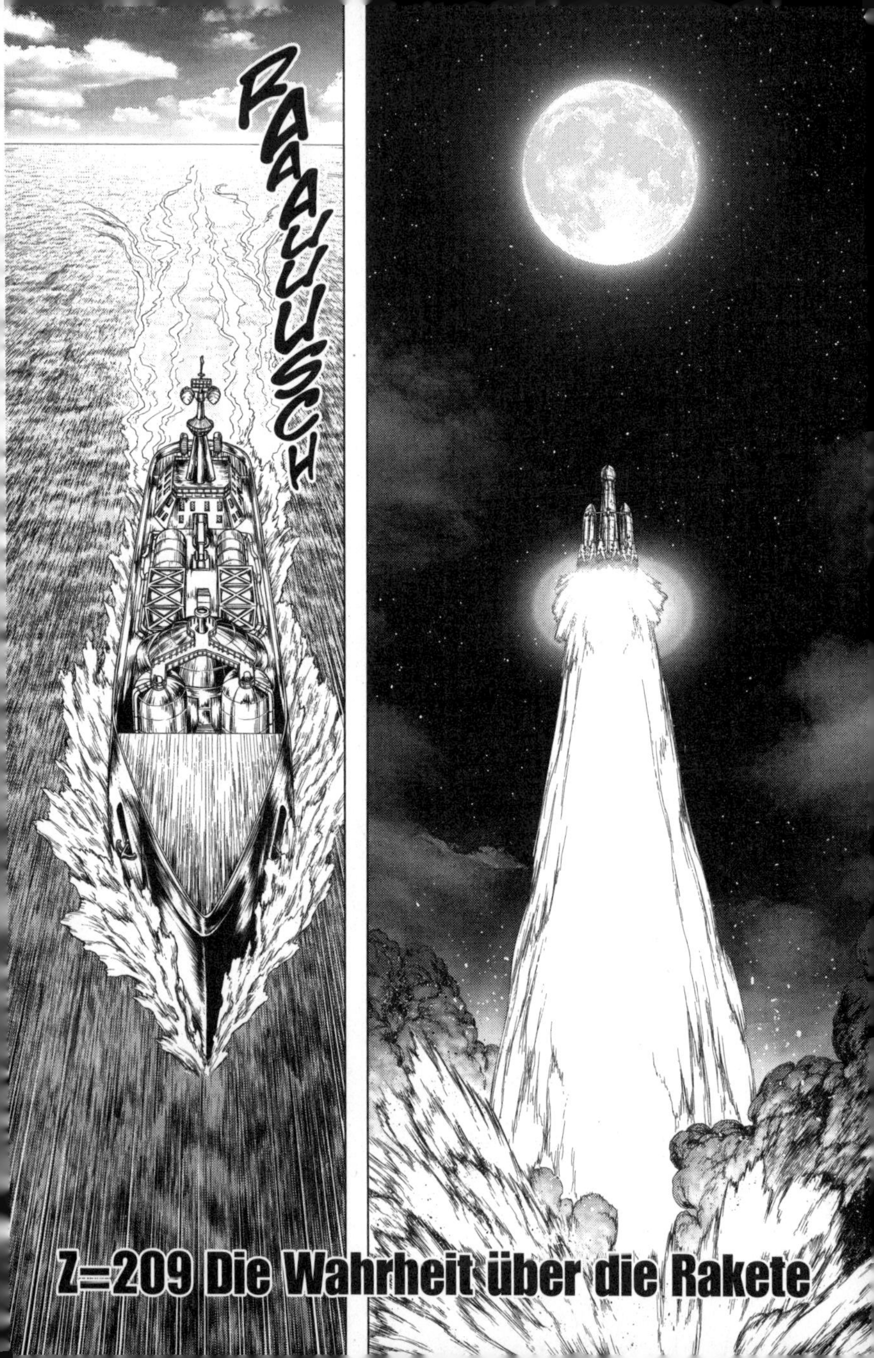

Z=209 Die Wahrheit über die Rakete

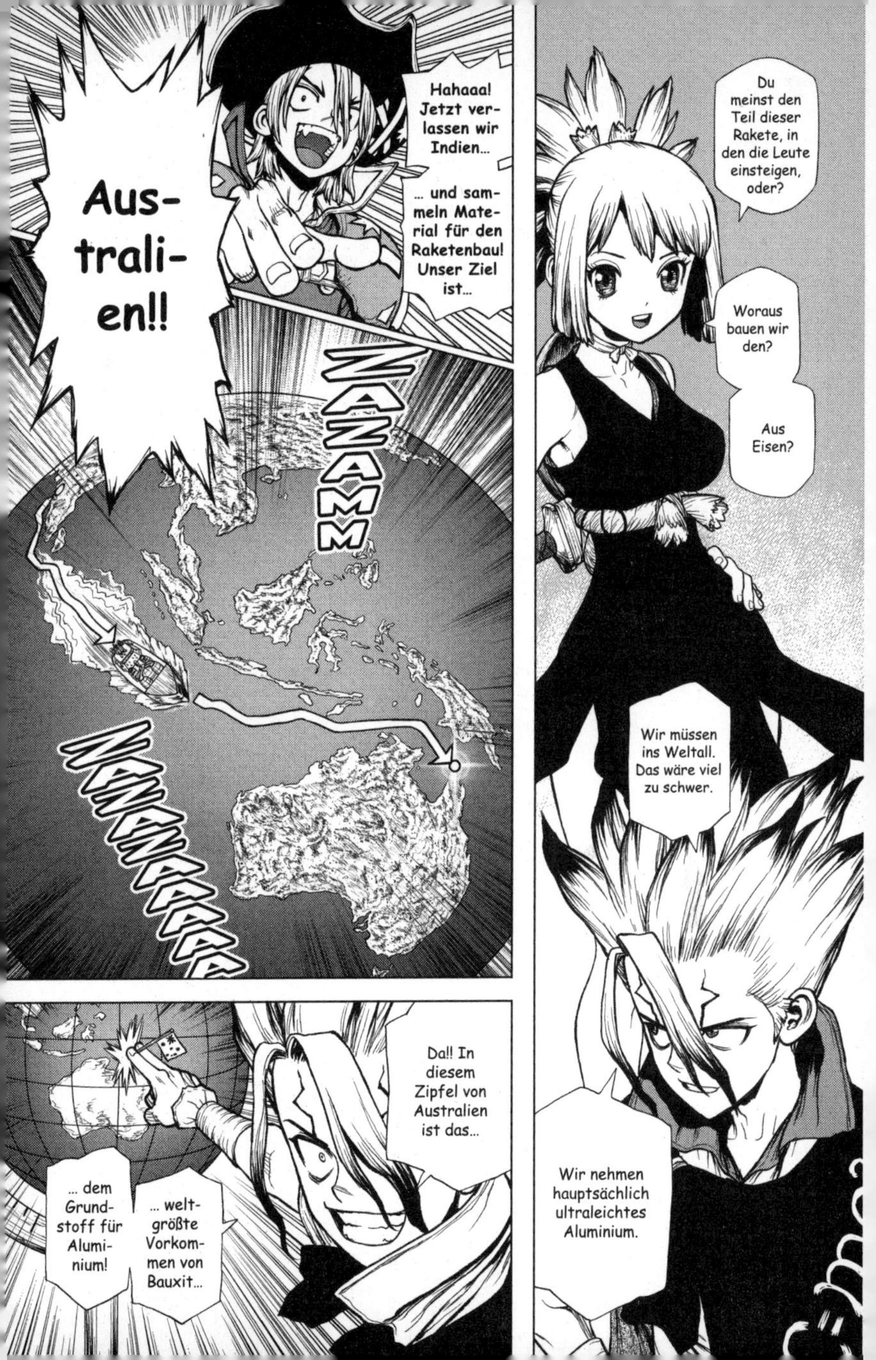
Du meinst den Teil dieser Rakete, in den die Leute einsteigen, oder?
Woraus bauen wir den?
Aus Eisen?
Wir müssen ins Weltall. Das wäre viel zu schwer.
Wir nehmen hauptsächlich ultraleichtes Aluminium.
Hahaaa! Jetzt verlassen wir Indien...
... und sammeln Material für den Raketenbau! Unser Ziel ist...
Australien!!
ZAZAMM
Da!! In diesem Zipfel von Australien ist das...
... weltgrößte Vorkommen von Bauxit...
... dem Grundstoff für Aluminium!

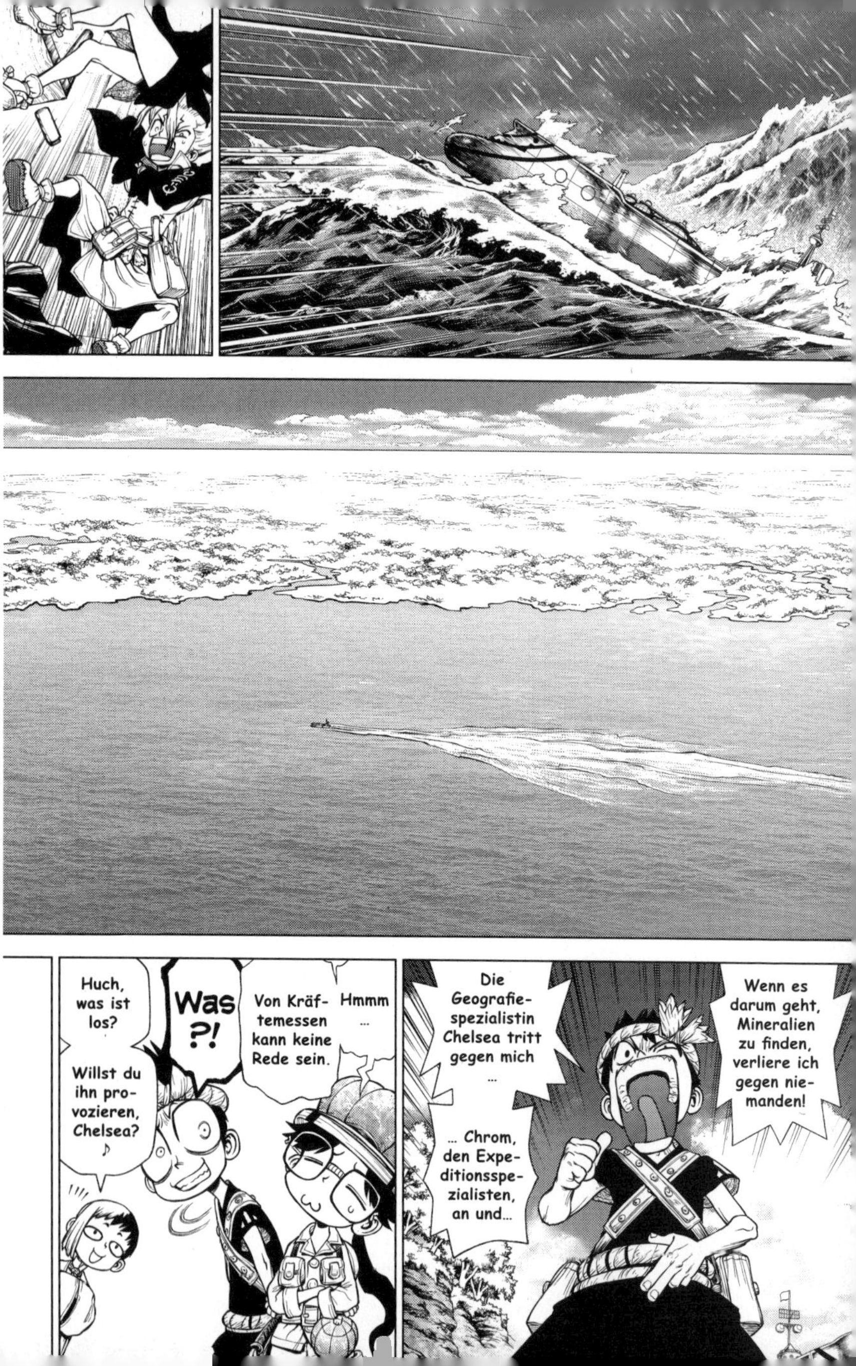

Wenn es darum geht, Mineralien zu finden, verliere ich gegen niemanden!
Die Geografiespezialistin Chelsea tritt gegen mich …
… Chrom, den Expeditionsspezialisten, an und…
Hmmm …
Von Kräftemessen kann keine Rede sein.
Was ?!
Huch, was ist los?
Willst du ihn provozieren, Chelsea? ♪

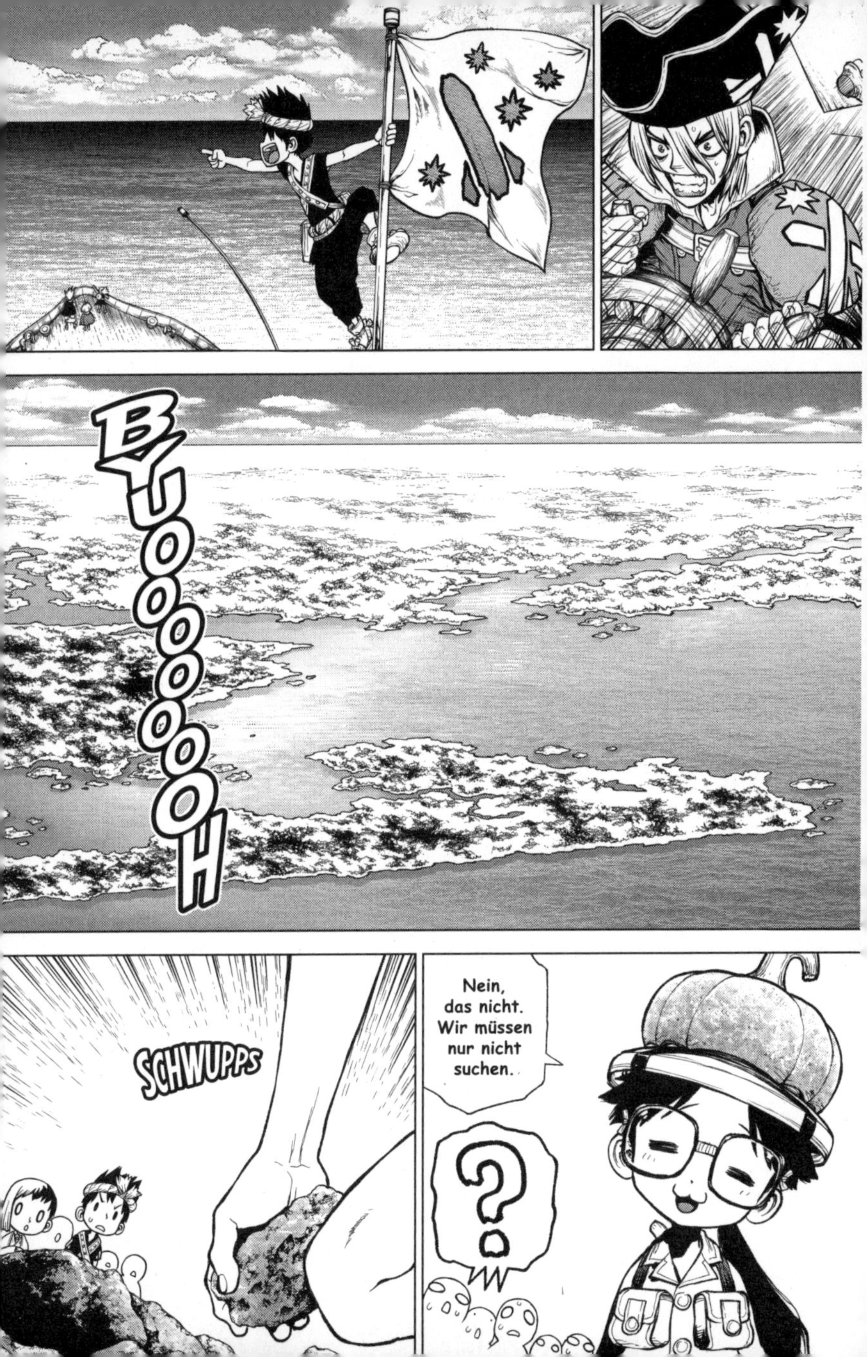
BYUOOOOOOOOH
SCHWUPPS
Nein, das nicht. Wir müssen nur nicht suchen.
?

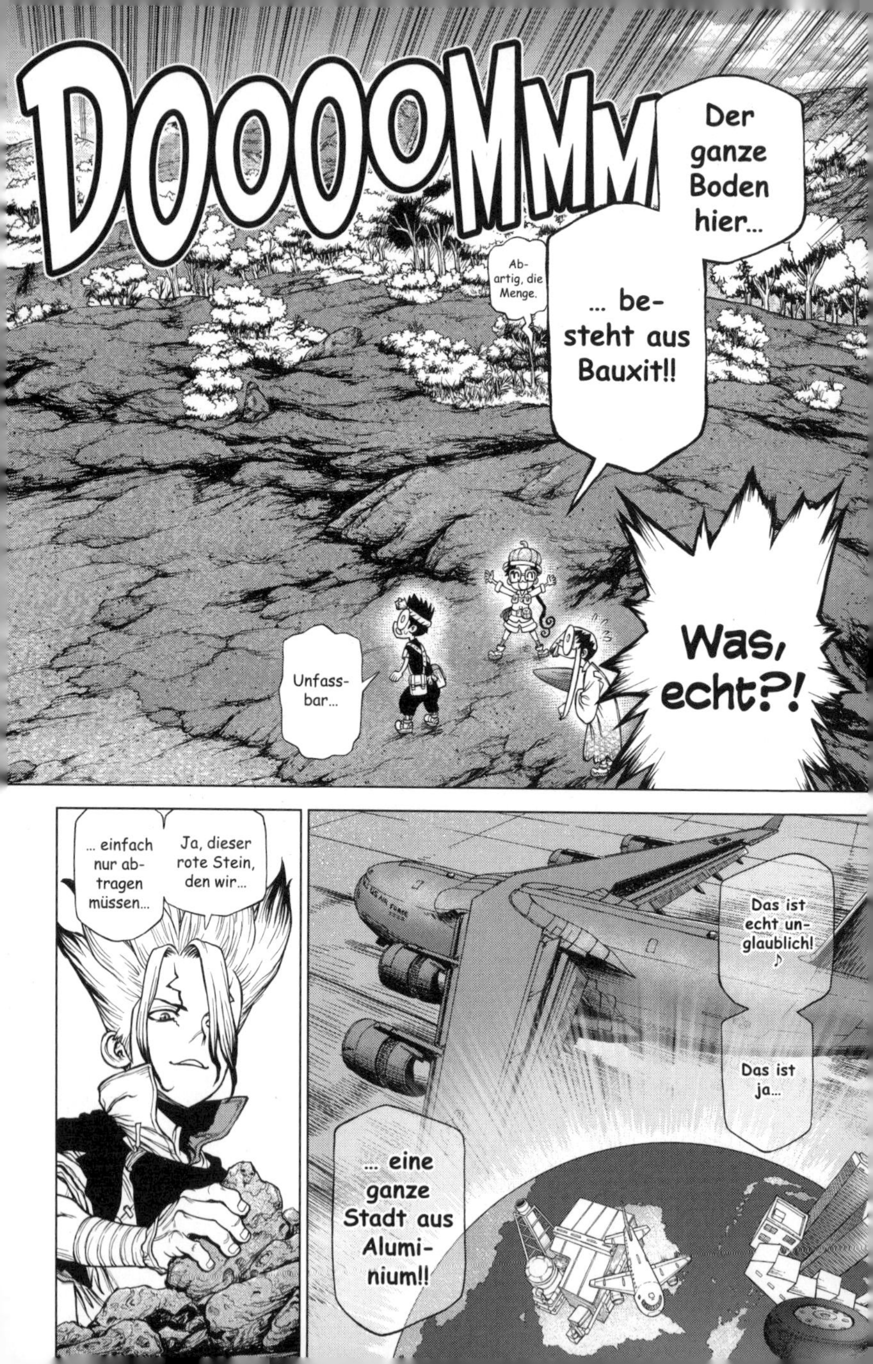
DOOOOMMM
Der ganze Boden hier…
… be-steht aus Bauxit!!
Ab-artig, die Menge.
Was, echt?!
Unfass-bar…
Das ist echt un-glaublich! ♪
Das ist ja…
… eine ganze Stadt aus Alumi-nium!!
Ja, dieser rote Stein, den wir…
… einfach nur ab-tragen müssen…

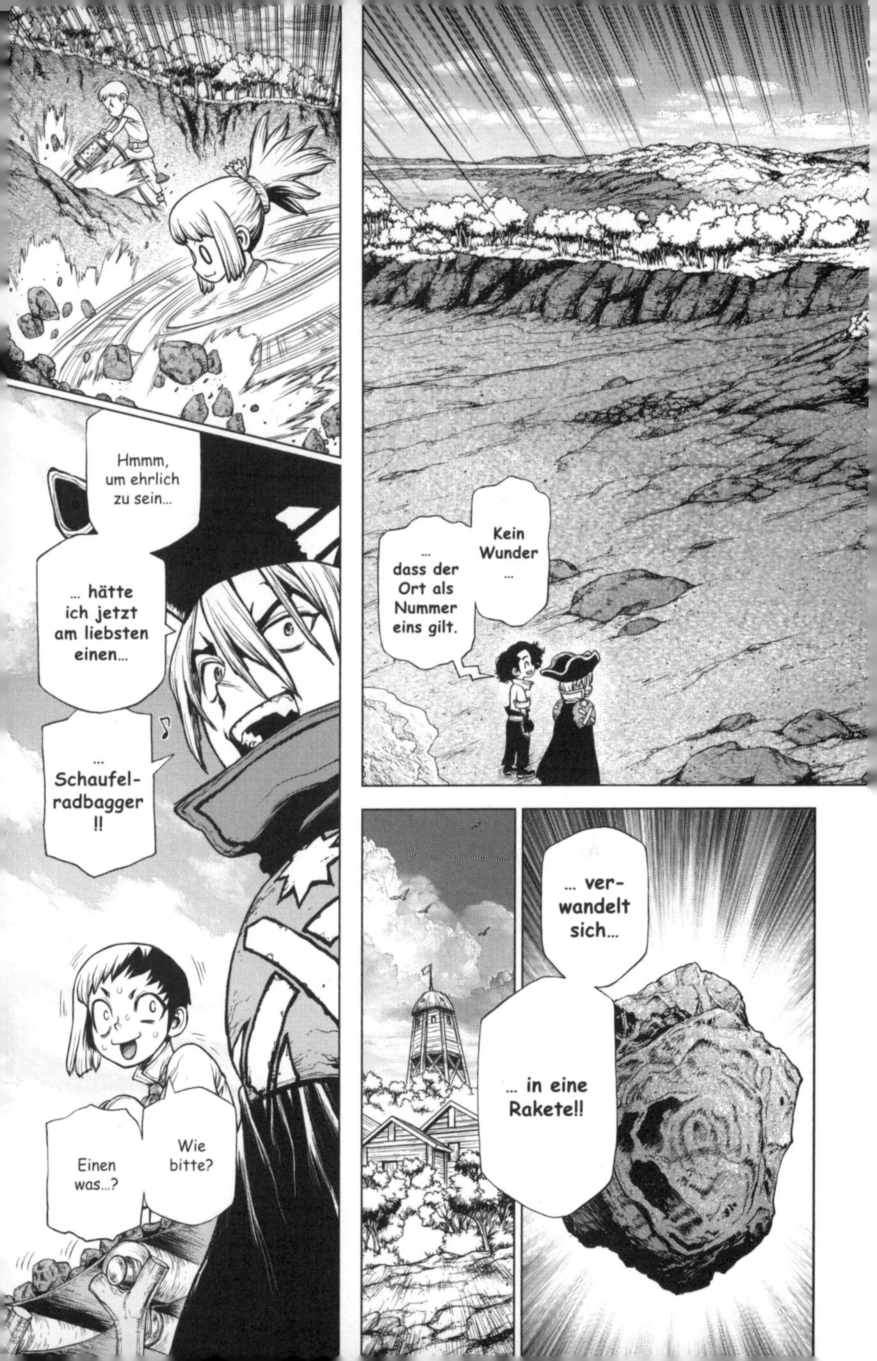
Kein Wunder ...
... dass der Ort als Nummer eins gilt.
... verwandelt sich...
... in eine Rakete!!
Hmmm, um ehrlich zu sein...
... hätte ich jetzt am liebsten einen...
... Schaufelradbagger !!
Wie bitte?
Einen was...?

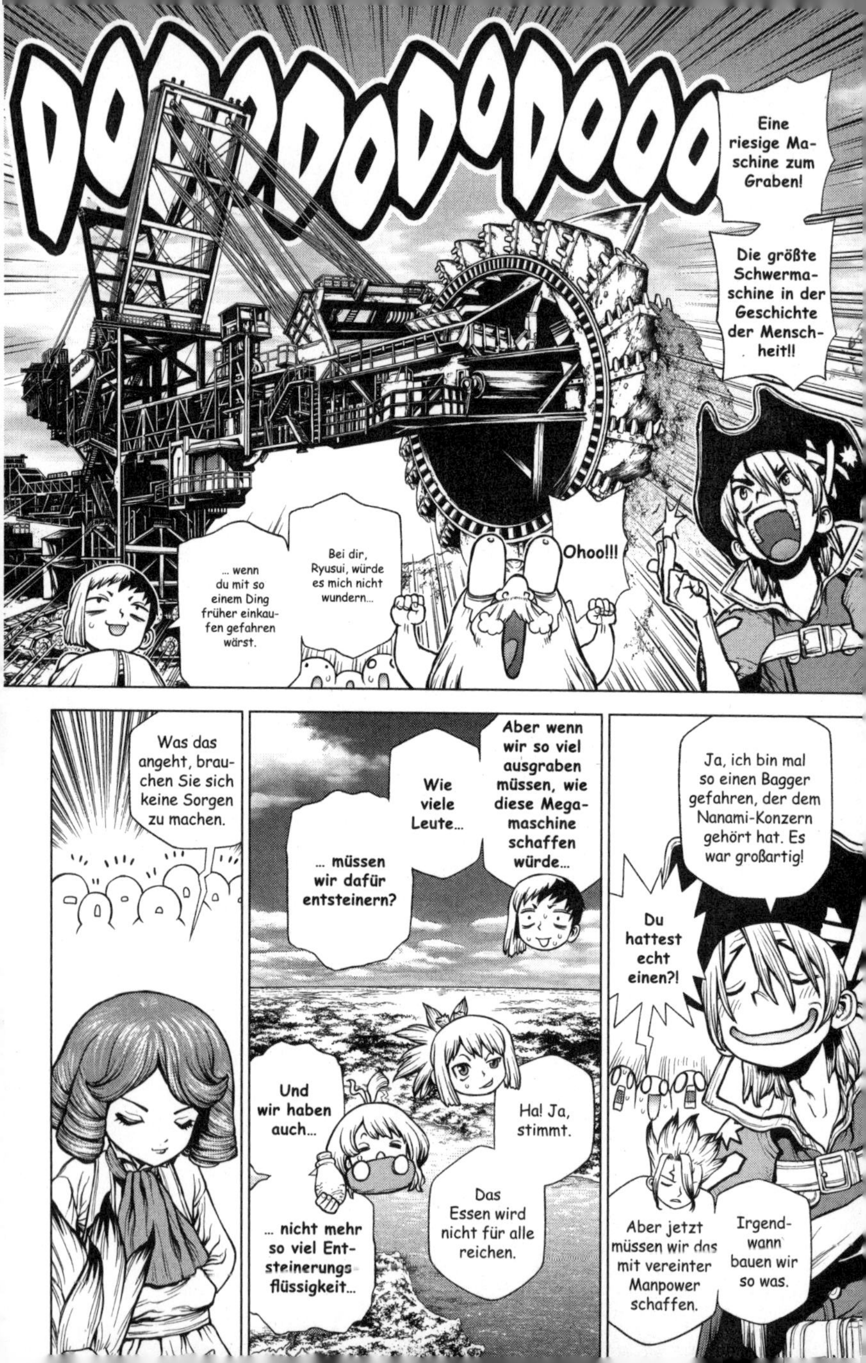
DODODODODOOO
Eine riesige Maschine zum Graben!
Die größte Schwermaschine in der Geschichte der Menschheit!!
Ohoo!!!
Bei dir, Ryusui, würde es mich nicht wundern…
… wenn du mit so einem Ding früher einkaufen gefahren wärst.
Ja, ich bin mal so einen Bagger gefahren, der dem Nanami-Konzern gehört hat. Es war großartig!
Du hattest echt einen?!
Irgendwann bauen wir so was.
Aber jetzt müssen wir das mit vereinter Manpower schaffen.
Aber wenn wir so viel ausgraben müssen, wie diese Megamaschine schaffen würde…
Wie viele Leute…
… müssen wir dafür entsteinern?
Ha! Ja, stimmt.
Das Essen wird nicht für alle reichen.
Und wir haben auch…
… nicht mehr so viel Entsteinerungsflüssigkeit…
Was das angeht, brauchen Sie sich keine Sorgen zu machen.

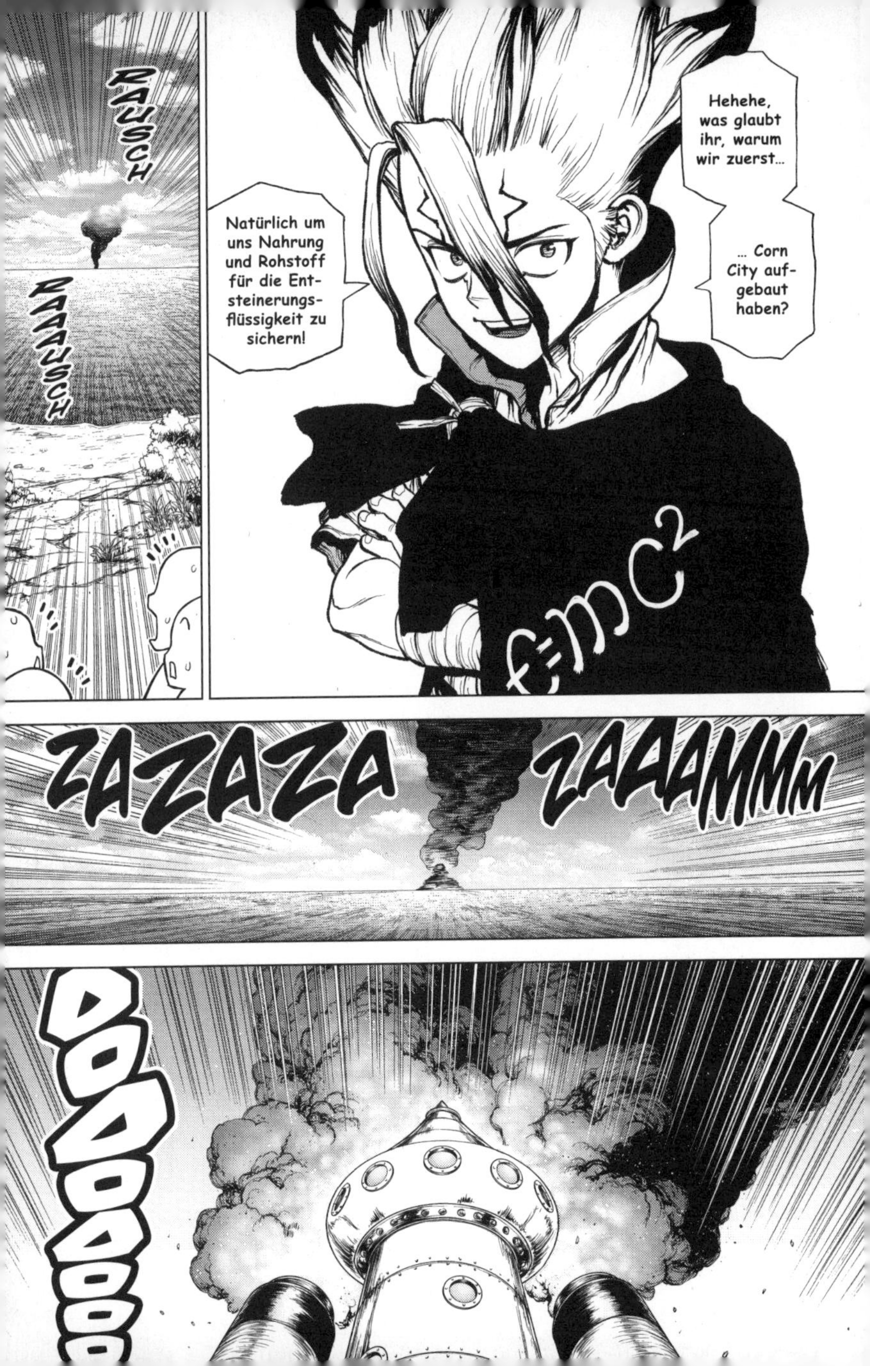
Hehehe, was glaubt ihr, warum wir zuerst...
... Corn City aufgebaut haben?
Natürlich um uns Nahrung und Rohstoff für die Entsteinerungsflüssigkeit zu sichern!
E=mc²
RAUSCH
RAAAUSCH
ZAZAZA
ZAAAMMMm
DOOOOOO

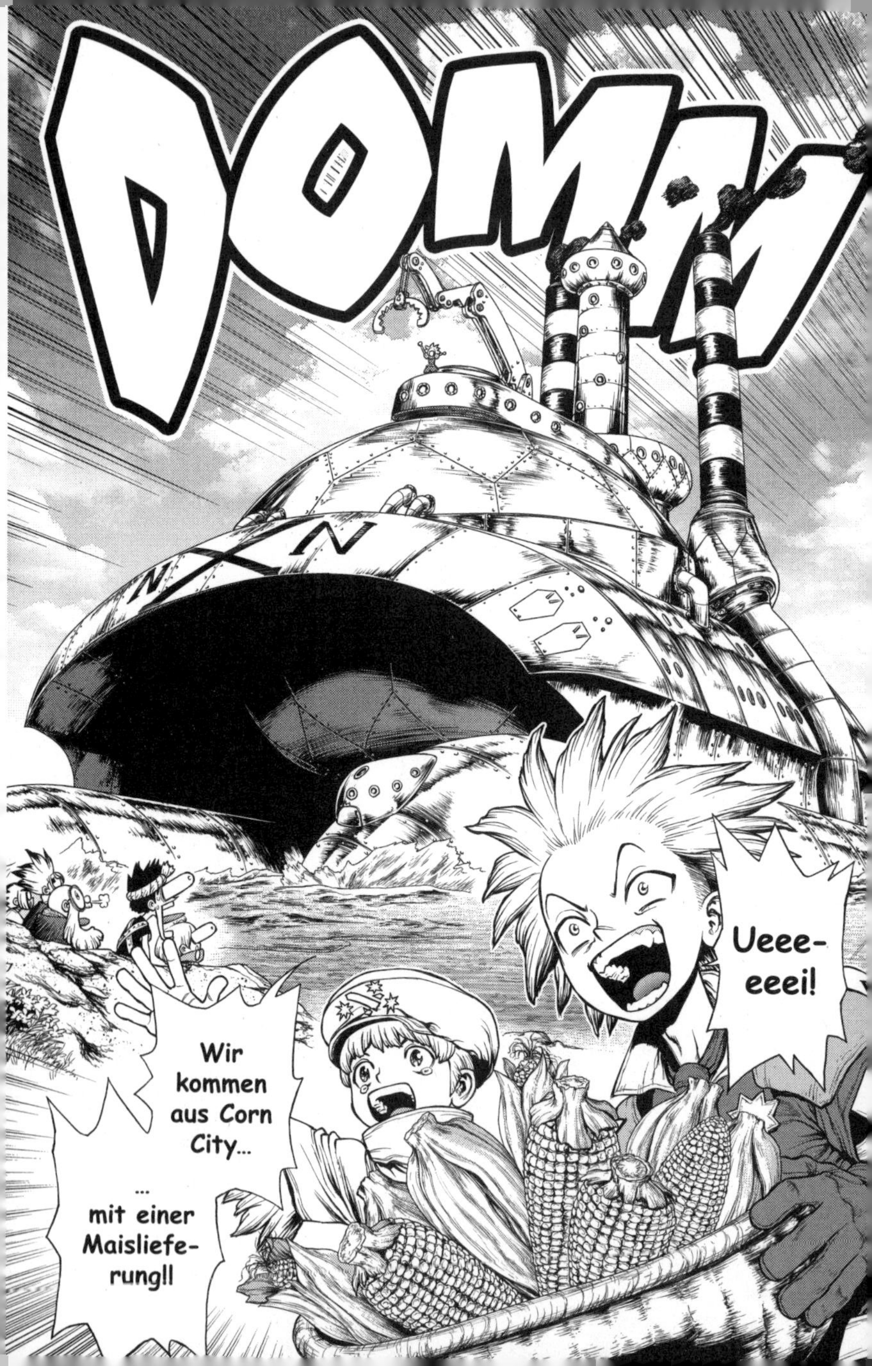
DOMM
Ueee-
eeei!
Wir
kommen
aus Corn
City...
...
mit einer
Maisliefe-
rung!!

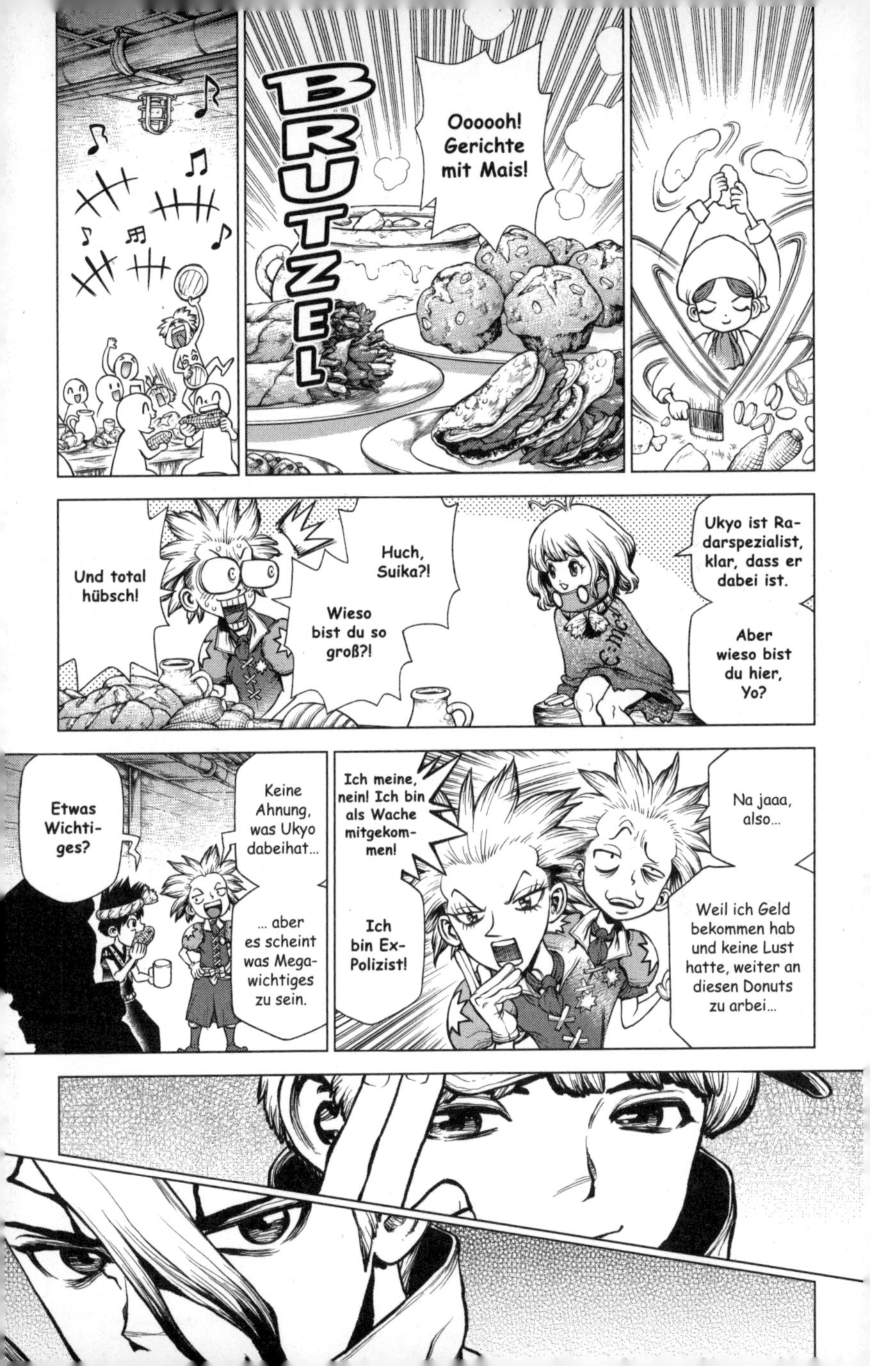
BRUTZEL
Oooooh! Gerichte mit Mais!
Ukyo ist Radarspezialist, klar, dass er dabei ist.
Aber wieso bist du hier, Yo?
Huch, Suika?!
Wieso bist du so groß?!
Und total hübsch!
Na jaaa, also...
Weil ich Geld bekommen hab und keine Lust hatte, weiter an diesen Donuts zu arbei...
Ich meine, nein! Ich bin als Wache mitgekommen!
Ich bin Ex-Polizist!
Keine Ahnung, was Ukyo dabeihat...
... aber es scheint was Megawichtiges zu sein.
Etwas Wichtiges?

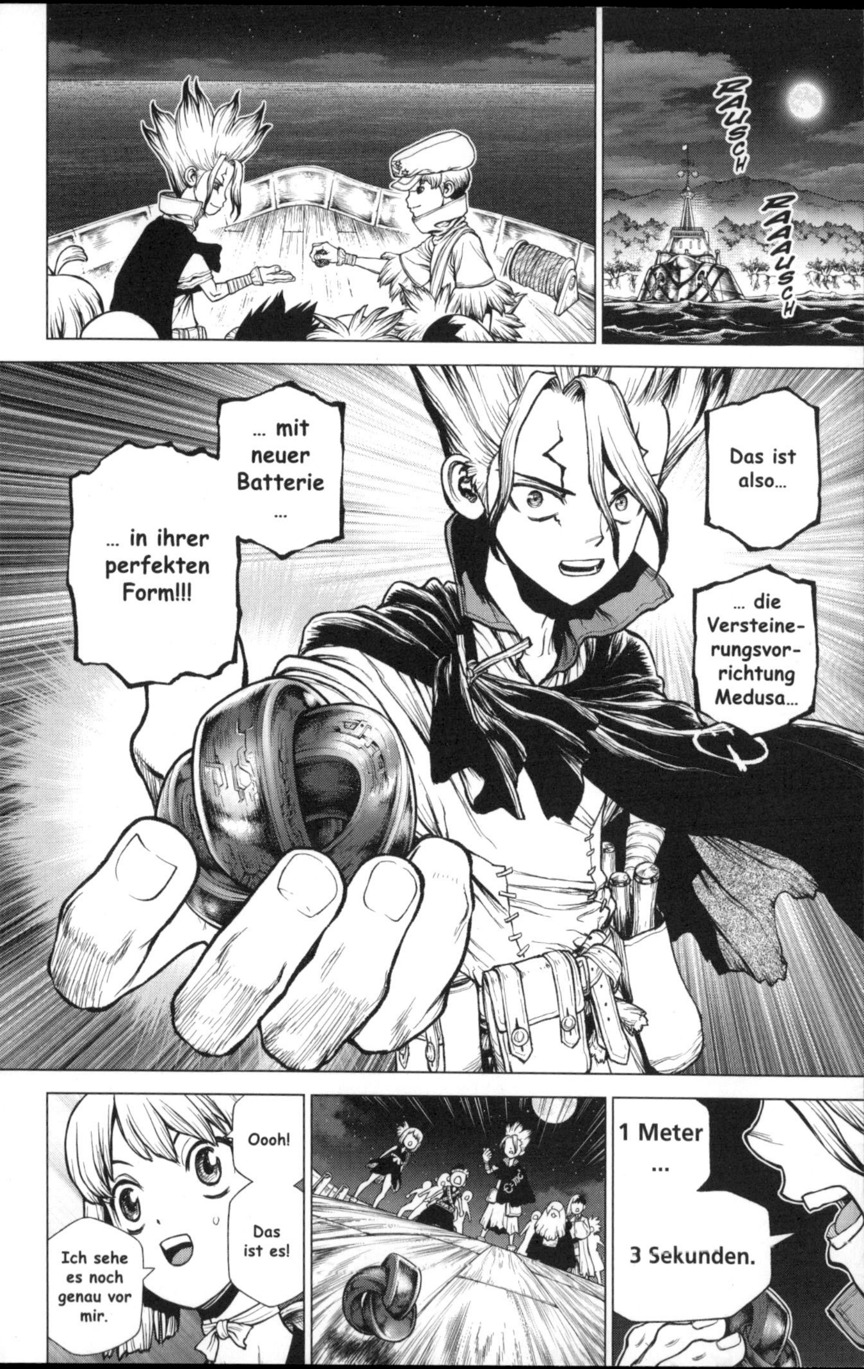
RAUSCH
RAAAUSCH
Das ist also...
... die Versteinerungsvorrichtung Medusa...
... mit neuer Batterie ...
... in ihrer perfekten Form!!!
1 Meter ...
3 Sekunden.
Oooh!
Das ist es!
Ich sehe es noch genau vor mir.

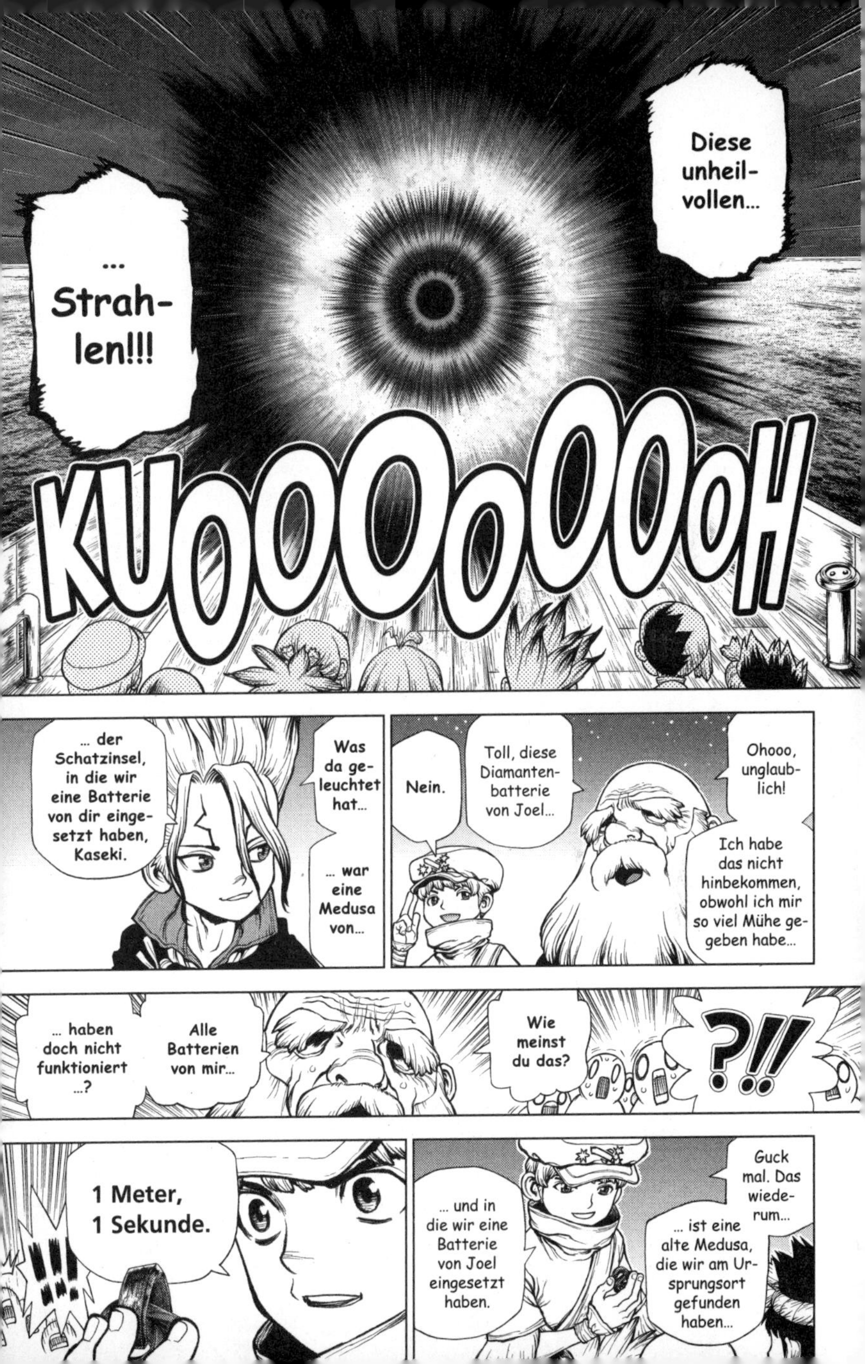

Diese unheil-vollen...
... Strah-len!!!
KUOOOOOOOH
Ohooo, unglaub-lich!
Ich habe das nicht hinbekommen, obwohl ich mir so viel Mühe ge-geben habe...
Toll, diese Diamanten-batterie von Joel...
Nein.
Was da ge-leuchtet hat...
... war eine Medusa von...
... der Schatzinsel, in die wir eine Batterie von dir einge-setzt haben, Kaseki.
?!!
Wie meinst du das?
Alle Batterien von mir...
... haben doch nicht funktioniert ...?
Guck mal. Das wiede-rum...
... ist eine alte Medusa, die wir am Ur-sprungsort gefunden haben...
... und in die wir eine Batterie von Joel eingesetzt haben.
1 Meter, 1 Sekunde.

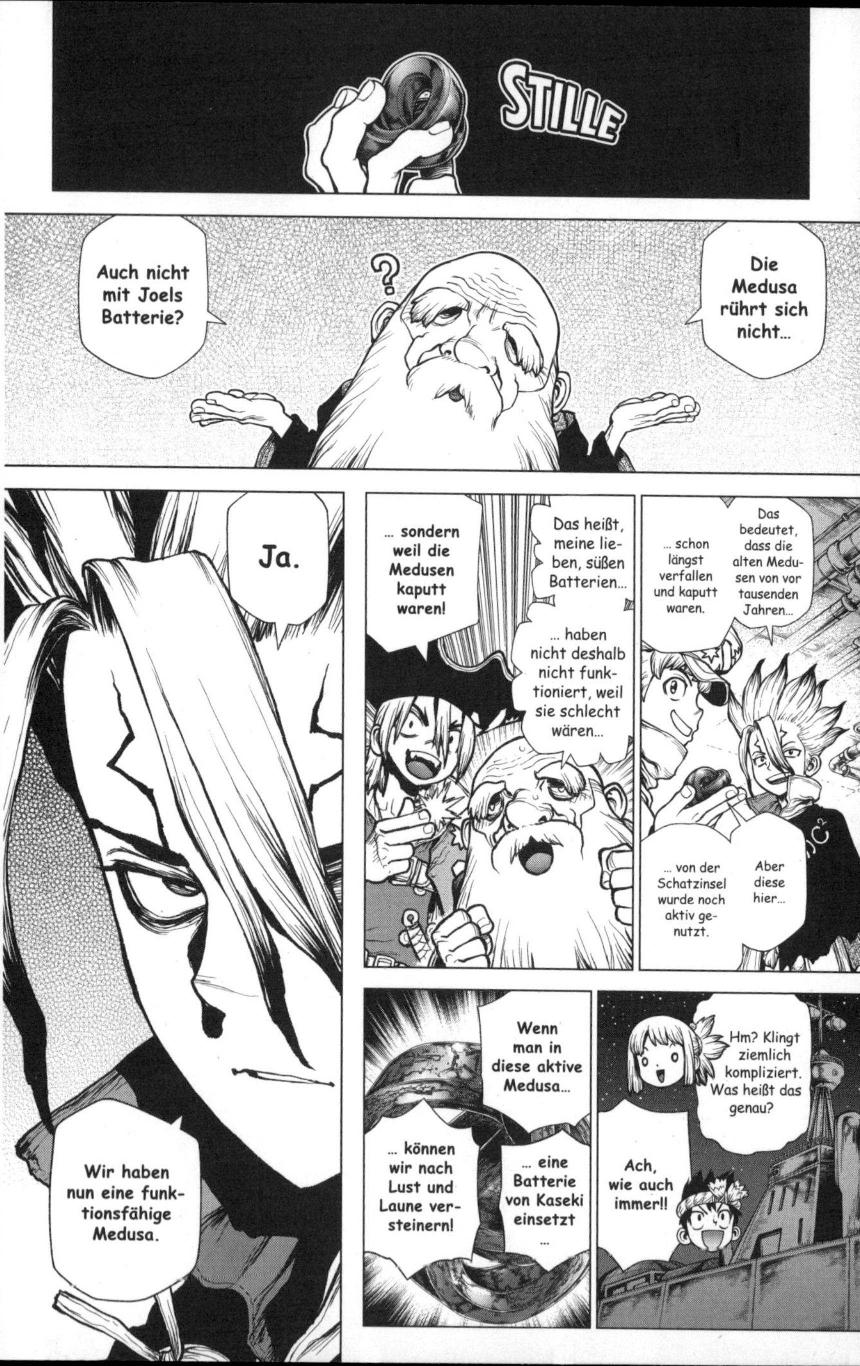
STILLE
Die Medusa rührt sich nicht...
Auch nicht mit Joels Batterie?
Das bedeutet, dass die alten Medusen von vor tausenden Jahren...
... schon längst verfallen und kaputt waren.
Aber diese hier...
... von der Schatzinsel wurde noch aktiv genutzt.
Das heißt, meine lieben, süßen Batterien...
... haben nicht deshalb nicht funktioniert, weil sie schlecht wären...
... sondern weil die Medusen kaputt waren!
Hm? Klingt ziemlich kompliziert. Was heißt das genau?
Ach, wie auch immer!!
Wenn man in diese aktive Medusa...
... eine Batterie von Kaseki einsetzt ...
... können wir nach Lust und Laune versteinern!
Ja.
Wir haben nun eine funktionsfähige Medusa.

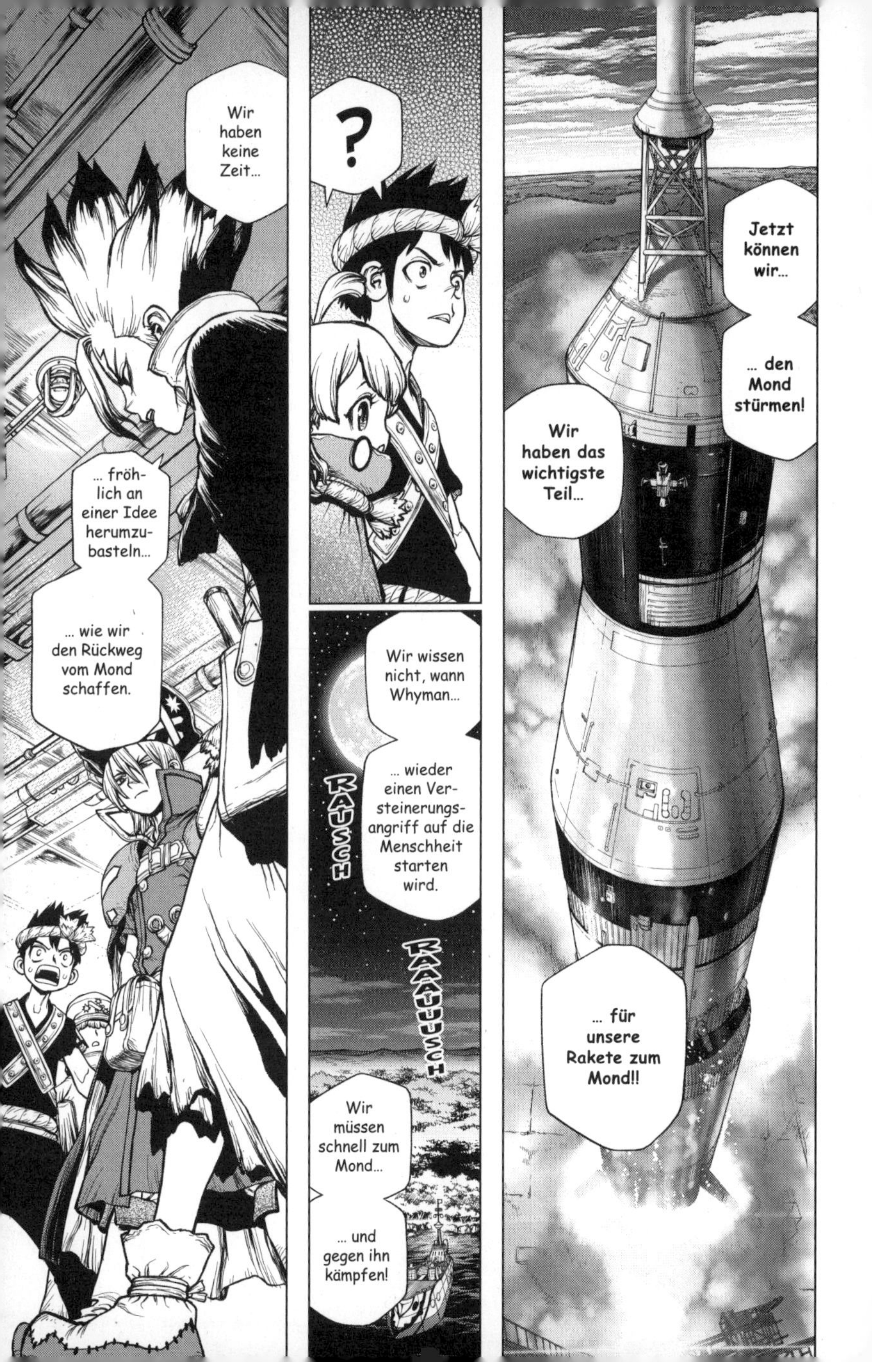
Wir haben keine Zeit...
... fröhlich an einer Idee herumzubasteln...
... wie wir den Rückweg vom Mond schaffen.
?
Wir wissen nicht, wann Whyman...
... wieder einen Versteinerungsangriff auf die Menschheit starten wird.
RAUSCH
RAAAUUUSCH
Wir müssen schnell zum Mond...
... und gegen ihn kämpfen!
Jetzt können wir...
... den Mond stürmen!
Wir haben das wichtigste Teil...
... für unsere Rakete zum Mond!!

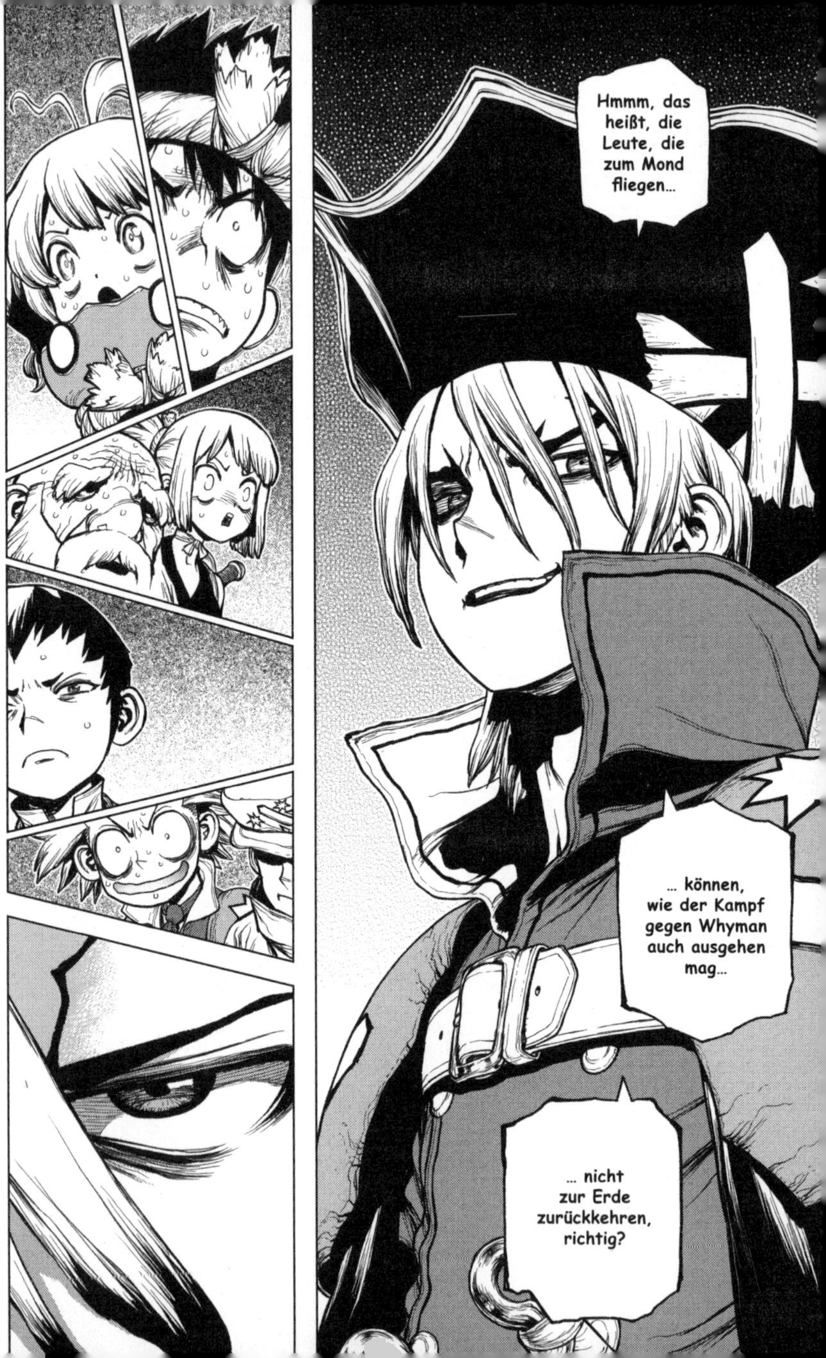
Hmmm, das heißt, die Leute, die zum Mond fliegen…
… können, wie der Kampf gegen Whyman auch ausgehen mag…
… nicht zur Erde zurückkehren, richtig?

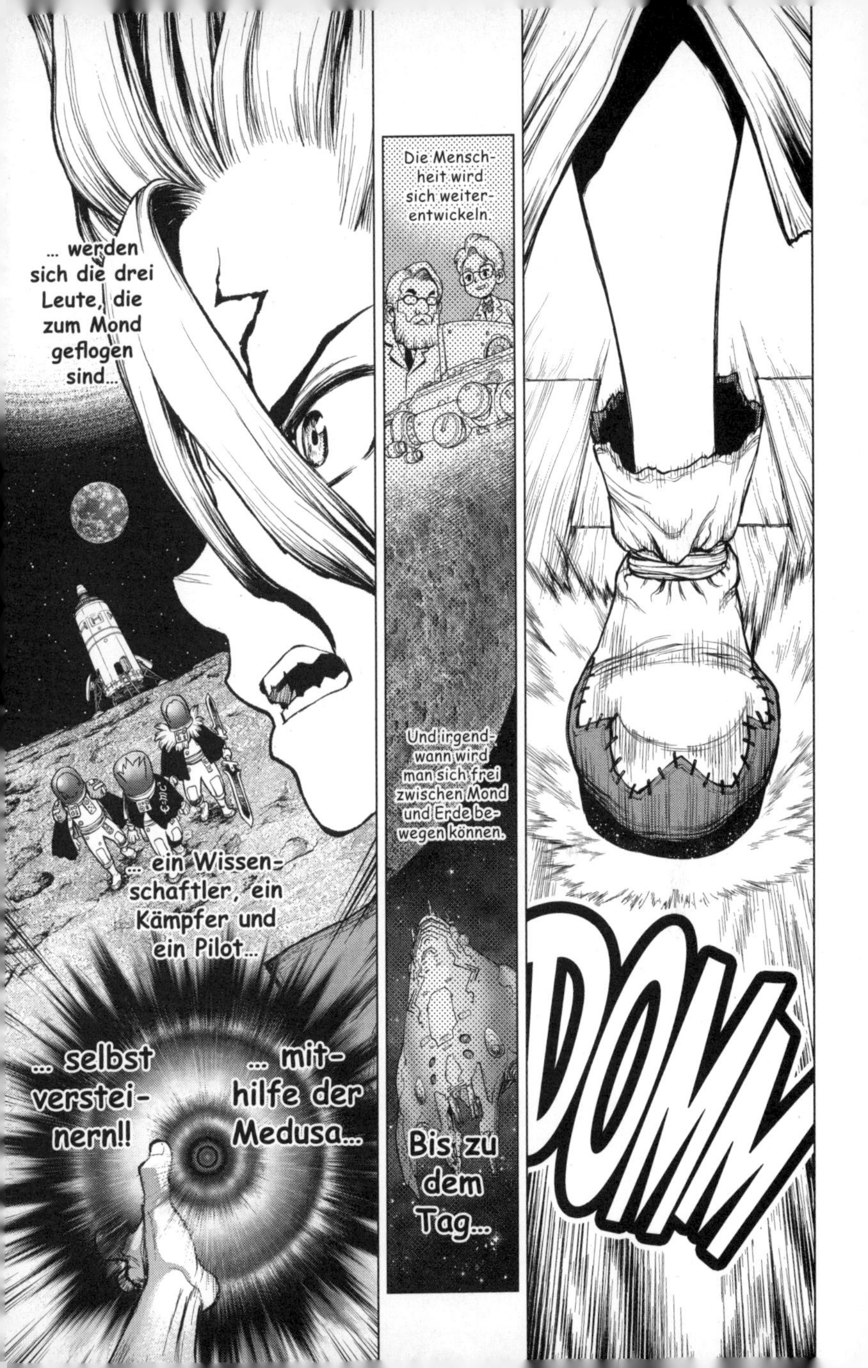
Die Menschheit wird sich weiterentwickeln.
Und irgendwann wird man sich frei zwischen Mond und Erde bewegen können.
Bis zu dem Tag...
... werden sich die drei Leute, die zum Mond geflogen sind...
... ein Wissenschaftler, ein Kämpfer und ein Pilot...
... mithilfe der Medusa...
... selbst versteinern!!

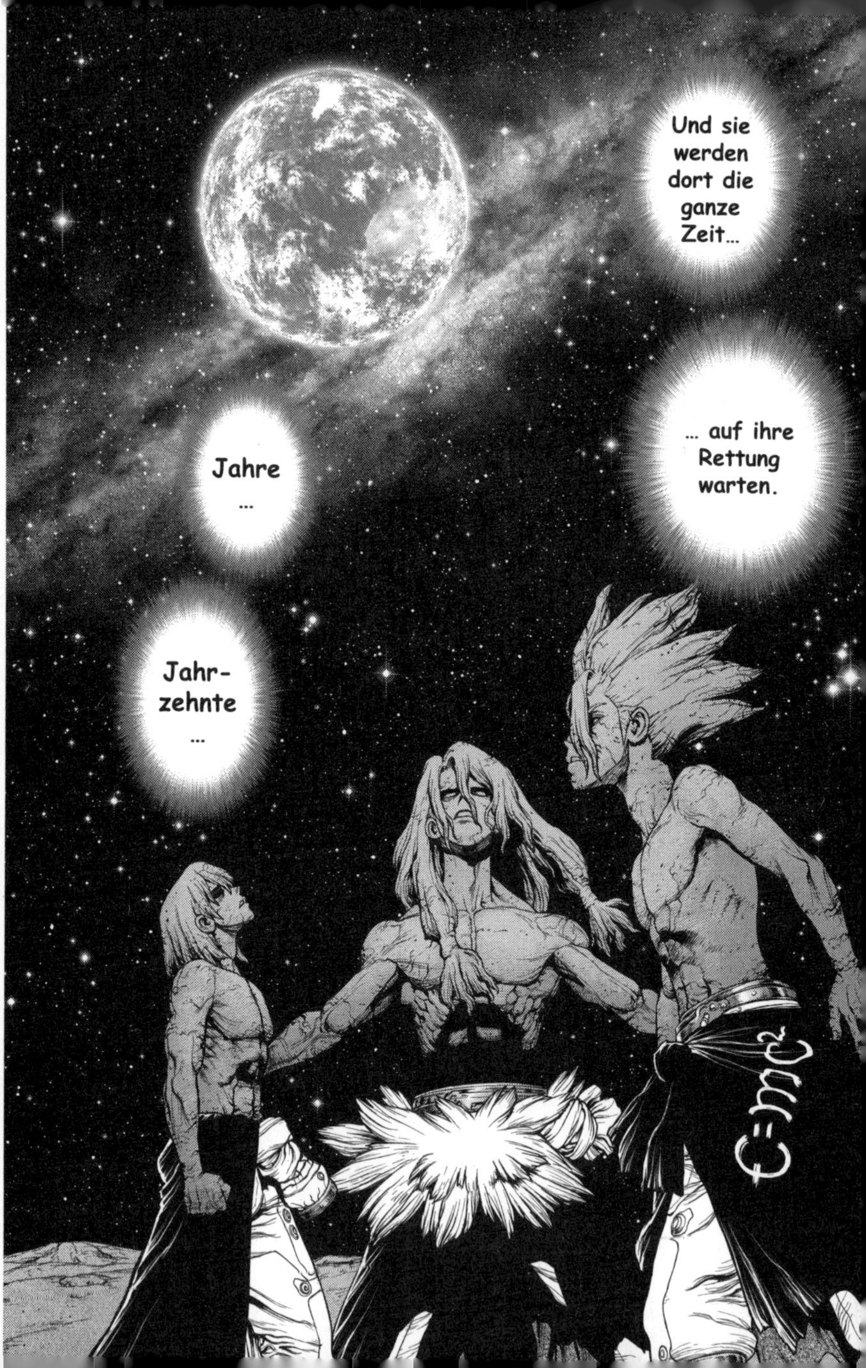
Und sie werden dort die ganze Zeit…
… auf ihre Rettung warten.
Jahre …
Jahr-zehnte …
E=mc²

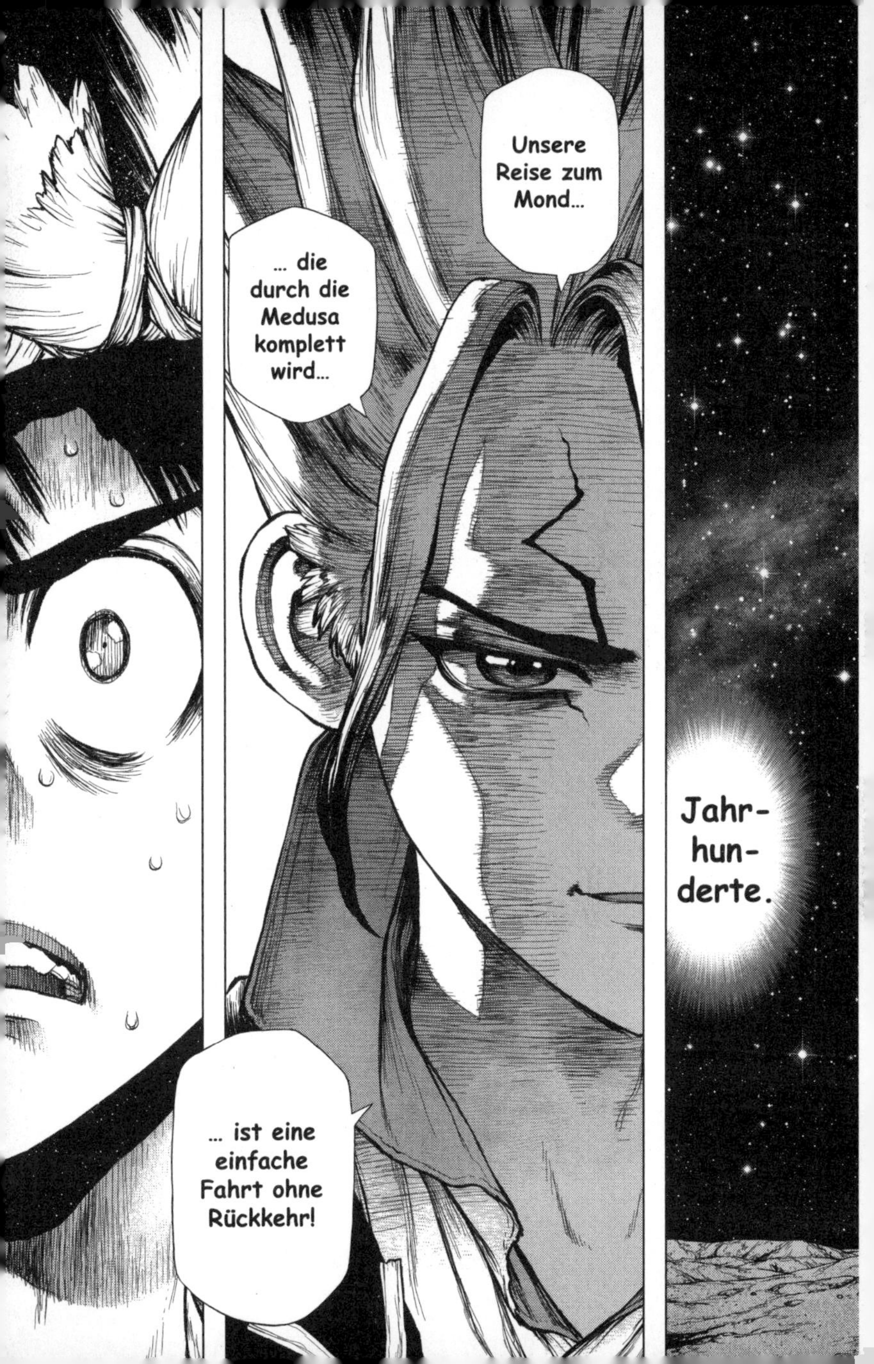
Jahr-
hun-
derte.
Unsere Reise zum Mond...
... die durch die Medusa komplett wird...
... ist eine einfache Fahrt ohne Rückkehr!

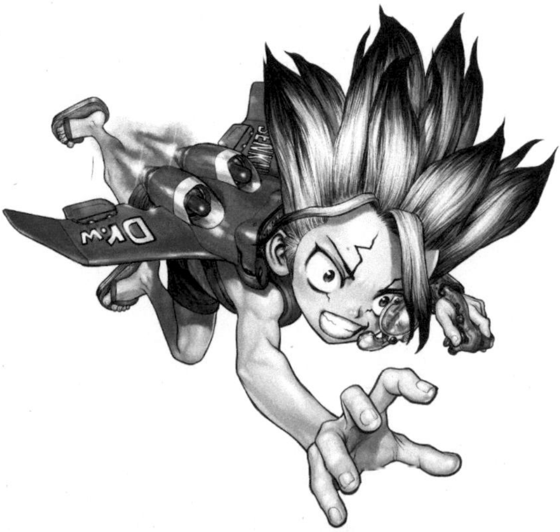

Z=210 Keine einfache Fahrt

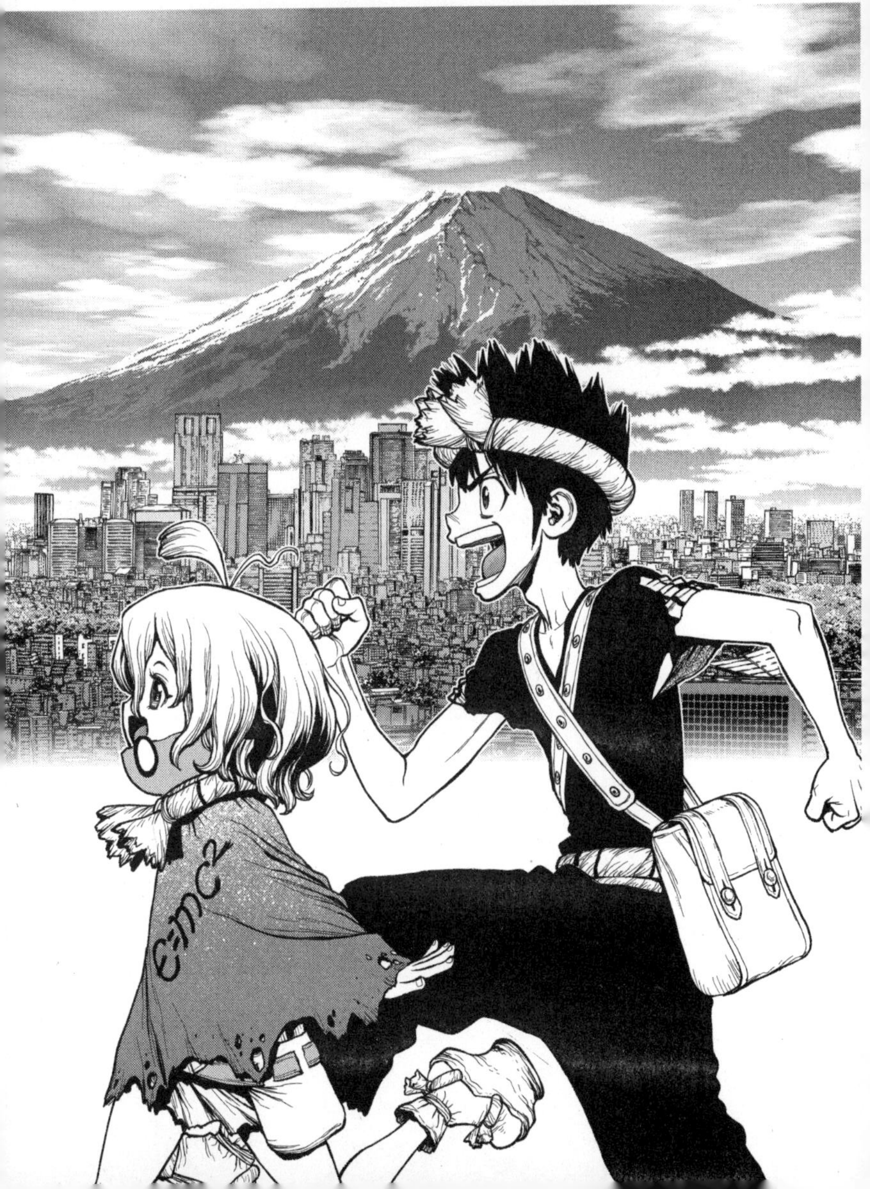

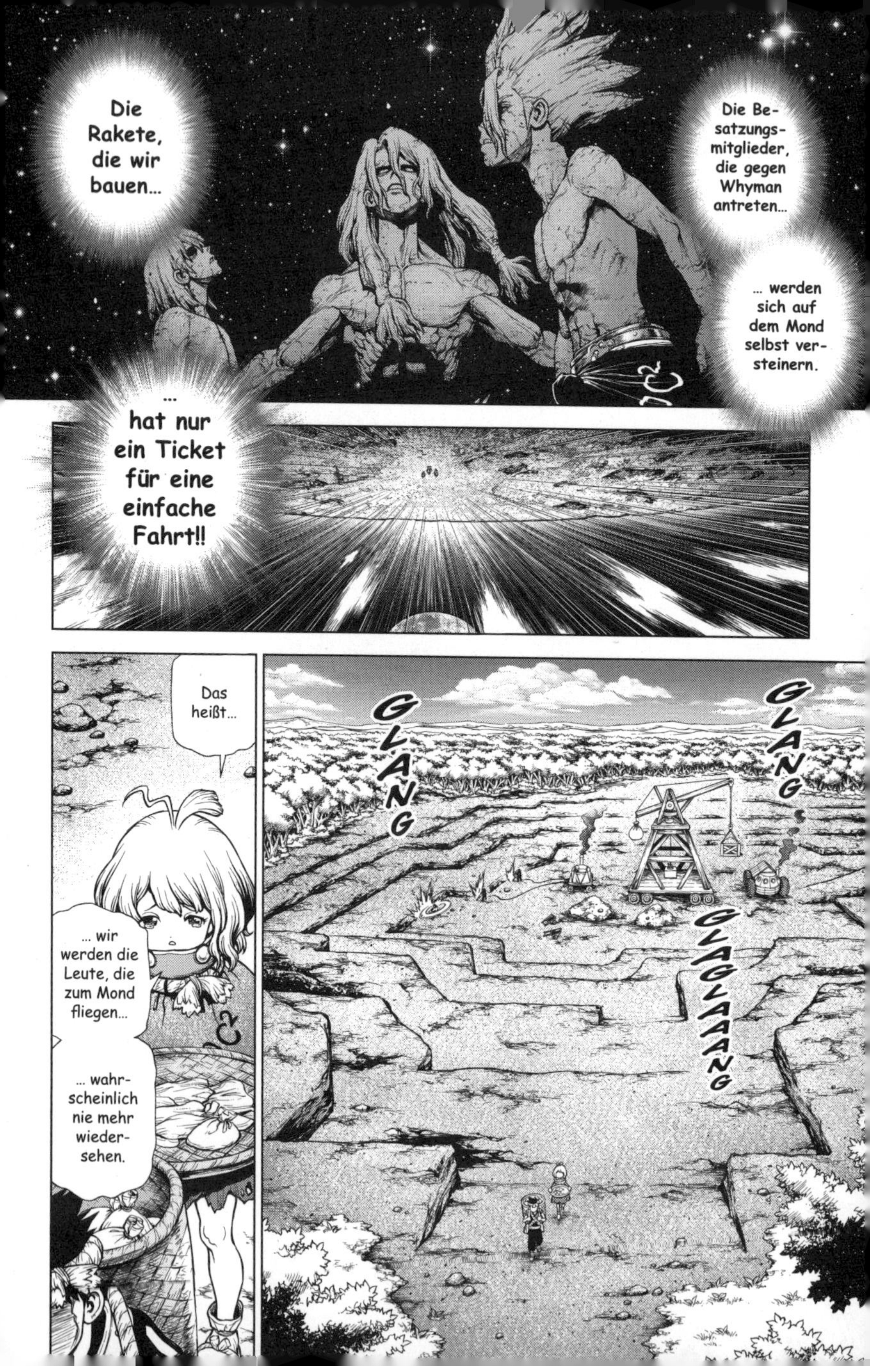
Die Besatzungsmitglieder, die gegen Whyman antreten...
... werden sich auf dem Mond selbst versteinern.
Die Rakete, die wir bauen...
... hat nur ein Ticket für eine einfache Fahrt!!
GLANG GLANG
GLANG GLANG
GLAGLAAAANG
Das heißt...
... wir werden die Leute, die zum Mond fliegen...
... wahrscheinlich nie mehr wiedersehen.

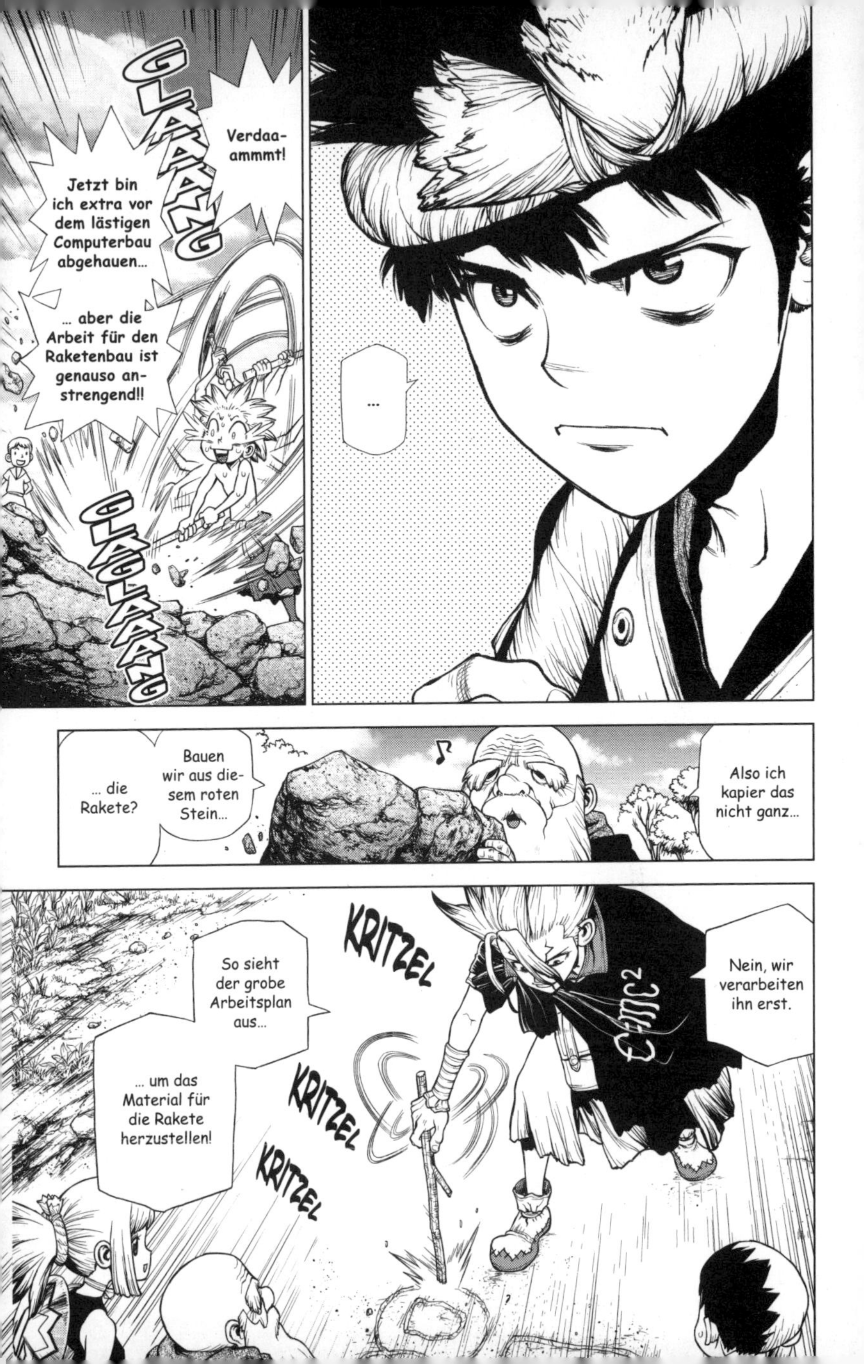
...
Verdaa-ammmt!
GLAAANG
Jetzt bin ich extra vor dem lästigen Computerbau abgehauen...
... aber die Arbeit für den Raketenbau ist genauso an-strengend!!
GLAGLAAANG
Also ich kapier das nicht ganz...
Bauen wir aus die-sem roten Stein...
... die Rakete?
Nein, wir verarbeiten ihn erst.
KRITZEL
So sieht der grobe Arbeitsplan aus...
... um das Material für die Rakete herzustellen!
KRITZEL
KRITZEL
E=mc²

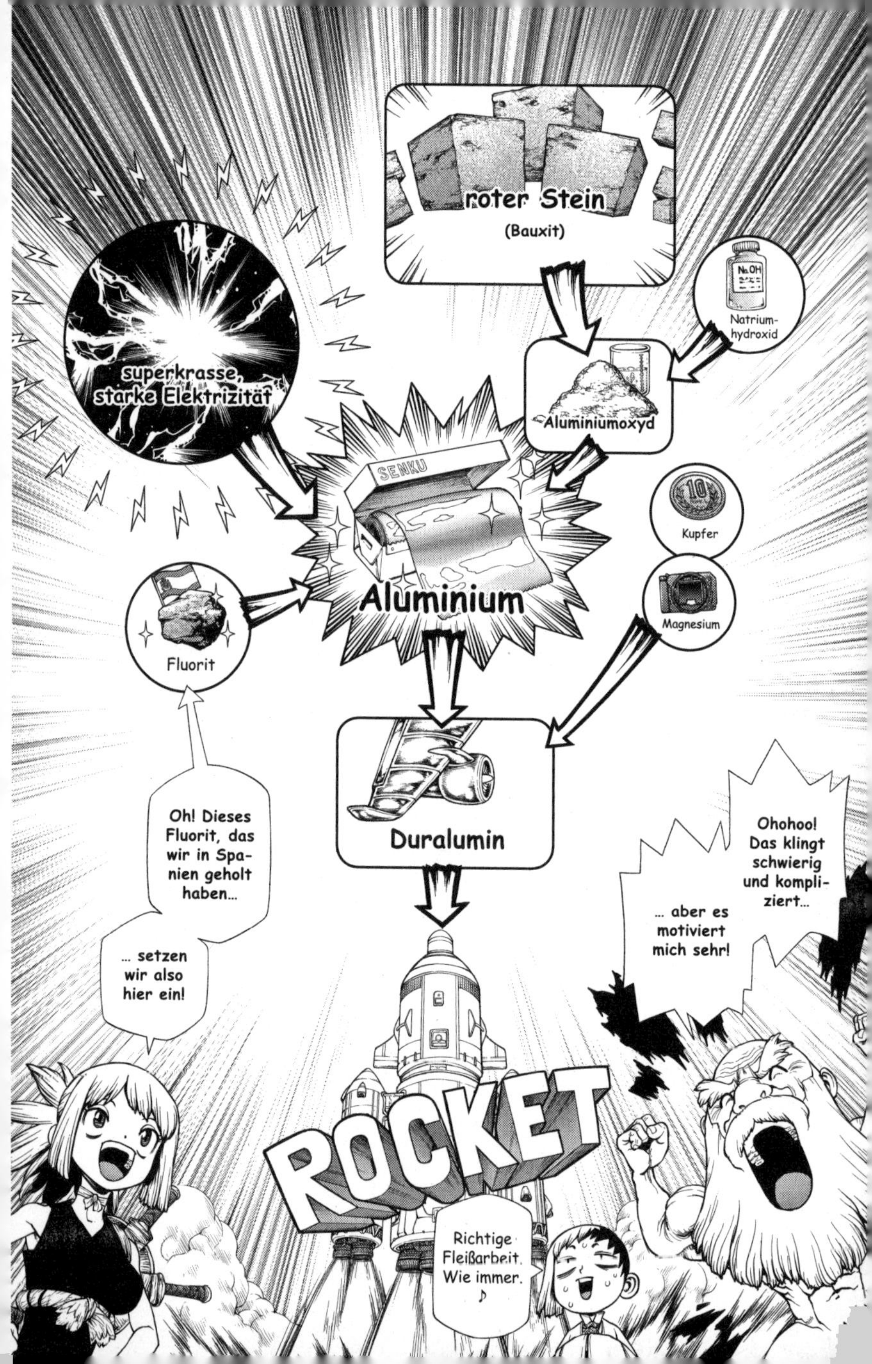
roter Stein
(Bauxit)
NaOH
Natrium-hydroxid
superkrasse, starke Elektrizität
Aluminiumoxyd
SENKU
Aluminium
10
Kupfer
Magnesium
Fluorit
Duralumin
Oh! Dieses Fluorit, das wir in Spanien geholt haben...
... setzen wir also hier ein!
Ohohoo! Das klingt schwierig und kompliziert...
... aber es motiviert mich sehr!
ROCKET
Richtige Fleißarbeit. Wie immer. ♪

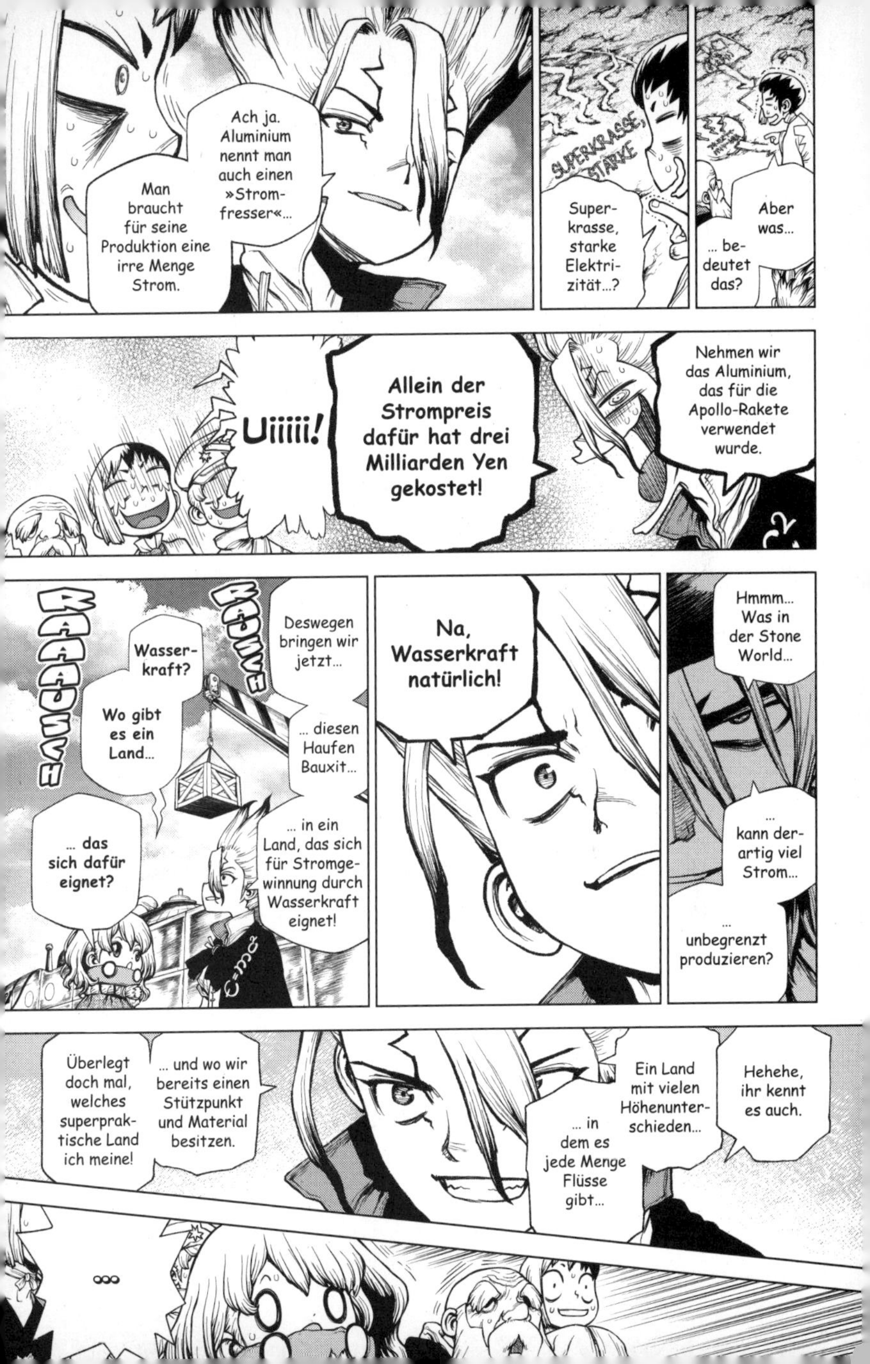

Aber was...
... bedeutet das?
SUPERKRASSE, STARKE
Superkrasse, starke Elektrizität...?
Ach ja. Aluminium nennt man auch einen »Stromfresser«...
Man braucht für seine Produktion eine irre Menge Strom.
Nehmen wir das Aluminium, das für die Apollo-Rakete verwendet wurde.
Allein der Strompreis dafür hat drei Milliarden Yen gekostet!
Uiiiii!
Hmmm... Was in der Stone World...
... kann derartig viel Strom...
... unbegrenzt produzieren?
Na, Wasserkraft natürlich!
Deswegen bringen wir jetzt...
... diesen Haufen Bauxit...
... in ein Land, das sich für Stromgewinnung durch Wasserkraft eignet!
RAAAUSCH
Wasserkraft?
Wo gibt es ein Land...
... das sich dafür eignet?
RAAAUSCH
Hehehe, ihr kennt es auch.
Ein Land mit vielen Höhenunterschieden...
... in dem es jede Menge Flüsse gibt...
... und wo wir bereits einen Stützpunkt und Material besitzen.
Überlegt doch mal, welches superpraktische Land ich meine!

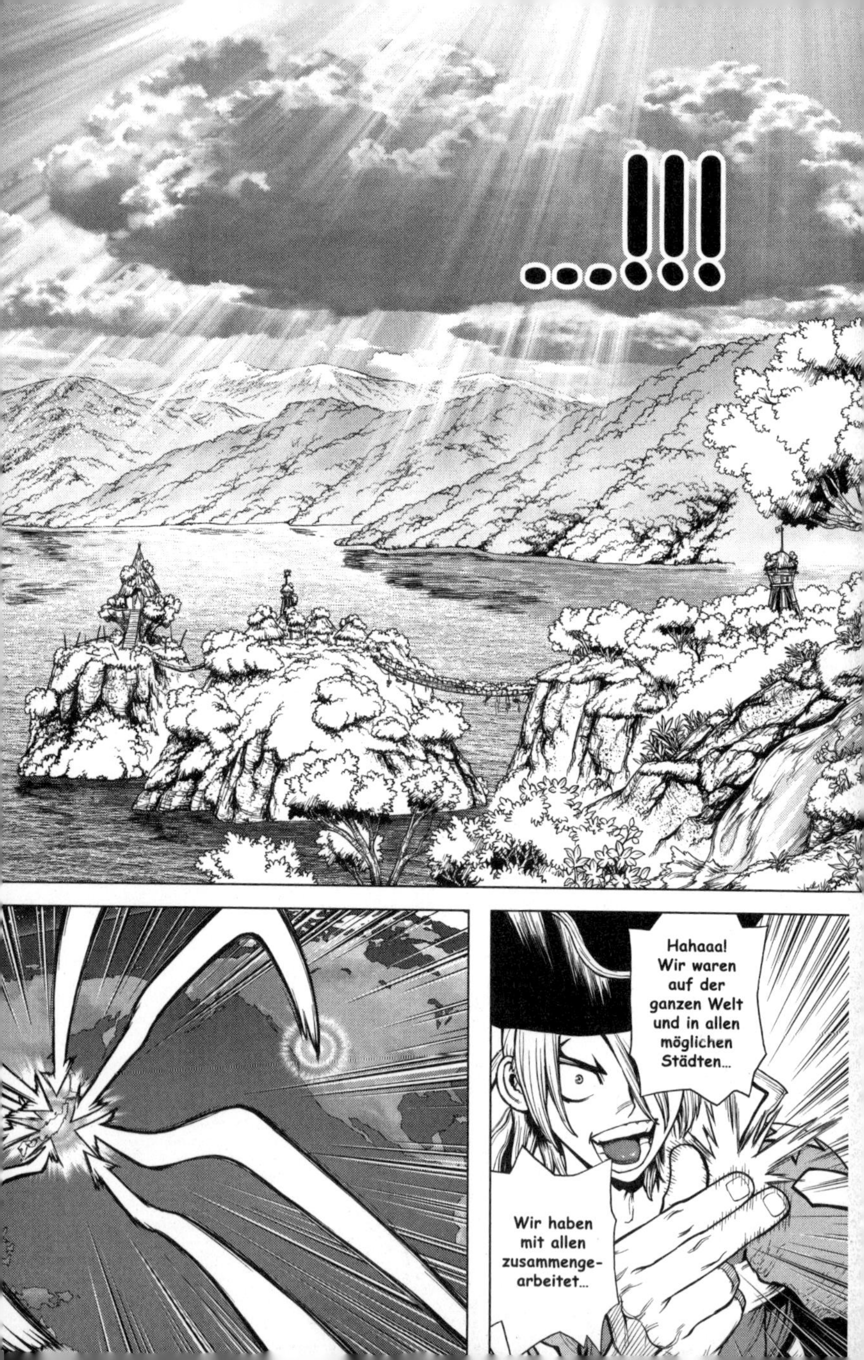

...!!!
Hahaaa! Wir waren auf der ganzen Welt und in allen möglichen Städten...
Wir haben mit allen zusammenge-arbeitet...

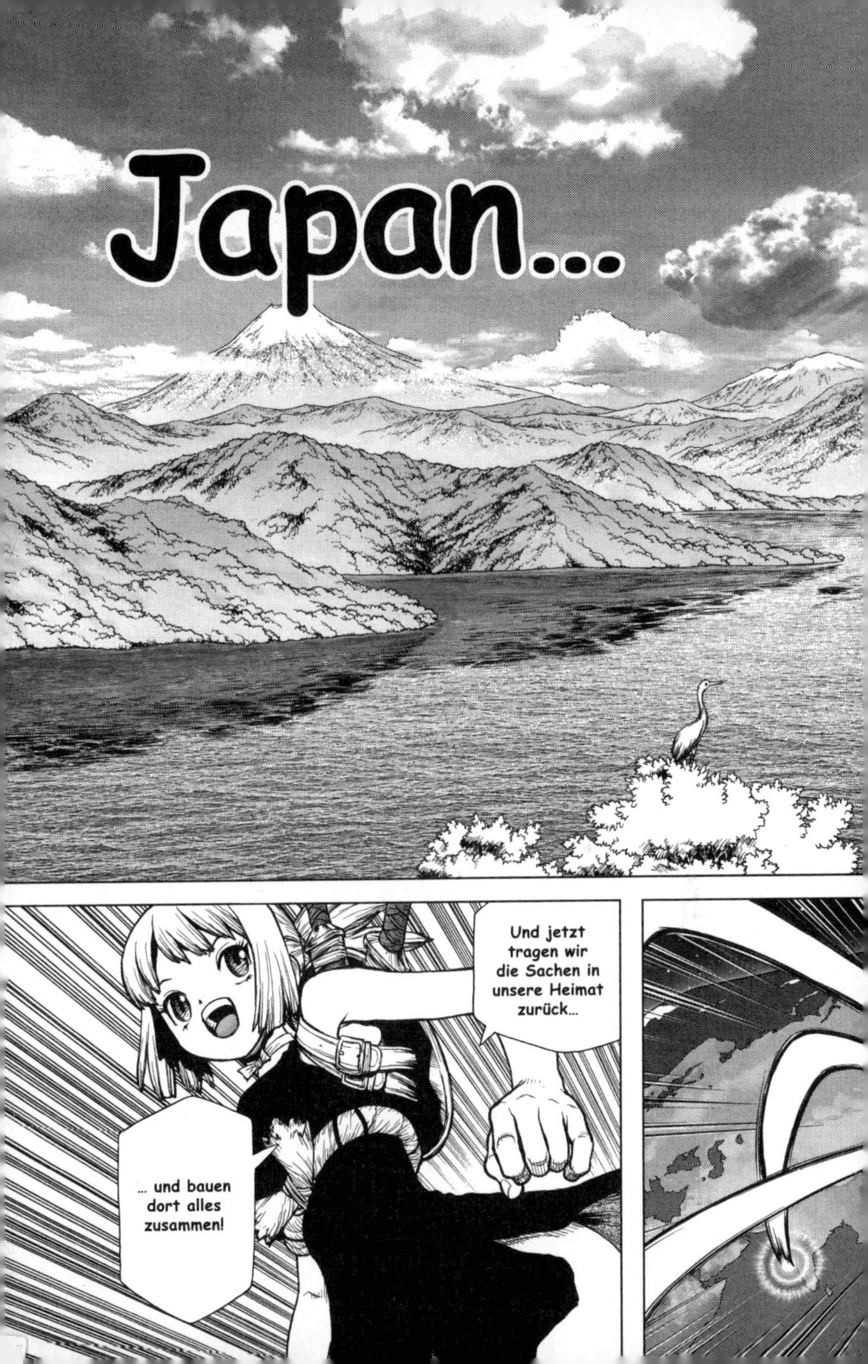
Japan...
Und jetzt tragen wir die Sachen in unsere Heimat zurück...
... und bauen dort alles zusammen!

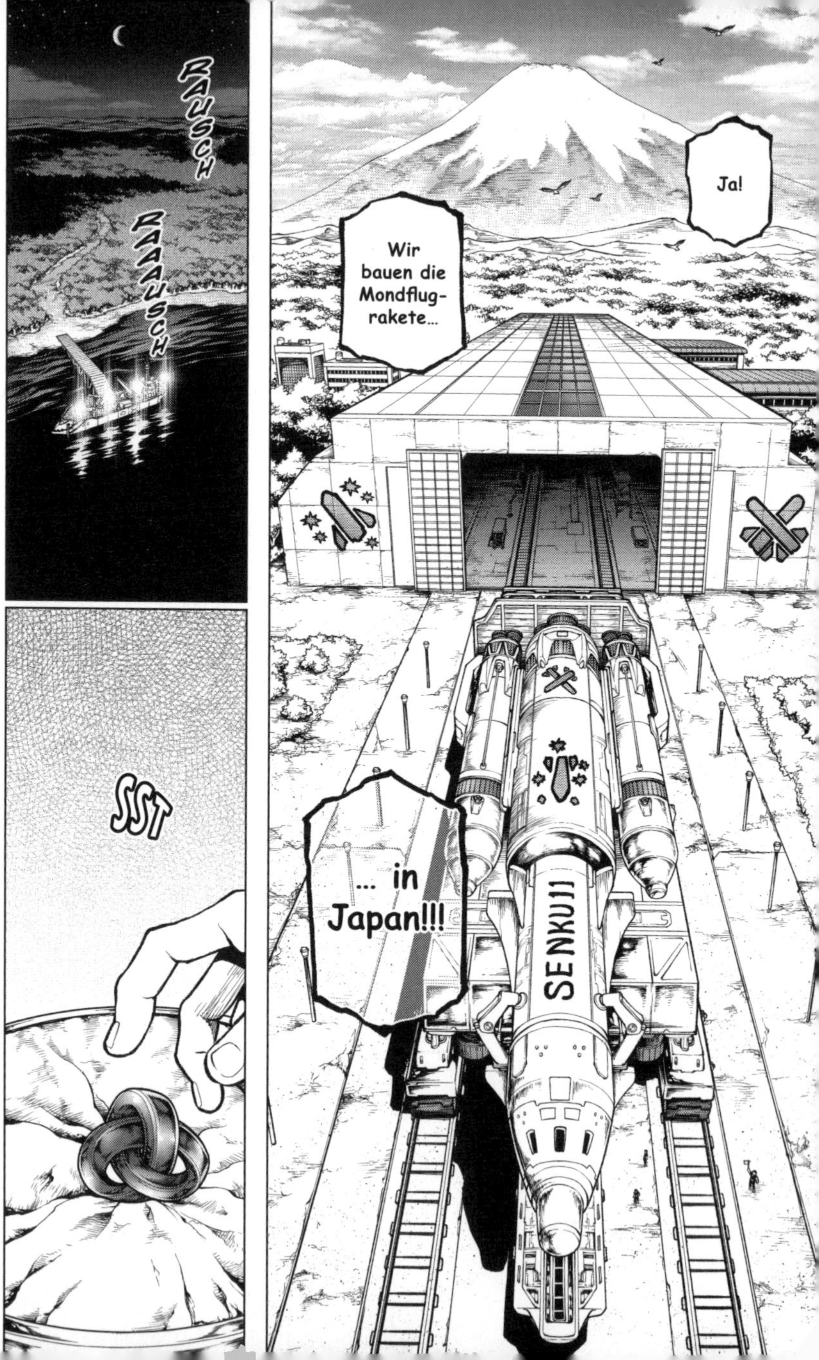
Ja!
Wir bauen die Mondflug-rakete...
... in Japan!!!
SENKU
RAUSCH
RAAAUSCH
SST

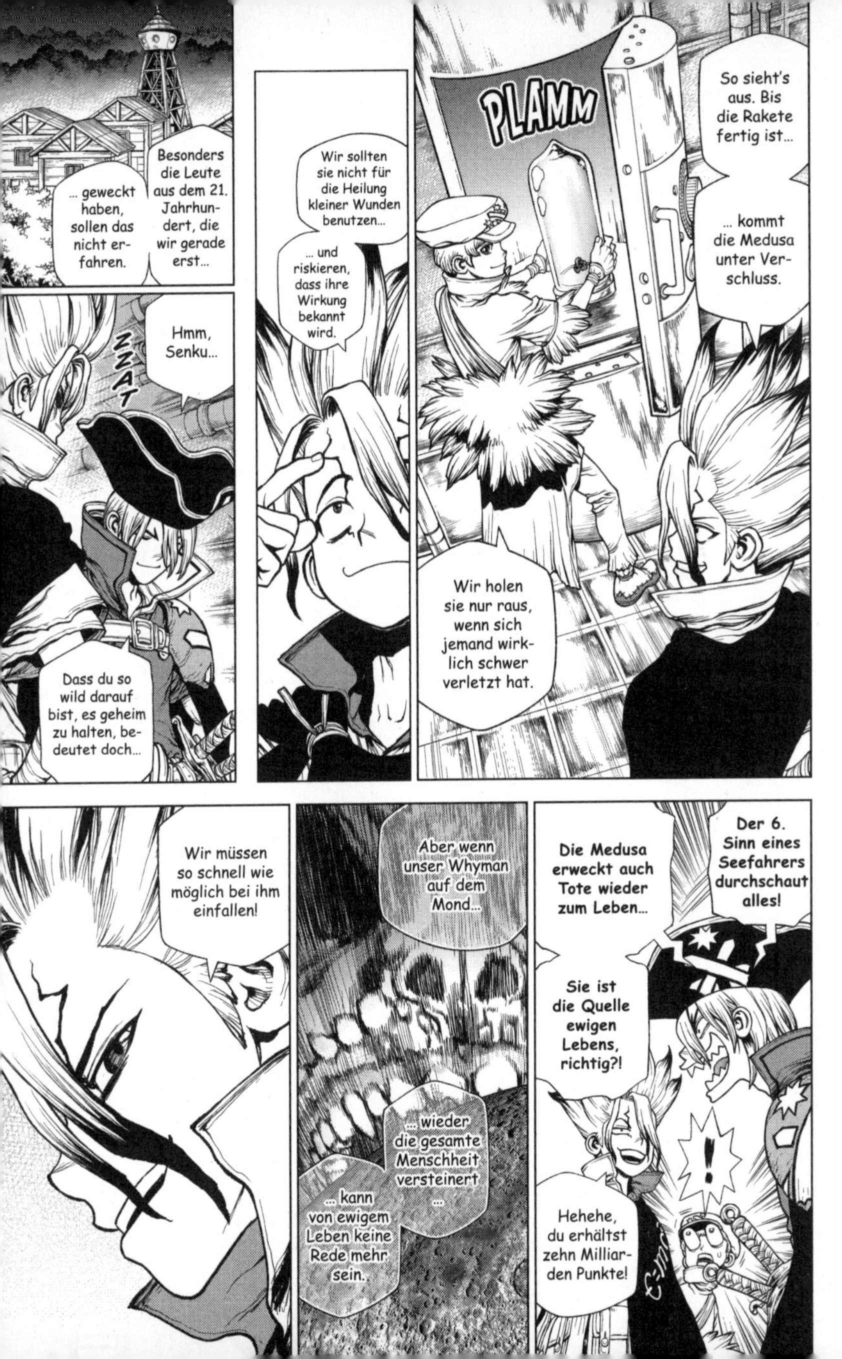
So sieht's aus. Bis die Rakete fertig ist...
... kommt die Medusa unter Verschluss.
PLAMM
Wir holen sie nur raus, wenn sich jemand wirklich schwer verletzt hat.
Wir sollten sie nicht für die Heilung kleiner Wunden benutzen...
... und riskieren, dass ihre Wirkung bekannt wird.
Besonders die Leute aus dem 21. Jahrhundert, die wir gerade erst...
... geweckt haben, sollen das nicht erfahren.
Hmm, Senku...
ZZAT
Dass du so wild darauf bist, es geheim zu halten, bedeutet doch...
Der 6. Sinn eines Seefahrers durchschaut alles!
Die Medusa erweckt auch Tote wieder zum Leben...
Sie ist die Quelle ewigen Lebens, richtig?!
!
Hehehe, du erhältst zehn Milliarden Punkte!
Aber wenn unser Whyman auf dem Mond...
... wieder die gesamte Menschheit versteinert ...
... kann von ewigem Leben keine Rede mehr sein.
Wir müssen so schnell wie möglich bei ihm einfallen!

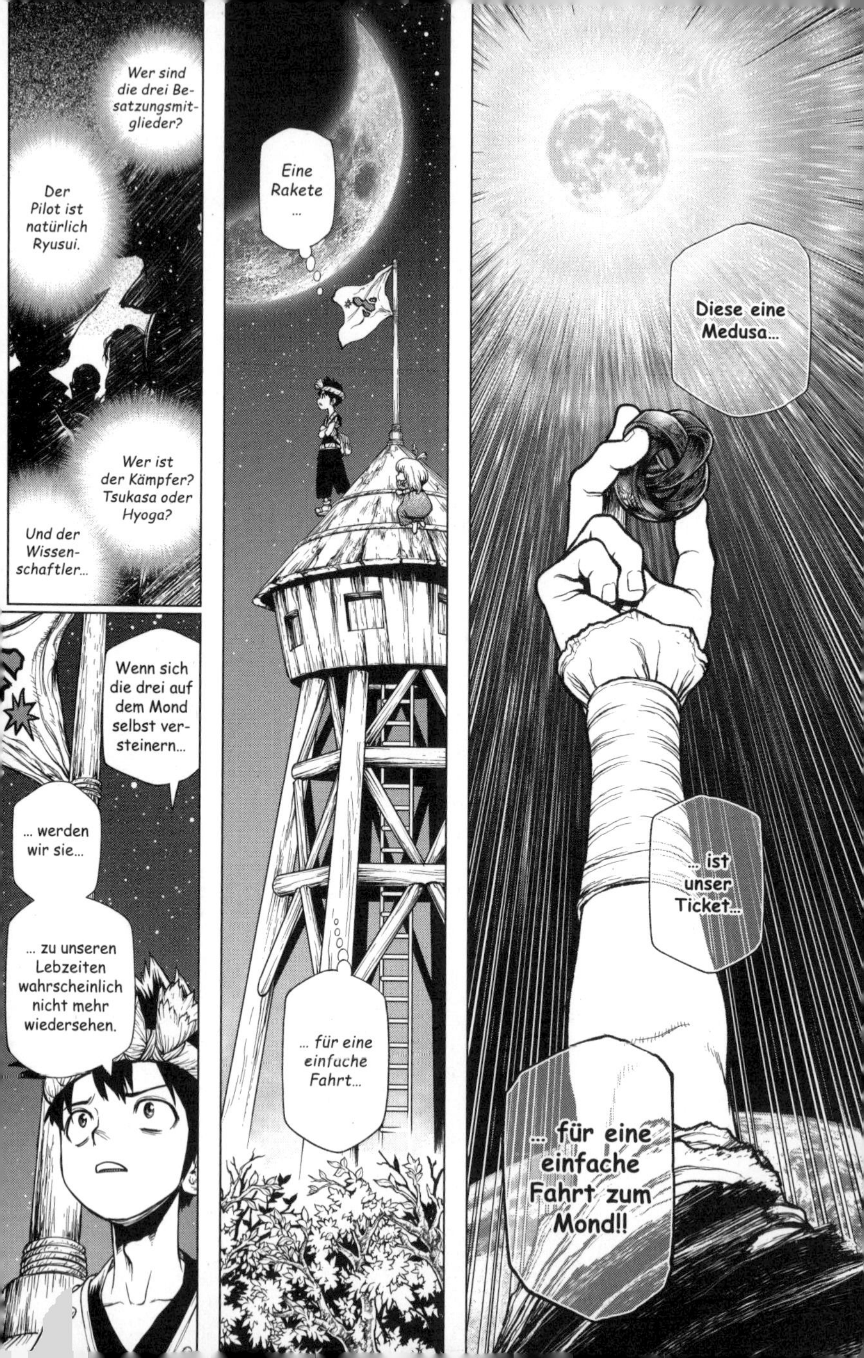

Wer sind die drei Besatzungsmitglieder?
Der Pilot ist natürlich Ryusui.
Wer ist der Kämpfer? Tsukasa oder Hyoga?
Und der Wissenschaftler...
Wenn sich die drei auf dem Mond selbst versteinern...
... werden wir sie...
... zu unseren Lebzeiten wahrscheinlich nicht mehr wiedersehen.
Eine Rakete ...
... für eine einfache Fahrt...
Diese eine Medusa...
... ist unser Ticket...
... für eine einfache Fahrt zum Mond!!

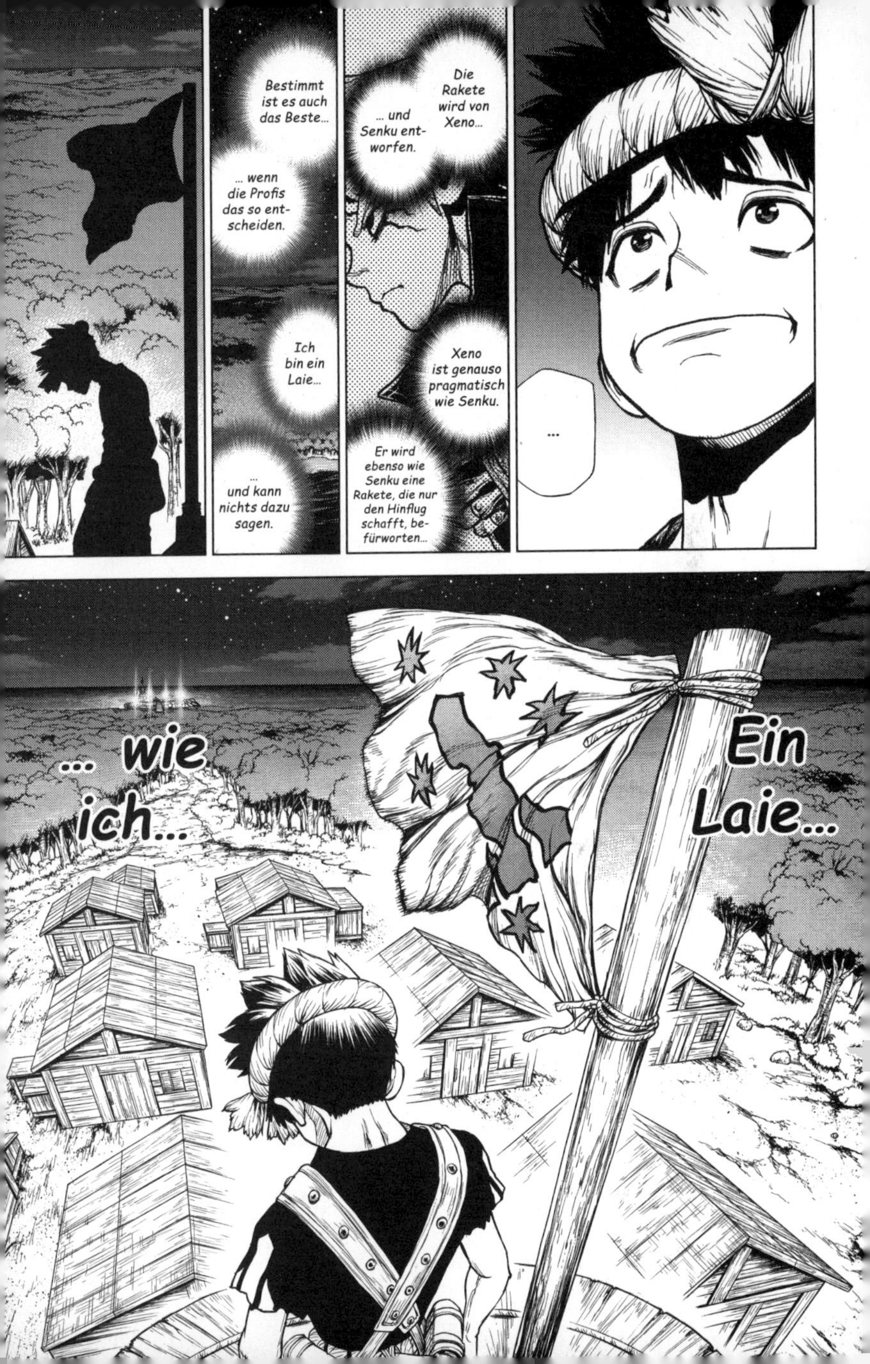

...
Die Rakete wird von Xeno...
... und Senku entworfen.
Xeno ist genauso pragmatisch wie Senku.
Er wird ebenso wie Senku eine Rakete, die nur den Hinflug schafft, befürworten...
Bestimmt ist es auch das Beste...
... wenn die Profis das so entscheiden.
Ich bin ein Laie...
... und kann nichts dazu sagen.
Ein Laie...
... wie ich...

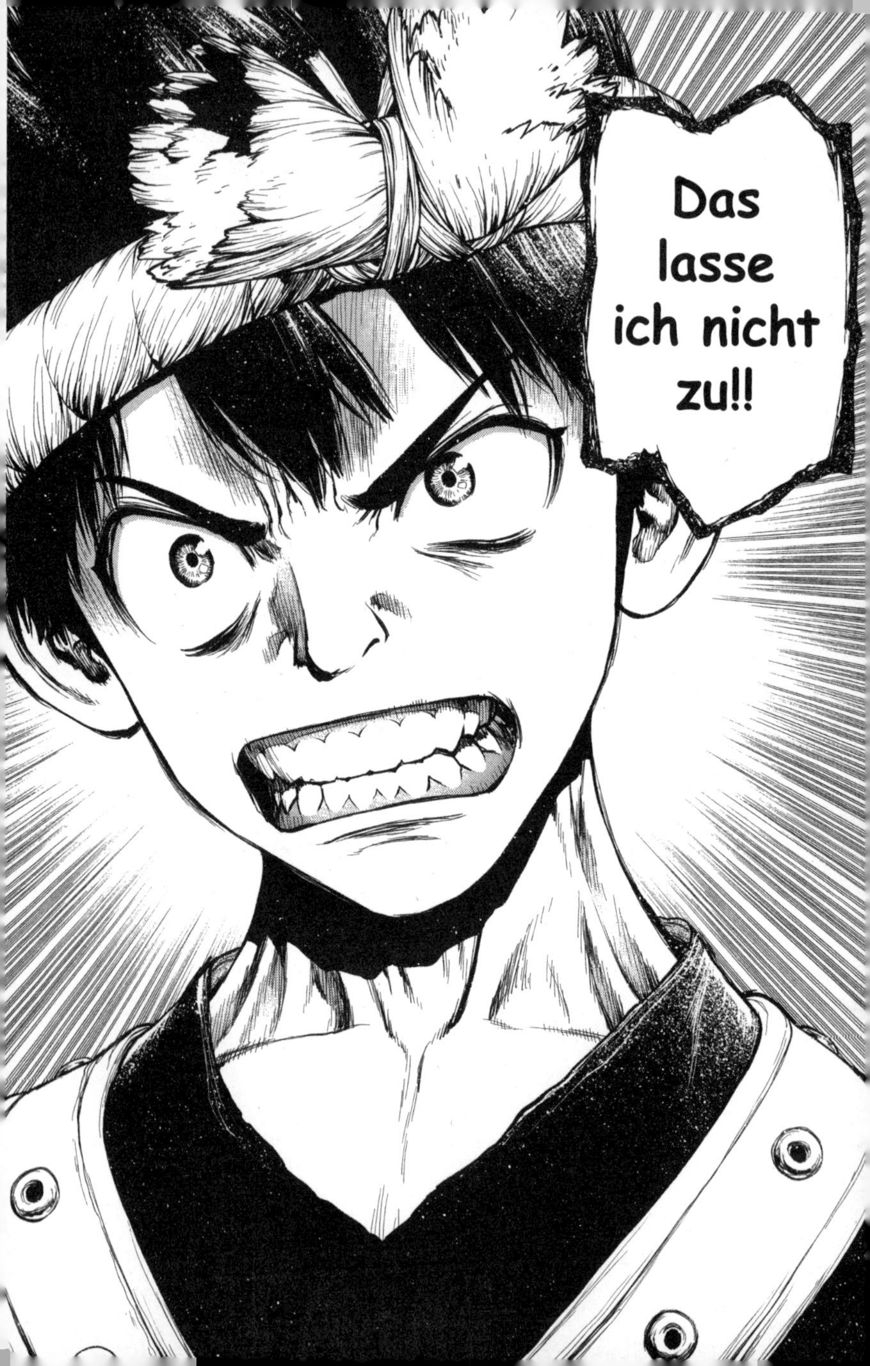
Das lasse ich nicht zu!!

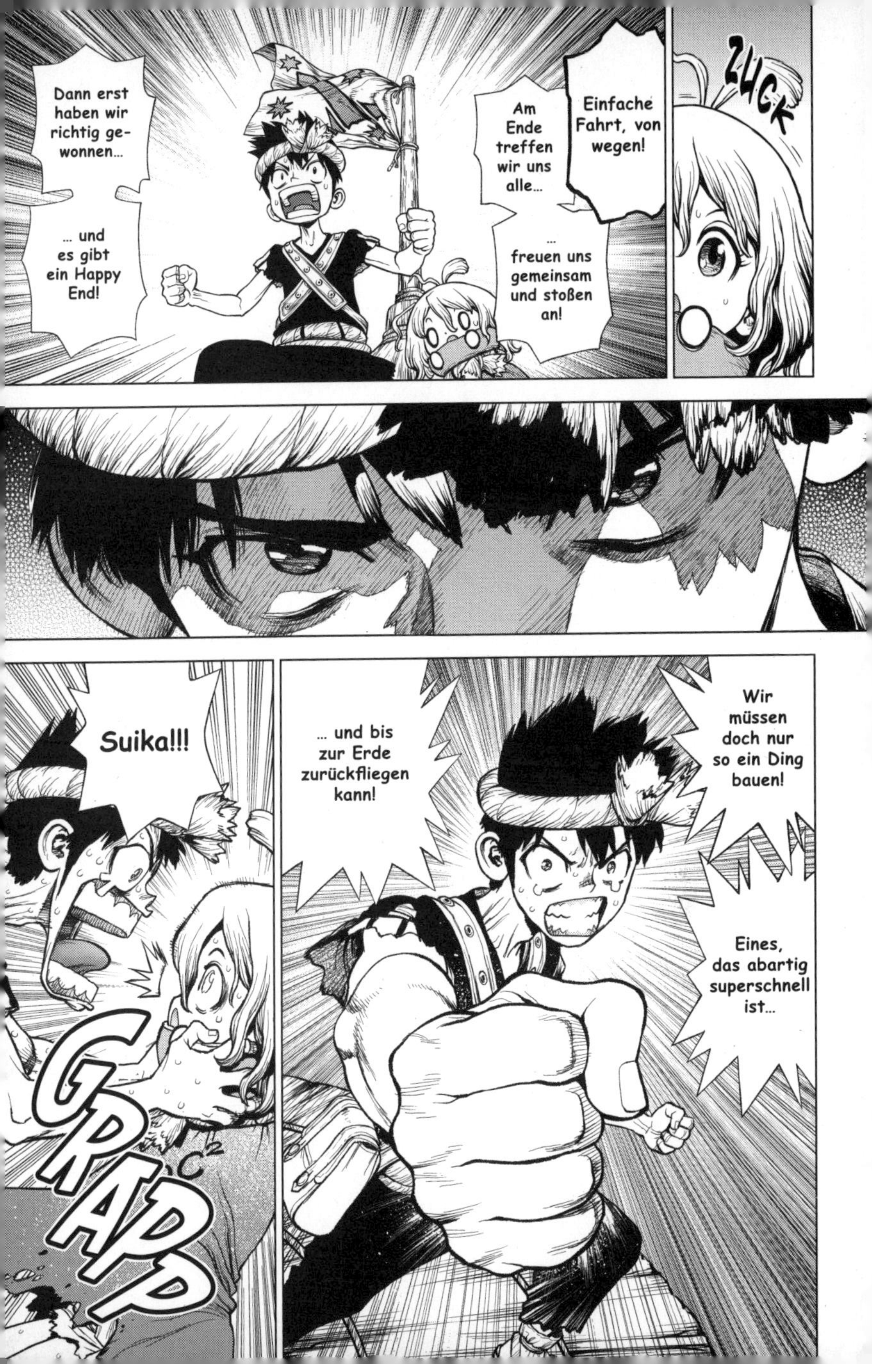
ZUCK
Einfache Fahrt, von wegen!
Am Ende treffen wir uns alle...
... freuen uns gemeinsam und stoßen an!
Dann erst haben wir richtig ge-wonnen...
... und es gibt ein Happy End!
Wir müssen doch nur so ein Ding bauen!
Eines, das abartig superschnell ist...
... und bis zur Erde zurückfliegen kann!
Suika!!!
GRAPP

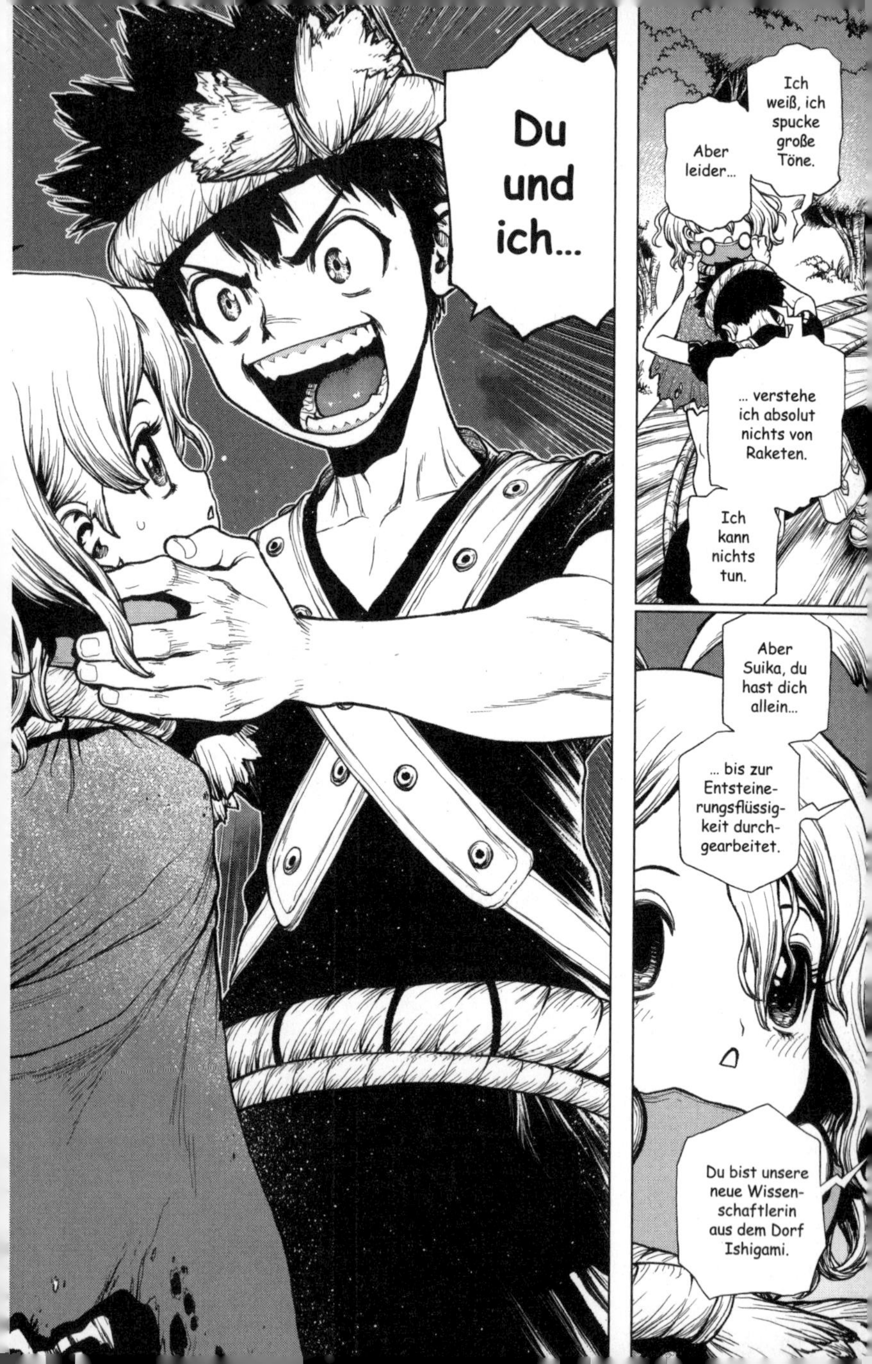
Ich weiß, ich spucke große Töne.
Aber leider...
... verstehe ich absolut nichts von Raketen.
Ich kann nichts tun.
Aber Suika, du hast dich allein...
... bis zur Entsteine-rungsflüssig-keit durch-gearbeitet.
Du bist unsere neue Wissen-schaftlerin aus dem Dorf Ishigami.
Du und ich...

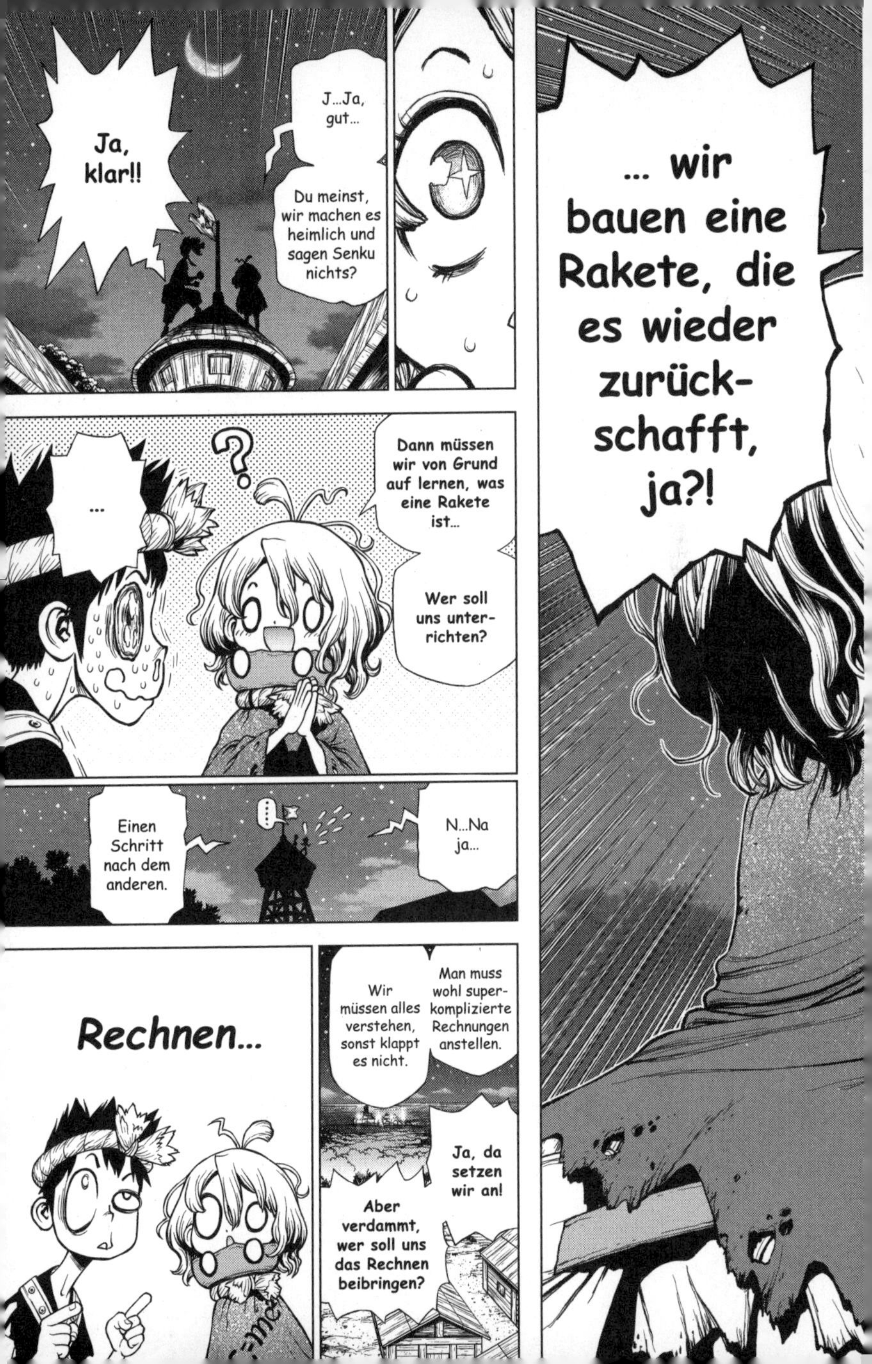

... wir bauen eine Rakete, die es wieder zurück-schafft, ja?!
J...Ja, gut...
Du meinst, wir machen es heimlich und sagen Senku nichts?
Ja, klar!!
Dann müssen wir von Grund auf lernen, was eine Rakete ist...
Wer soll uns unter-richten?
...
N...Na ja...
Einen Schritt nach dem anderen.
Man muss wohl super-komplizierte Rechnungen anstellen.
Wir müssen alles verstehen, sonst klappt es nicht.
Ja, da setzen wir an!
Aber verdammt, wer soll uns das Rechnen beibringen?
Rechnen...

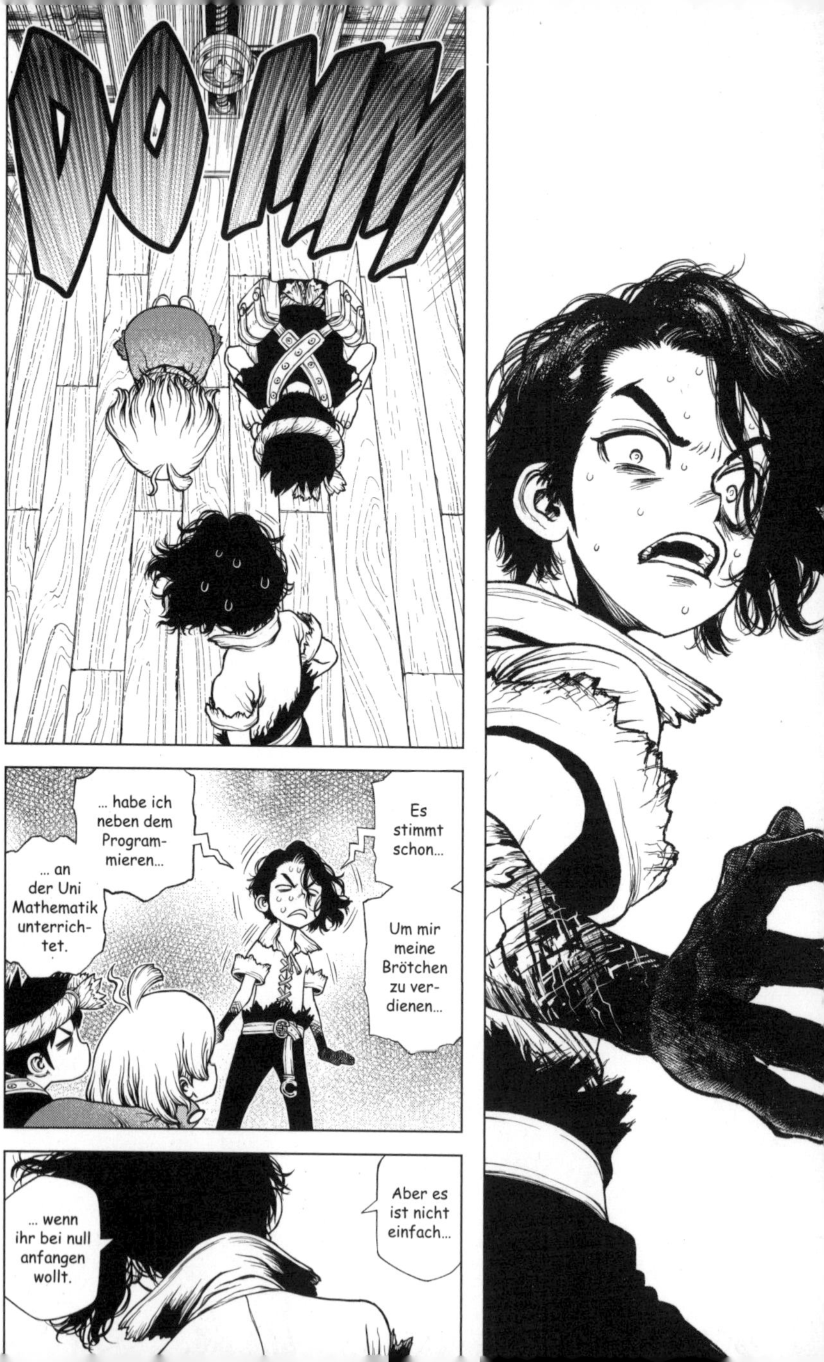
DOMM
Es stimmt schon...
Um mir meine Brötchen zu verdienen...
... habe ich neben dem Programmieren...
... an der Uni Mathematik unterrichtet.
Aber es ist nicht einfach...
... wenn ihr bei null anfangen wollt.

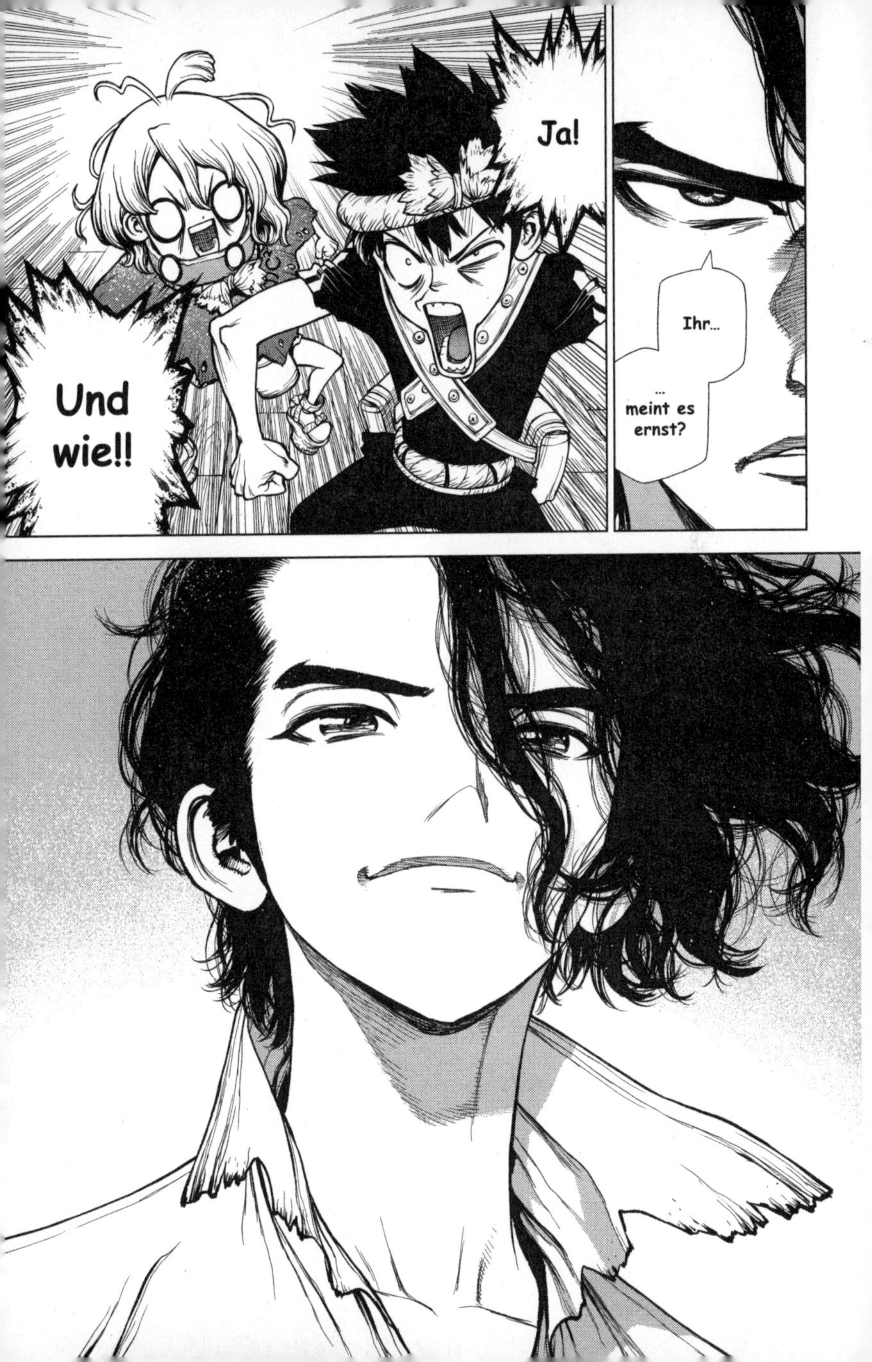
Ihr...
... meint es ernst?
Ja!
Und wie!!

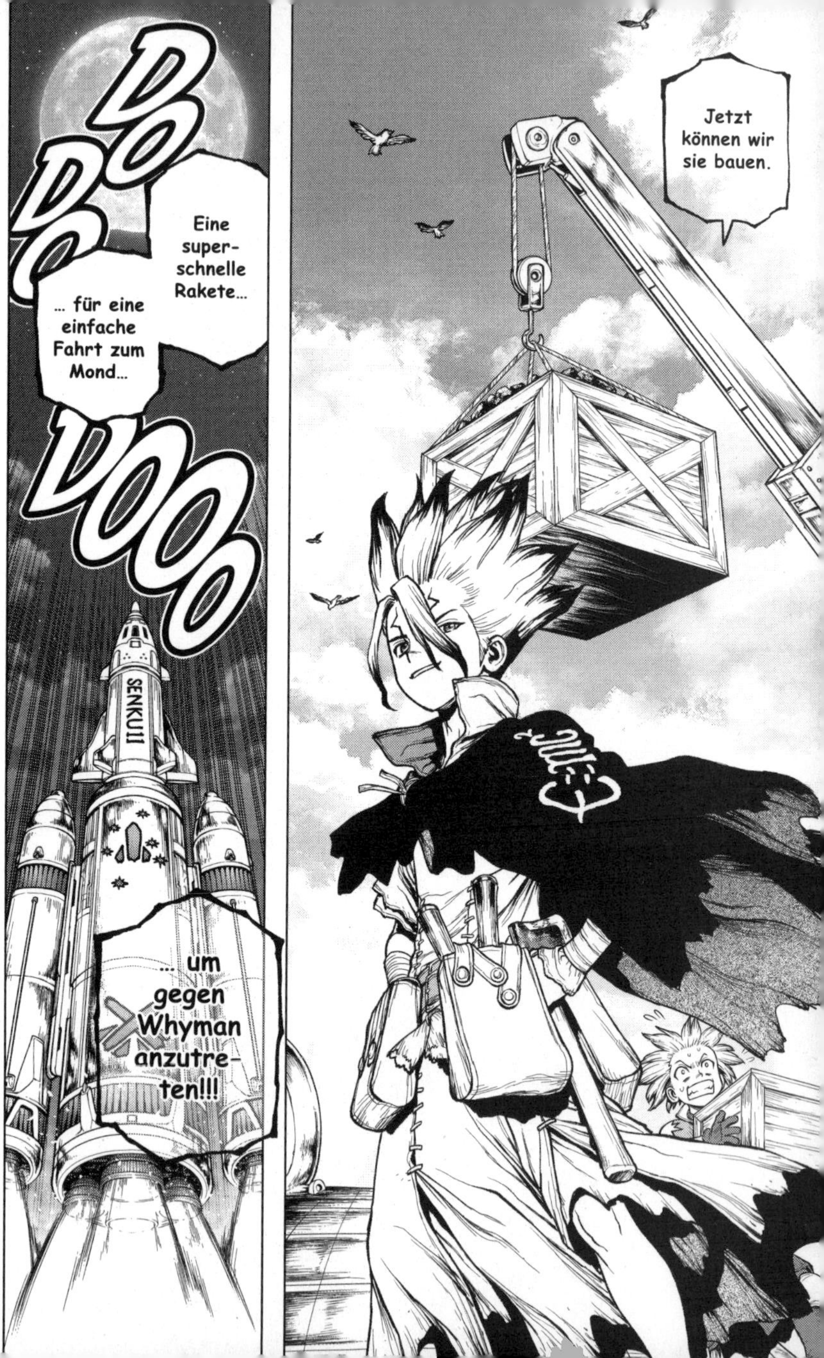
Jetzt können wir sie bauen.
DODO
Eine super-schnelle Rakete...
... für eine einfache Fahrt zum Mond...
DOOOO
... um gegen Whyman anzutre-ten!!!

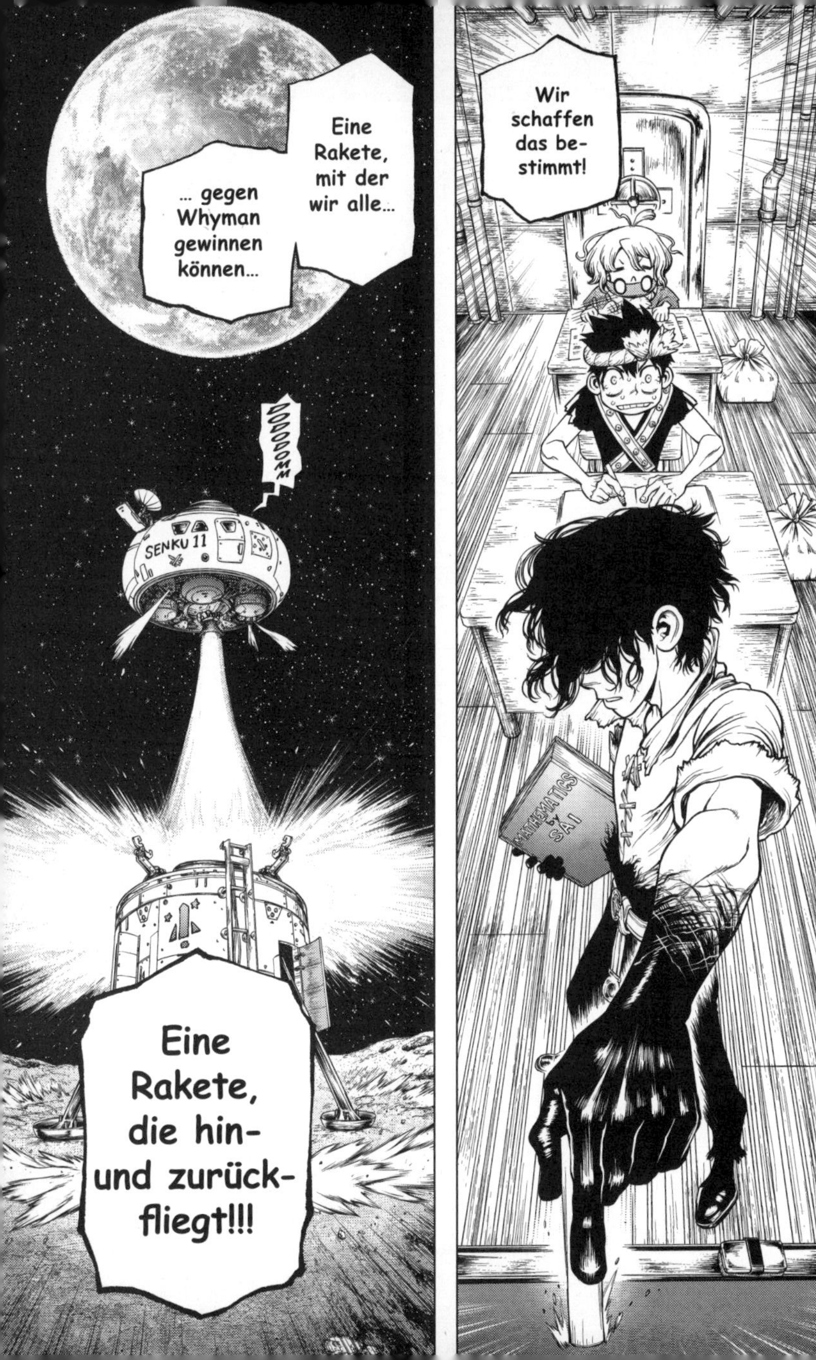

Wir schaffen das bestimmt!
Eine Rakete, mit der wir alle...
... gegen Whyman gewinnen können...
DODODOMM
SENKU 11
Eine Rakete, die hin- und zurückfliegt!!!
MATHEMATICS by SAI

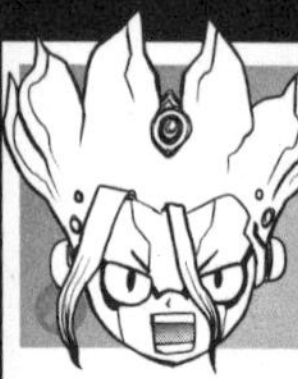

Der Robo-Senku antwortet!

FAQ

SUCHE

Fragen und Antworten

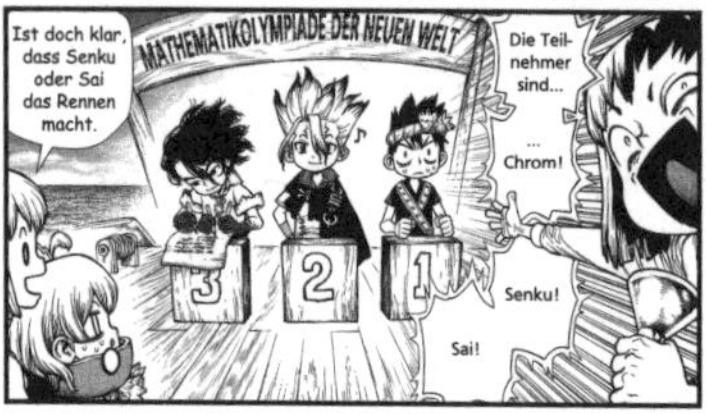

Chrom hat beim Mathematikwettbewerb gegen Senku verloren. Liegt ihm Mathe immer noch nicht? Wird er Senku besiegen können, wenn er Unterricht bei Sai genommen hat?

Muscleman aus Chiba SUCHE

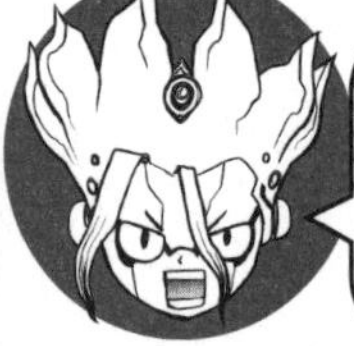

Ich habe mich mal schlaugemacht, welche Bereiche unseren Wissenschaftlern liegen! C bedeutet aber nicht, dass sie schlecht darin sind, sondern eher, dass ihr Interesse nicht so groß ist.

	Senku	Chrom	Suika	Xeno	Chelsea	Sai
	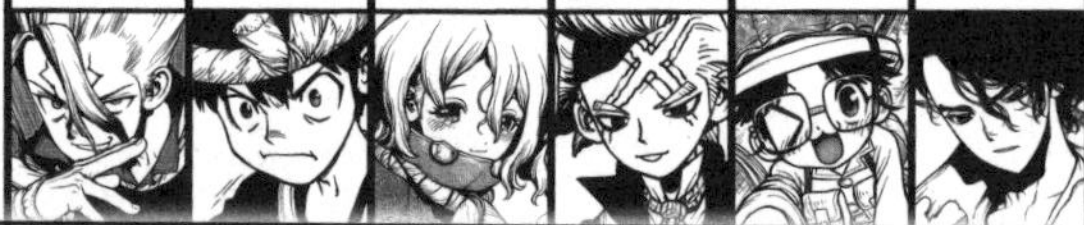					
Naturwissenschaft	S	S	A	S	A	A
Mathematik	S	A	A	S	B	S
Geografie	A	S	A	B	S	C
Sprachen	C	C	B	B	C	A

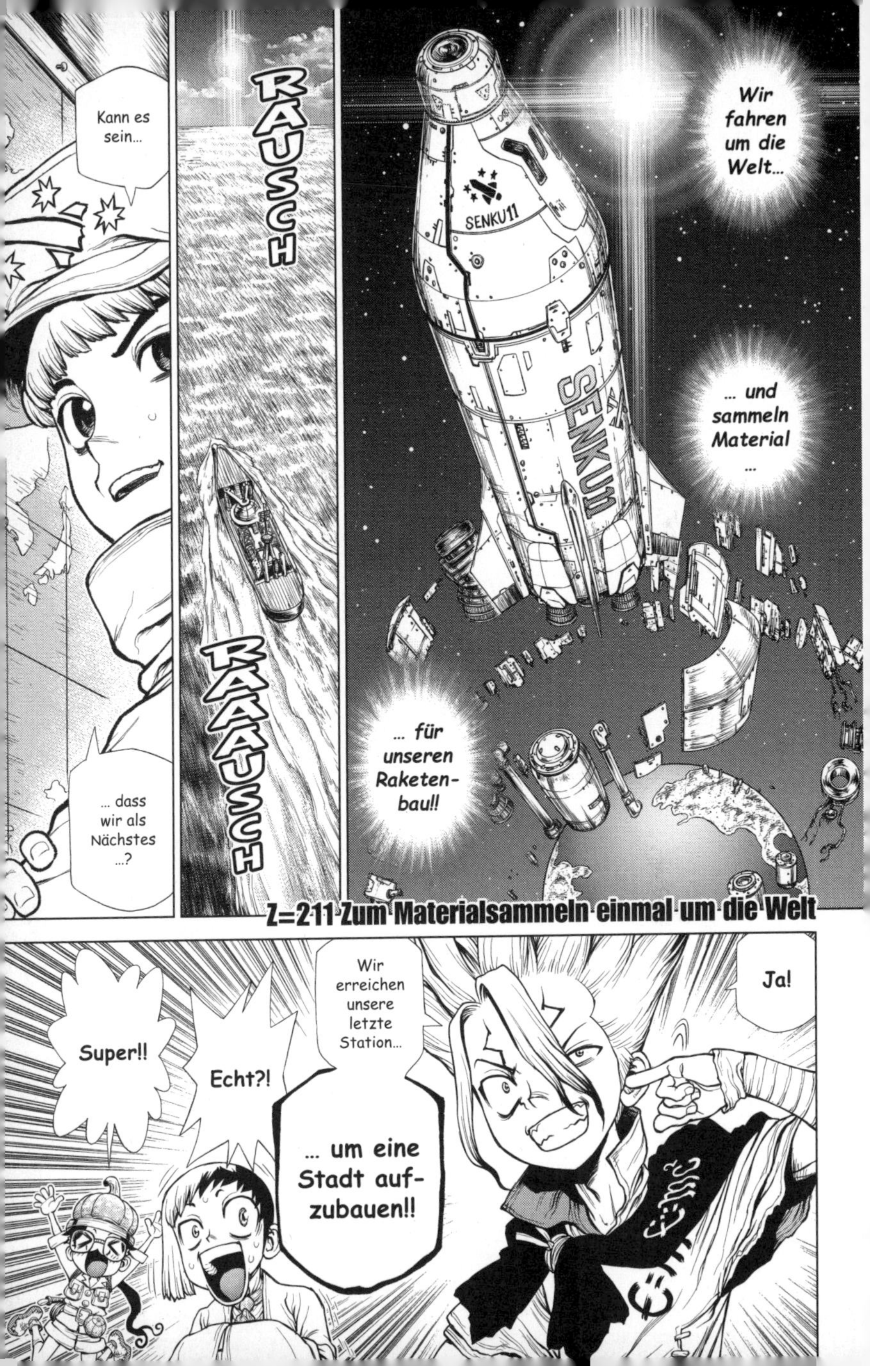

Wir fahren um die Welt...
... und sammeln Material ...
... für unseren Raketenbau!!
SENKU11
RAUSCH
RAAAUSCH
Kann es sein...
... dass wir als Nächstes ...?
Z=211 Zum Materialsammeln einmal um die Welt
Ja!
Wir erreichen unsere letzte Station...
... um eine Stadt aufzubauen!!
Echt?!
Super!!

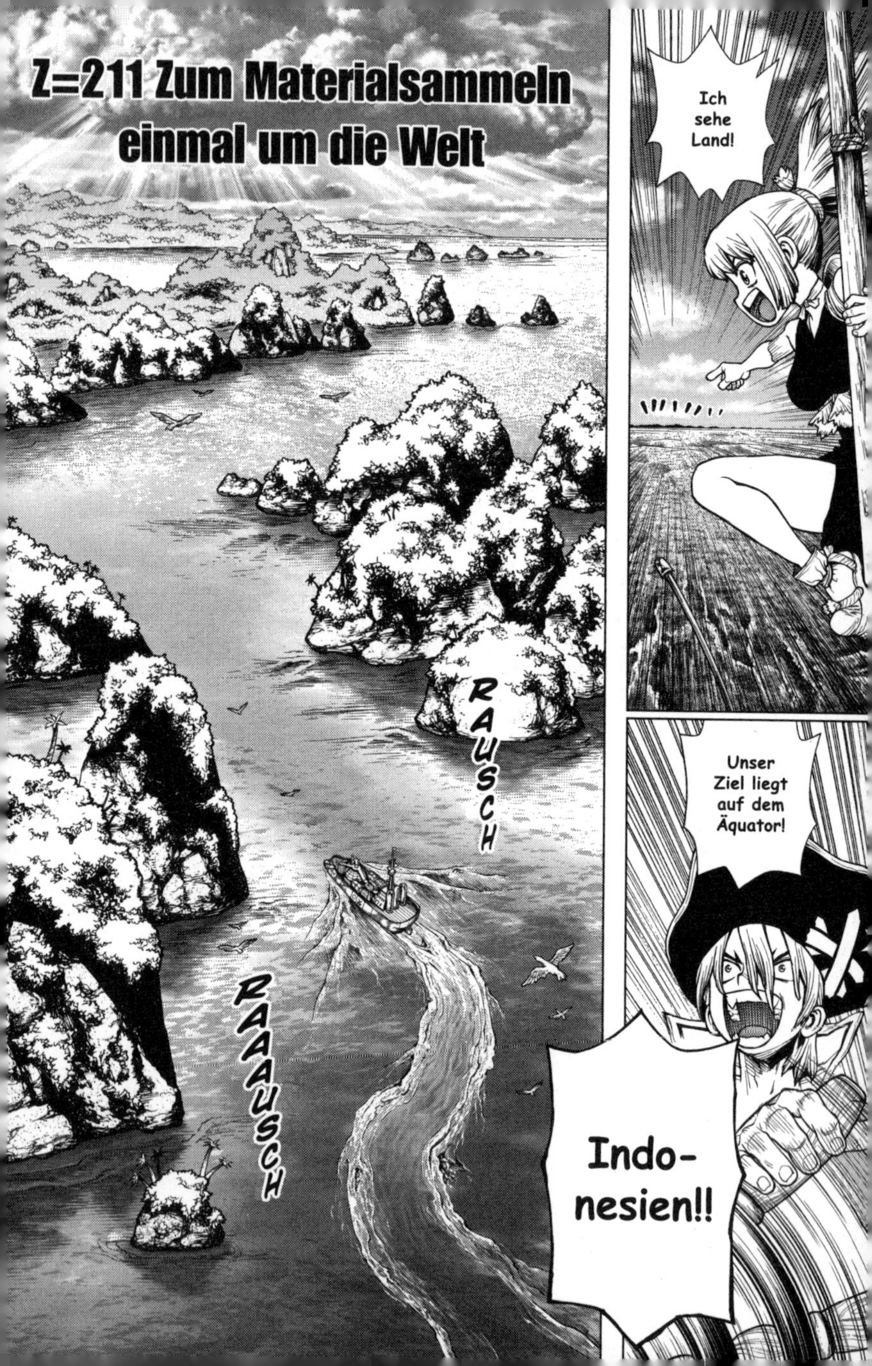

Z=211 Zum Materialsammeln einmal um die Welt
Ich sehe Land!
RAUSCH
RAAAAUSCH
Unser Ziel liegt auf dem Äquator!
Indo-nesien!!

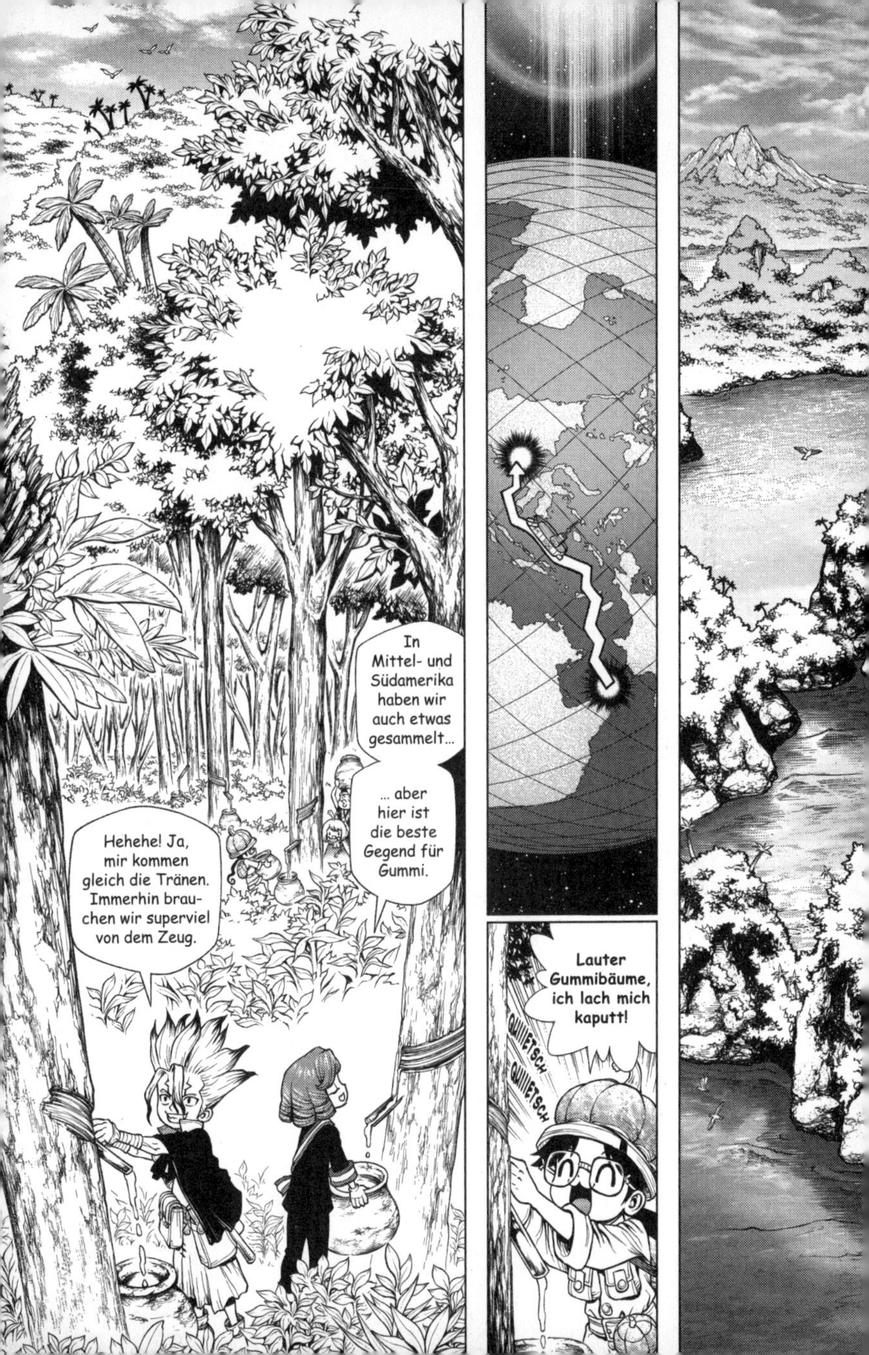
Lauter Gummibäume, ich lach mich kaputt!
QUIIETSCH
QUIIETSCH
In Mittel- und Südamerika haben wir auch etwas gesammelt...
... aber hier ist die beste Gegend für Gummi.
Hehehe! Ja, mir kommen gleich die Tränen. Immerhin brauchen wir superviel von dem Zeug.

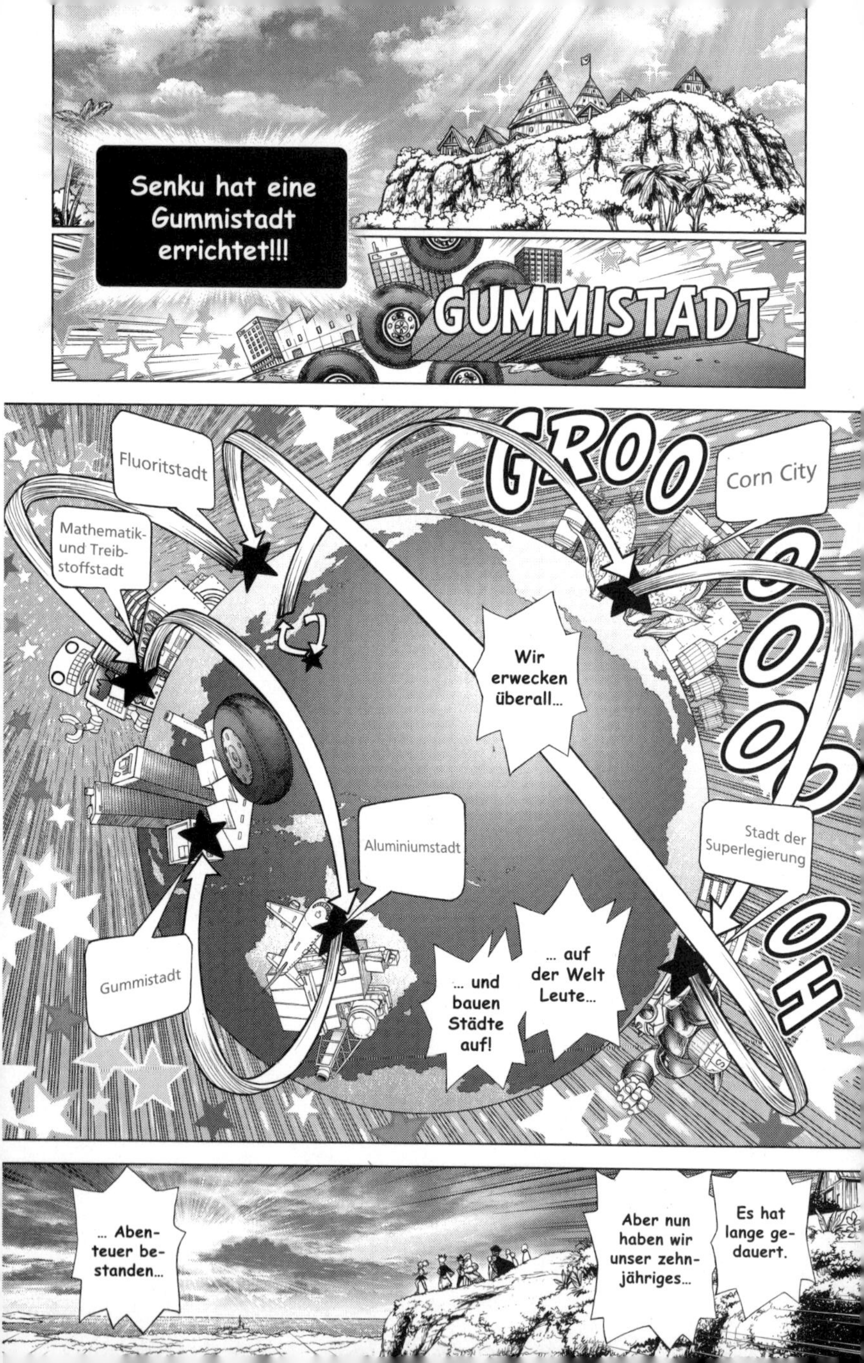
Senku hat eine Gummistadt errichtet!!!
GUMMISTADT
Corn City
Fluoritstadt
Mathematik- und Treibstoffstadt
GROOOOOOOOH
Wir erwecken überall…
Stadt der Superlegierung
Aluminiumstadt
Gummistadt
… auf der Welt Leute…
… und bauen Städte auf!
Es hat lange gedauert.
Aber nun haben wir unser zehnjähriges…
… Abenteuer bestanden…

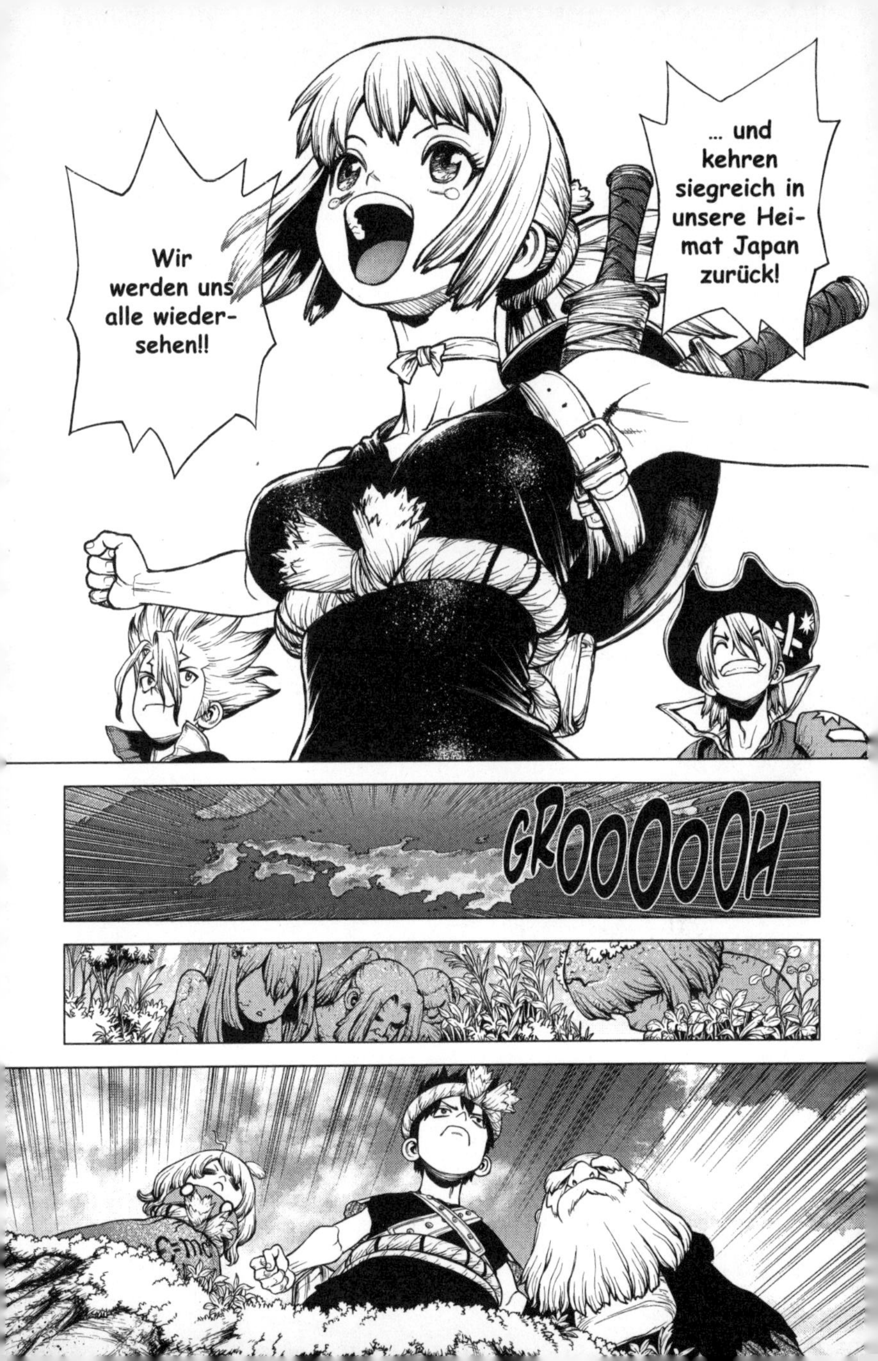
... und kehren siegreich in unsere Hei- mat Japan zurück!
Wir werden uns alle wieder- sehen!!
GROOOOOOH

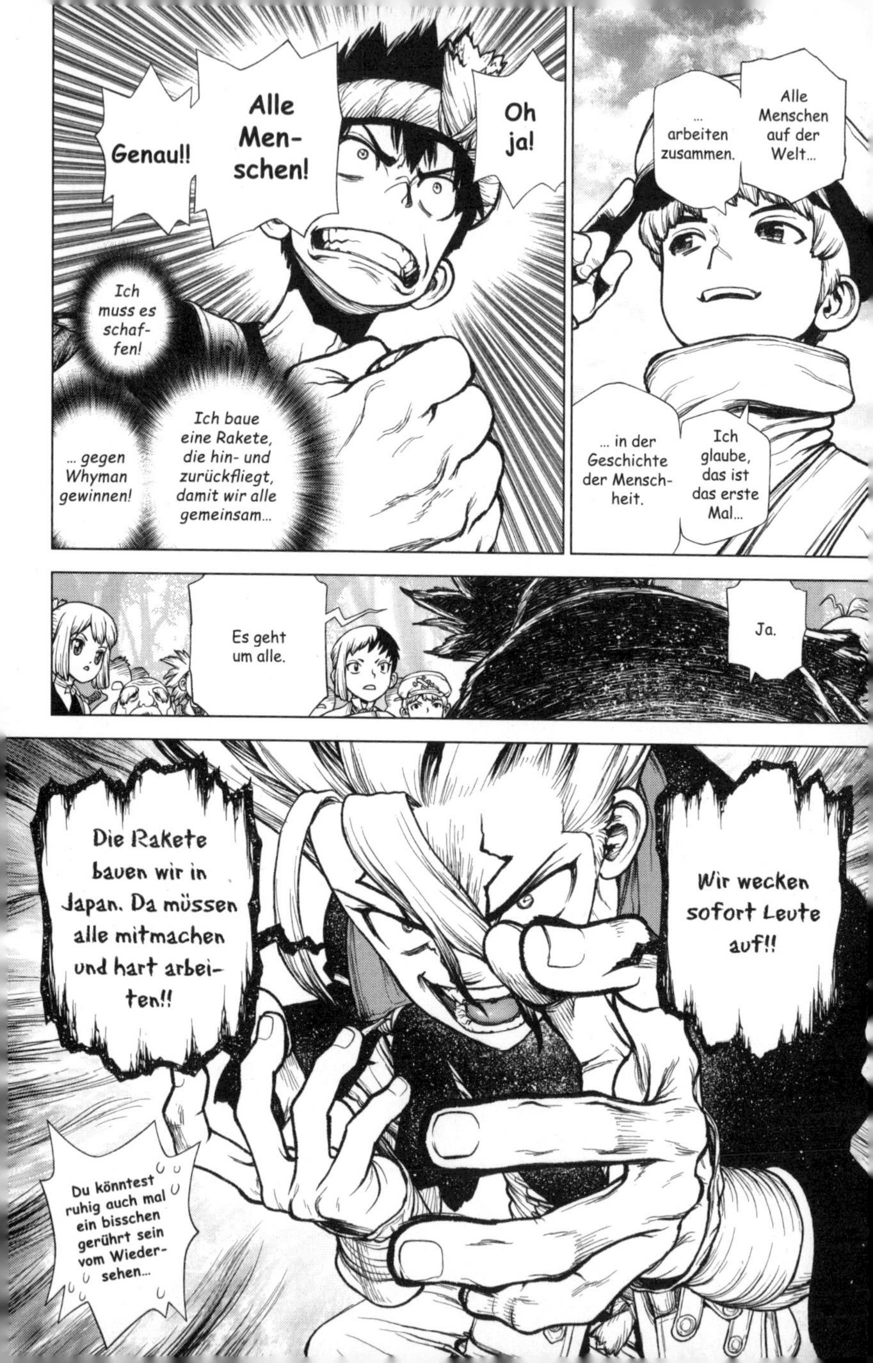
Alle Menschen auf der Welt...
... arbeiten zusammen.
Oh ja!
Alle Men-schen!
Genau!!
Ich glaube, das ist das erste Mal...
... in der Geschichte der Mensch-heit.
Ich muss es schaf-fen!
Ich baue eine Rakete, die hin- und zurückfliegt, damit wir alle gemeinsam...
... gegen Whyman gewinnen!
Ja.
Es geht um alle.
Wir wecken sofort Leute auf!!
Die Rakete bauen wir in Japan. Da müssen alle mitmachen und hart arbei-ten!!
Du könntest ruhig auch mal ein bisschen gerührt sein vom Wieder-sehen...

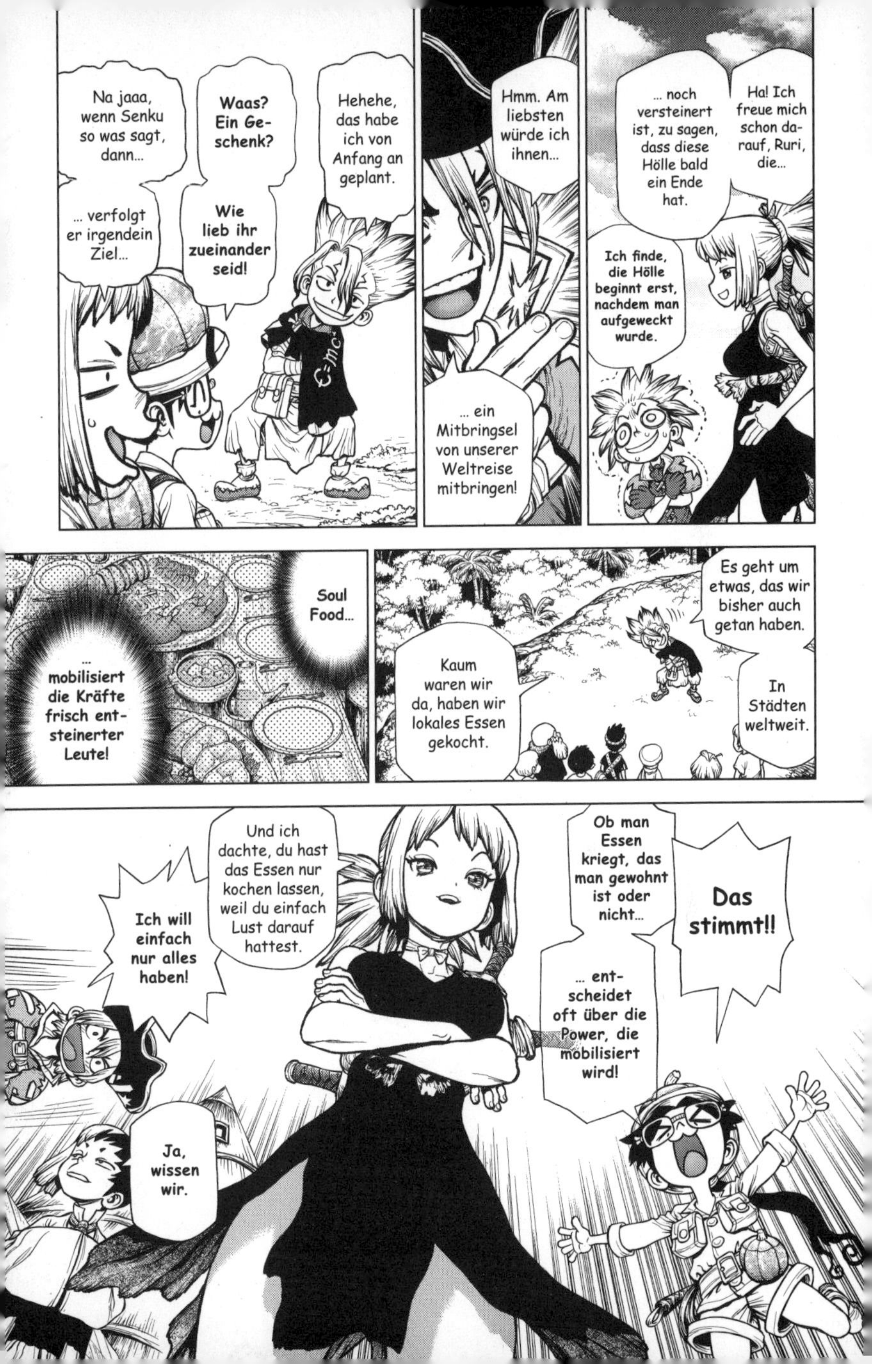
Ha! Ich freue mich schon darauf, Ruri, die...
... noch versteinert ist, zu sagen, dass diese Hölle bald ein Ende hat.
Ich finde, die Hölle beginnt erst, nachdem man aufgeweckt wurde.
Hmm. Am liebsten würde ich ihnen...
... ein Mitbringsel von unserer Weltreise mitbringen!
Hehehe, das habe ich von Anfang an geplant.
Waas? Ein Geschenk?
Wie lieb ihr zueinander seid!
Na jaaa, wenn Senku so was sagt, dann...
... verfolgt er irgendein Ziel...
Es geht um etwas, das wir bisher auch getan haben.
In Städten weltweit.
Kaum waren wir da, haben wir lokales Essen gekocht.
Soul Food...
... mobilisiert die Kräfte frisch entsteinerter Leute!
Das stimmt!!
Ob man Essen kriegt, das man gewohnt ist oder nicht...
... entscheidet oft über die Power, die mobilisiert wird!
Und ich dachte, du hast das Essen nur kochen lassen, weil du einfach Lust darauf hattest.
Ich will einfach nur alles haben!
Ja, wissen wir.

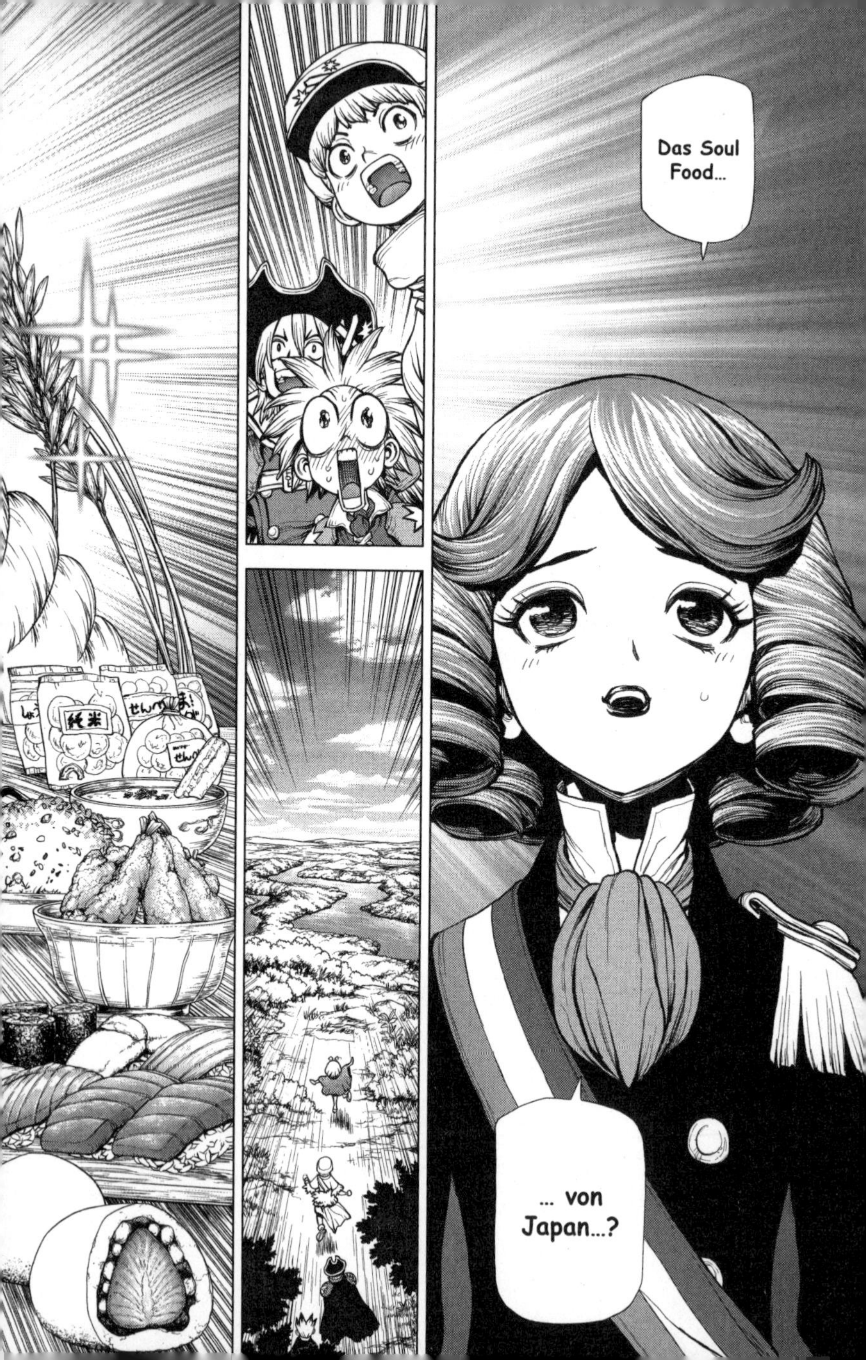
Das Soul Food...
... von Japan...?

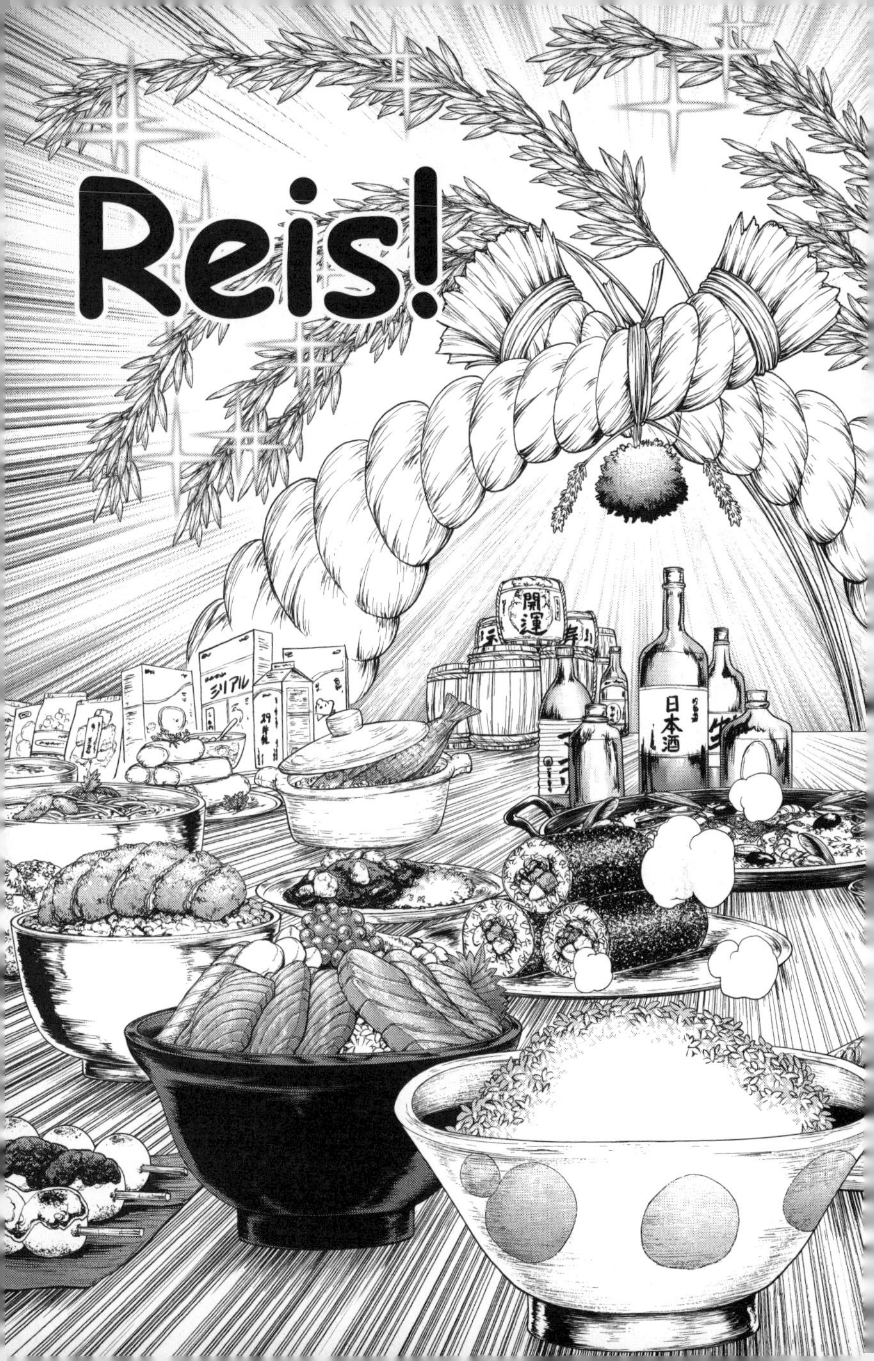
Reis!
開運
シリアル
日本酒

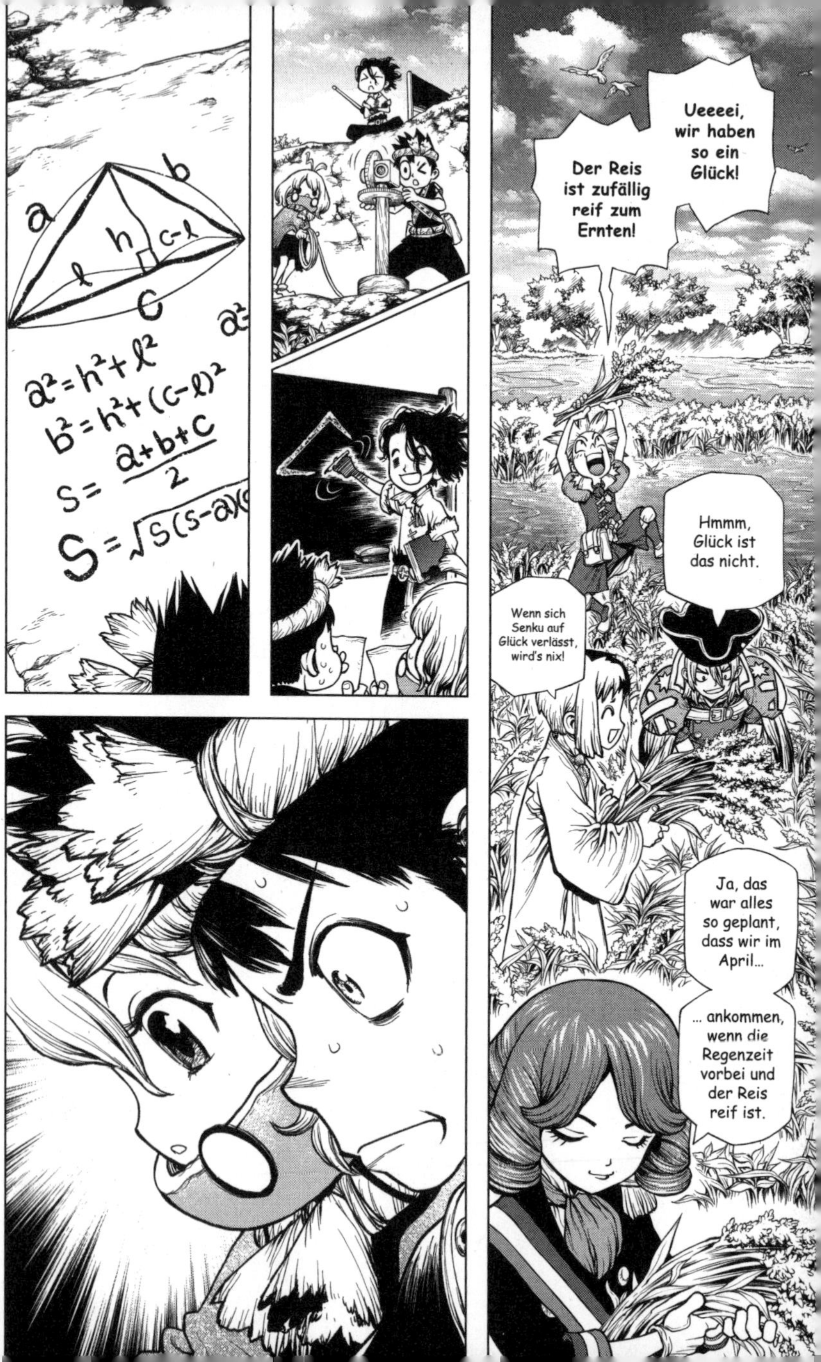

Ueeeei, wir haben so ein Glück!
Der Reis ist zufällig reif zum Ernten!
Hmmm, Glück ist das nicht.
Wenn sich Senku auf Glück verlässt, wird's nix!
Ja, das war alles so geplant, dass wir im April...
... ankommen, wenn die Regenzeit vorbei und der Reis reif ist.
a
b
h
c-l
l
c
a²=h²+l²
b²=h²+(c-l)²
s= (a+b+c)/2

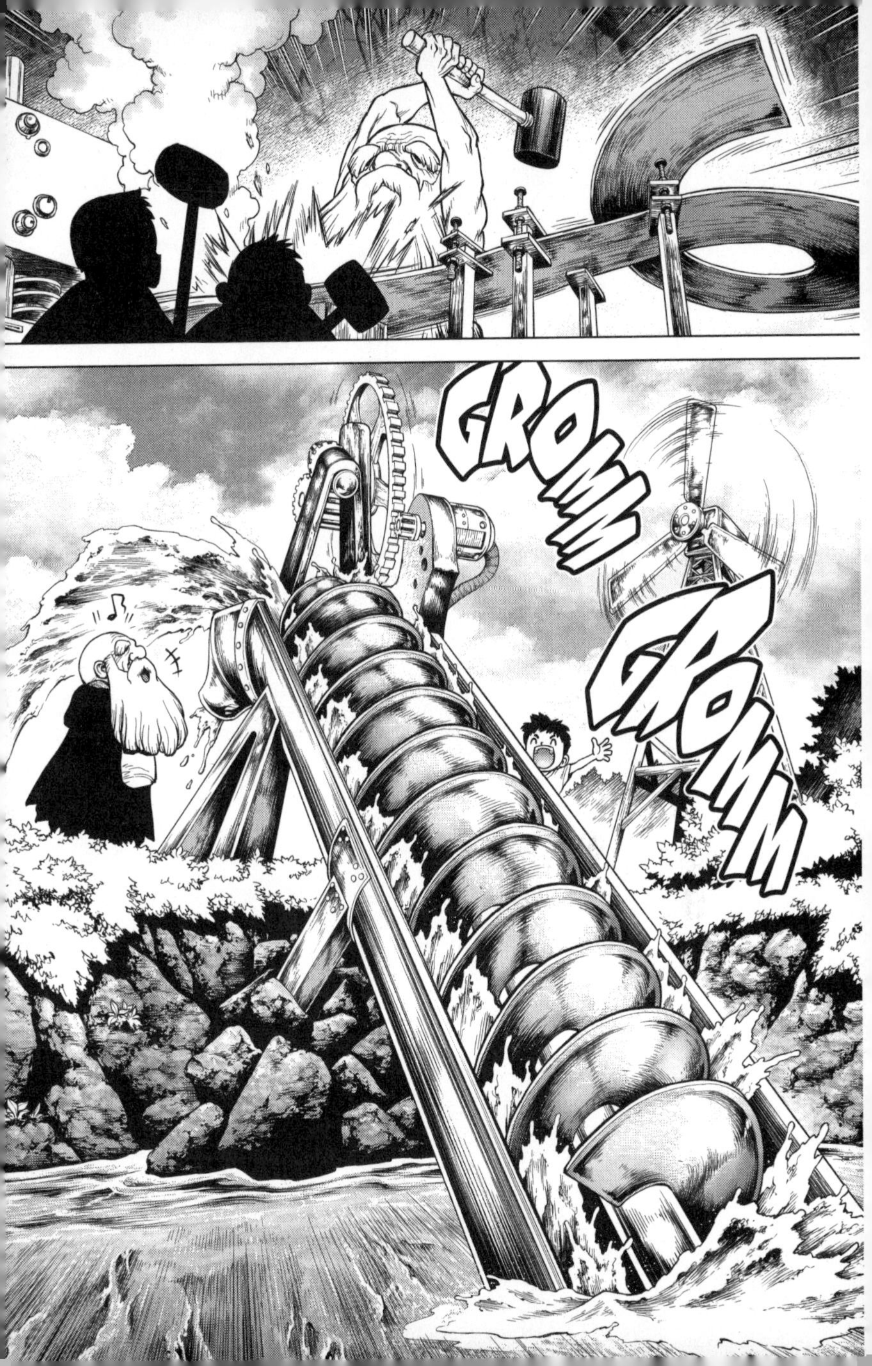
GROMM
GROMM

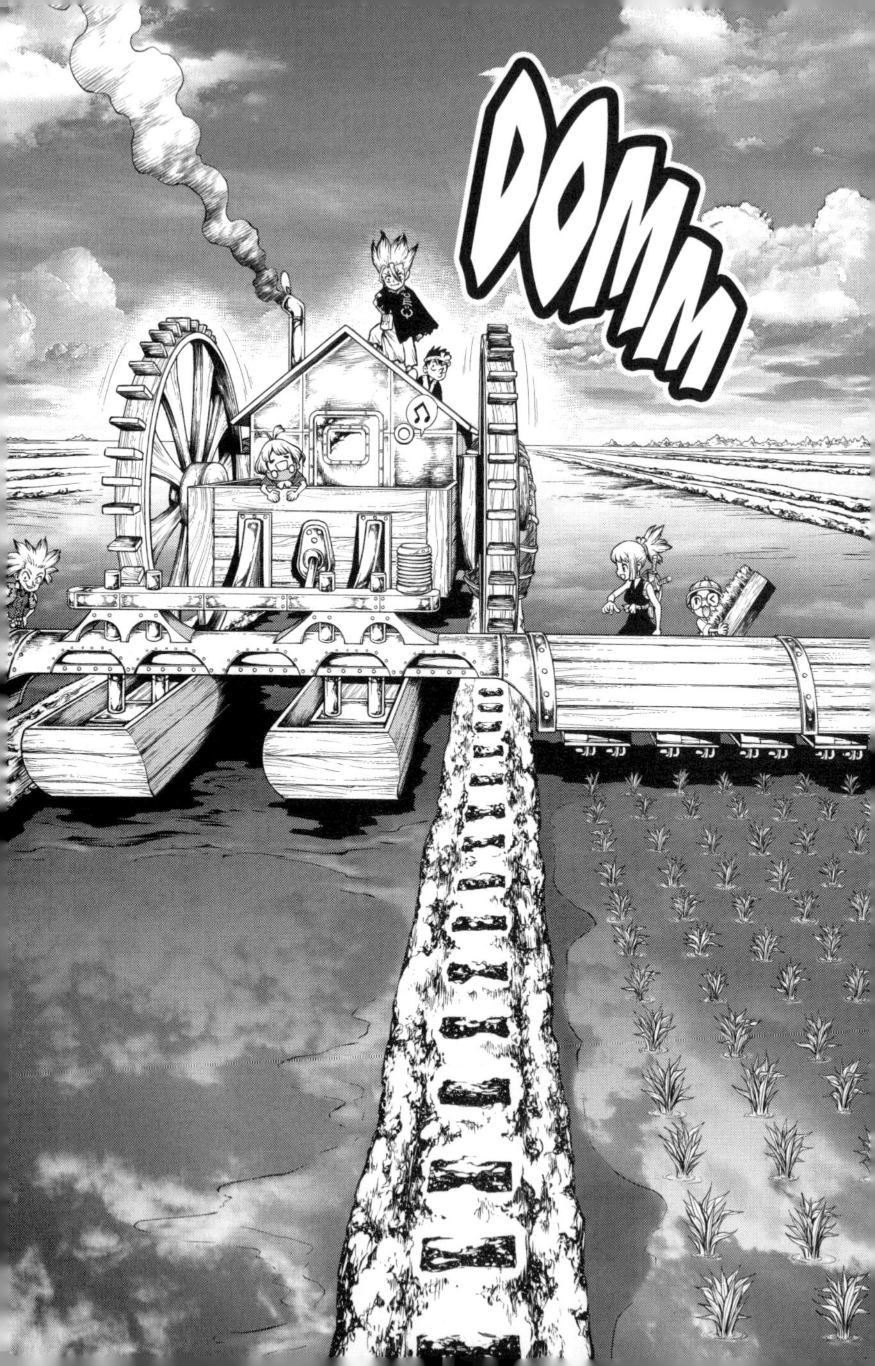
DOMMM

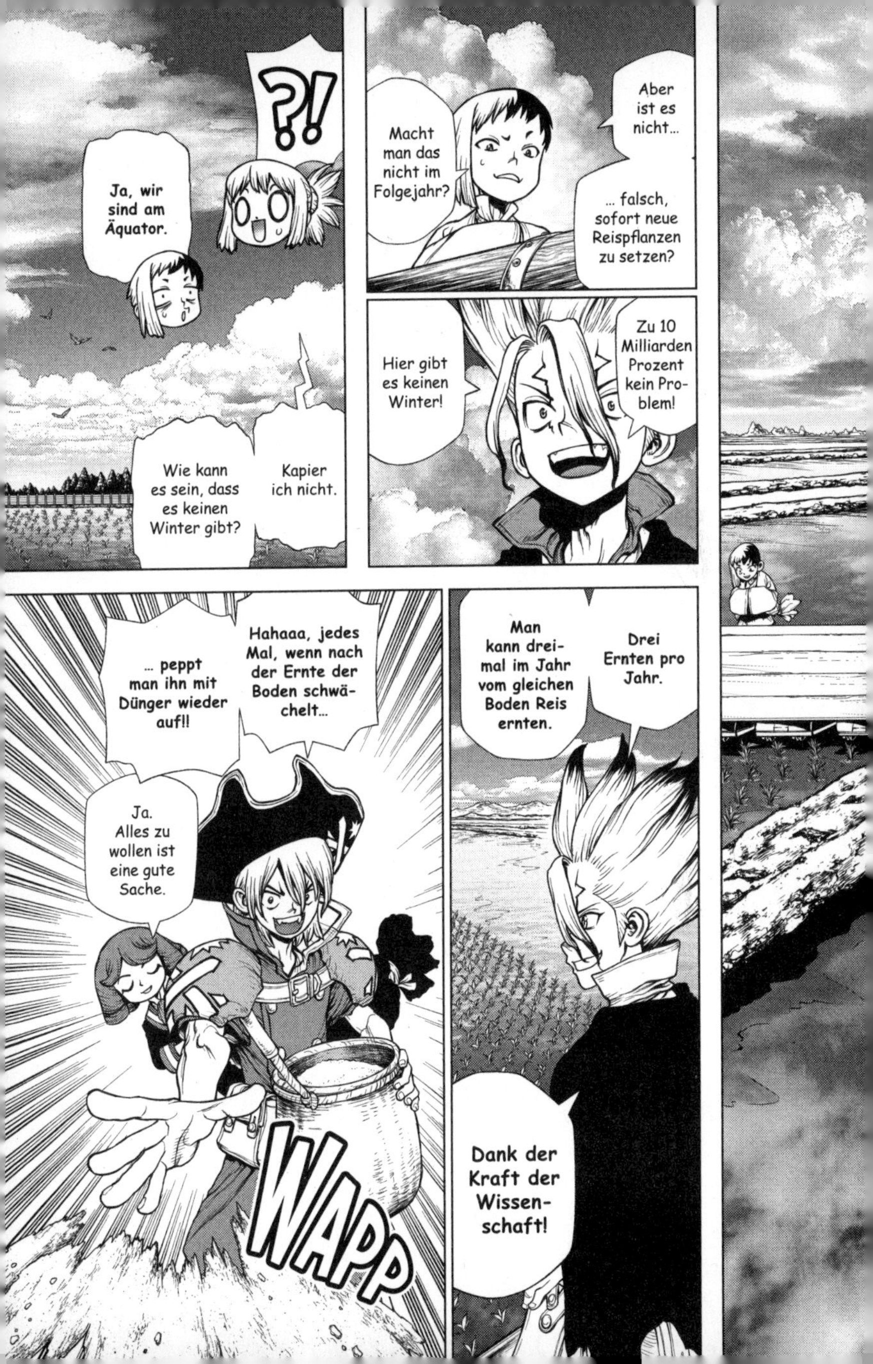
Aber ist es nicht…
… falsch, sofort neue Reispflanzen zu setzen?
Macht man das nicht im Folgejahr?
Hier gibt es keinen Winter!
Zu 10 Milliarden Prozent kein Problem!
?!
Kapier ich nicht.
Wie kann es sein, dass es keinen Winter gibt?
Ja, wir sind am Äquator.
Drei Ernten pro Jahr.
Man kann dreimal im Jahr vom gleichen Boden Reis ernten.
Dank der Kraft der Wissenschaft!
Hahaaa, jedes Mal, wenn nach der Ernte der Boden schwächelt…
… peppt man ihn mit Dünger wieder auf!!
Ja. Alles zu wollen ist eine gute Sache.
WAPP

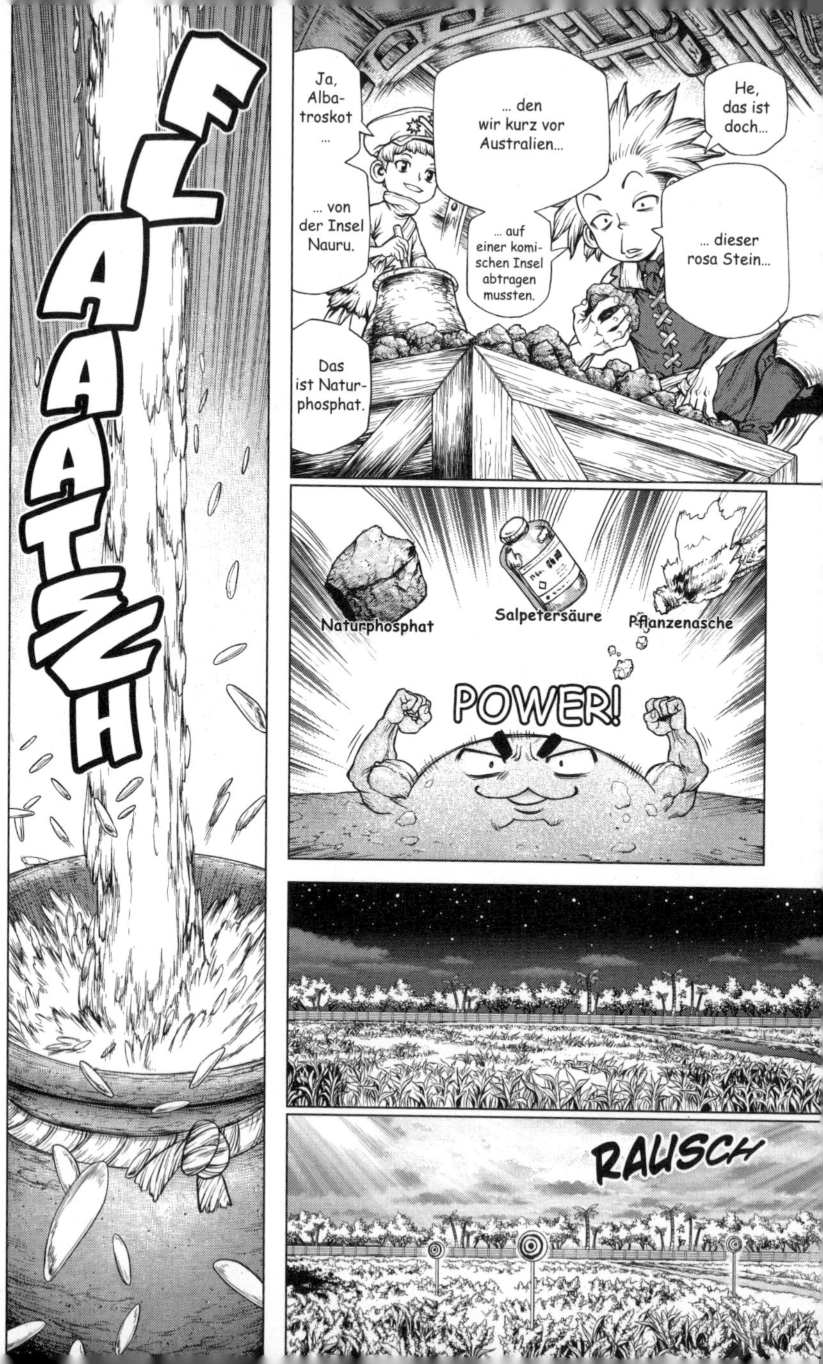
He, das ist doch...
... dieser rosa Stein...
... den wir kurz vor Australien...
... auf einer komischen Insel abtragen mussten.
Ja, Albatroskot ...
... von der Insel Nauru.
Das ist Naturphosphat.
Naturphosphat
Salpetersäure
Pflanzenasche
POWER!
RAUSCH
FLAATSCH

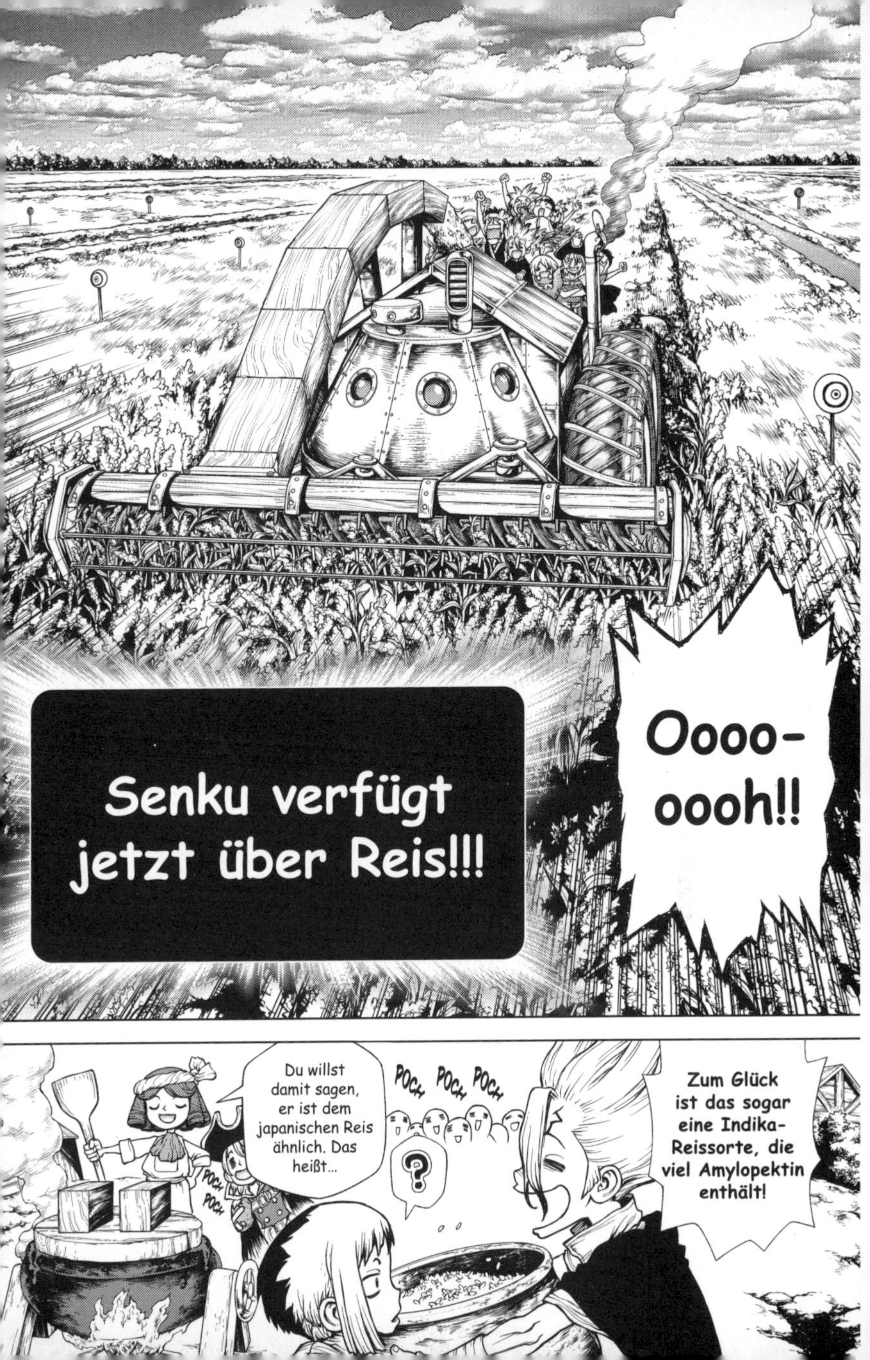
Oooo-oooh!!
Senku verfügt jetzt über Reis!!!
Zum Glück ist das sogar eine Indika-Reissorte, die viel Amylopektin enthält!
POCH POCH POCH
?
Du willst damit sagen, er ist dem japanischen Reis ähnlich. Das heißt…
POCH POCH

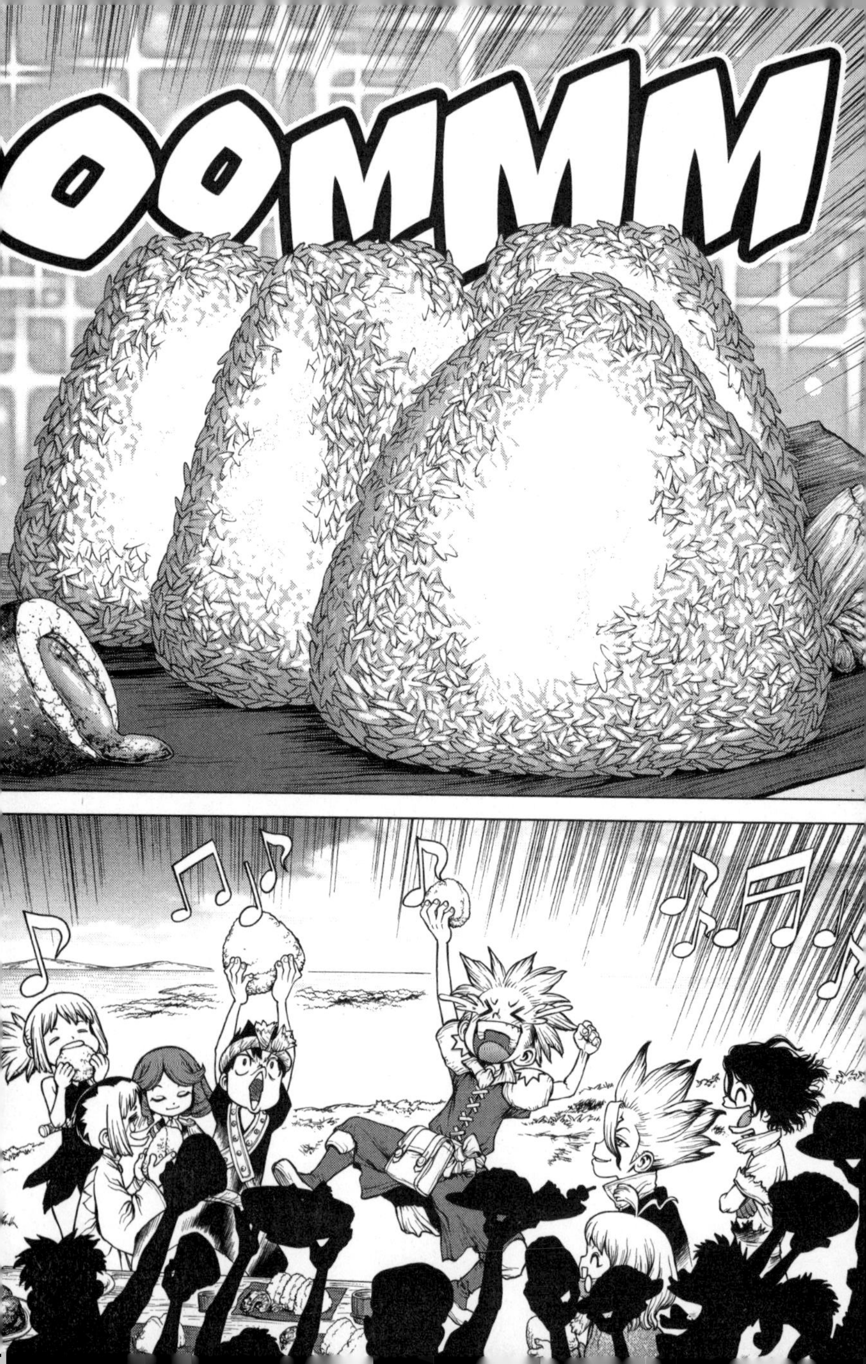
OOMMM

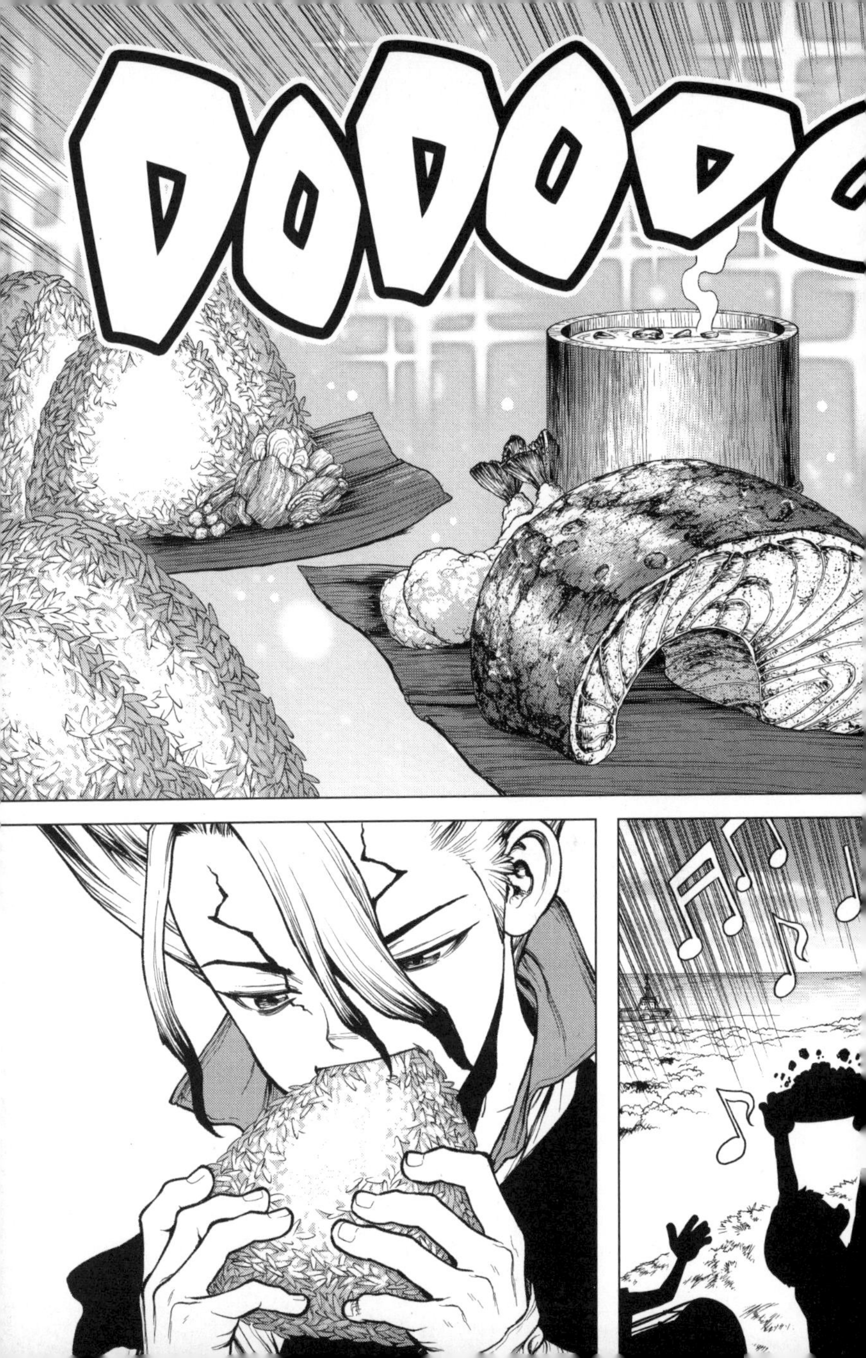
DODODO

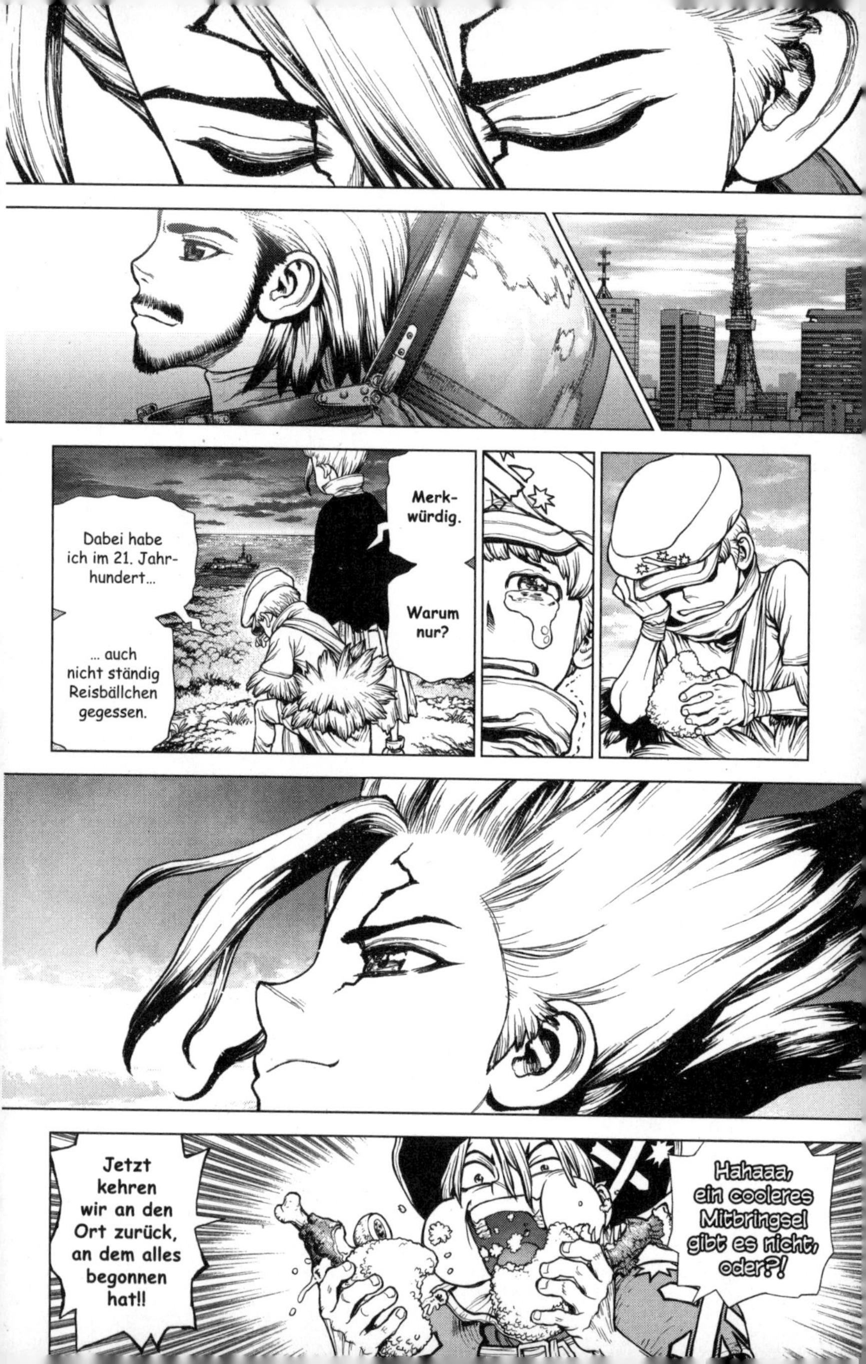

Merkwürdig.
Warum nur?
Dabei habe ich im 21. Jahrhundert...
... auch nicht ständig Reisbällchen gegessen.
Hahaaa, ein cooleres Mitbringsel gibt es nicht, oder?!
Jetzt kehren wir an den Ort zurück, an dem alles begonnen hat!!

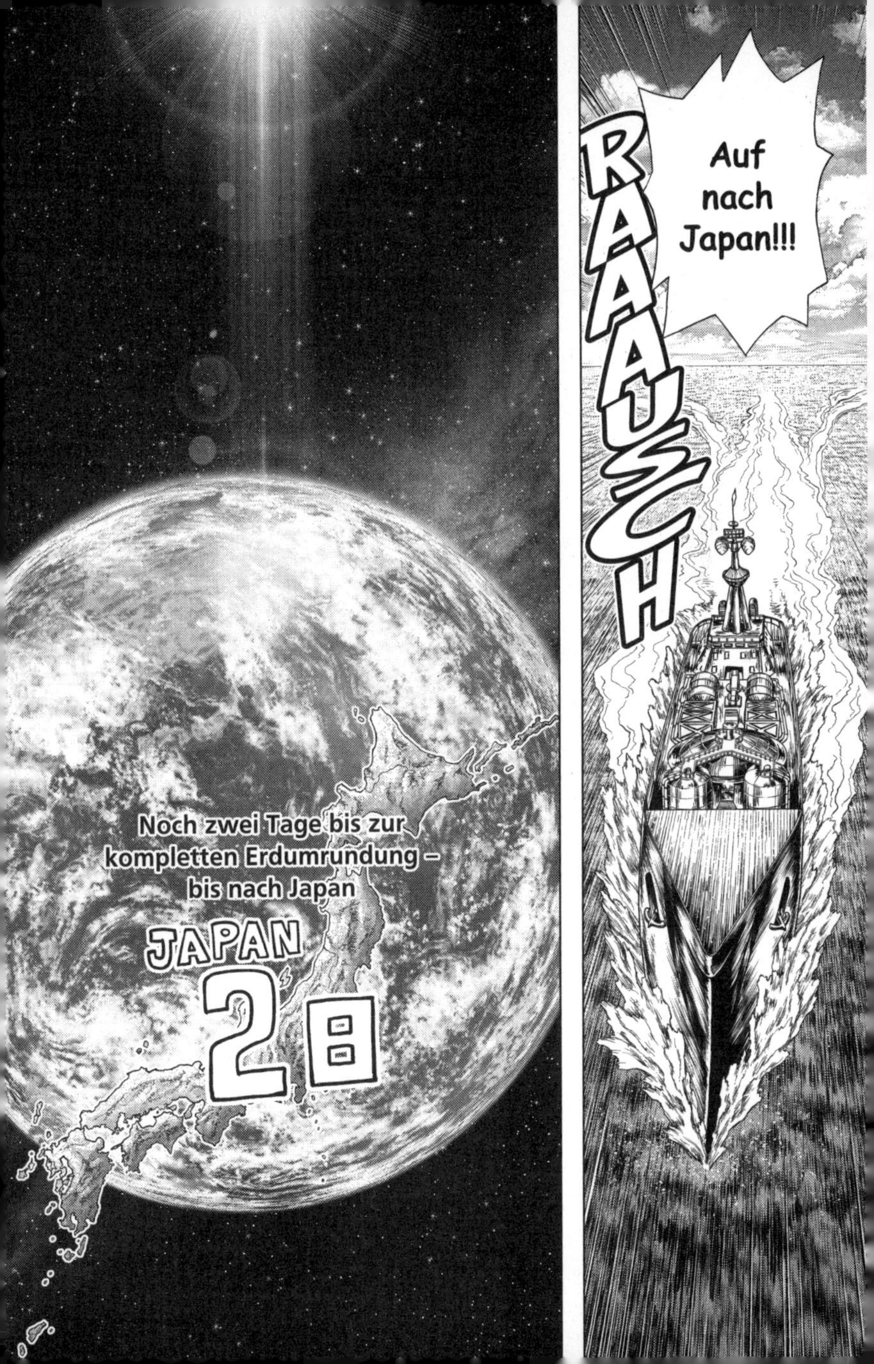
RAAAAUSCH
Auf nach Japan!!!
Noch zwei Tage bis zur kompletten Erdumrundung – bis nach Japan
JAPAN
2日

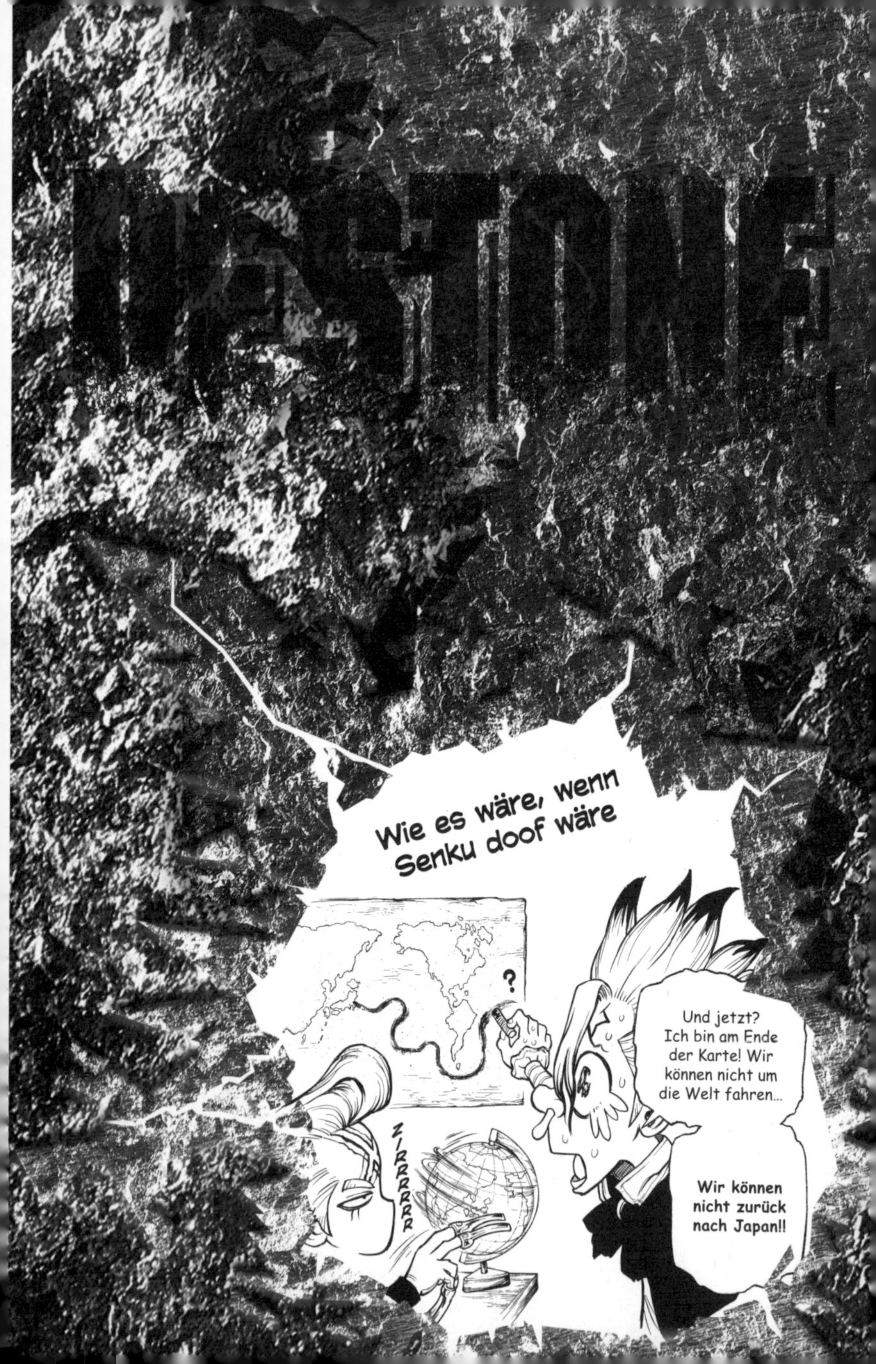
DR. STONE
Wie es wäre, wenn Senku doof wäre
Und jetzt? Ich bin am Ende der Karte! Wir können nicht um die Welt fahren...
ZIRRRRRR
Wir können nicht zurück nach Japan!!

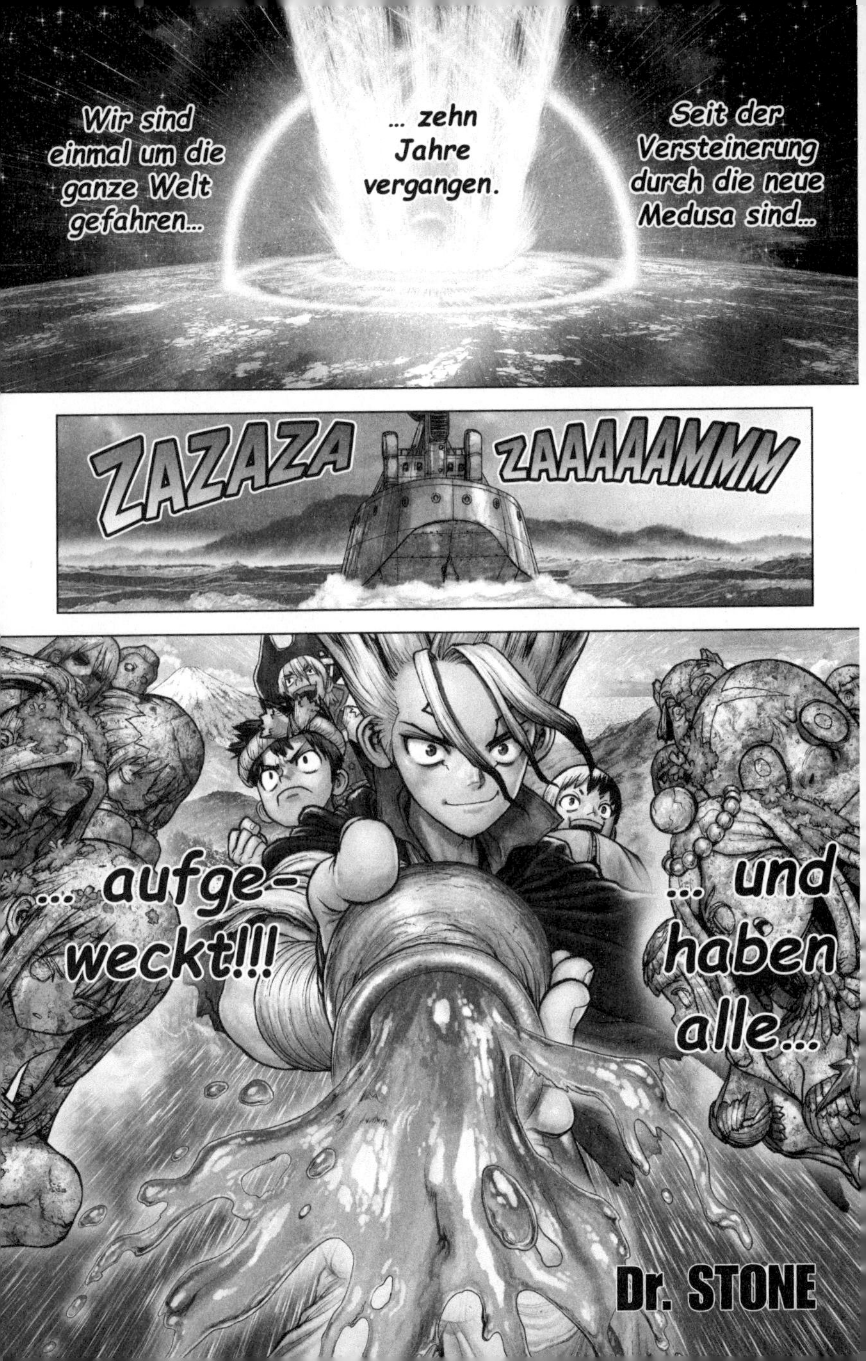
Seit der Versteinerung durch die neue Medusa sind...
... zehn Jahre vergangen.
Wir sind einmal um die ganze Welt gefahren...
ZAZAZA
ZAAAAAMMM
... und haben alle...
... aufge-weckt!!!
Dr. STONE

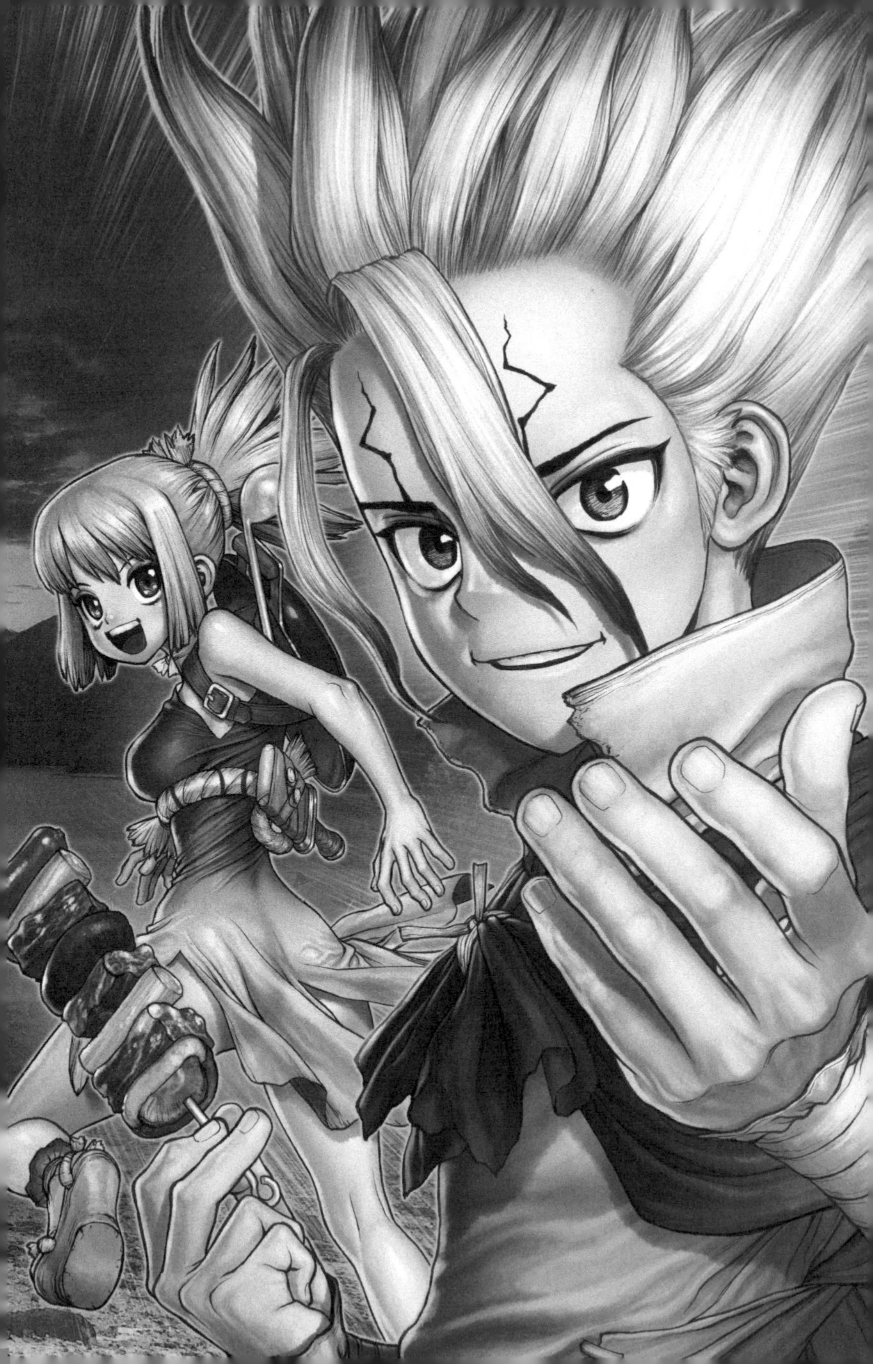

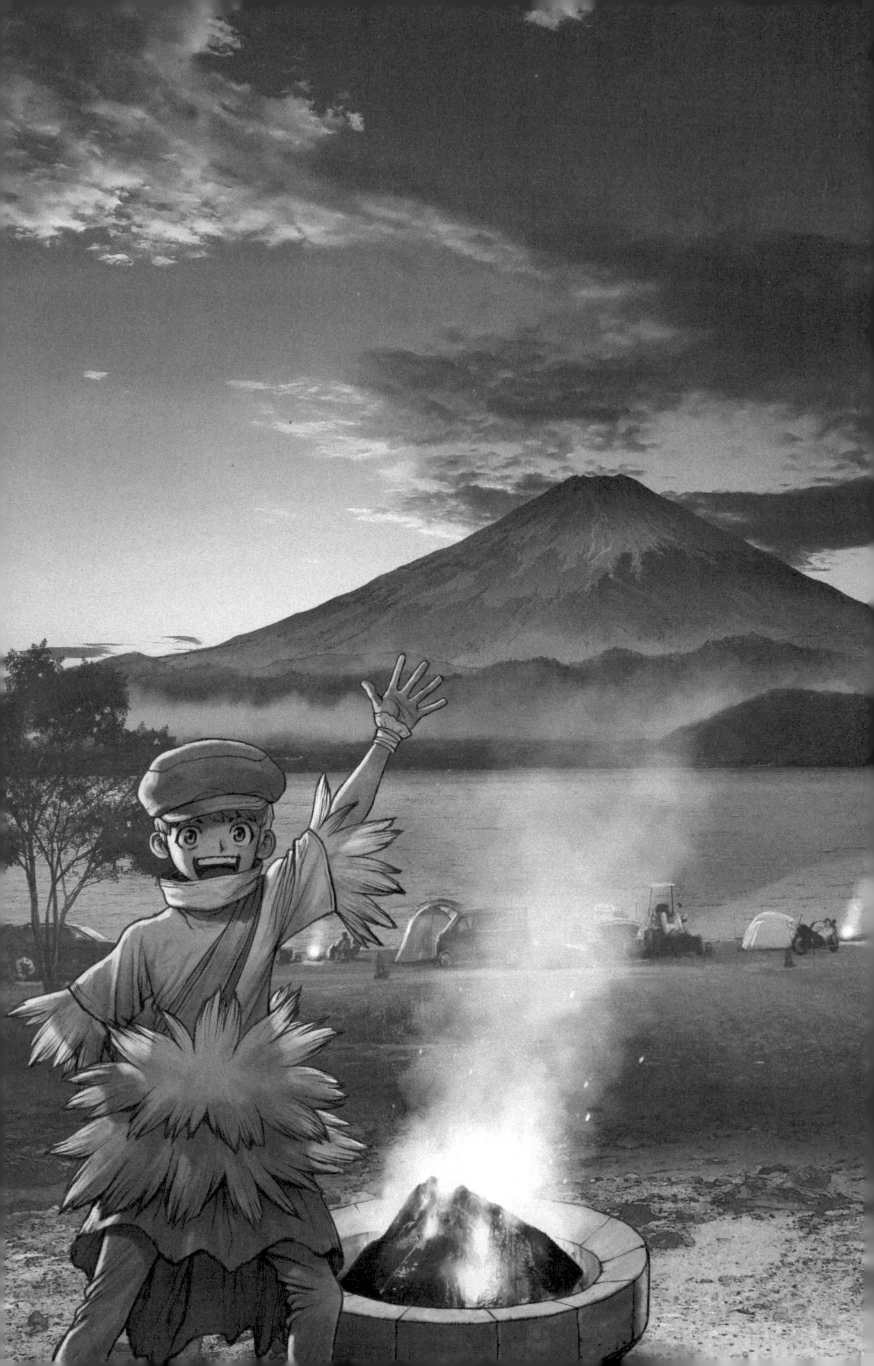

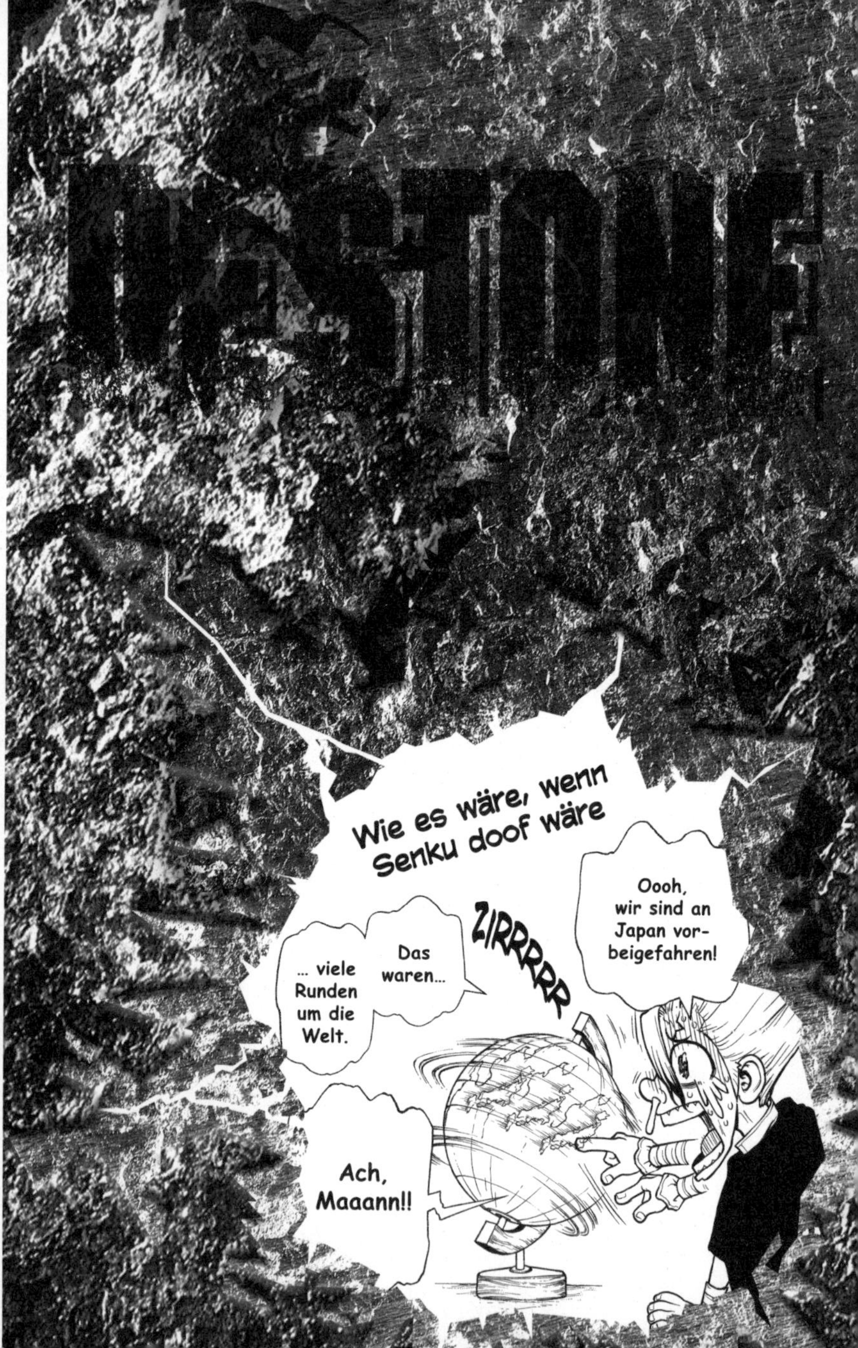
Dr.STONE
Wie es wäre, wenn Senku doof wäre
Oooh, wir sind an Japan vorbeigefahren!
ZIRRRRR
Das waren...
... viele Runden um die Welt.
Ach, Maaann!!

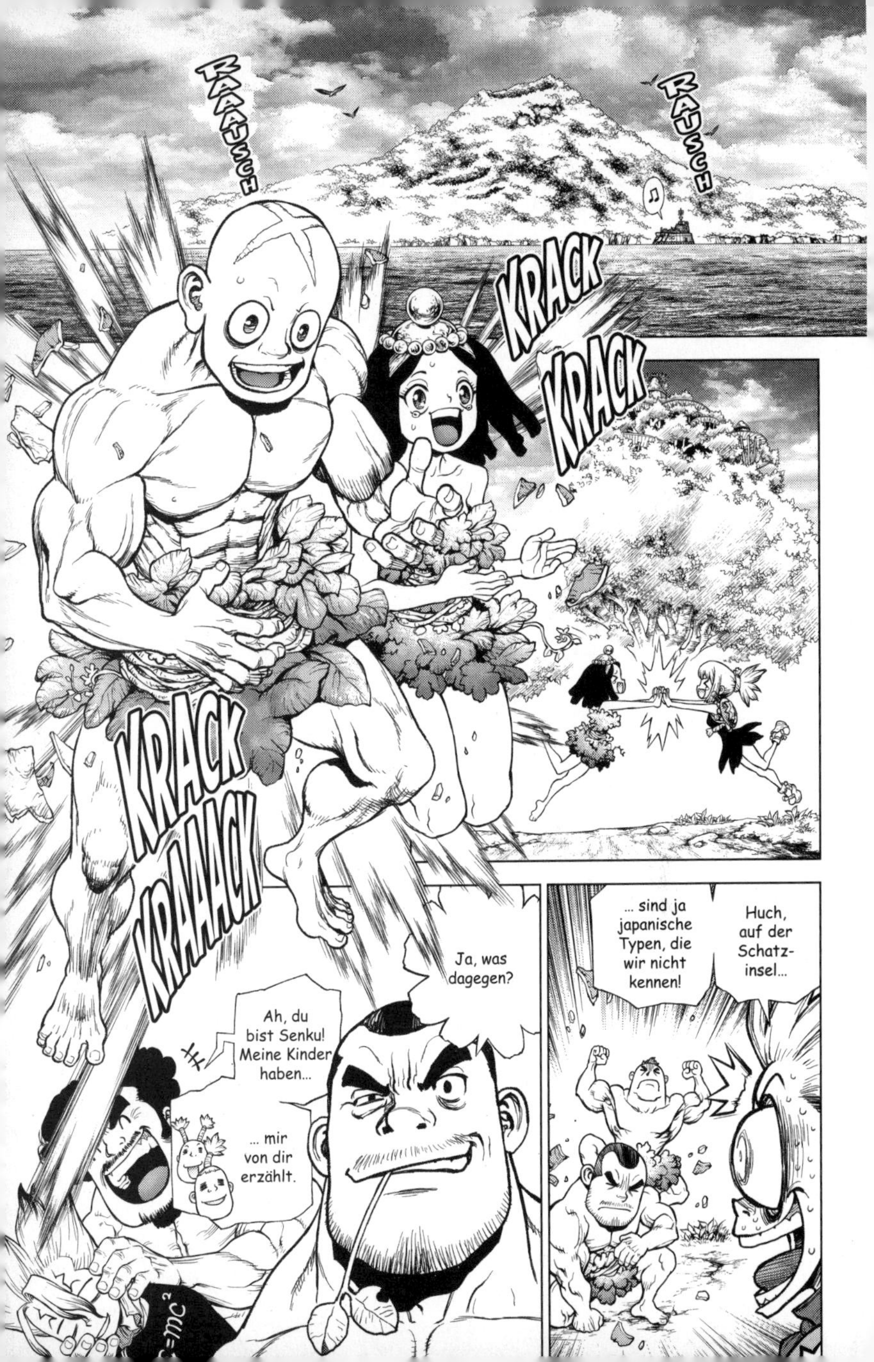
RAUSCH
♫
RAAAUSCH
KRACK
KRACK
KRACK
KRAAACK
Huch, auf der Schatz-insel...
... sind ja japanische Typen, die wir nicht kennen!
Ja, was dagegen?
Ah, du bist Senku! Meine Kinder haben...
... mir von dir erzählt.
$E=mc^2$

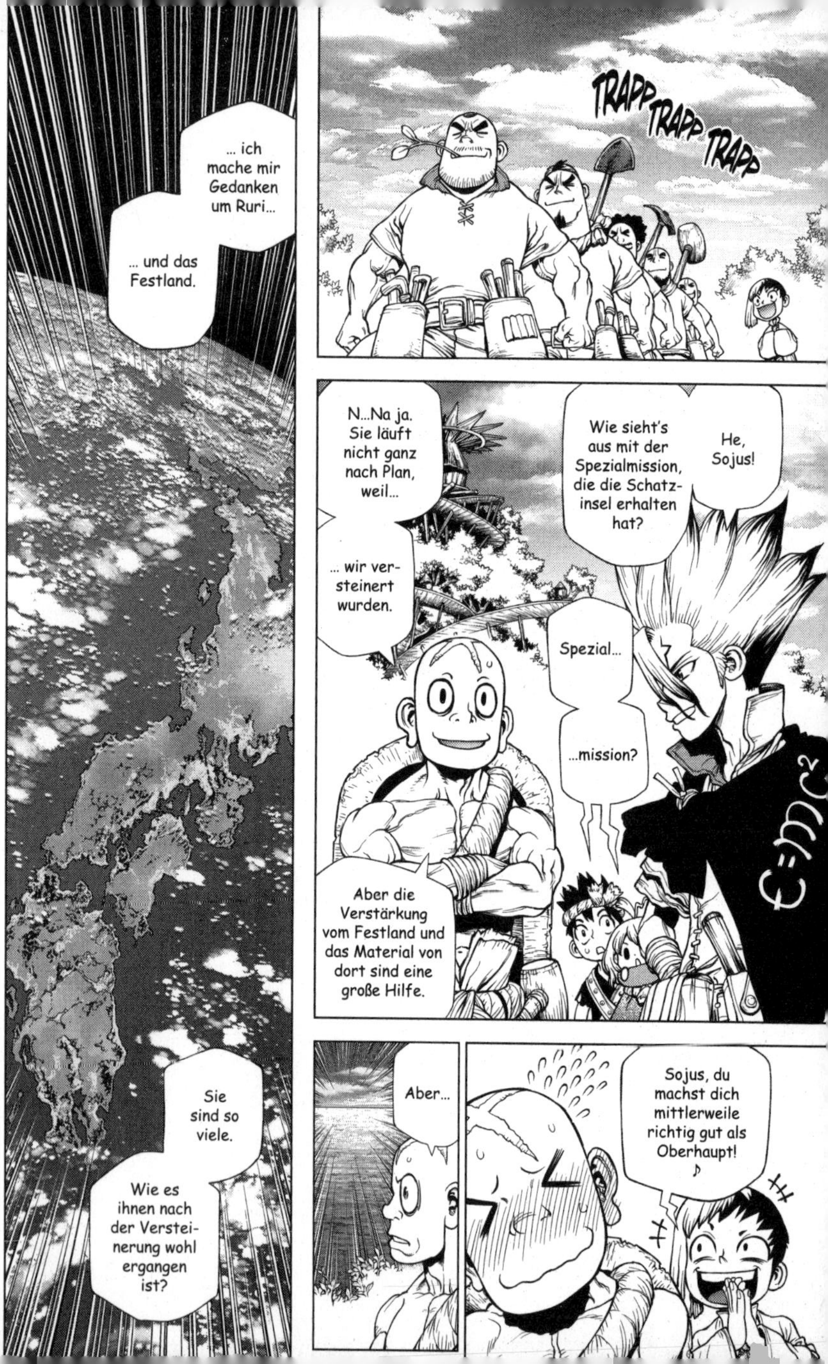
TRAPP TRAPP TRAPP
He, Sojus!
Wie sieht's aus mit der Spezialmission, die die Schatzinsel erhalten hat?
Spezial...
...mission?
N...Na ja. Sie läuft nicht ganz nach Plan, weil...
... wir versteinert wurden.
Aber die Verstärkung vom Festland und das Material von dort sind eine große Hilfe.
Sojus, du machst dich mittlerweile richtig gut als Oberhaupt! ♪
Aber...
... ich mache mir Gedanken um Ruri...
... und das Festland.
Sie sind so viele.
Wie es ihnen nach der Versteinerung wohl ergangen ist?

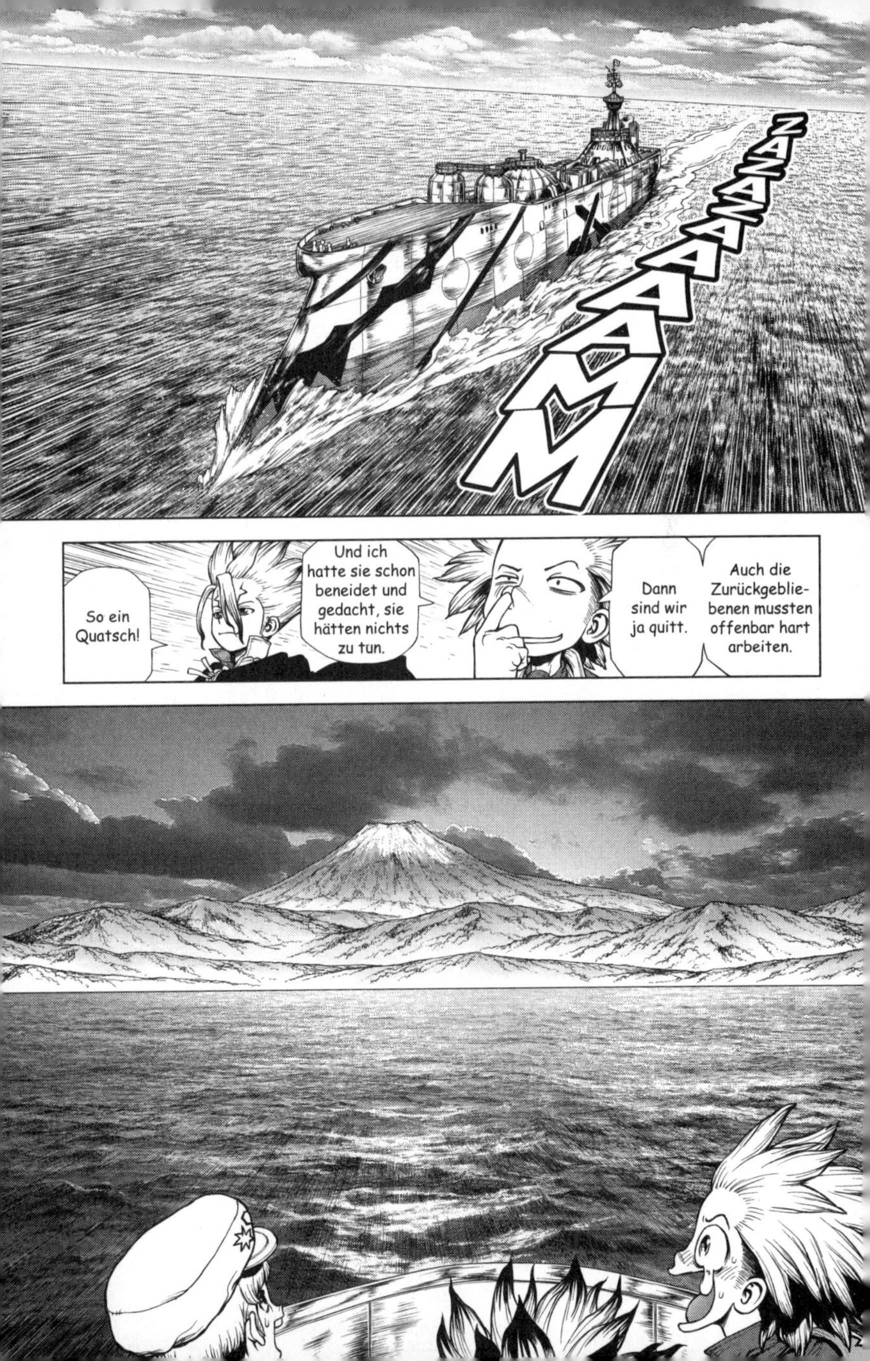
ZAZAZAAAAMM
Auch die Zurückgeblie-benen mussten offenbar hart arbeiten.
Dann sind wir ja quitt.
Und ich hatte sie schon beneidet und gedacht, sie hätten nichts zu tun.
So ein Quatsch!

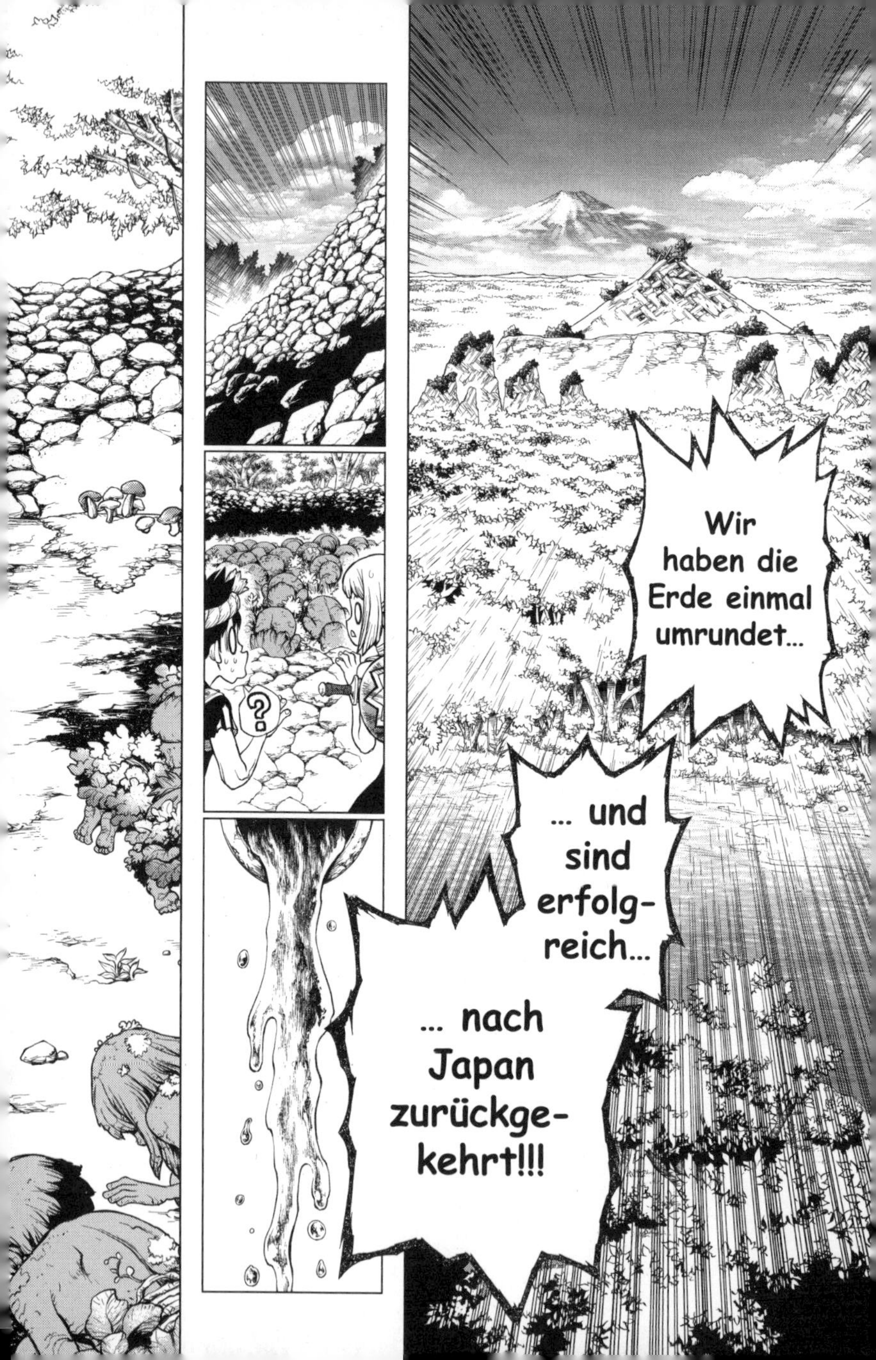
?
Wir haben die Erde einmal umrundet...
... und sind erfolgreich...
... nach Japan zurückgekehrt!!!

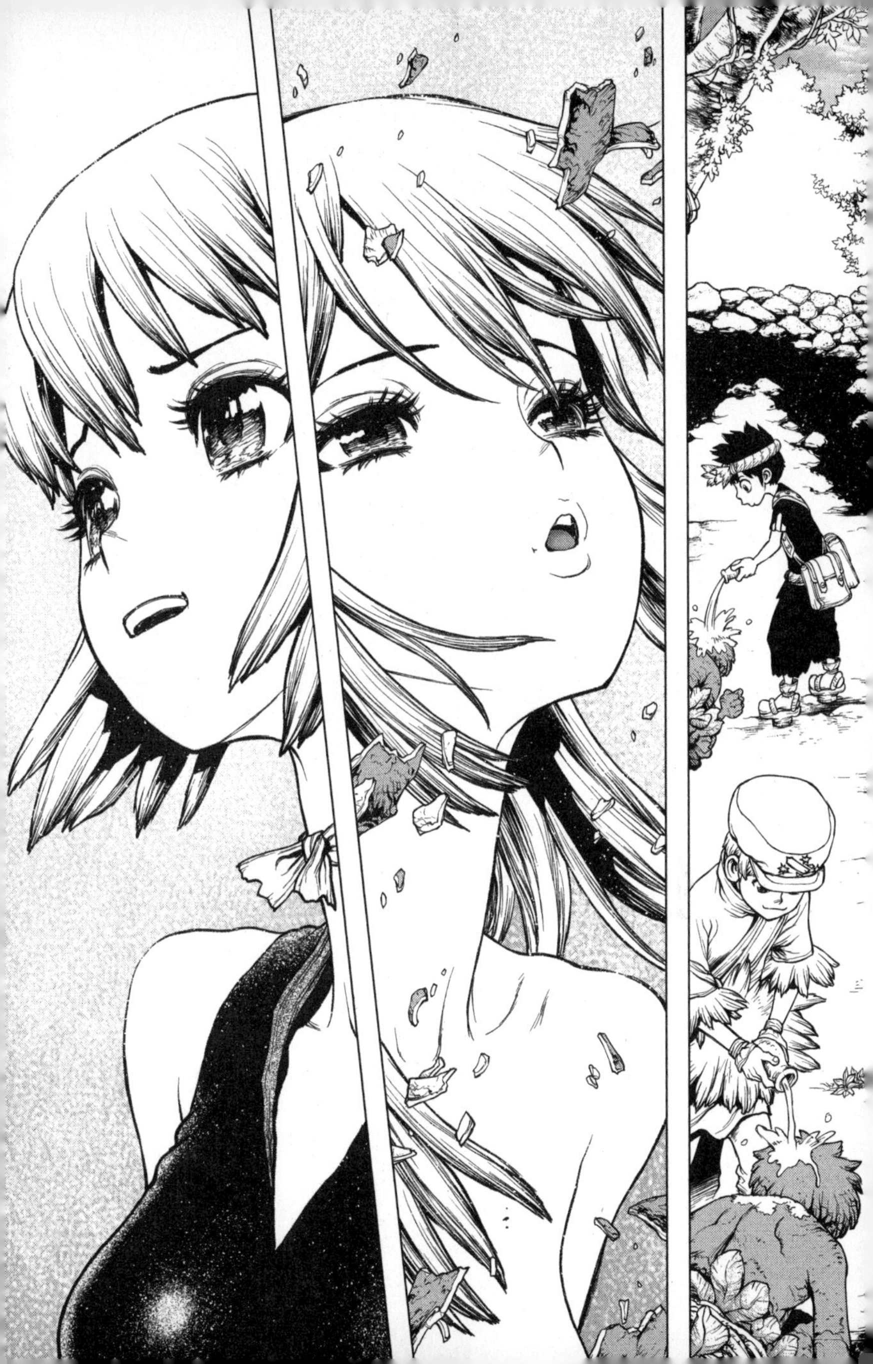

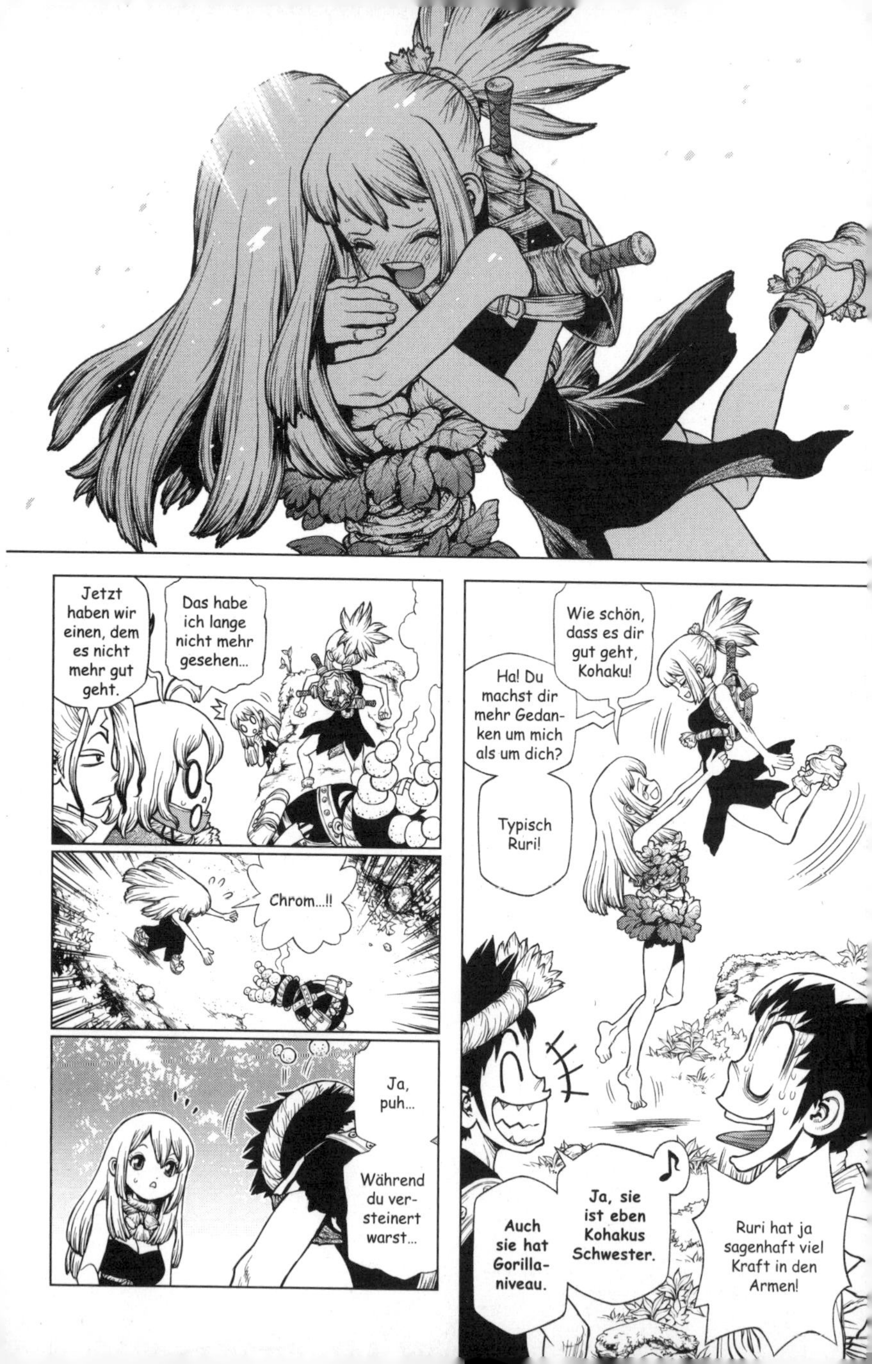
Wie schön, dass es dir gut geht, Kohaku!
Ha! Du machst dir mehr Gedanken um mich als um dich?
Typisch Ruri!
Ruri hat ja sagenhaft viel Kraft in den Armen!
Ja, sie ist eben Kohakus Schwester.
Auch sie hat Gorilla-niveau.
Das habe ich lange nicht mehr gesehen...
Jetzt haben wir einen, dem es nicht mehr gut geht.
Chrom...!!
Ja, puh...
Während du ver-steinert warst...

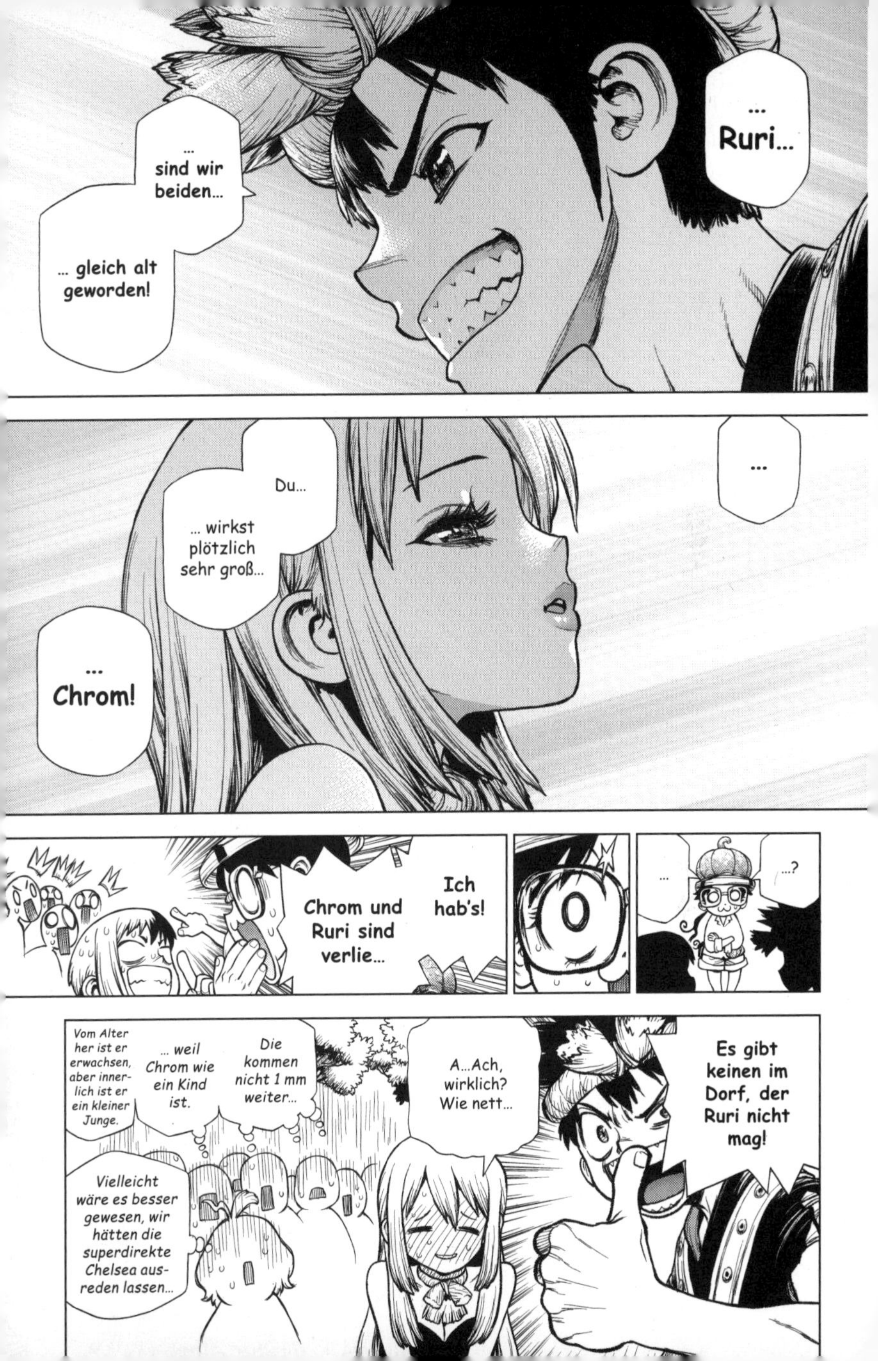
... Ruri...
... sind wir beiden...
... gleich alt geworden!
...
Du...
... wirkst plötzlich sehr groß...
... Chrom!
Ich hab's!
Chrom und Ruri sind verlie...
...?
...
Es gibt keinen im Dorf, der Ruri nicht mag!
A...Ach, wirklich? Wie nett...
Die kommen nicht 1 mm weiter...
... weil Chrom wie ein Kind ist.
Vom Alter her ist er erwachsen, aber innerlich ist er ein kleiner Junge.
Vielleicht wäre es besser gewesen, wir hätten die superdirekte Chelsea ausreden lassen...

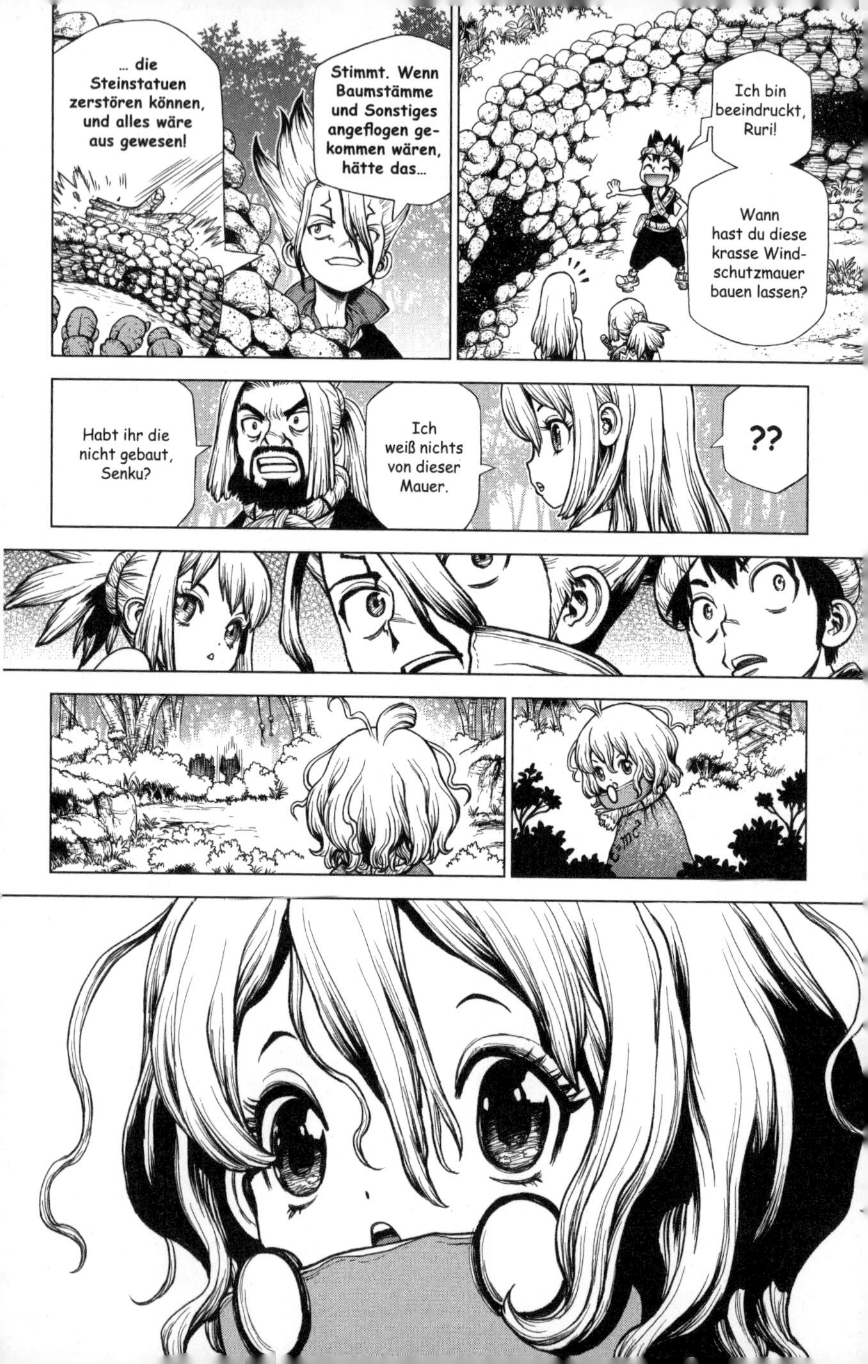
Ich bin beeindruckt, Ruri!
Wann hast du diese krasse Windschutzmauer bauen lassen?
Stimmt. Wenn Baumstämme und Sonstiges angeflogen gekommen wären, hätte das…
… die Steinstatuen zerstören können, und alles wäre aus gewesen!
??
Ich weiß nichts von dieser Mauer.
Habt ihr die nicht gebaut, Senku?

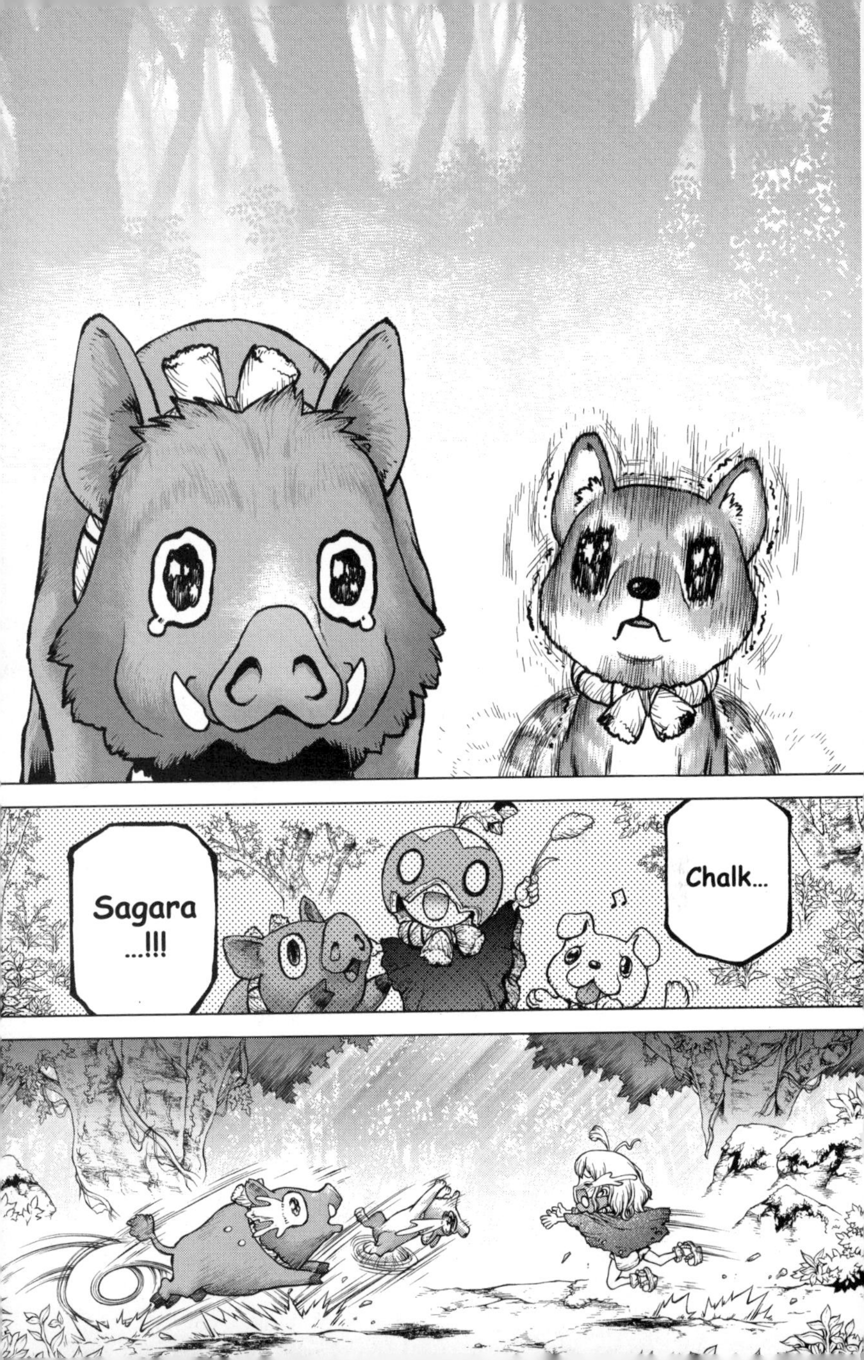
Chalk...
Sagara ...!!!

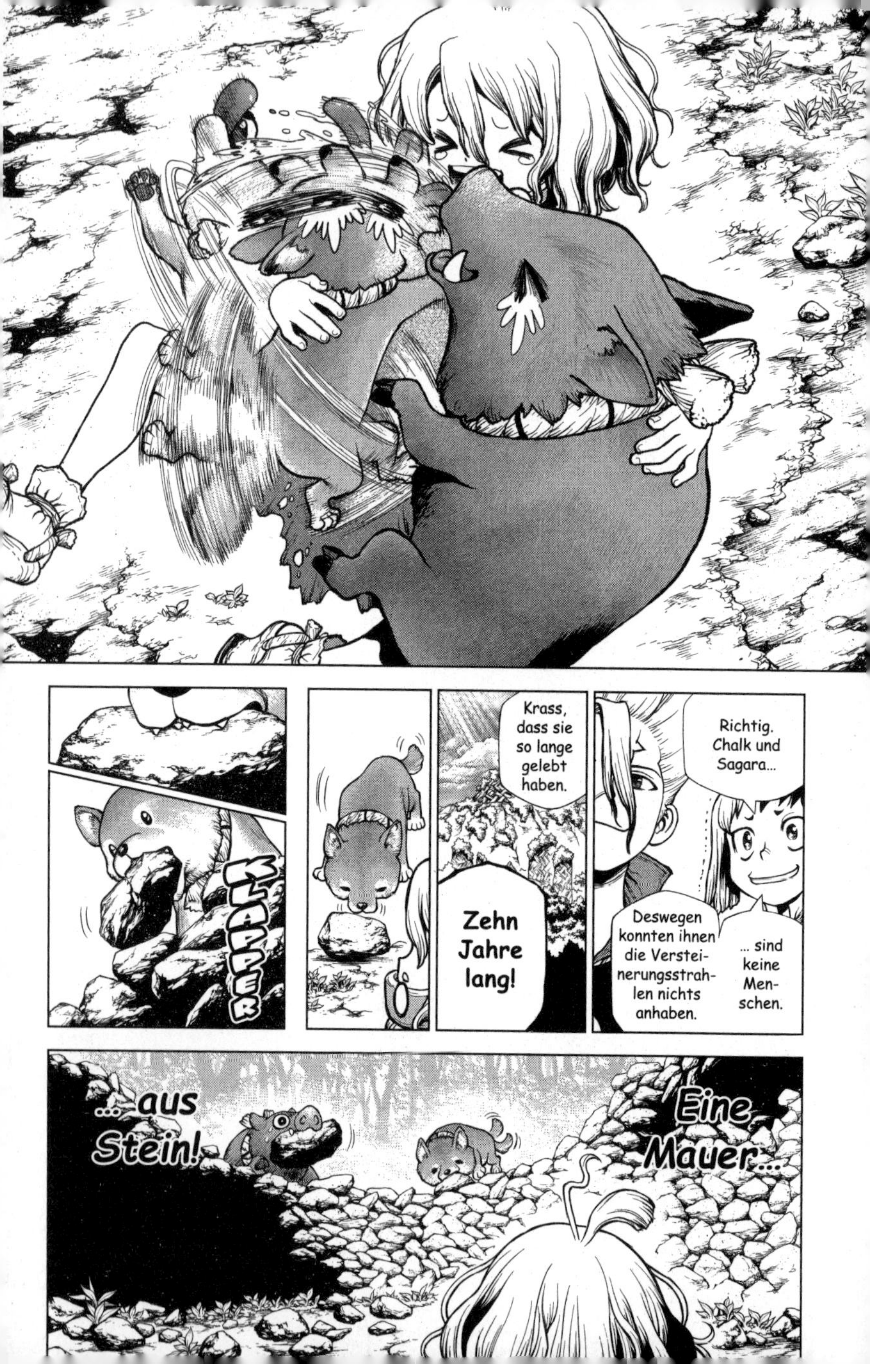
Richtig. Chalk und Sagara...
... sind keine Menschen.
Deswegen konnten ihnen die Versteinerungsstrahlen nichts anhaben.
Krass, dass sie so lange gelebt haben.
Zehn Jahre lang!
KLAPPER
Eine Mauer...
... aus Stein!

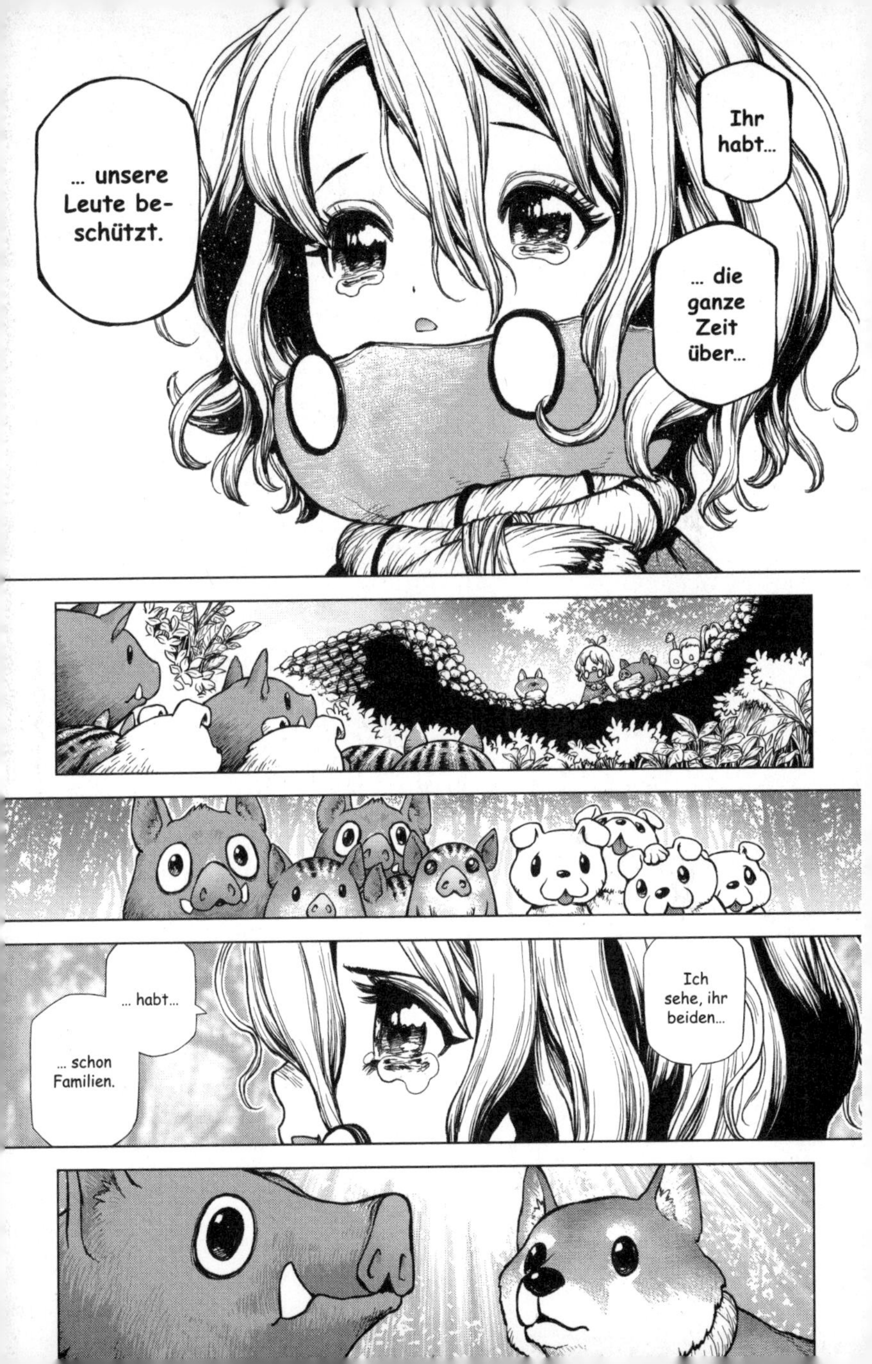
Ihr habt...
... die ganze Zeit über...
... unsere Leute beschützt.
Ich sehe, ihr beiden...
... habt...
... schon Familien.

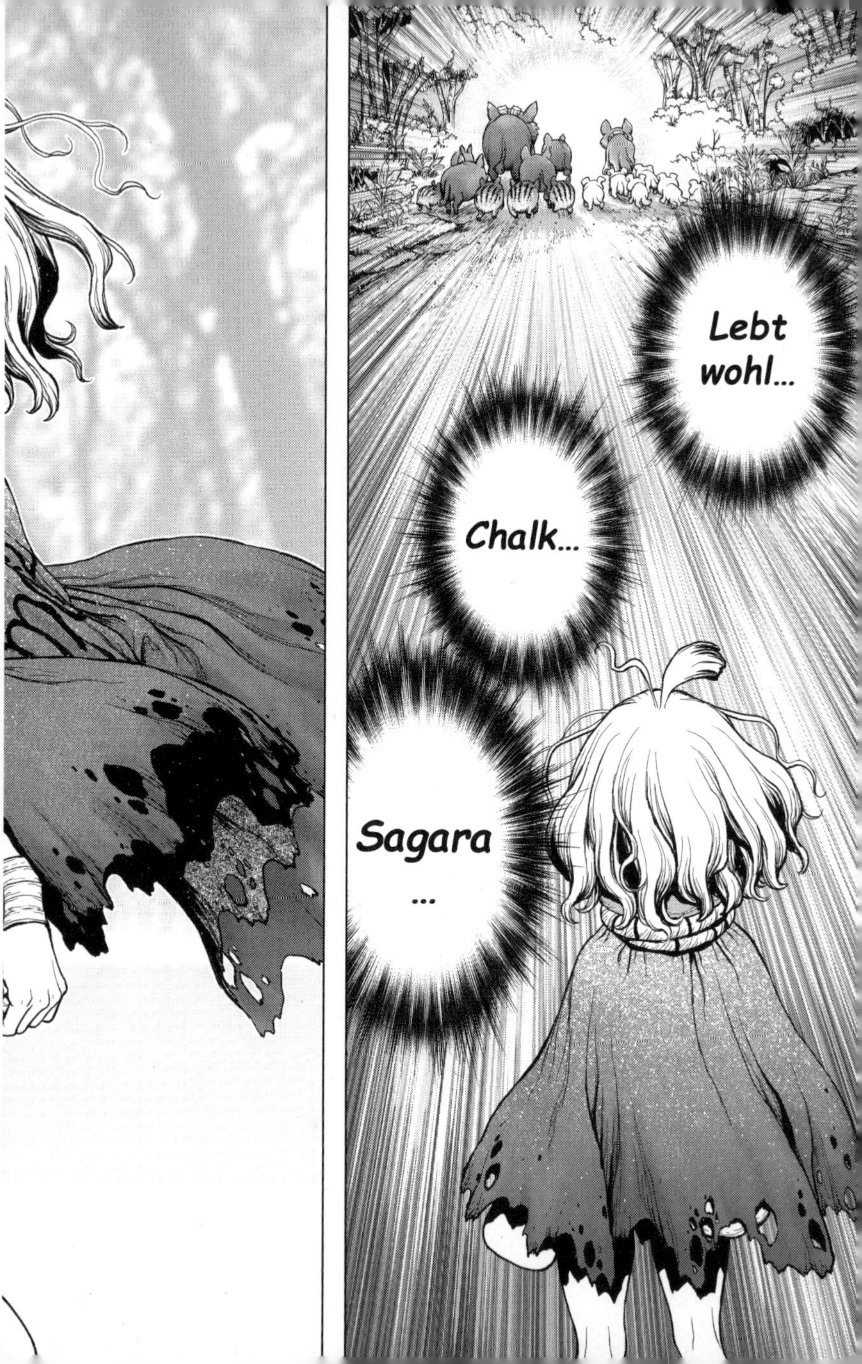
Lebt wohl...
Chalk...
Sagara ...

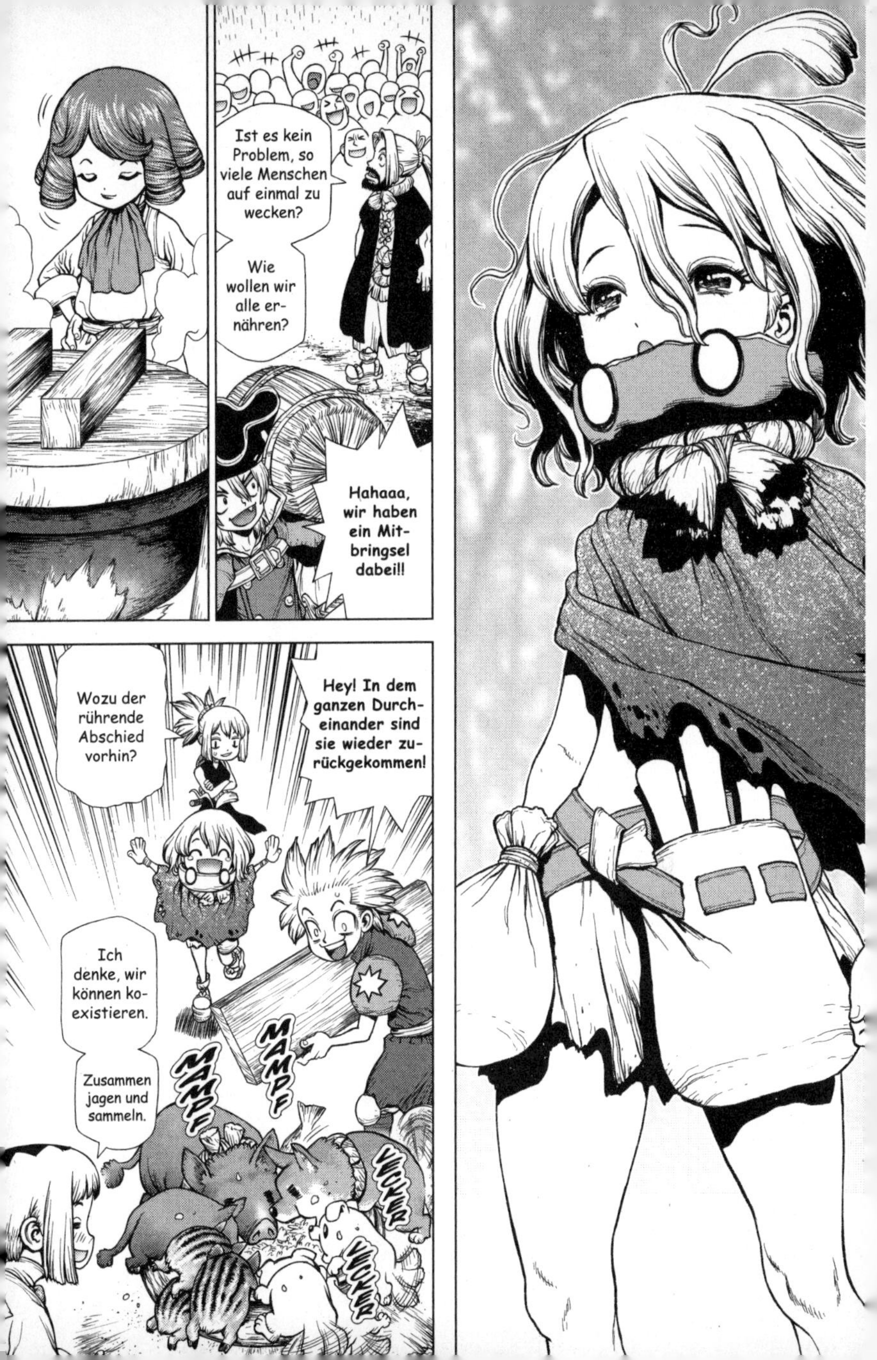
Ist es kein Problem, so viele Menschen auf einmal zu wecken?
Wie wollen wir alle ernähren?
Hahaaa, wir haben ein Mitbringsel dabei!!
Hey! In dem ganzen Durcheinander sind sie wieder zurückgekommen!
Wozu der rührende Abschied vorhin?
Ich denke, wir können koexistieren.
Zusammen jagen und sammeln.
MAMPF
MAMPF
LECKER
LECKER

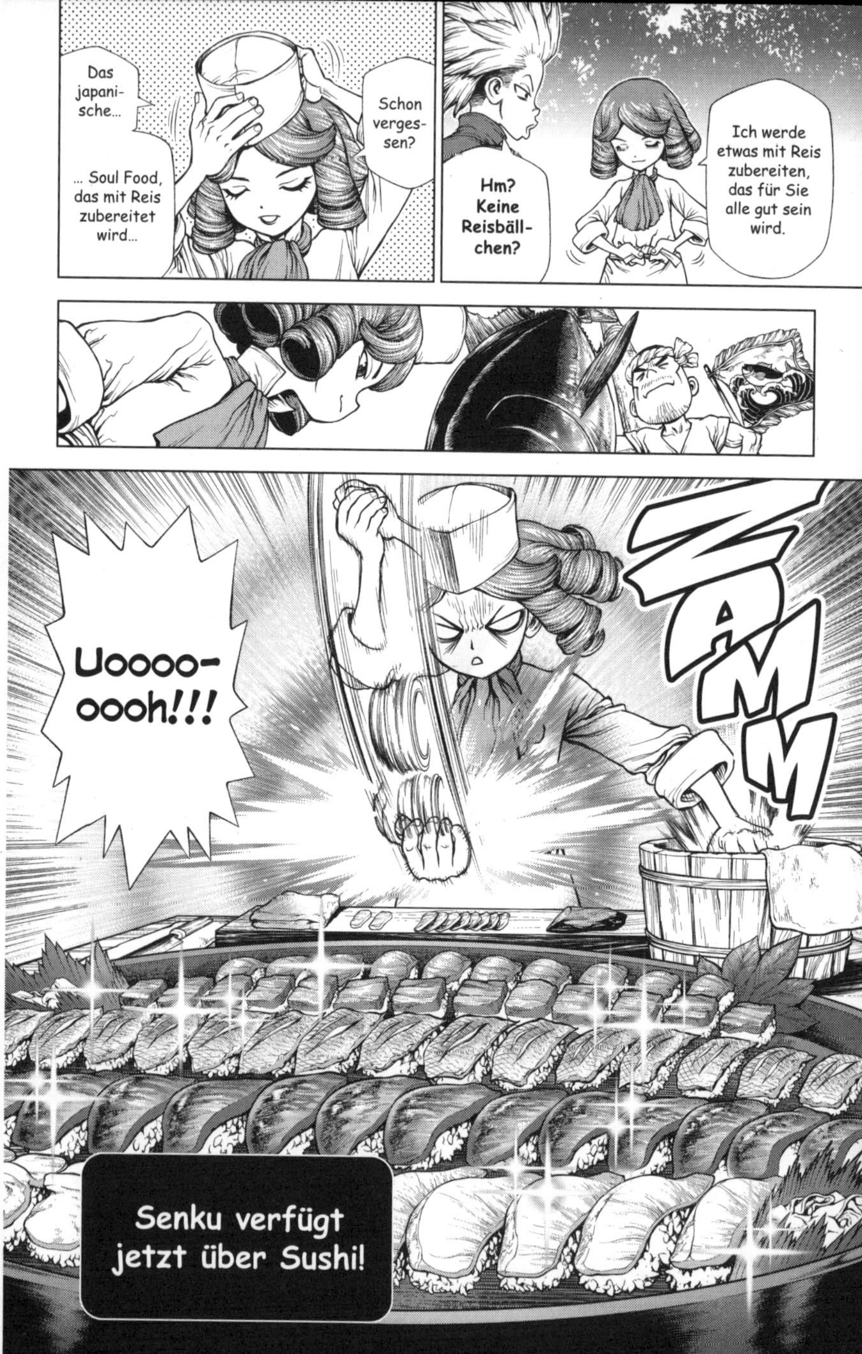
Ich werde etwas mit Reis zubereiten, das für Sie alle gut sein wird.
Hm? Keine Reisbäll-chen?
Schon verges-sen?
Das japani-sche...
... Soul Food, das mit Reis zubereitet wird...
ZAMM
Uoooo-oooh!!!
Senku verfügt jetzt über Sushi!

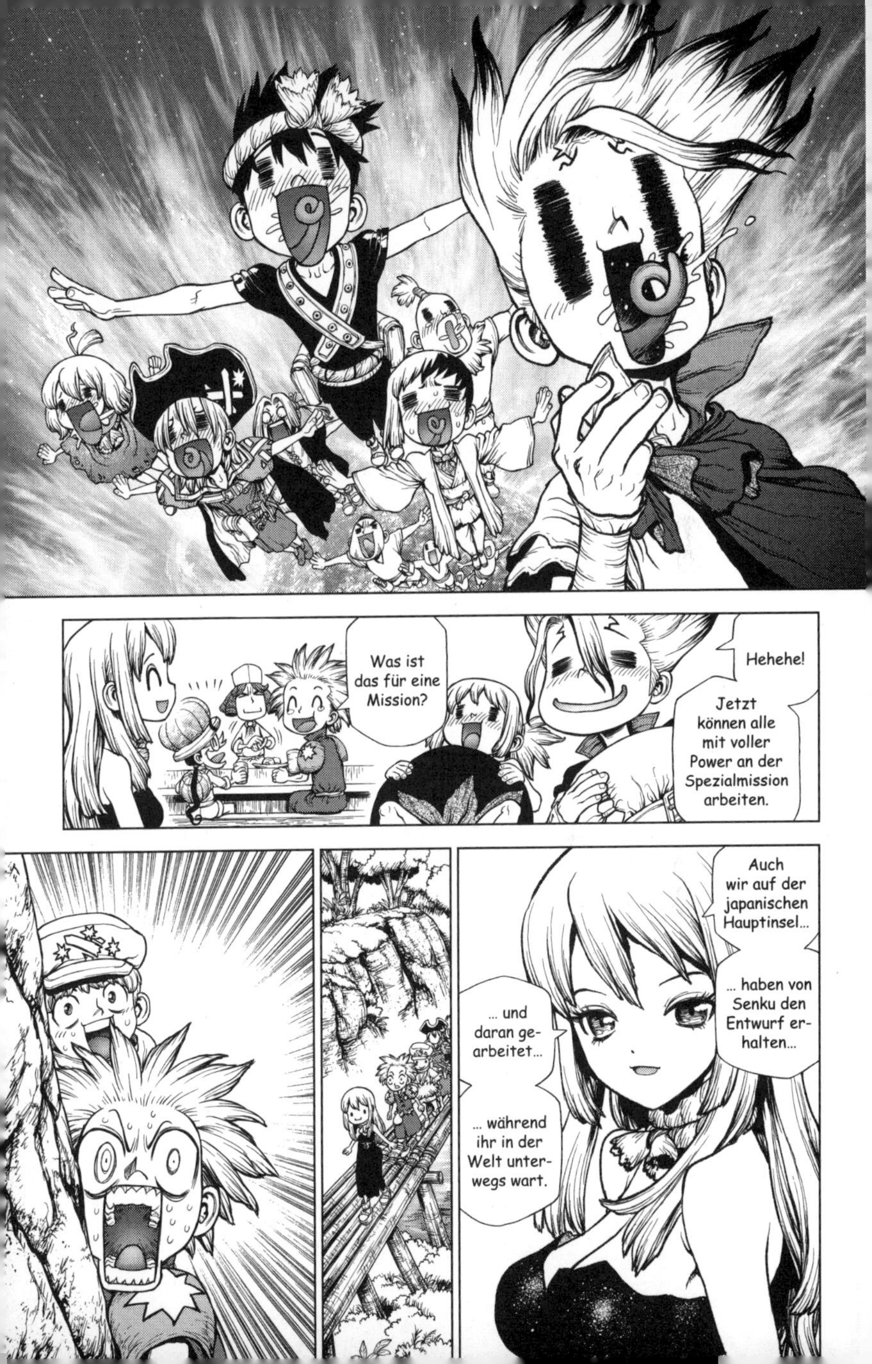
Hehehe!
Jetzt können alle mit voller Power an der Spezialmission arbeiten.
Was ist das für eine Mission?
Auch wir auf der japanischen Hauptinsel...
... haben von Senku den Entwurf erhalten...
... und daran gearbeitet...
... während ihr in der Welt unterwegs wart.

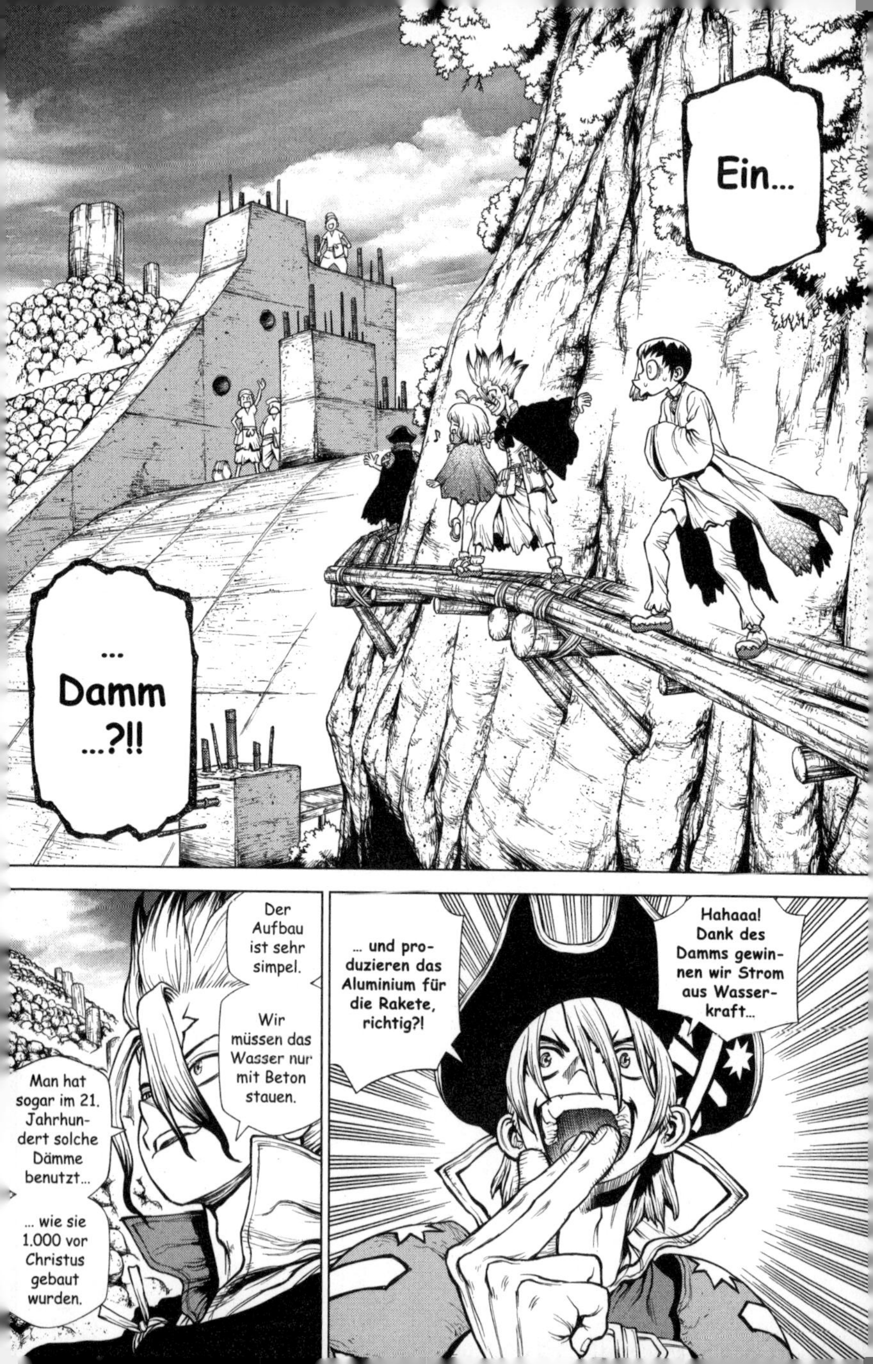
Ein...
... Damm ...?!!
Hahaaa! Dank des Damms gewinnen wir Strom aus Wasserkraft...
... und produzieren das Aluminium für die Rakete, richtig?!
Der Aufbau ist sehr simpel.
Wir müssen das Wasser nur mit Beton stauen.
Man hat sogar im 21. Jahrhundert solche Dämme benutzt...
... wie sie 1.000 vor Christus gebaut wurden.

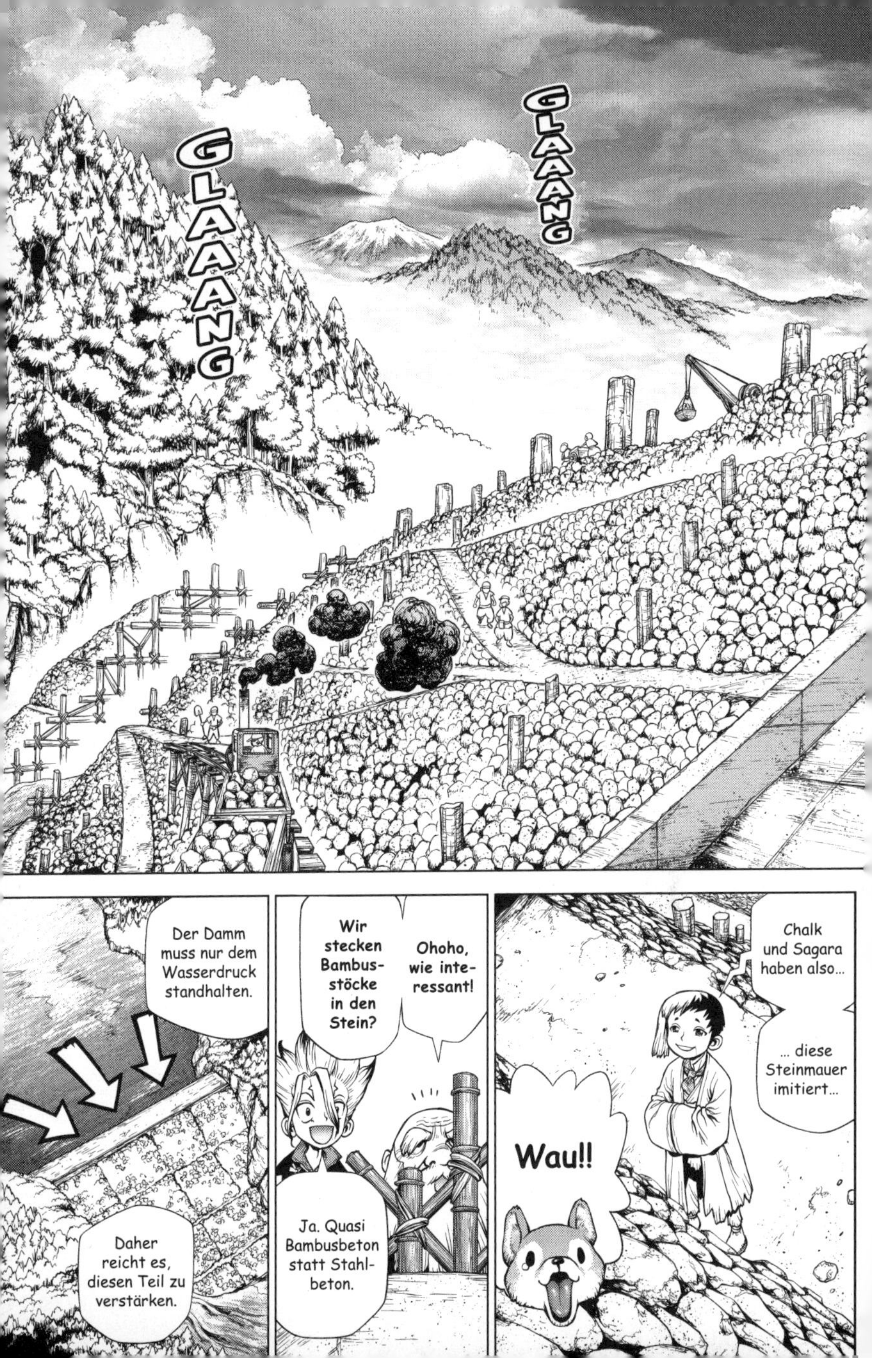
GLAAAANG
GLAAAANG
Der Damm muss nur dem Wasserdruck standhalten.
Daher reicht es, diesen Teil zu verstärken.
Wir stecken Bambusstöcke in den Stein?
Ohoho, wie interessant!
Ja. Quasi Bambusbeton statt Stahlbeton.
Chalk und Sagara haben also...
... diese Steinmauer imitiert...
Wau!!

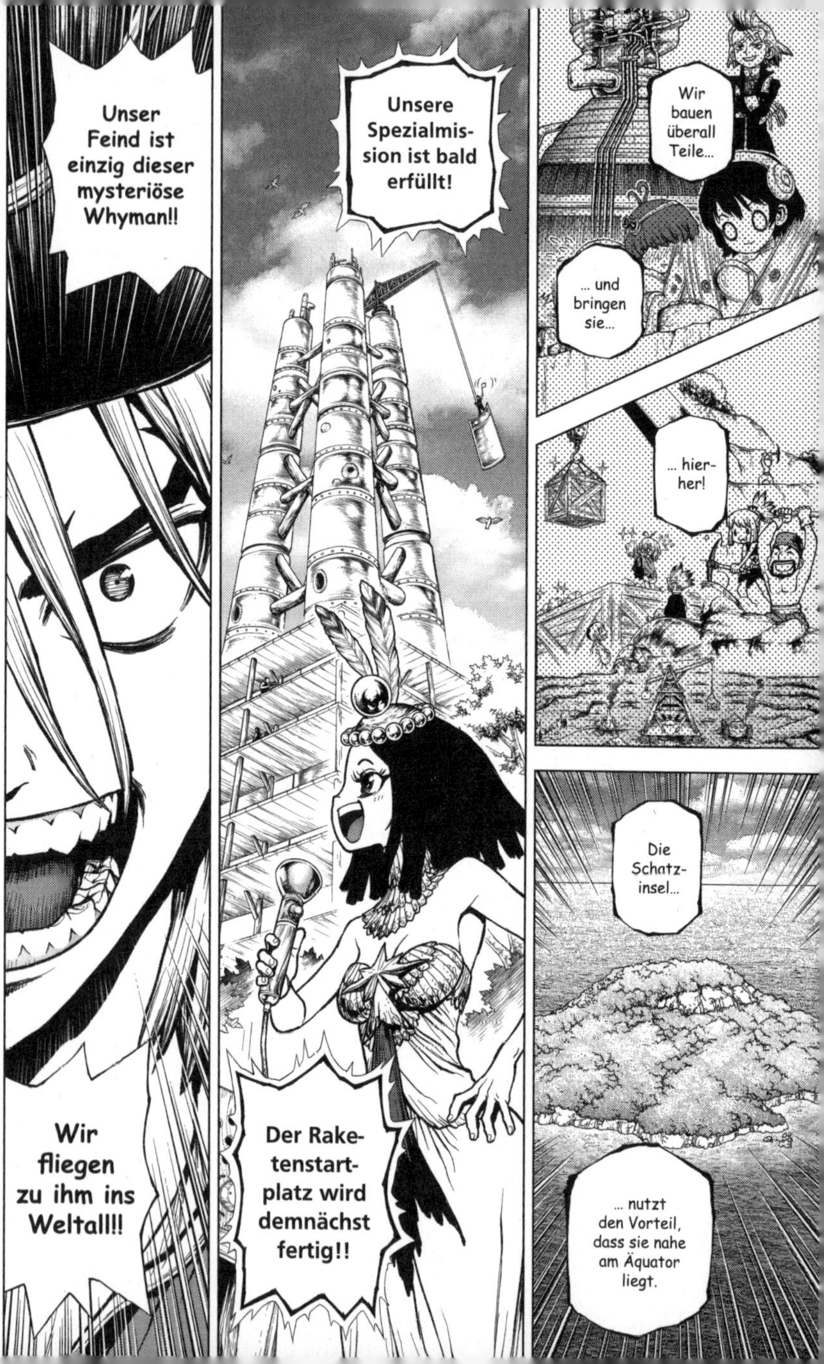
Wir bauen überall Teile...
... und bringen sie...
... hierher!
Die Schatzinsel...
... nutzt den Vorteil, dass sie nahe am Äquator liegt.
Unsere Spezialmission ist bald erfüllt!
Der Raketenstartplatz wird demnächst fertig!!
Unser Feind ist einzig dieser mysteriöse Whyman!!
Wir fliegen zu ihm ins Weltall!!

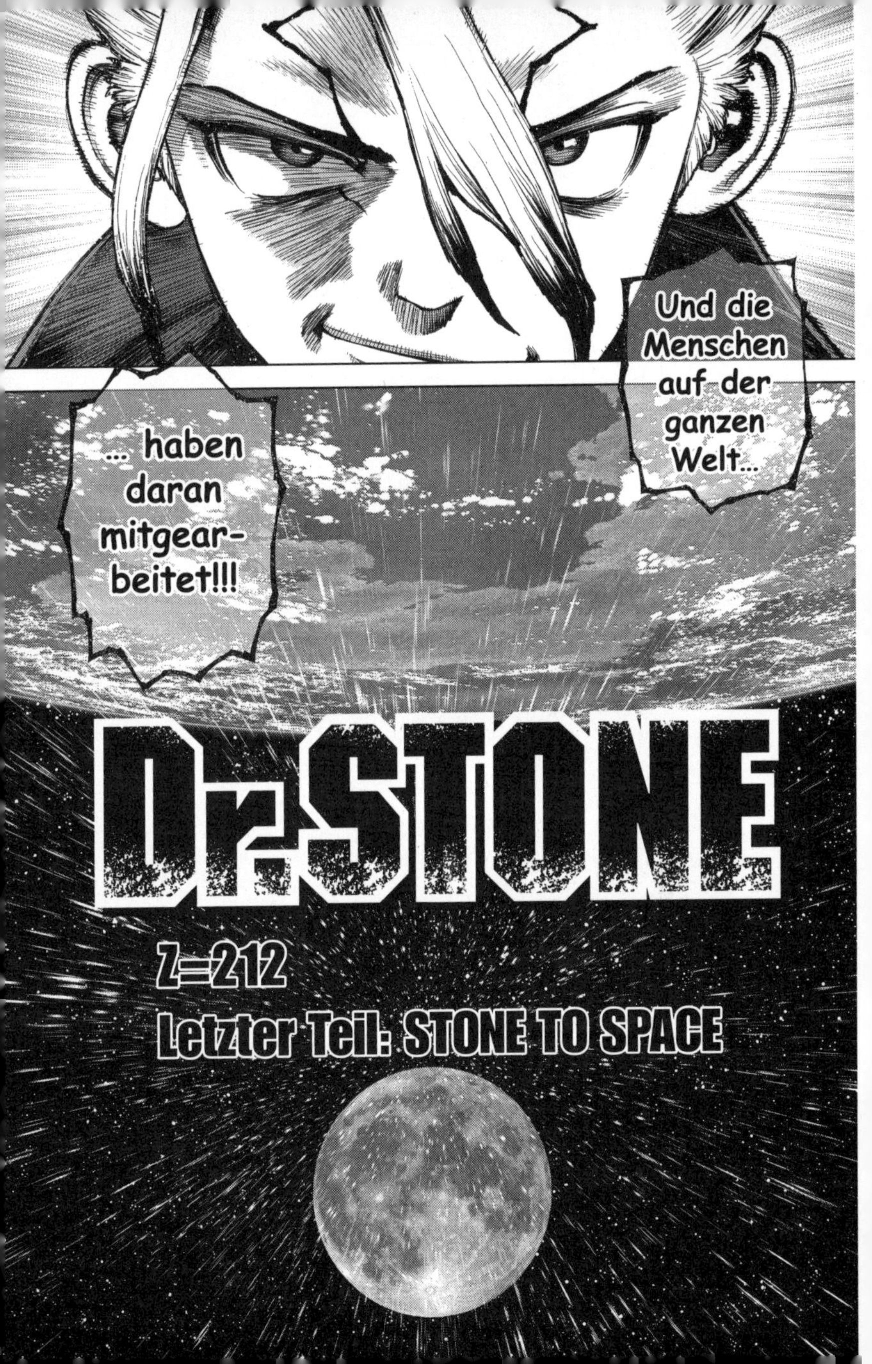

Und die Menschen auf der ganzen Welt...
... haben daran mitgearbeitet!!!
Dr.STONE
Z=212
Letzter Teil: STONE TO SPACE

Z=213 Das unbekannte Bekannte

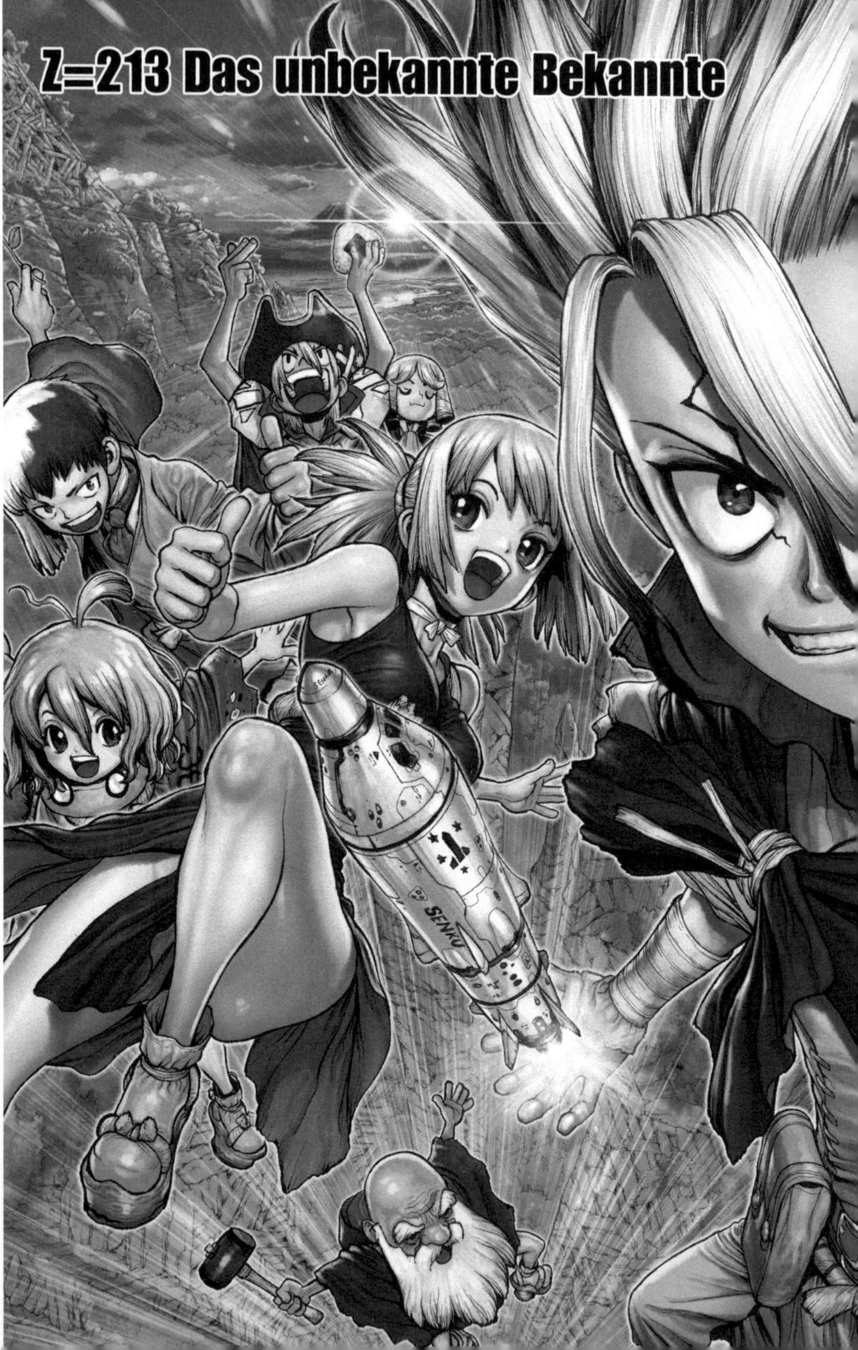

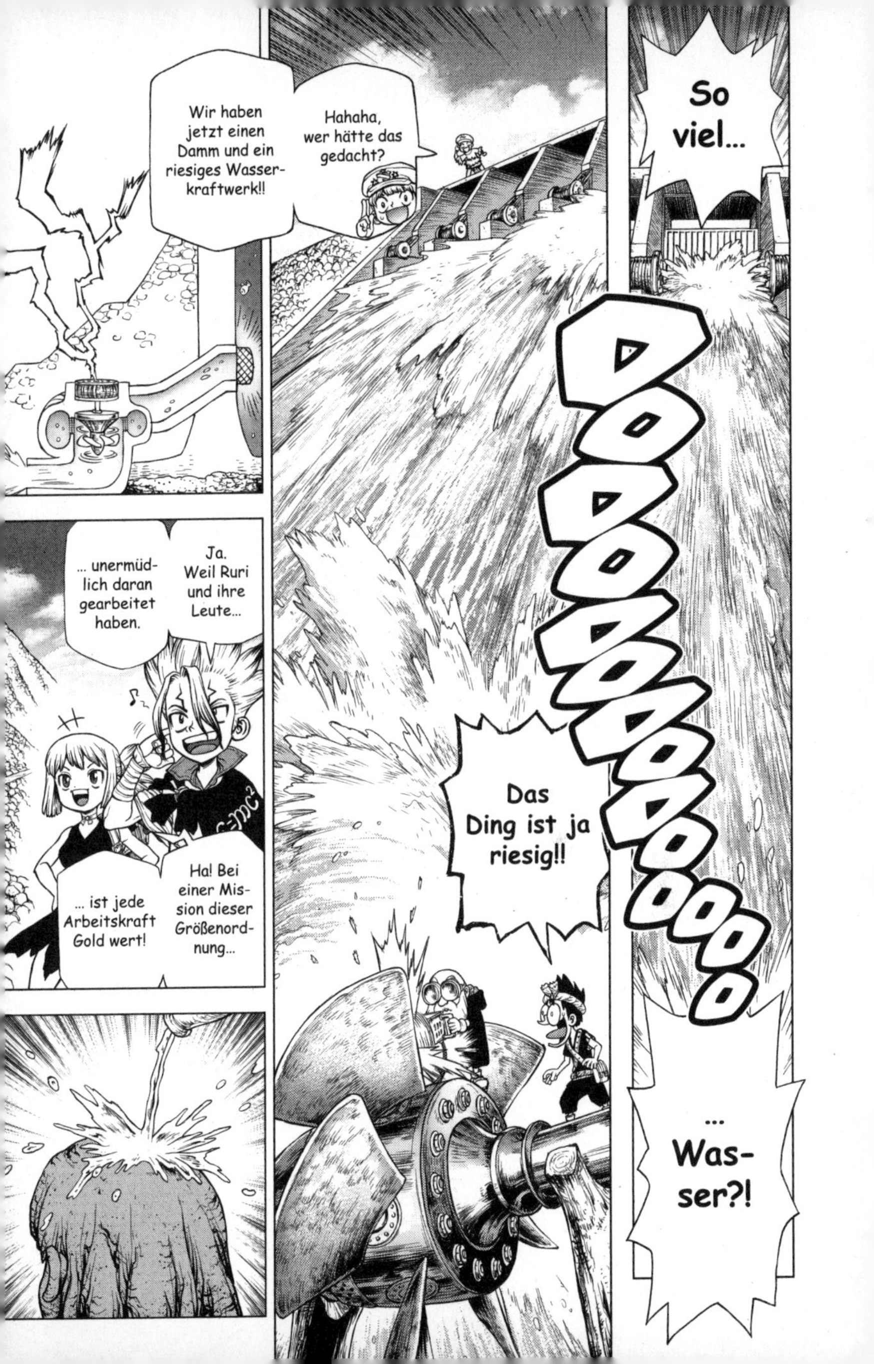
So viel...
... Wasser?!
DOOOOOOOOOOOOOO
Hahaha, wer hätte das gedacht?
Das Ding ist ja riesig!!
Wir haben jetzt einen Damm und ein riesiges Wasserkraftwerk!!
Ja. Weil Ruri und ihre Leute...
... unermüdlich daran gearbeitet haben.
Ha! Bei einer Mission dieser Größenordnung...
... ist jede Arbeitskraft Gold wert!

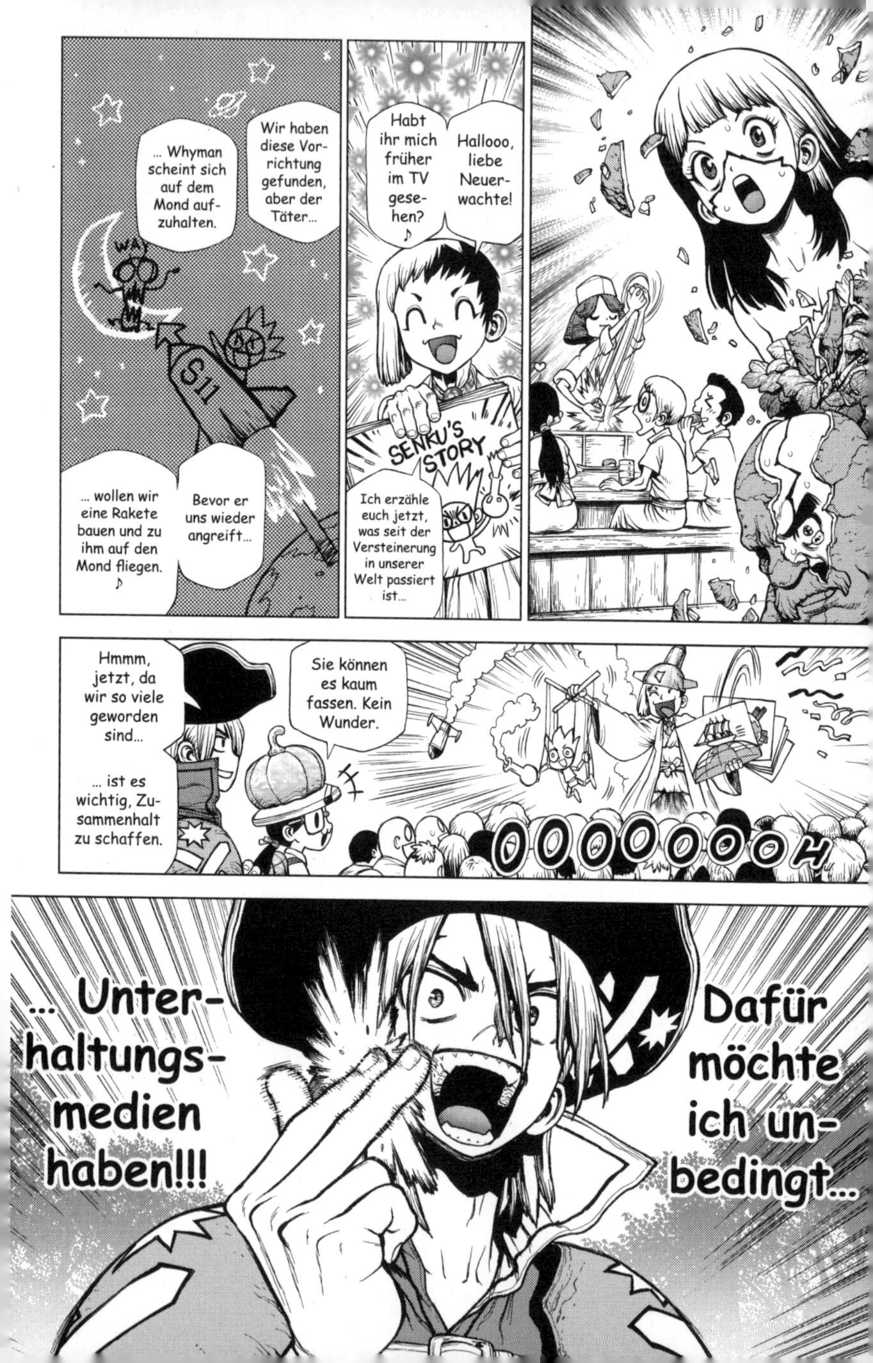

Hallooo, liebe Neuerwachte!
Habt ihr mich früher im TV gesehen? ♪
SENKU'S STORY
Ich erzähle euch jetzt, was seit der Versteinerung in unserer Welt passiert ist...
Wir haben diese Vorrichtung gefunden, aber der Täter...
... Whyman scheint sich auf dem Mond aufzuhalten.
Bevor er uns wieder angreift...
... wollen wir eine Rakete bauen und zu ihm auf den Mond fliegen. ♪
OOOOOOOOH
Sie können es kaum fassen. Kein Wunder.
Hmmm, jetzt, da wir so viele geworden sind...
... ist es wichtig, Zusammenhalt zu schaffen.
Dafür möchte ich unbedingt...
... Unterhaltungsmedien haben!!!

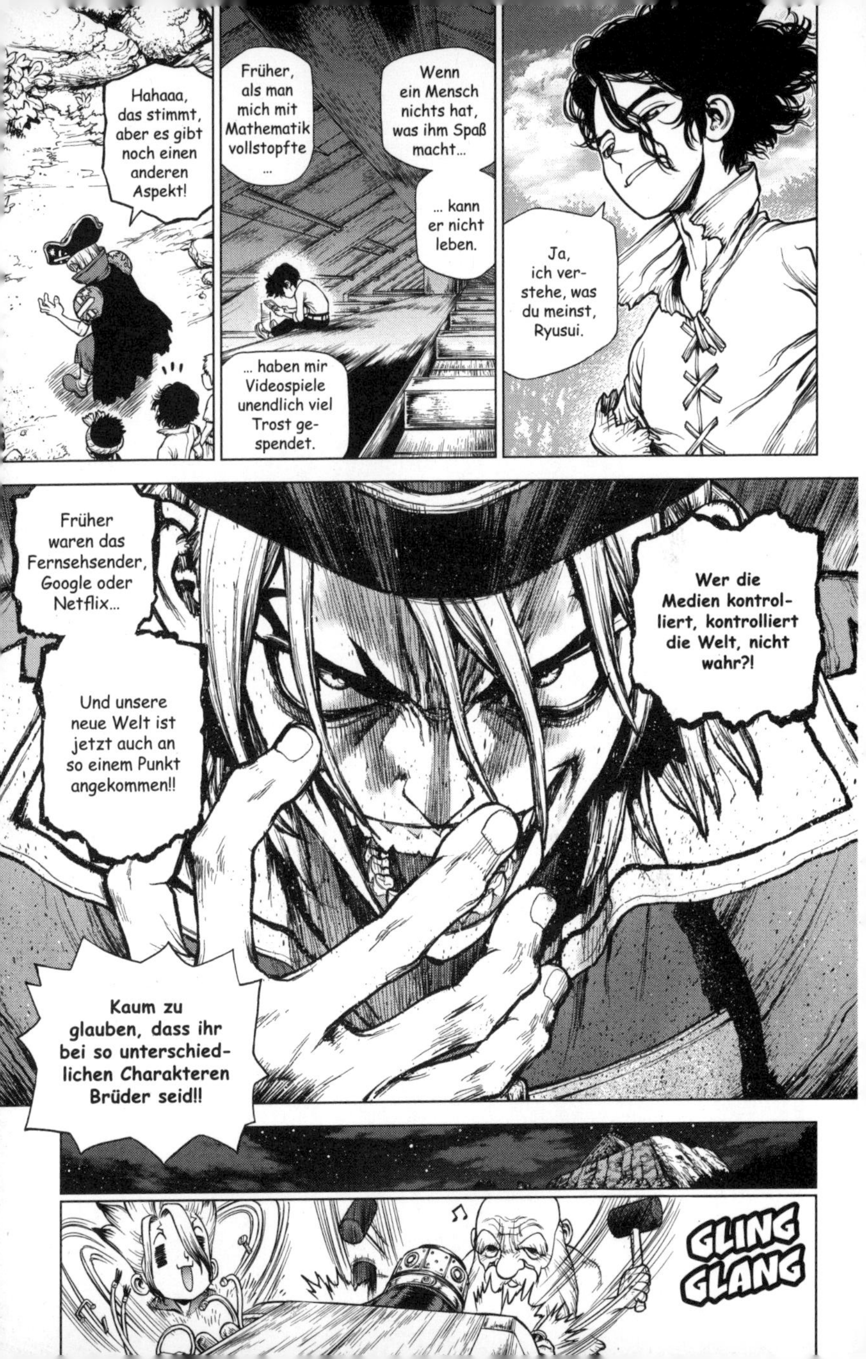
Ja, ich verstehe, was du meinst, Ryusui.
Wenn ein Mensch nichts hat, was ihm Spaß macht...
... kann er nicht leben.
Früher, als man mich mit Mathematik vollstopfte ...
... haben mir Videospiele unendlich viel Trost gespendet.
Hahaaa, das stimmt, aber es gibt noch einen anderen Aspekt!
Wer die Medien kontrolliert, kontrolliert die Welt, nicht wahr?!
Früher waren das Fernsehsender, Google oder Netflix...
Und unsere neue Welt ist jetzt auch an so einem Punkt angekommen!!
Kaum zu glauben, dass ihr bei so unterschiedlichen Charakteren Brüder seid!!
GLING GLANG

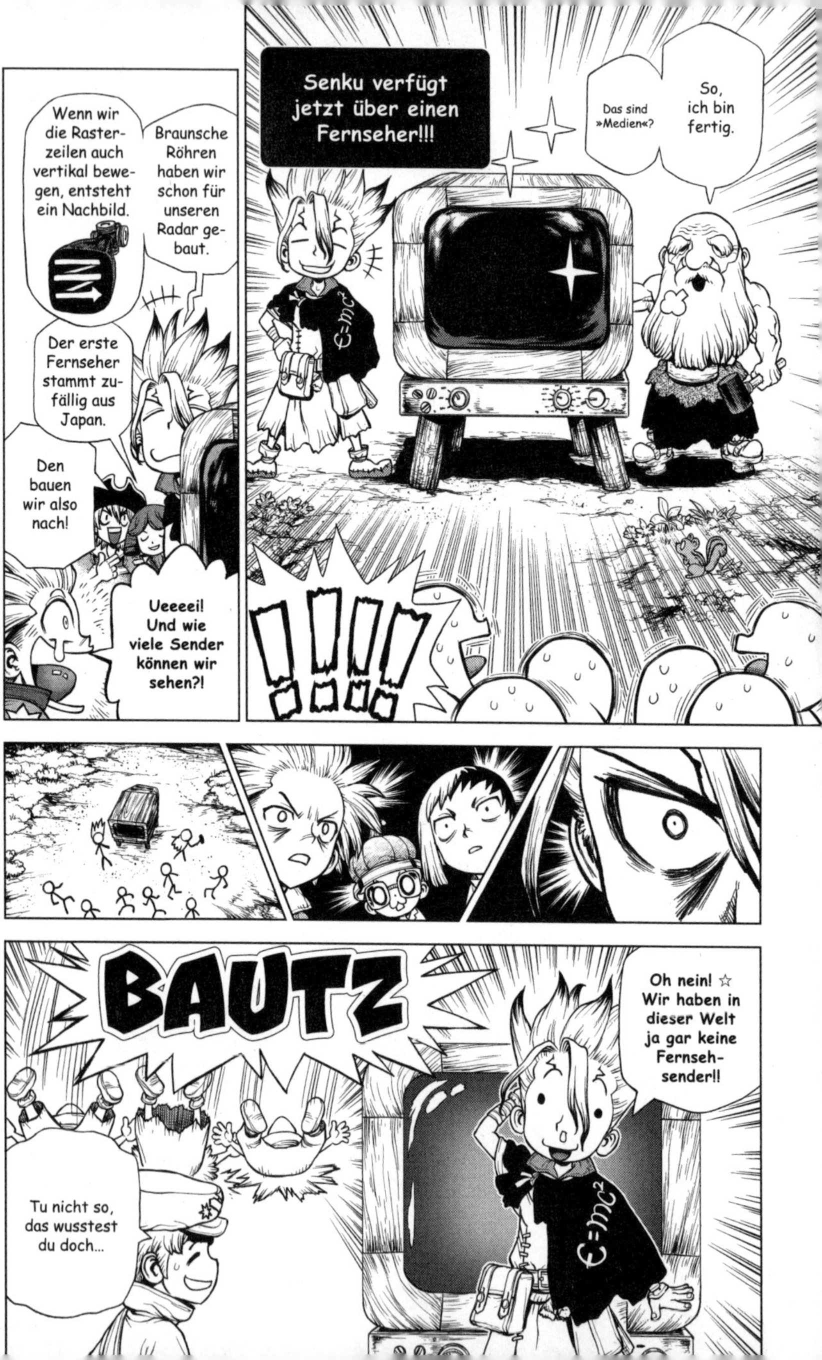
So, ich bin fertig.
Das sind »Medien«?
Senku verfügt jetzt über einen Fernseher!!!
Braunsche Röhren haben wir schon für unseren Radar gebaut.
Wenn wir die Rasterzeilen auch vertikal bewegen, entsteht ein Nachbild.
Der erste Fernseher stammt zufällig aus Japan.
Den bauen wir also nach!
Ueeeei! Und wie viele Sender können wir sehen?!
Oh nein! ☆ Wir haben in dieser Welt ja gar keine Fernsehsender!!
BAUTZ
Tu nicht so, das wusstest du doch…

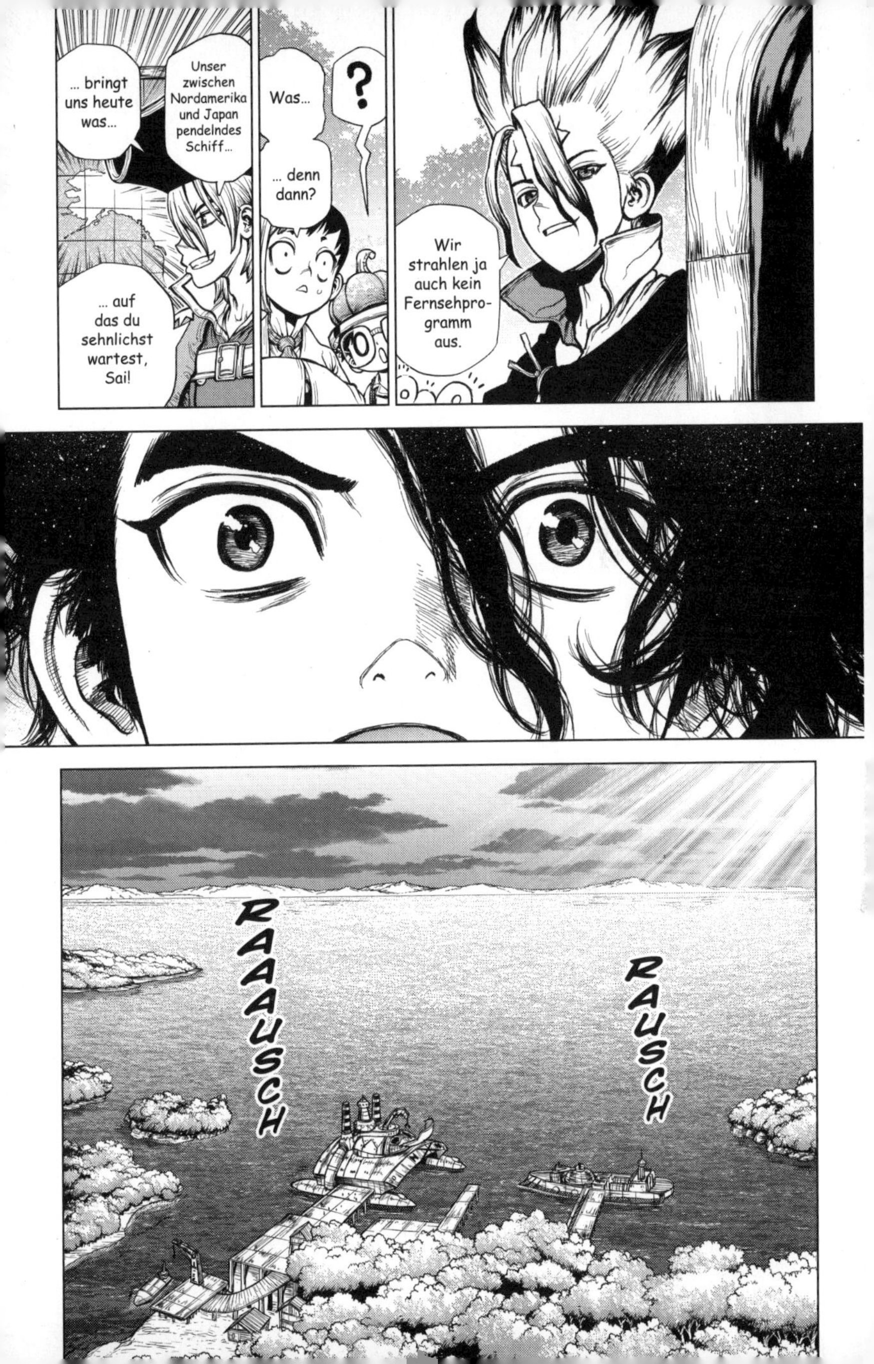

Wir strahlen ja auch kein Fernsehprogramm aus.
?
Was...
... denn dann?
Unser zwischen Nordamerika und Japan pendelndes Schiff...
... bringt uns heute was...
... auf das du sehnlichst wartest, Sai!
RAAAUSCH
RAUSCH

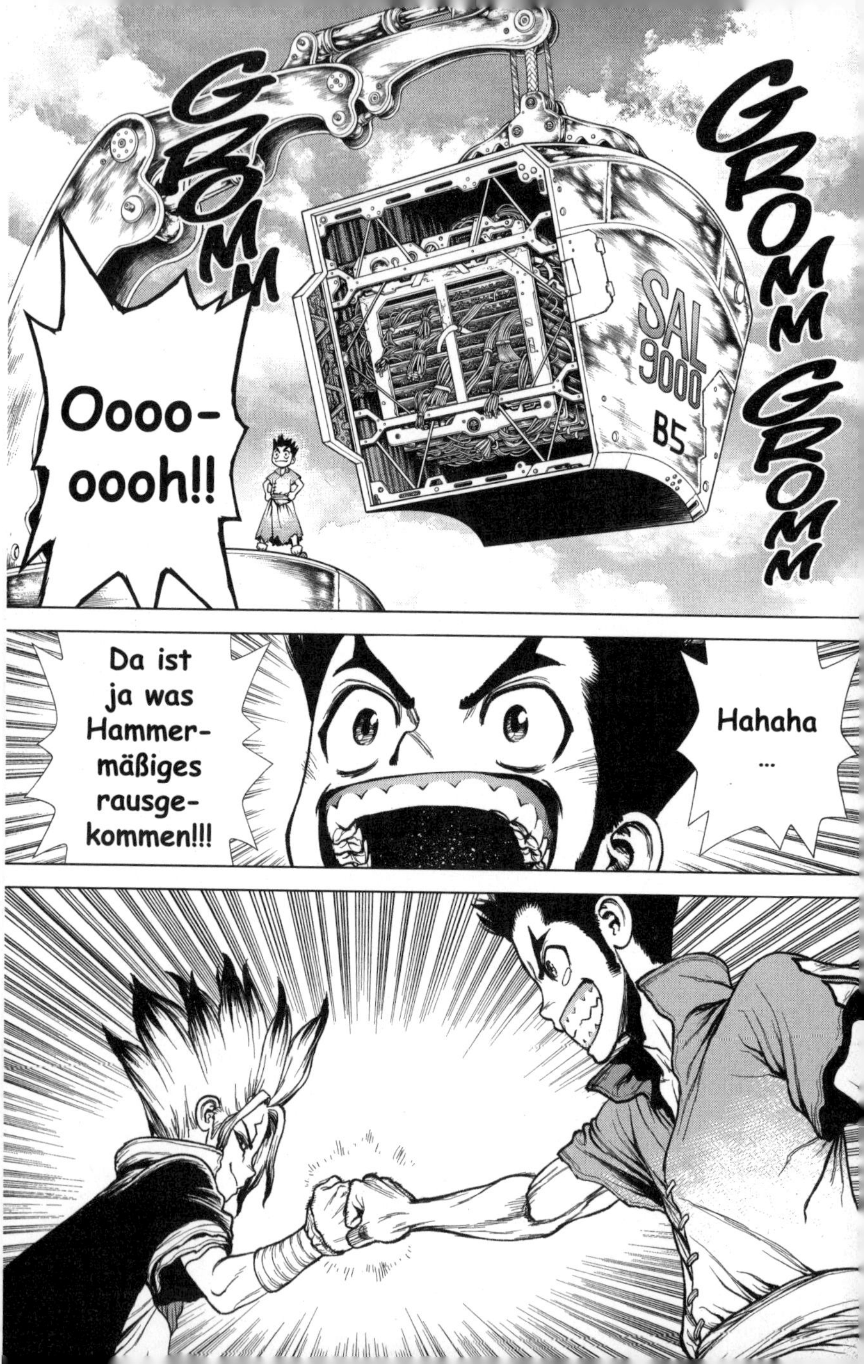
GROMM GROMM GROMM
GROMM
SAL 9000 B5
Oooo-oooh!!
Hahaha ...
Da ist ja was Hammer-mäßiges rausge-kommen!!!

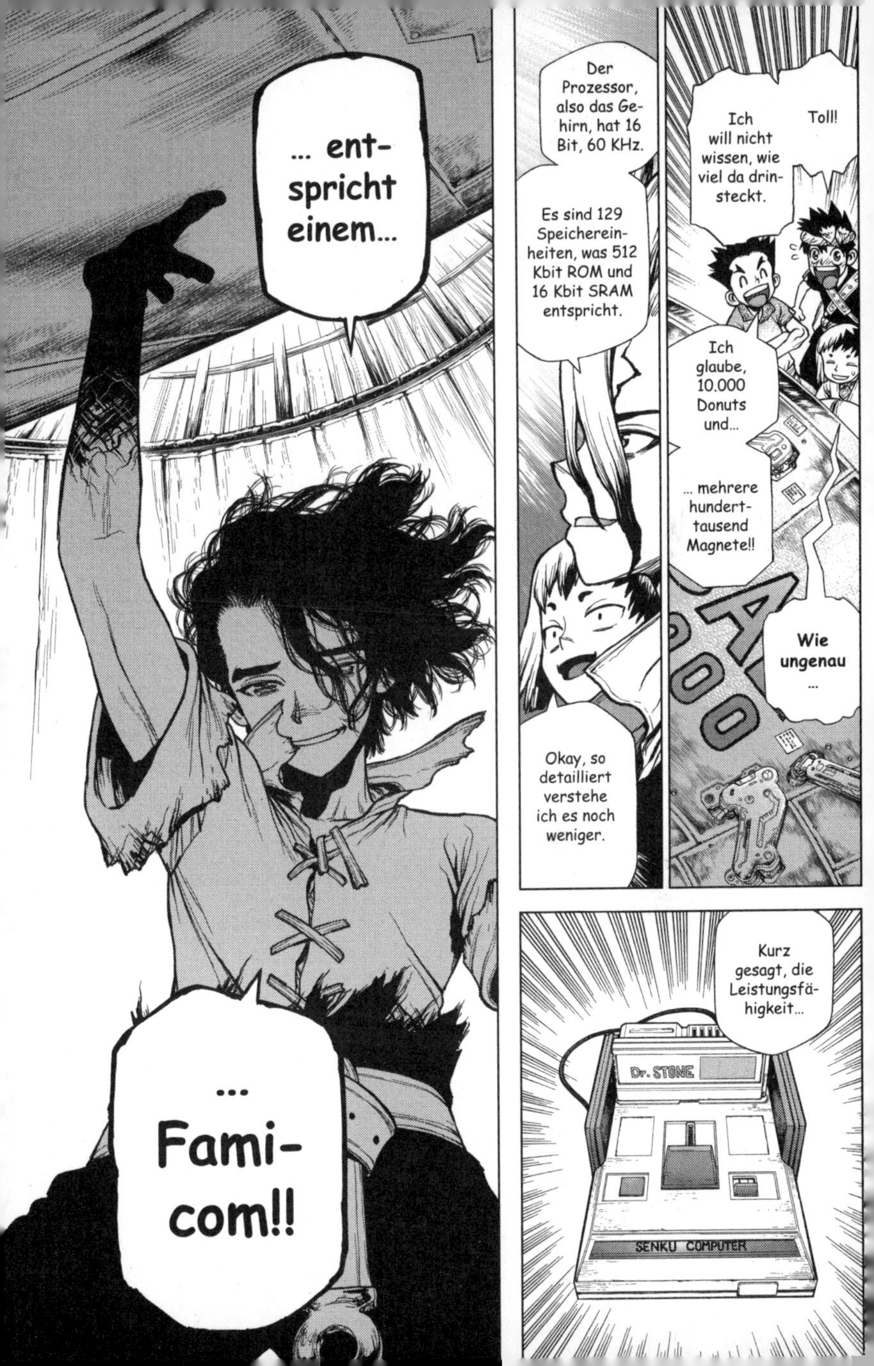

Toll!
Ich will nicht wissen, wie viel da drinsteckt.
Ich glaube, 10.000 Donuts und...
... mehrere hunderttausend Magnete!!
Wie ungenau ...
Der Prozessor, also das Gehirn, hat 16 Bit, 60 KHz.
Es sind 129 Speichereinheiten, was 512 Kbit ROM und 16 Kbit SRAM entspricht.
Okay, so detailliert verstehe ich es noch weniger.
Kurz gesagt, die Leistungsfähigkeit...
Dr. STONE
SENKU COMPUTER
... entspricht einem...
... Famicom!!

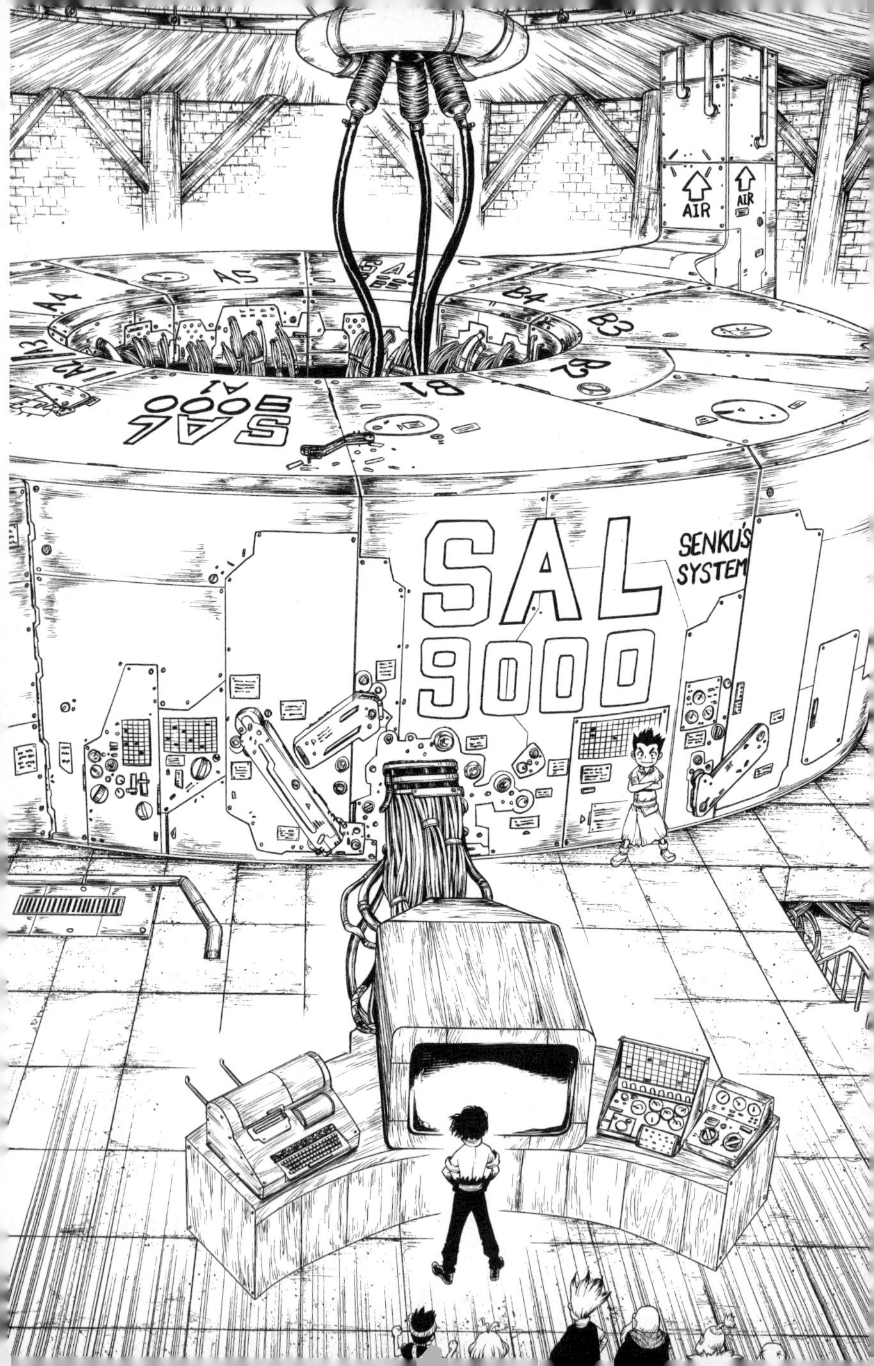
AIR
AIR
A4
A5
B4
B3
B2
B1
SAL 9000 A1
SAL 9000
SENKU'S SYSTEM

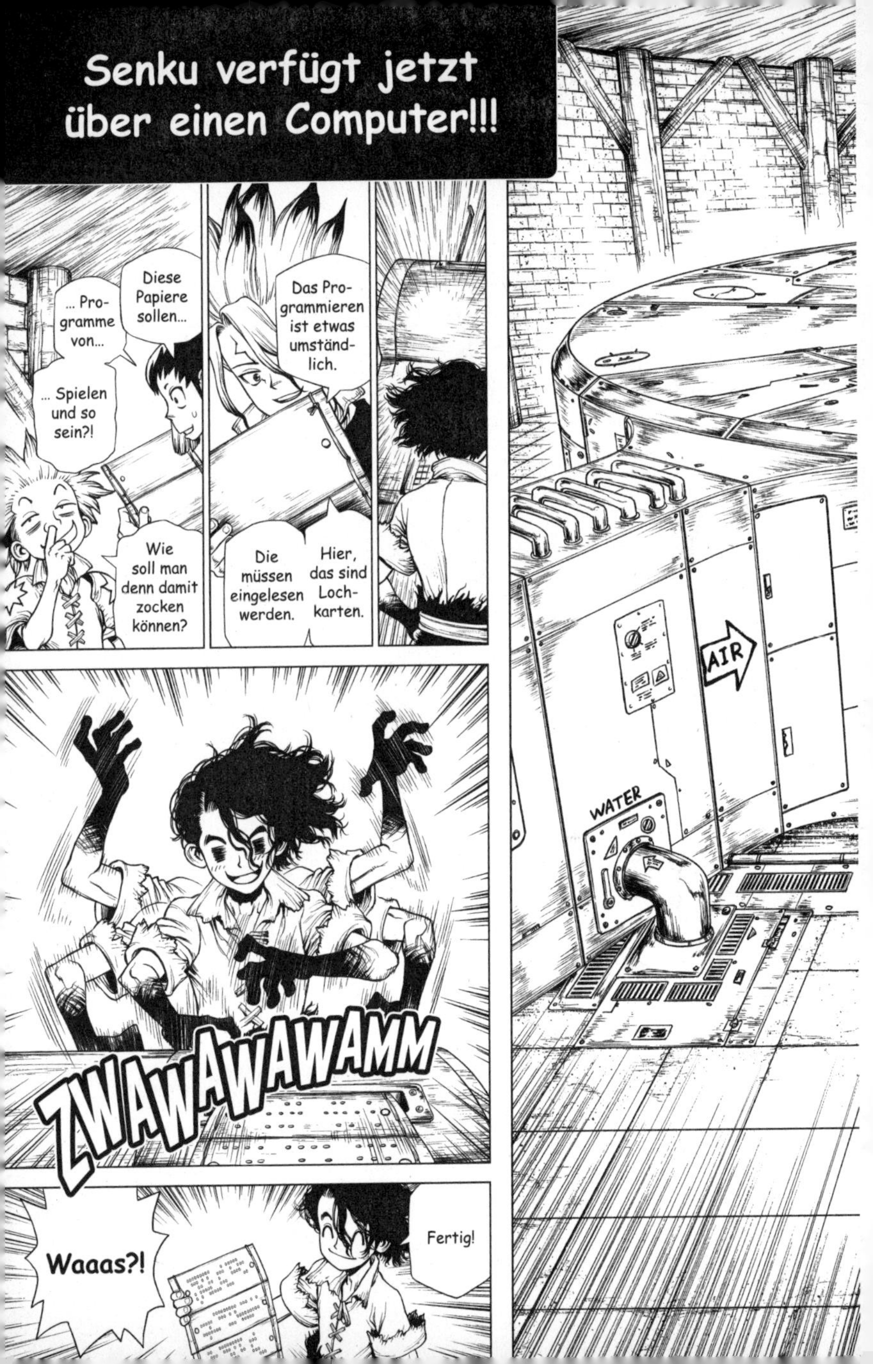
Senku verfügt jetzt über einen Computer!!!
Hier, das sind Lochkarten.
Die müssen eingelesen werden.
Das Programmieren ist etwas umständlich.
Diese Papiere sollen...
... Programme von...
... Spielen und so sein?!
Wie soll man denn damit zocken können?
AIR
WATER
ZWAWAWAWAMM
Fertig!
Waaas?!

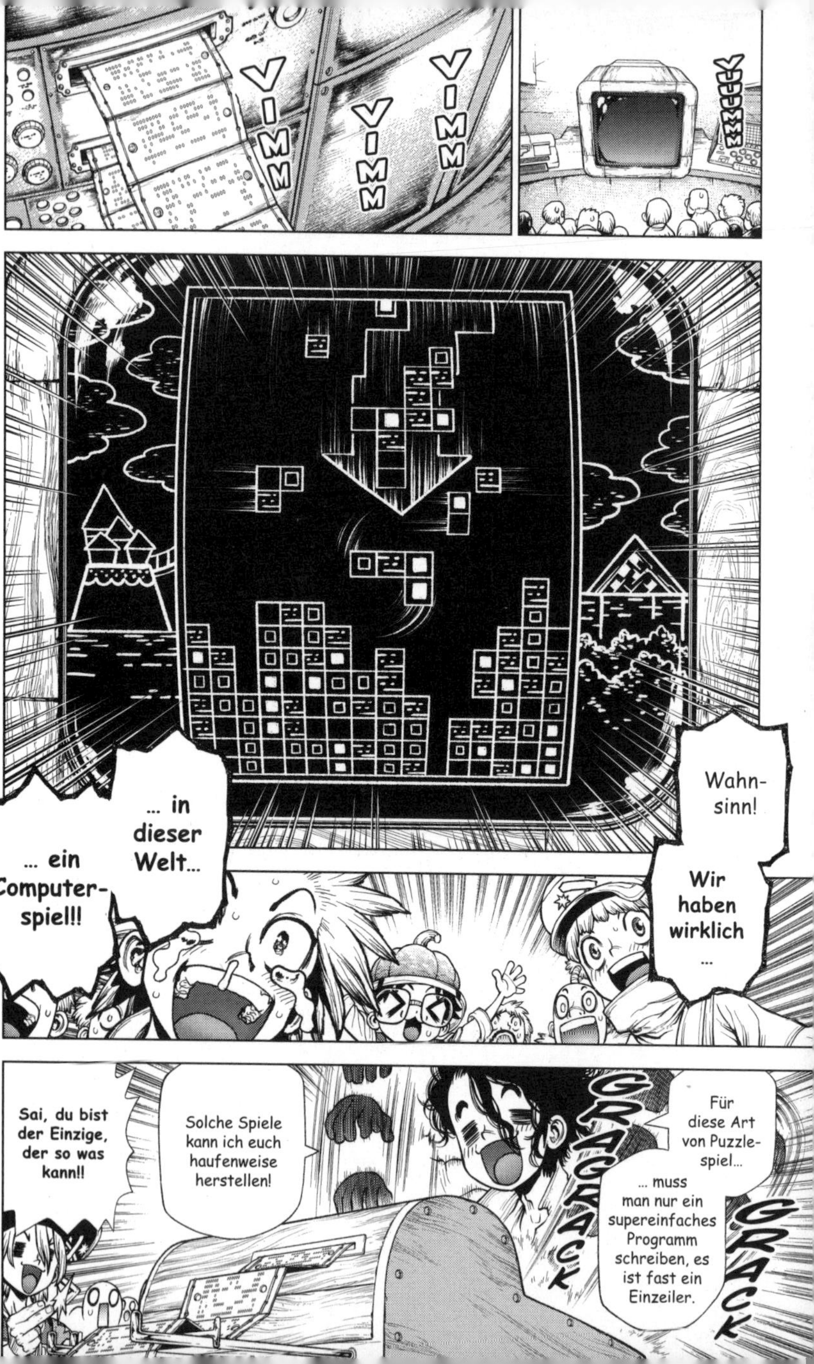

YUUUMMM
VIMM
VIMM
VIMM
Wahnsinn!
Wir haben wirklich ...
... in dieser Welt...
... ein Computerspiel!!
Für diese Art von Puzzlespiel...
... muss man nur ein supereinfaches Programm schreiben, es ist fast ein Einzeiler.
GRAGRACK
GRACK
Solche Spiele kann ich euch haufenweise herstellen!
Sai, du bist der Einzige, der so was kann!!

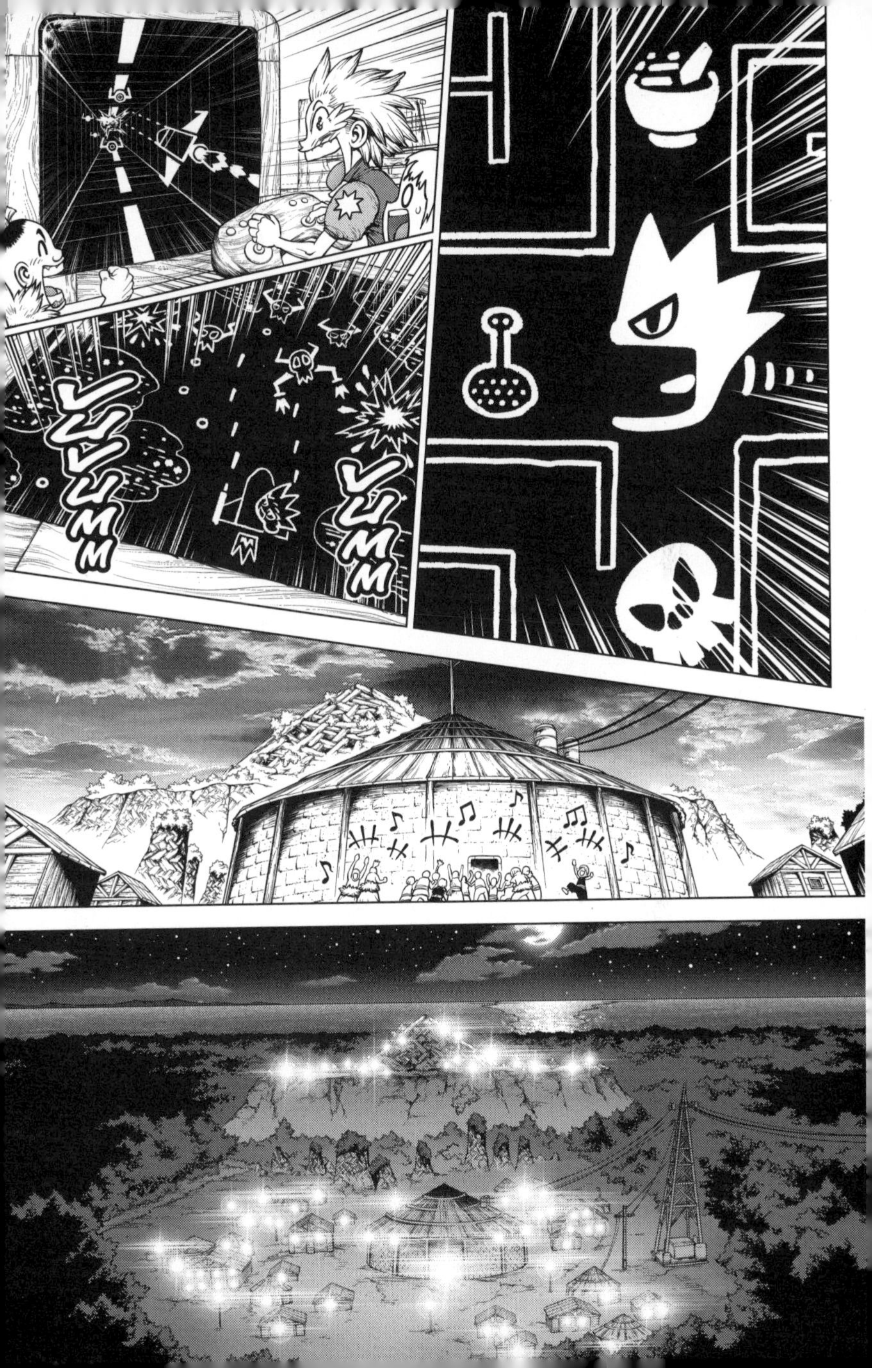
VUMM
VUVUMM

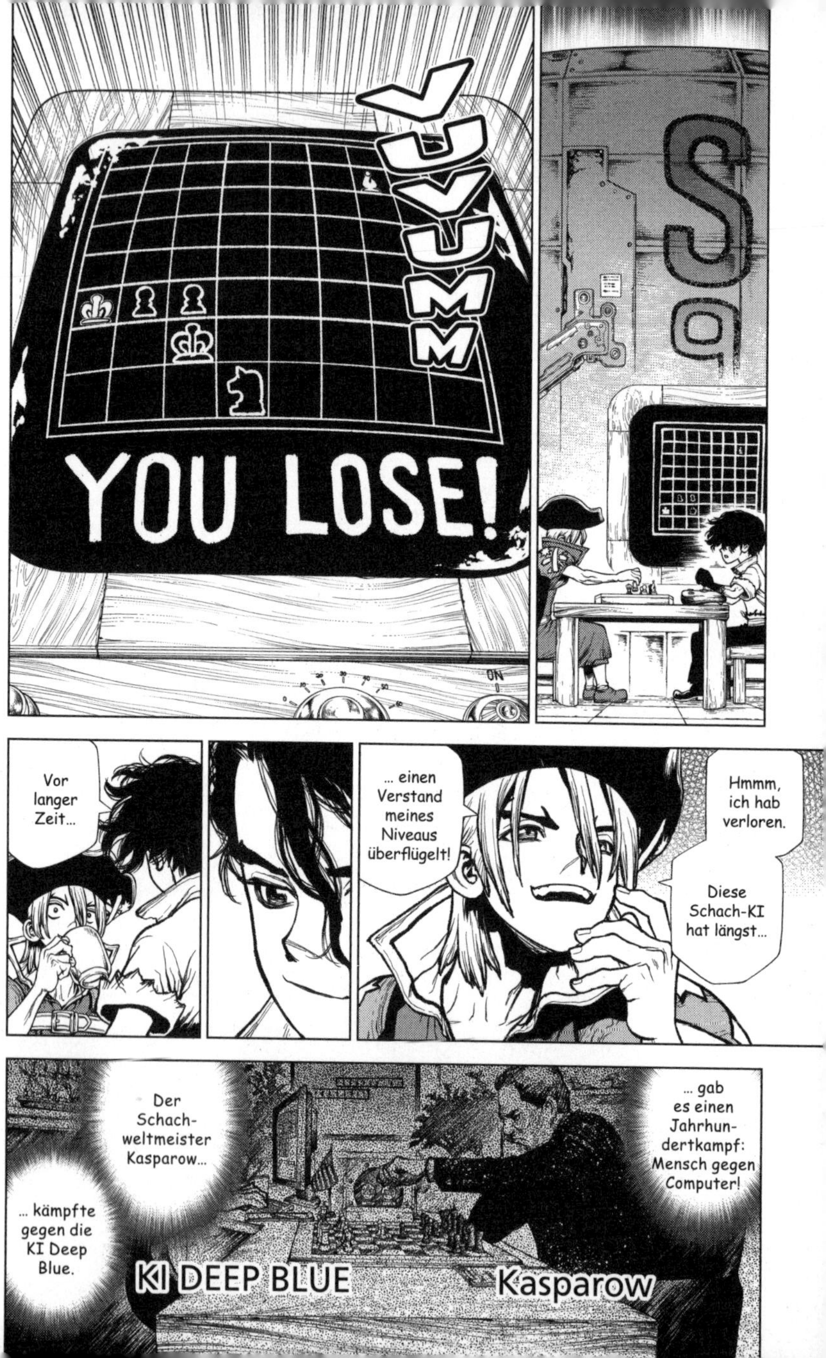

VUVUMM
YOU LOSE!
Hmmm, ich hab verloren.
Diese Schach-KI hat längst...
... einen Verstand meines Niveaus überflügelt!
Vor langer Zeit...
... gab es einen Jahrhundertkampf: Mensch gegen Computer!
Der Schachweltmeister Kasparow...
... kämpfte gegen die KI Deep Blue.
KI DEEP BLUE
Kasparow

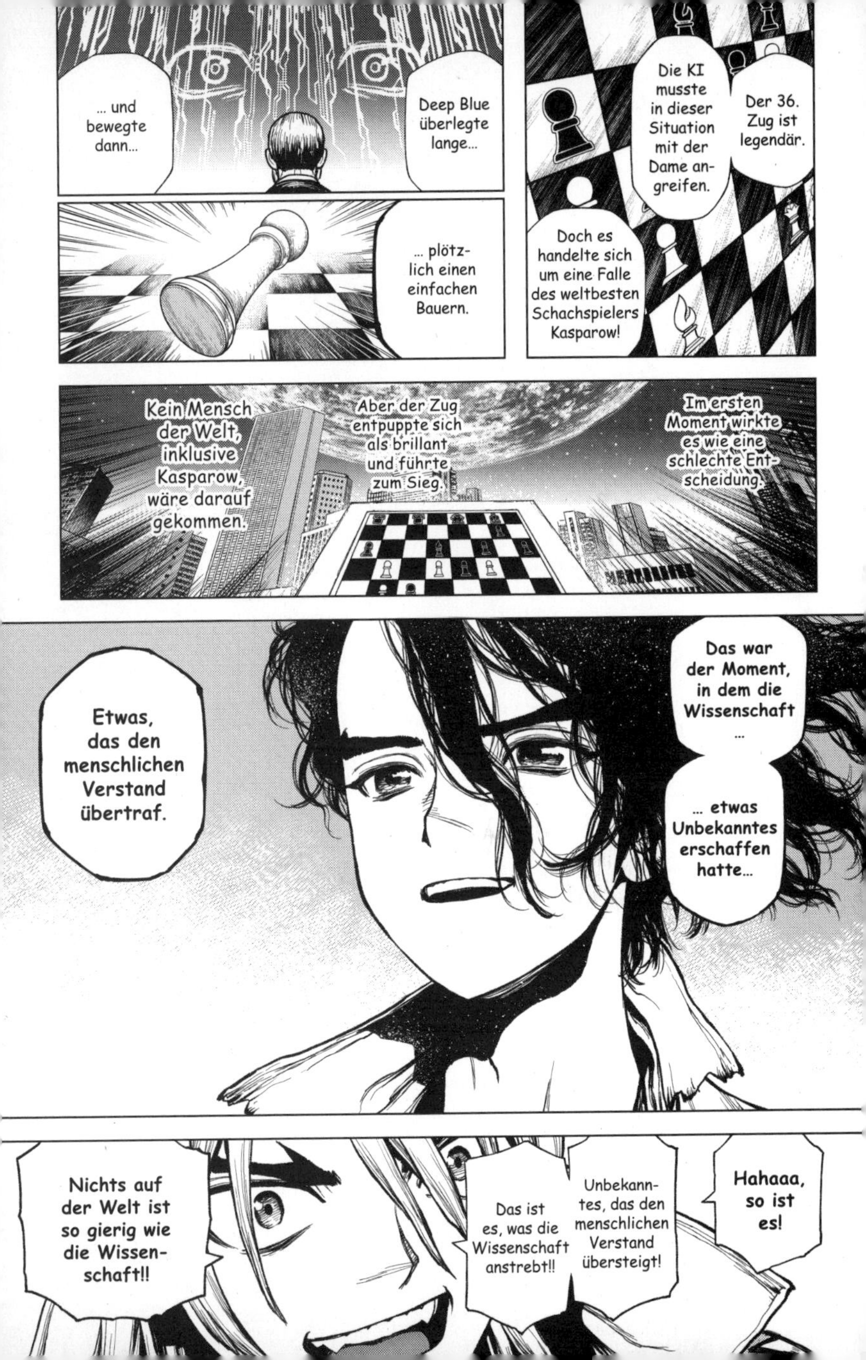
Der 36. Zug ist legendär.
Die KI musste in dieser Situation mit der Dame angreifen.
Doch es handelte sich um eine Falle des weltbesten Schachspielers Kasparow!
Deep Blue überlegte lange...
... und bewegte dann...
... plötzlich einen einfachen Bauern.
Im ersten Moment wirkte es wie eine schlechte Entscheidung.
Aber der Zug entpuppte sich als brillant und führte zum Sieg.
Kein Mensch der Welt, inklusive Kasparow, wäre darauf gekommen.
Das war der Moment, in dem die Wissenschaft ...
... etwas Unbekanntes erschaffen hatte...
Etwas, das den menschlichen Verstand übertraf.
Hahaaa, so ist es!
Unbekanntes, das den menschlichen Verstand übersteigt!
Das ist es, was die Wissenschaft anstrebt!!
Nichts auf der Welt ist so gierig wie die Wissenschaft!!

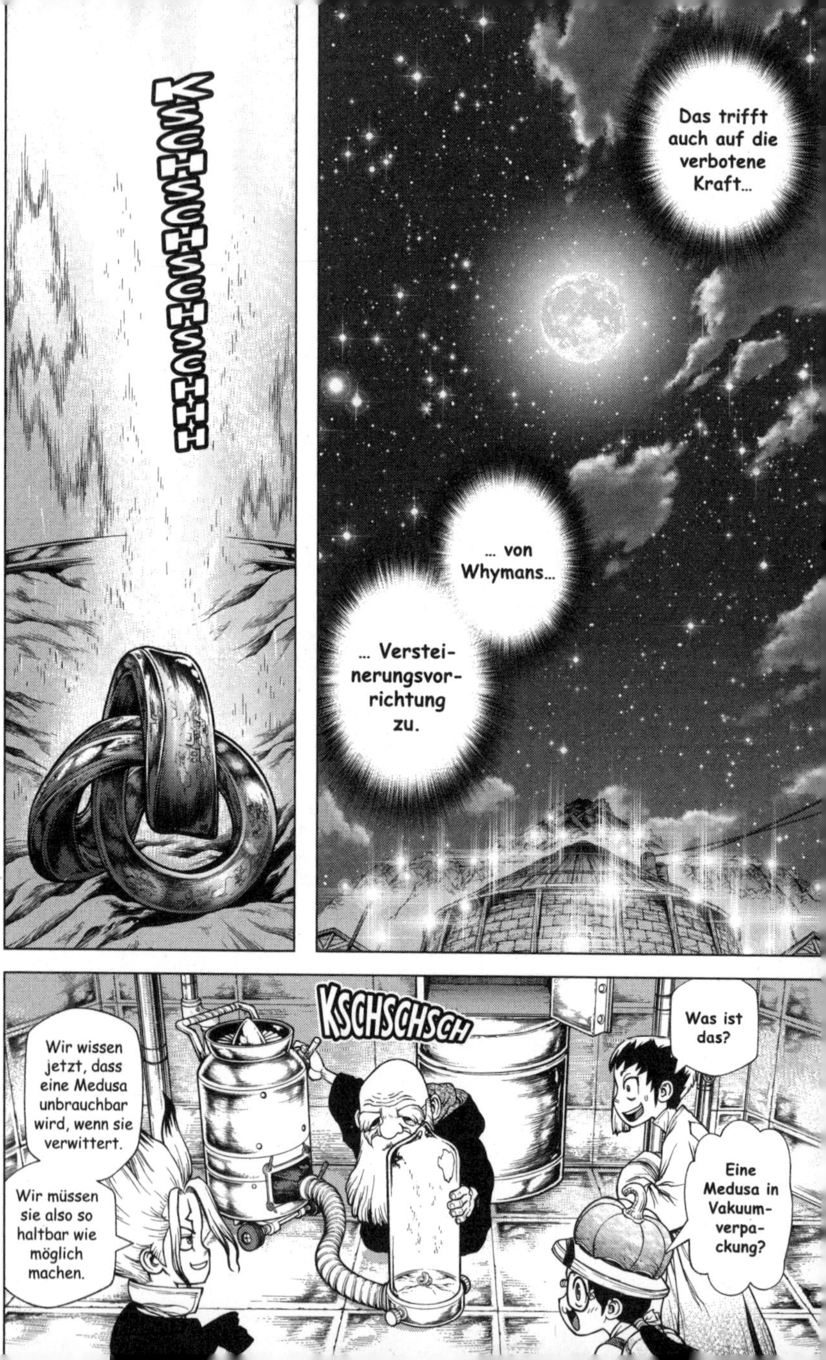
Das trifft auch auf die verbotene Kraft...
... von Whymans...
... Versteinerungsvorrichtung zu.
KSCHSCHSCHSCHSCHH
KSCHSCHSCH
Was ist das?
Eine Medusa in Vakuumverpackung?
Wir wissen jetzt, dass eine Medusa unbrauchbar wird, wenn sie verwittert.
Wir müssen sie also so haltbar wie möglich machen.

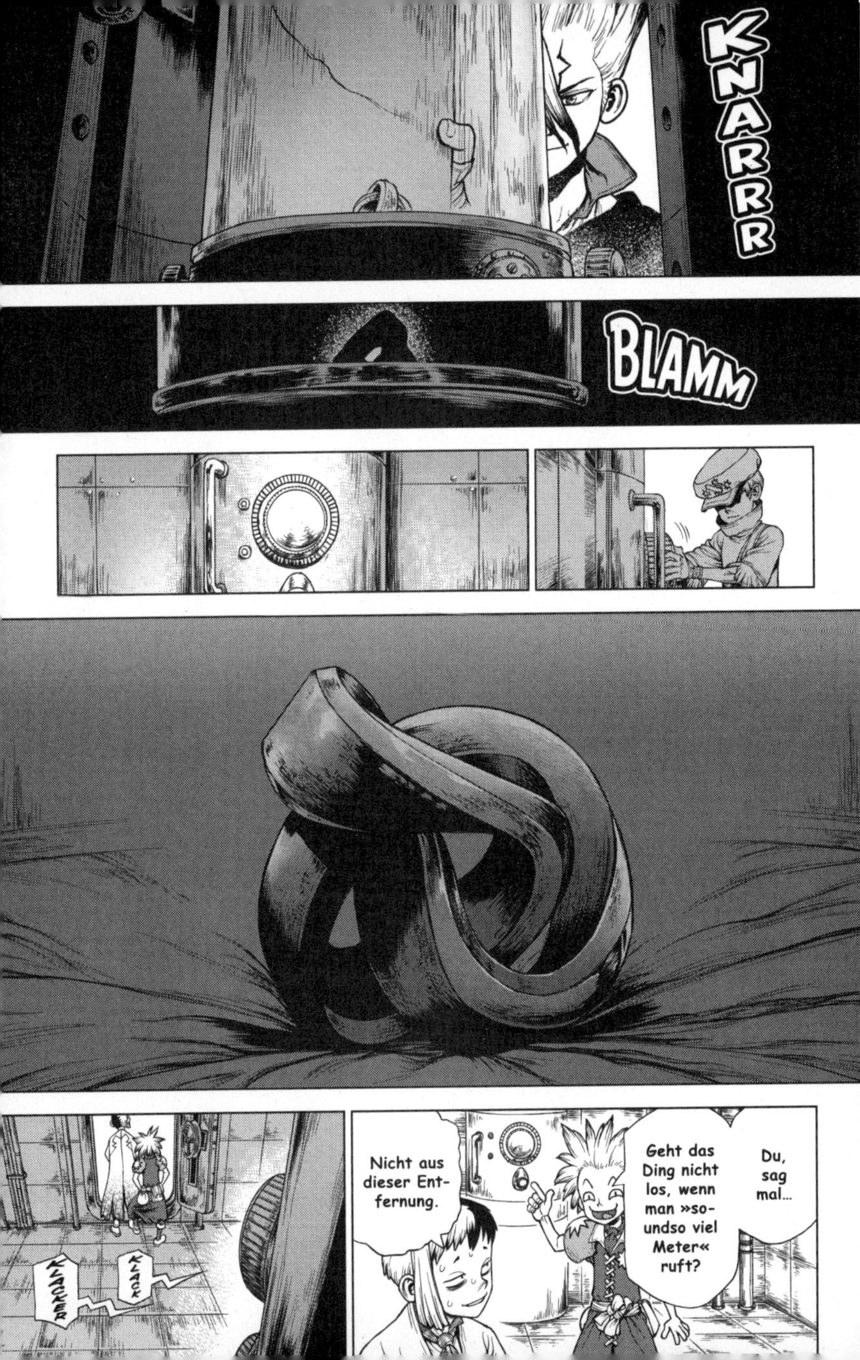
KNARRR
BLAMM
KLACK
KLACKER
Du, sag mal...
Geht das Ding nicht los, wenn man »so-undso viel Meter« ruft?
Nicht aus dieser Entfernung.

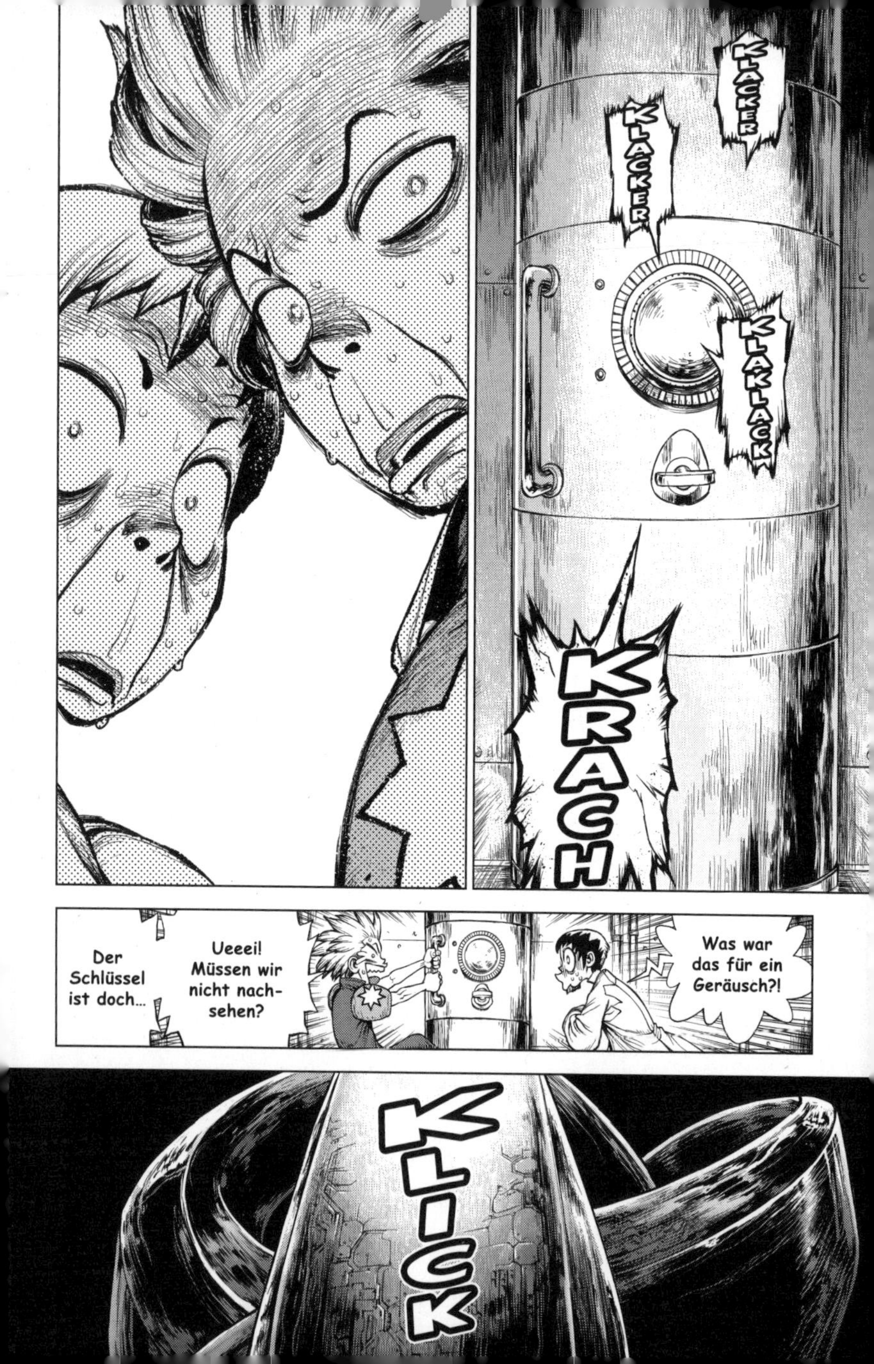
KLACKER
KLACKER
KLAKLACK
KRACH
Was war das für ein Geräusch?!
Ueeei! Müssen wir nicht nach-sehen?
Der Schlüssel ist doch...
KLICK

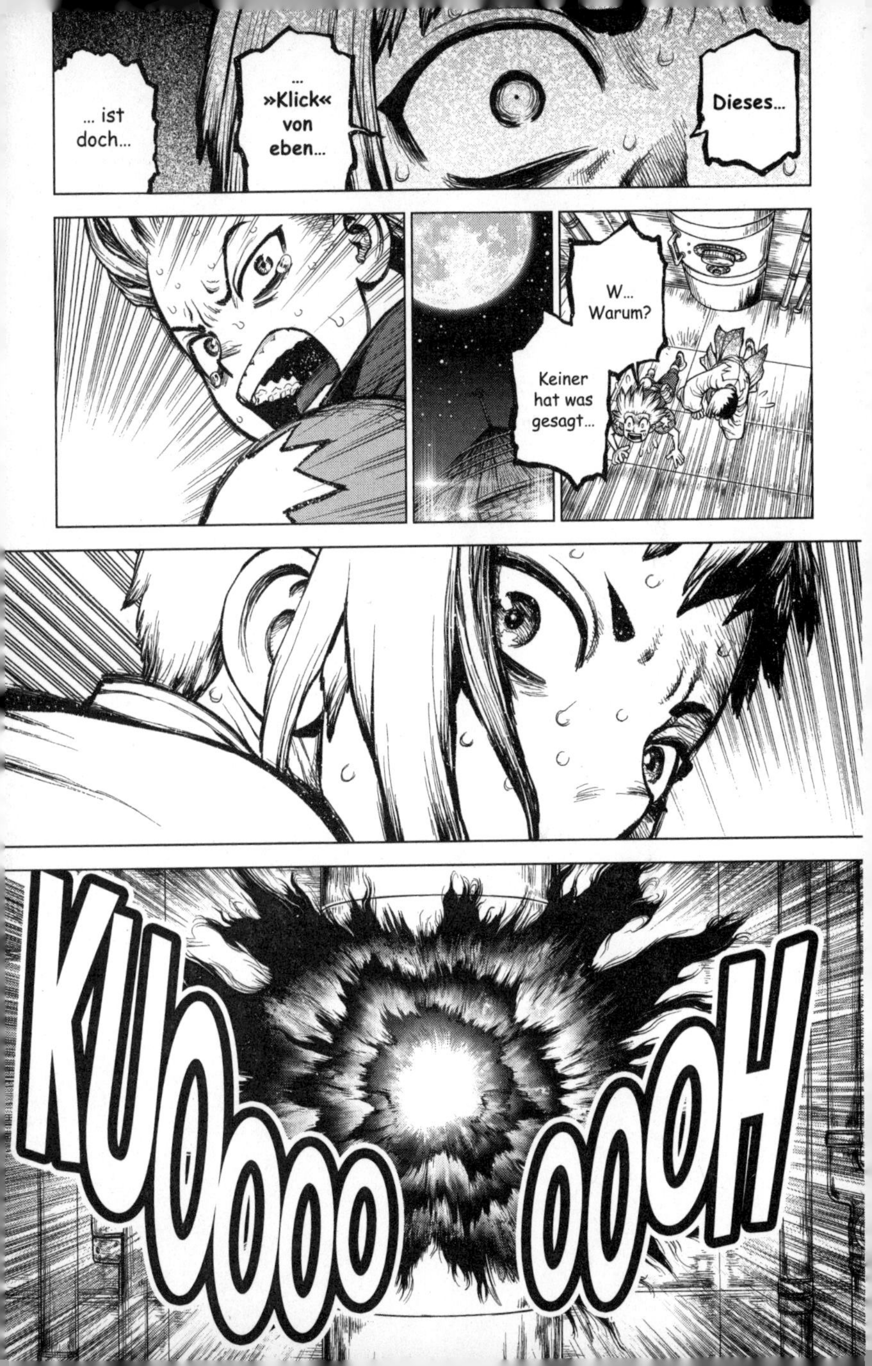
Dieses...
... »Klick« von eben...
... ist doch...
W... Warum?
Keiner hat was gesagt...
KUOOOO OOOH

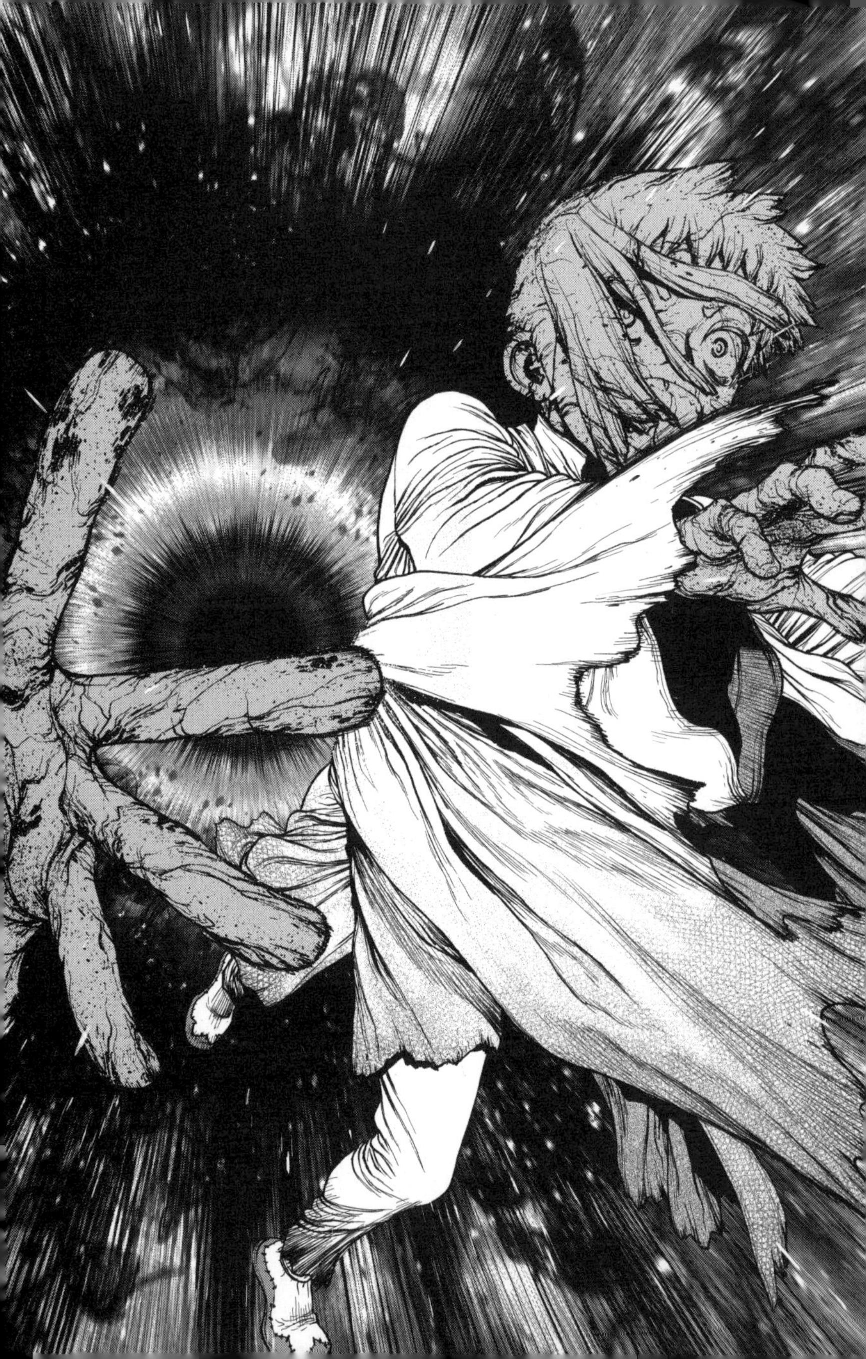

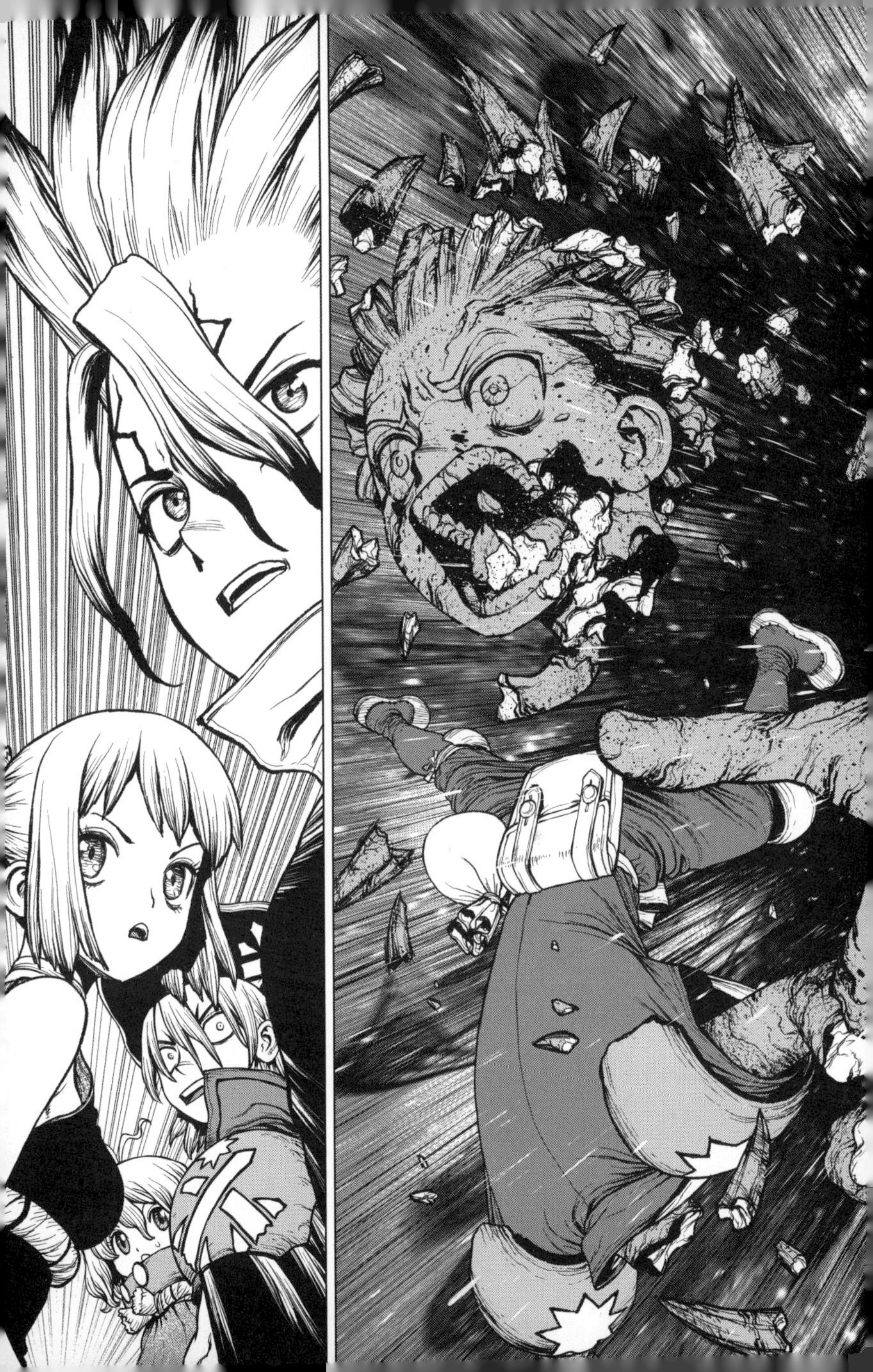

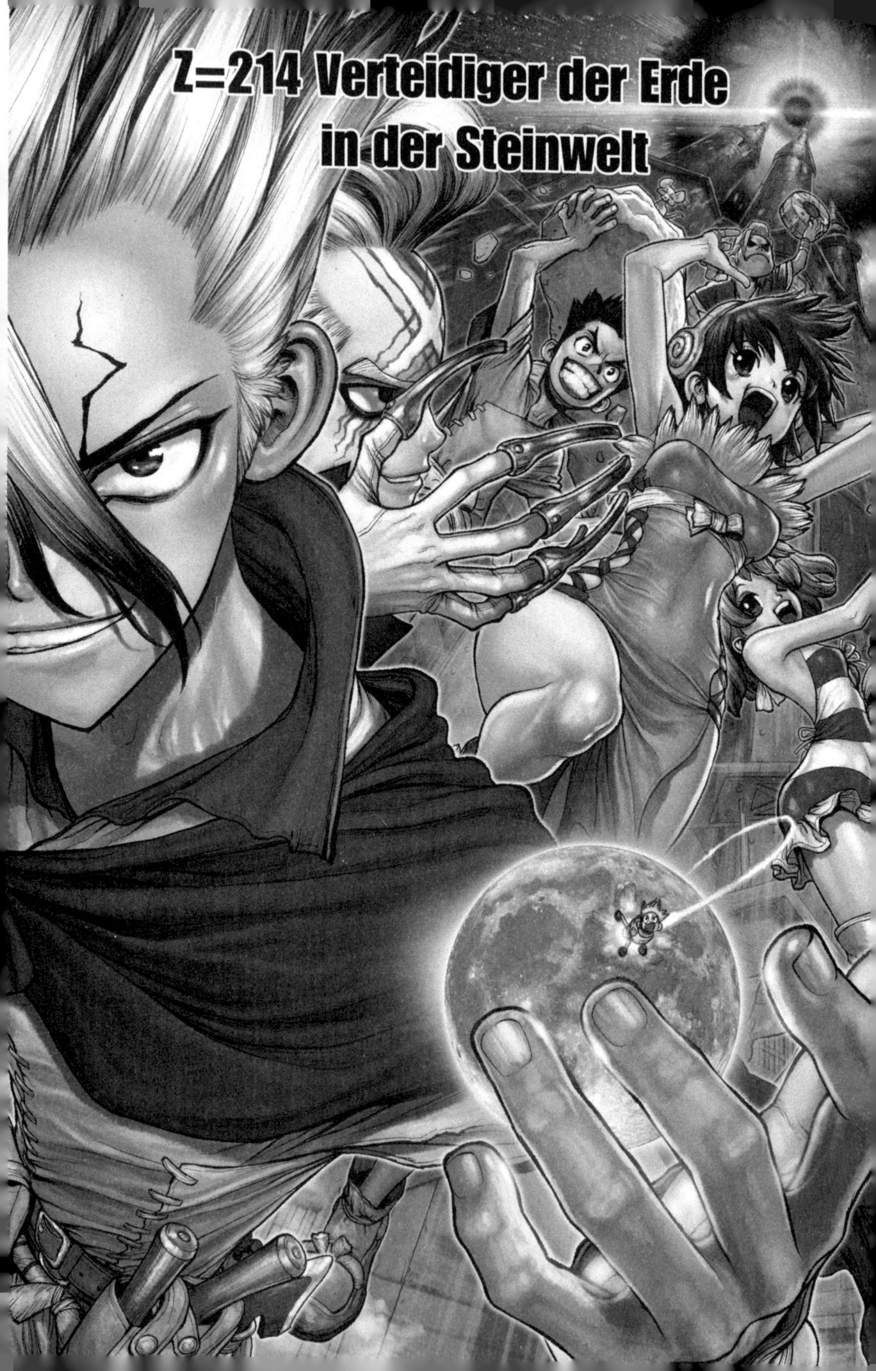
Z=214 Verteidiger der Erde
in der Steinwelt

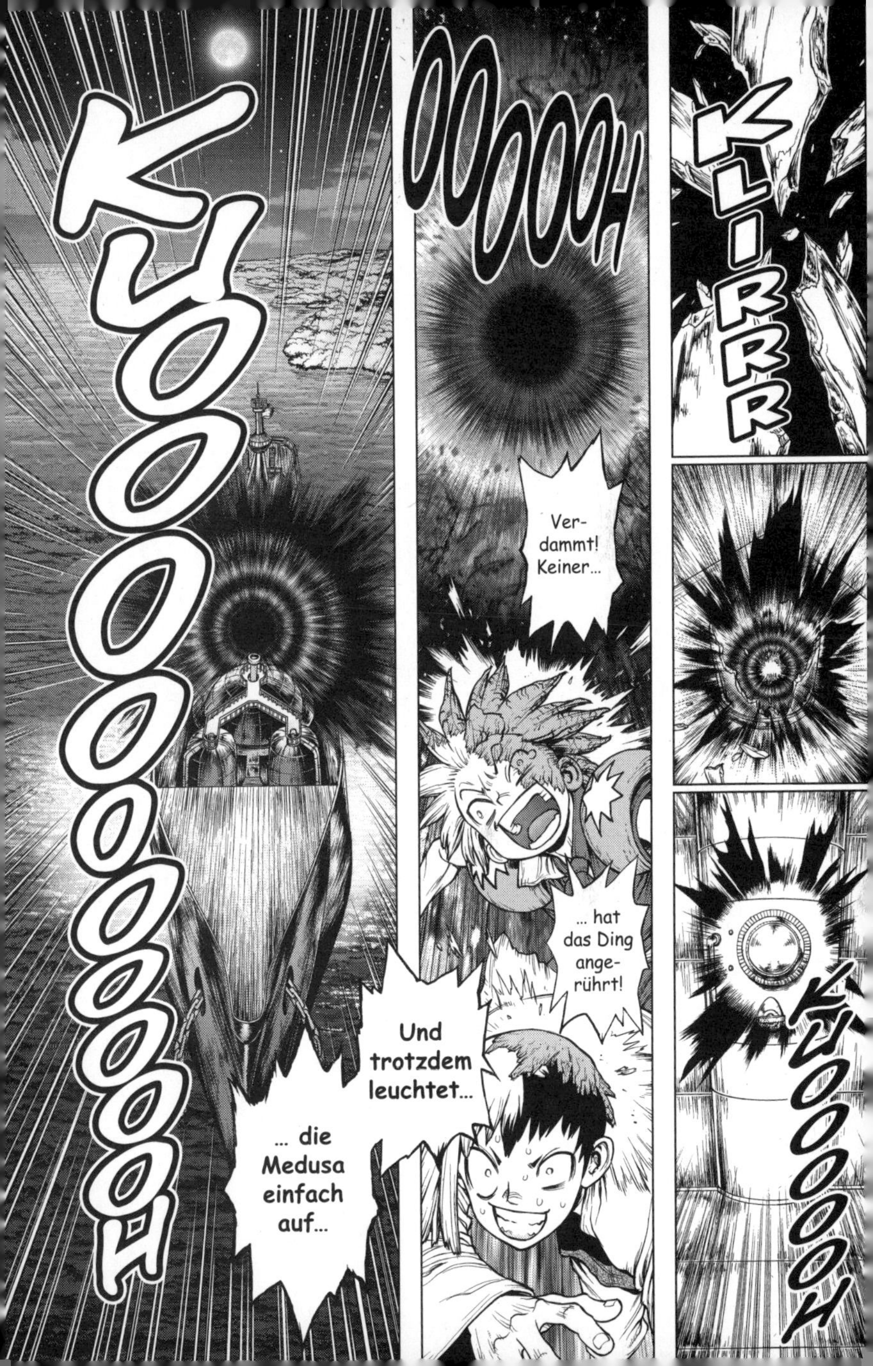

KLIRRR
KUOOOOOOH
OOOOOOH
Ver-
dammt!
Keiner...
... hat
das Ding
ange-
rührt!
Und
trotzdem
leuchtet...
... die
Medusa
einfach
auf...
KUOOOOOOOOOOOOH

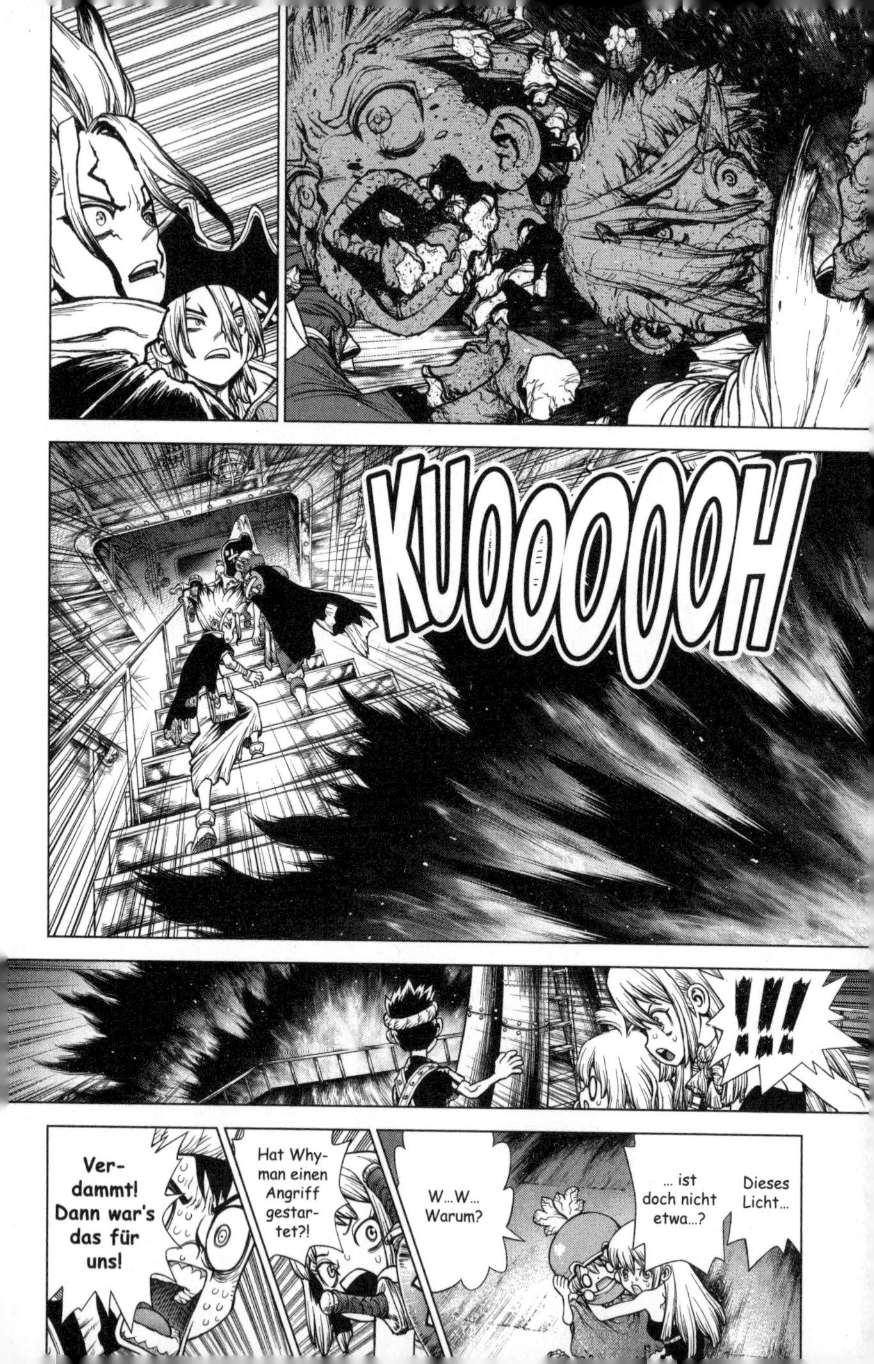
KUOOOOOH
!!!
Dieses Licht...
... ist doch nicht etwa...?
W...W... Warum?
Hat Why-man einen Angriff gestar-tet?!
Ver-dammt! Dann war's das für uns!

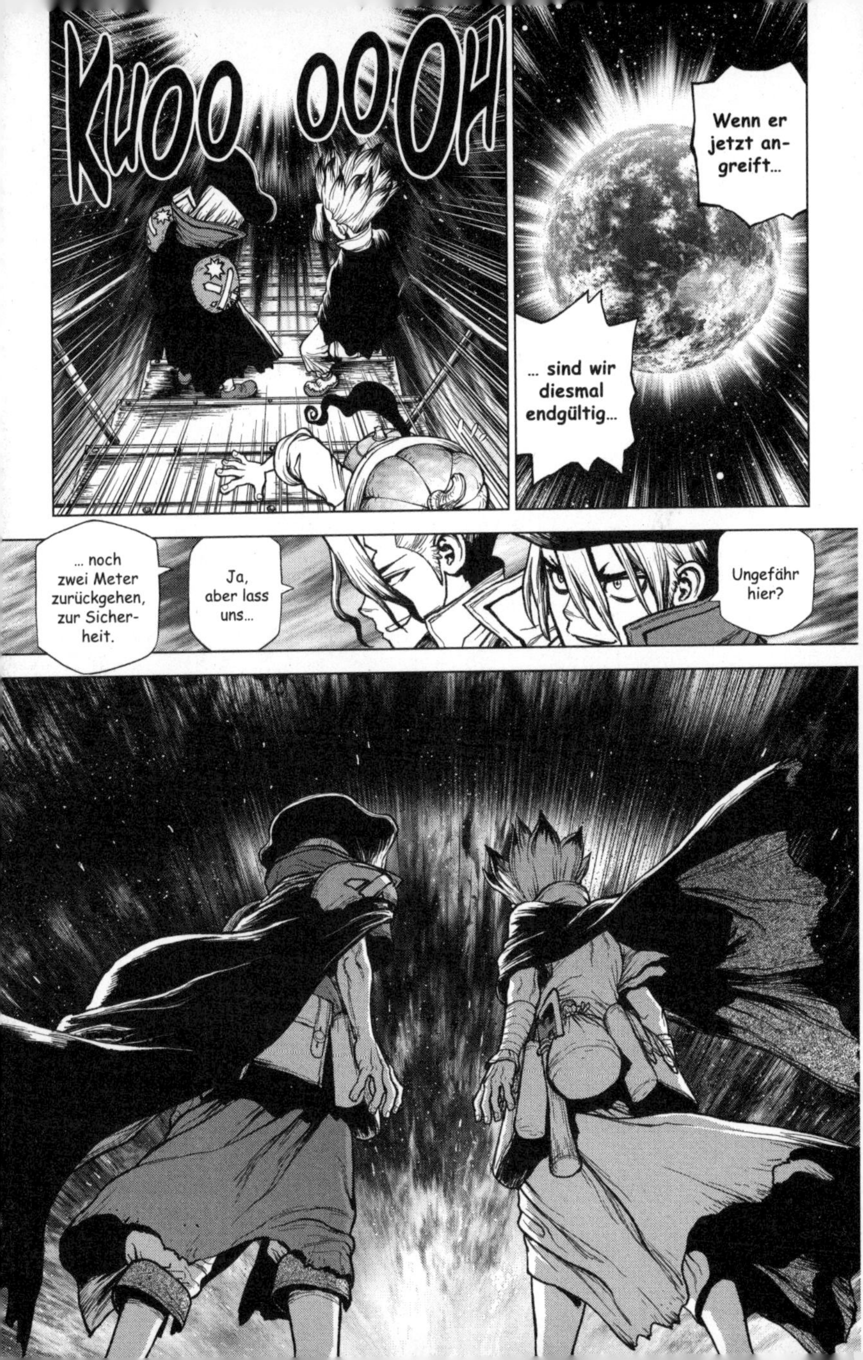
Wenn er jetzt an-greift…
… sind wir diesmal endgültig…
KUOO OOOH
Ungefähr hier?
Ja, aber lass uns…
… noch zwei Meter zurückgehen, zur Sicher-heit.

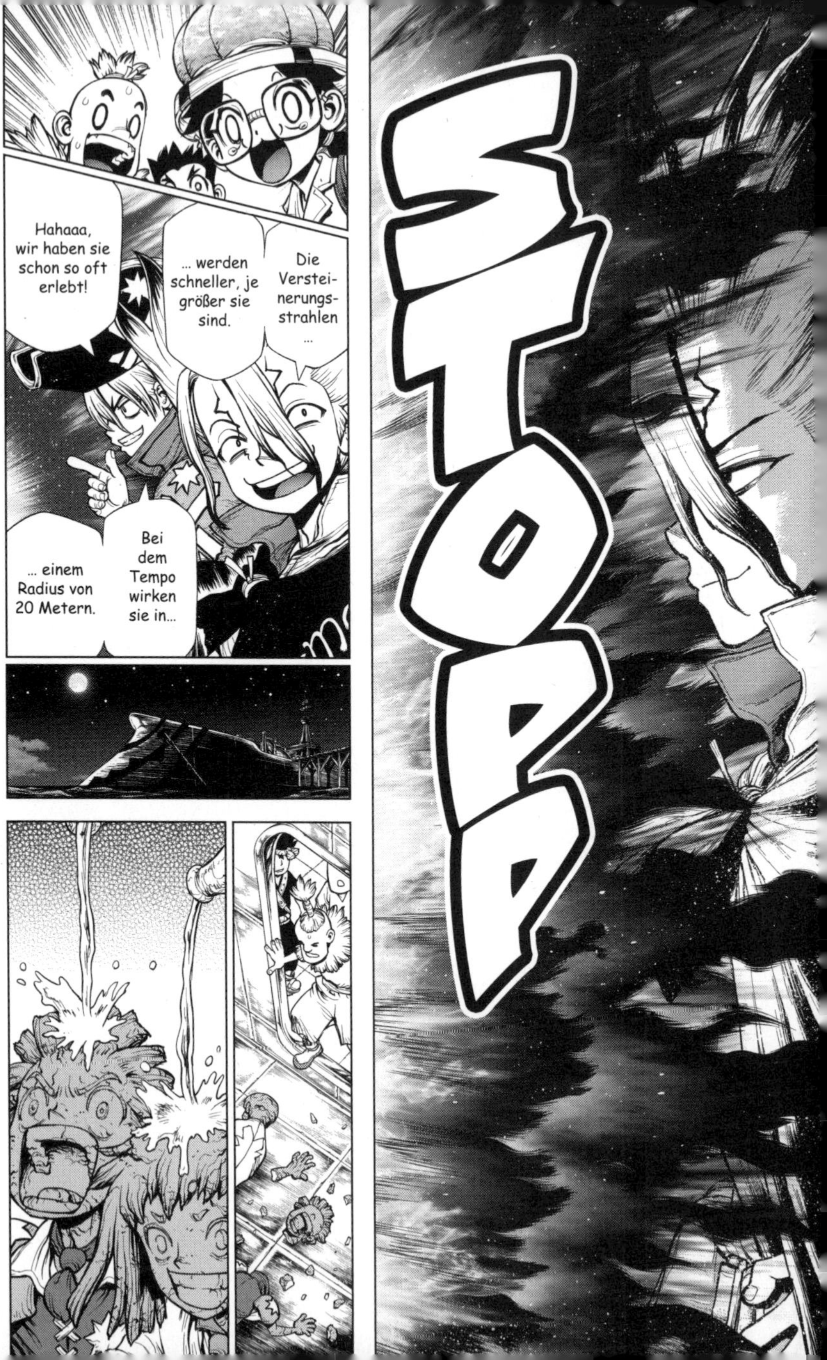
Die Versteinerungsstrahlen ...
... werden schneller, je größer sie sind.
Hahaaa, wir haben sie schon so oft erlebt!
Bei dem Tempo wirken sie in...
... einem Radius von 20 Metern.

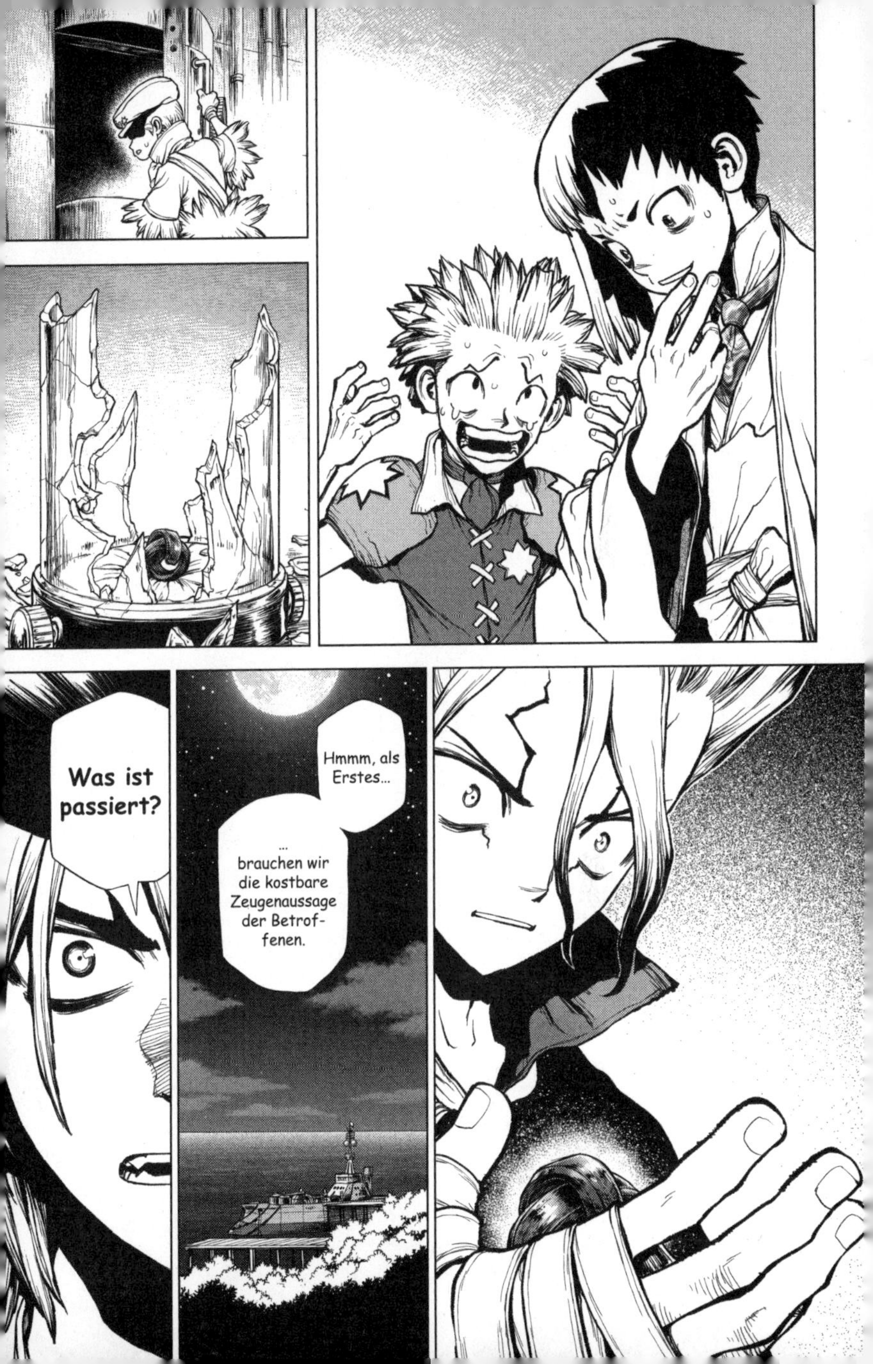
Hmmm, als Erstes...
... brauchen wir die kostbare Zeugenaussage der Betroffenen.
Was ist passiert?

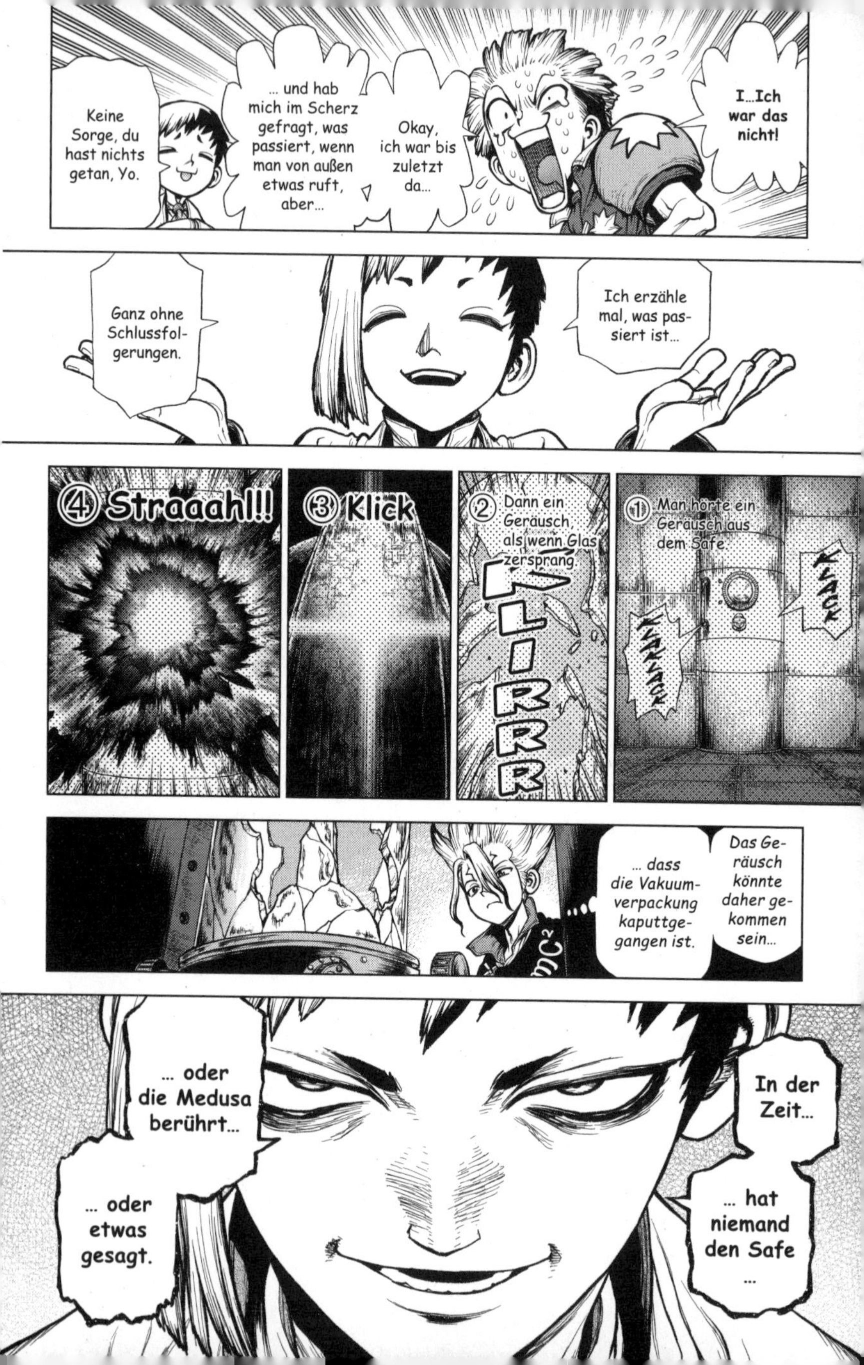
I...Ich war das nicht!
Okay, ich war bis zuletzt da...
... und hab mich im Scherz gefragt, was passiert, wenn man von außen etwas ruft, aber...
Keine Sorge, du hast nichts getan, Yo.
Ich erzähle mal, was passiert ist...
Ganz ohne Schlussfolgerungen.
① Man hörte ein Geräusch aus dem Safe.
KLACK
KLACKKLACK
② Dann ein Geräusch, als wenn Glas zersprang.
KLIRRR
③ Klick
④ Straaahl!!
Das Geräusch könnte daher gekommen sein...
... dass die Vakuumverpackung kaputtgegangen ist.
...
In der Zeit...
... hat niemand den Safe ...
... oder die Medusa berührt...
... oder etwas gesagt.

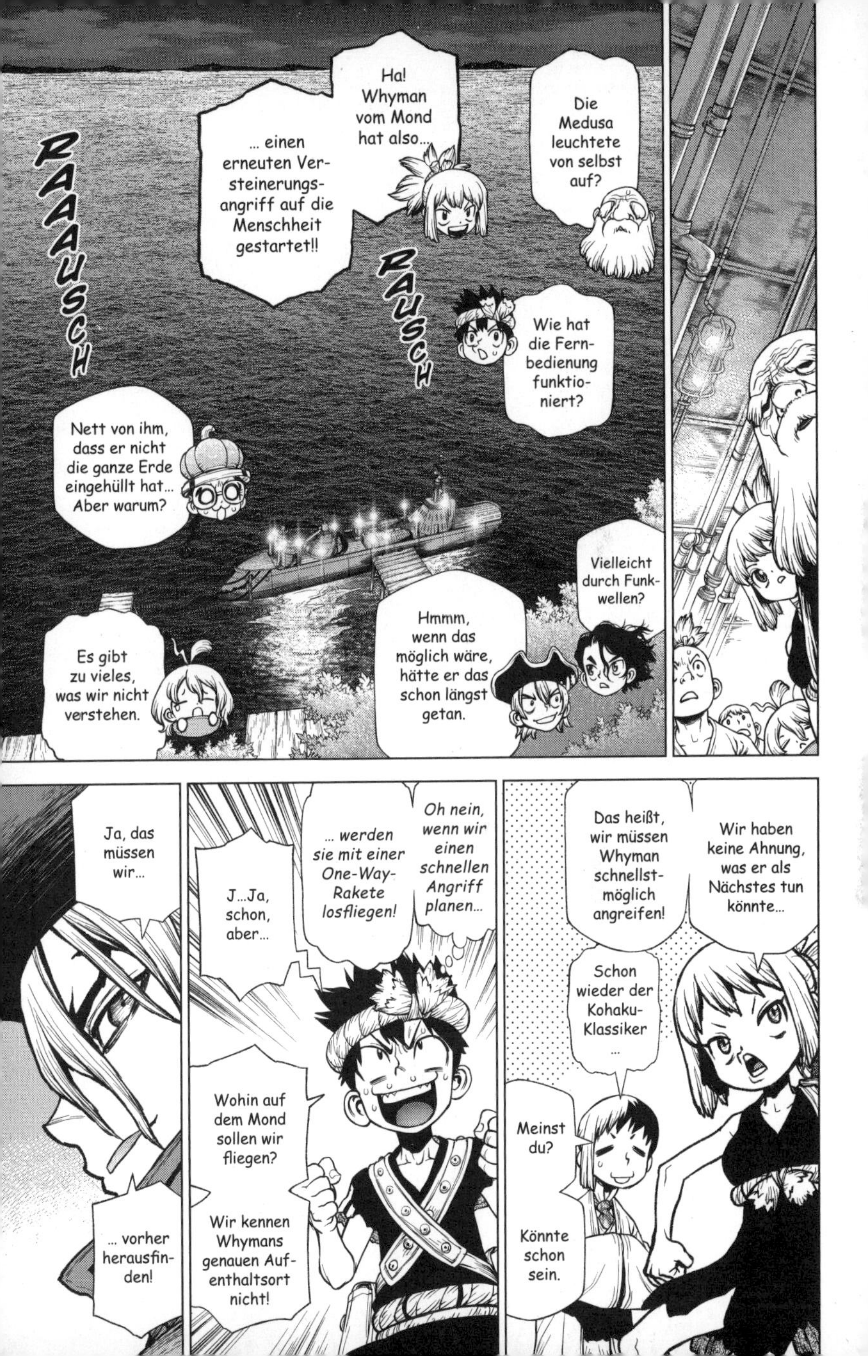
Die Medusa leuchtete von selbst auf?
Ha! Whyman vom Mond hat also...
... einen erneuten Versteinerungsangriff auf die Menschheit gestartet!!
RAAAUSCH
RAUSCH
Wie hat die Fernbedienung funktioniert?
Nett von ihm, dass er nicht die ganze Erde eingehüllt hat... Aber warum?
Vielleicht durch Funkwellen?
Hmmm, wenn das möglich wäre, hätte er das schon längst getan.
Es gibt zu vieles, was wir nicht verstehen.
Wir haben keine Ahnung, was er als Nächstes tun könnte...
Das heißt, wir müssen Whyman schnellstmöglich angreifen!
Schon wieder der Kohaku-Klassiker ...
Meinst du?
Könnte schon sein.
Oh nein, wenn wir einen schnellen Angriff planen...
... werden sie mit einer One-Way-Rakete losfliegen!
J...Ja, schon, aber...
Wohin auf dem Mond sollen wir fliegen?
Wir kennen Whymans genauen Aufenthaltsort nicht!
Ja, das müssen wir...
... vorher herausfinden!

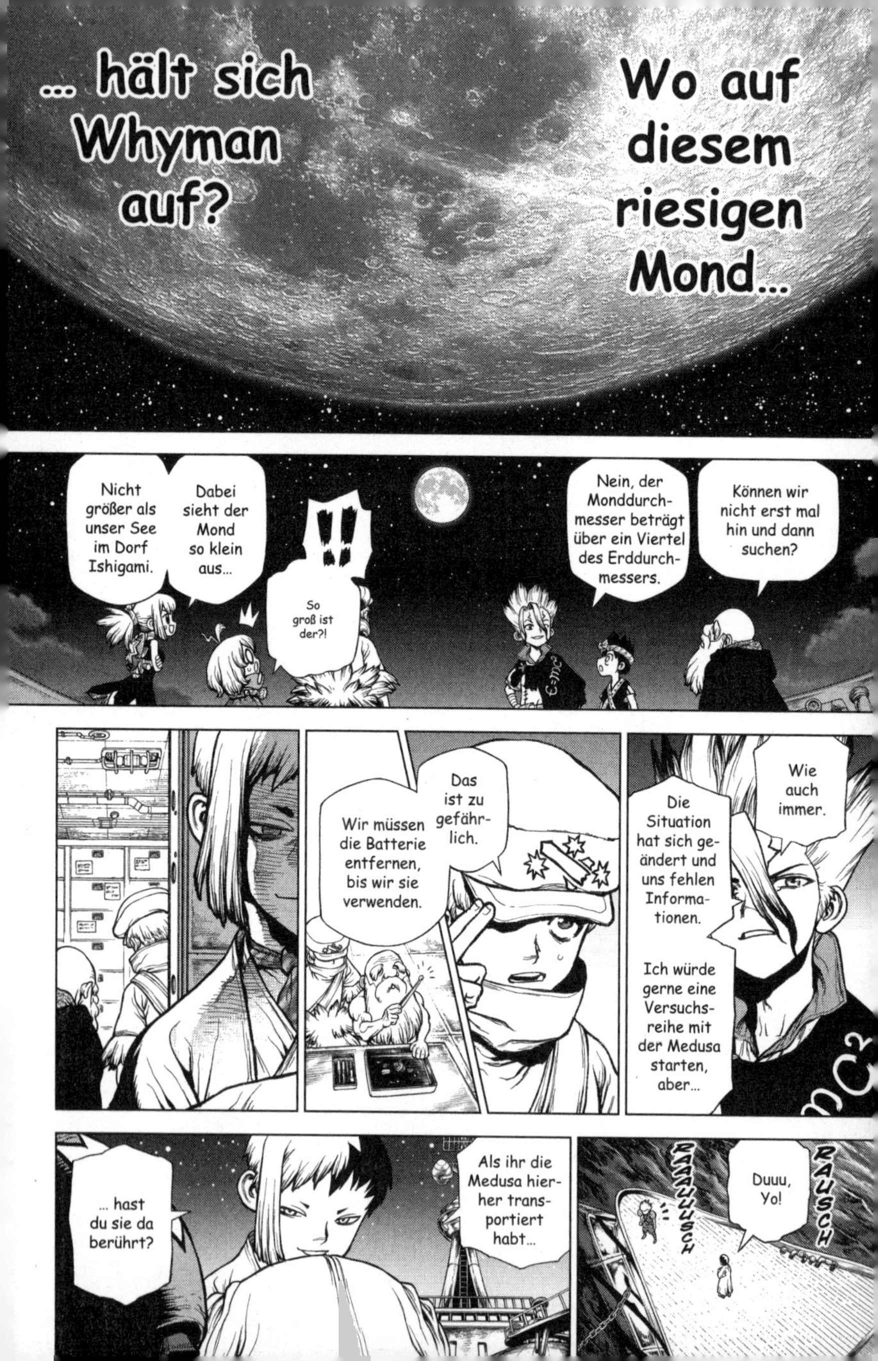
Wo auf diesem riesigen Mond...
... hält sich Whyman auf?
Können wir nicht erst mal hin und dann suchen?
Nein, der Monddurchmesser beträgt über ein Viertel des Erddurchmessers.
!!
So groß ist der?!
Dabei sieht der Mond so klein aus...
Nicht größer als unser See im Dorf Ishigami.
Wie auch immer.
Die Situation hat sich geändert und uns fehlen Informationen.
Ich würde gerne eine Versuchsreihe mit der Medusa starten, aber...
Das ist zu gefährlich.
Wir müssen die Batterie entfernen, bis wir sie verwenden.
RAUSCH
RAAAUUSCH
Duuu, Yo!
Als ihr die Medusa hierher transportiert habt...
... hast du sie da berührt?

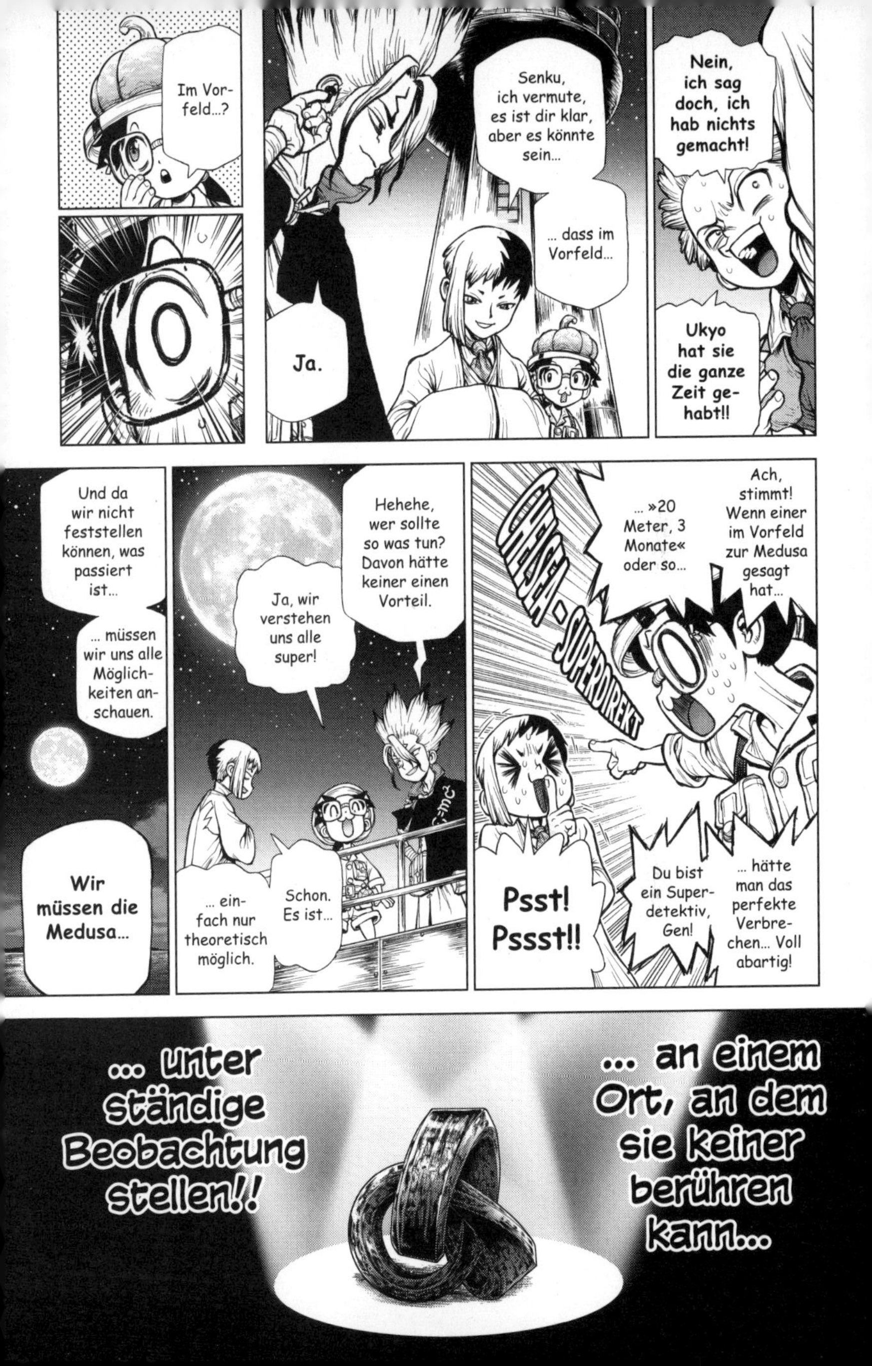

Nein, ich sag doch, ich hab nichts gemacht!
Ukyo hat sie die ganze Zeit gehabt!!
Senku, ich vermute, es ist dir klar, aber es könnte sein...
... dass im Vorfeld...
Ja.
Im Vorfeld...?
Ach, stimmt! Wenn einer im Vorfeld zur Medusa gesagt hat...
... »20 Meter, 3 Monate« oder so...
SUPERDIREKT
... hätte man das perfekte Verbrechen... Voll abartig!
Du bist ein Superdetektiv, Gen!
Psst! Pssst!!
Hehehe, wer sollte so was tun? Davon hätte keiner einen Vorteil.
Ja, wir verstehen uns alle super!
Schon. Es ist...
... einfach nur theoretisch möglich.
Und da wir nicht feststellen können, was passiert ist...
... müssen wir uns alle Möglichkeiten anschauen.
Wir müssen die Medusa...
... unter ständige Beobachtung stellen!!
... an einem Ort, an dem sie keiner berühren kann...

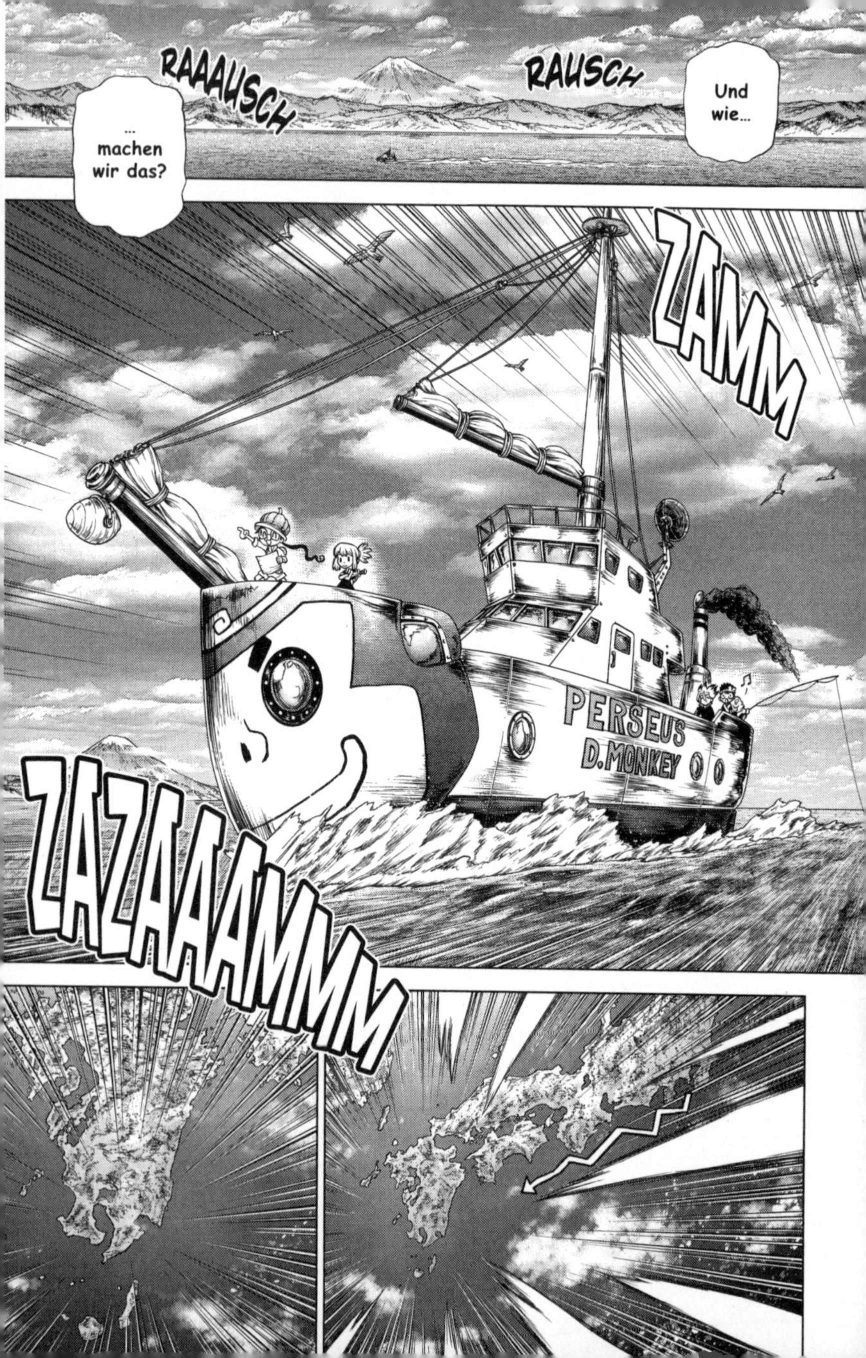
Und wie...
RAUSCH
RAAAUSCH
... machen wir das?
ZAMM
PERSEUS
D.MONKEY
ZAZAAAMMMM

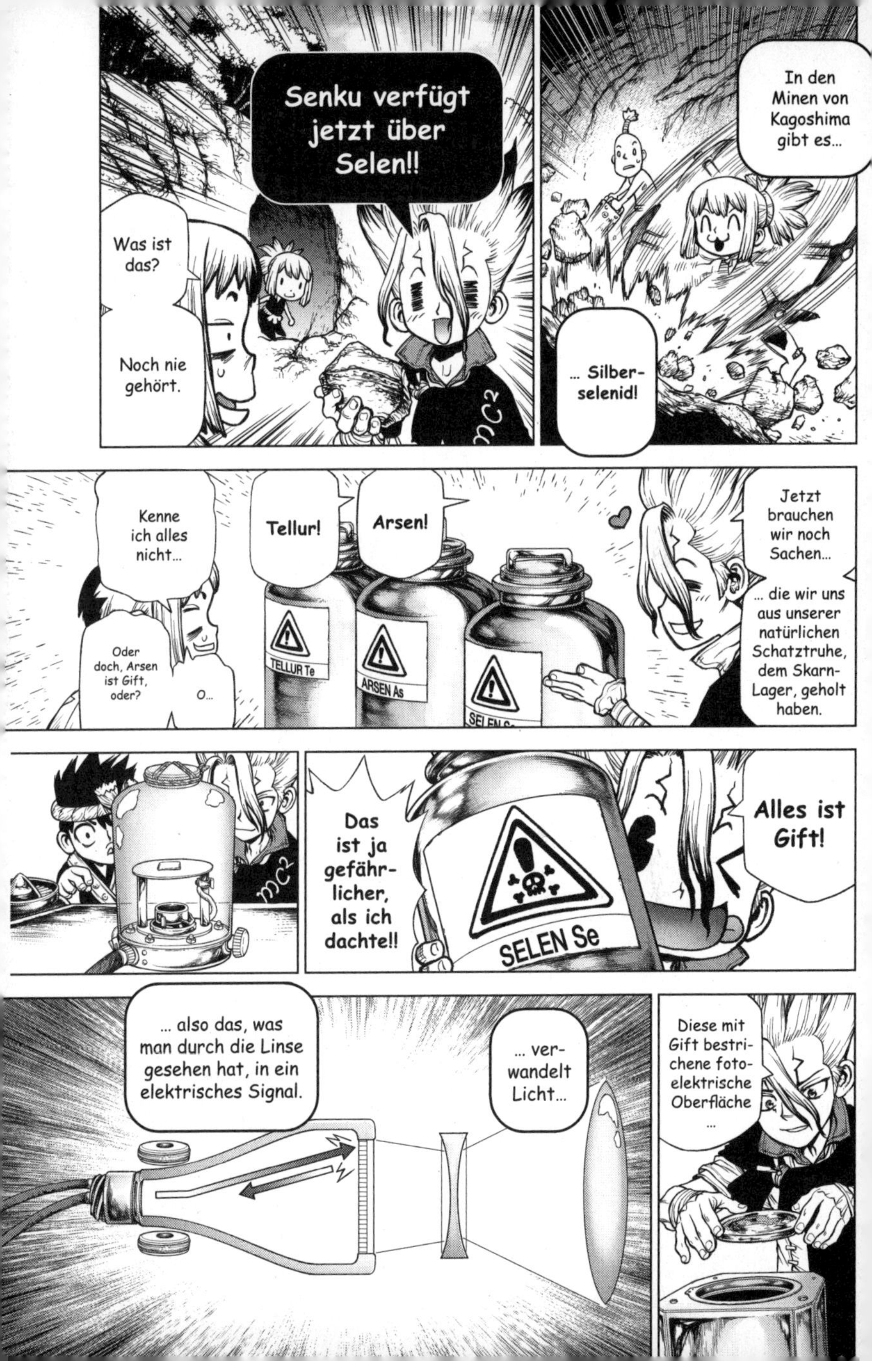
In den Minen von Kagoshima gibt es...
... Silber-selenid!
Senku verfügt jetzt über Selen!!
Was ist das?
Noch nie gehört.
Jetzt brauchen wir noch Sachen...
... die wir uns aus unserer natürlichen Schatztruhe, dem Skarn-Lager, geholt haben.
Arsen!
Tellur!
Kenne ich alles nicht...
Oder doch, Arsen ist Gift, oder?
O...
TELLUR Te
ARSEN As
Alles ist Gift!
Das ist ja gefährlicher, als ich dachte!!
SELEN Se
Diese mit Gift bestrichene fotoelektrische Oberfläche ...
... verwandelt Licht...
... also das, was man durch die Linse gesehen hat, in ein elektrisches Signal.

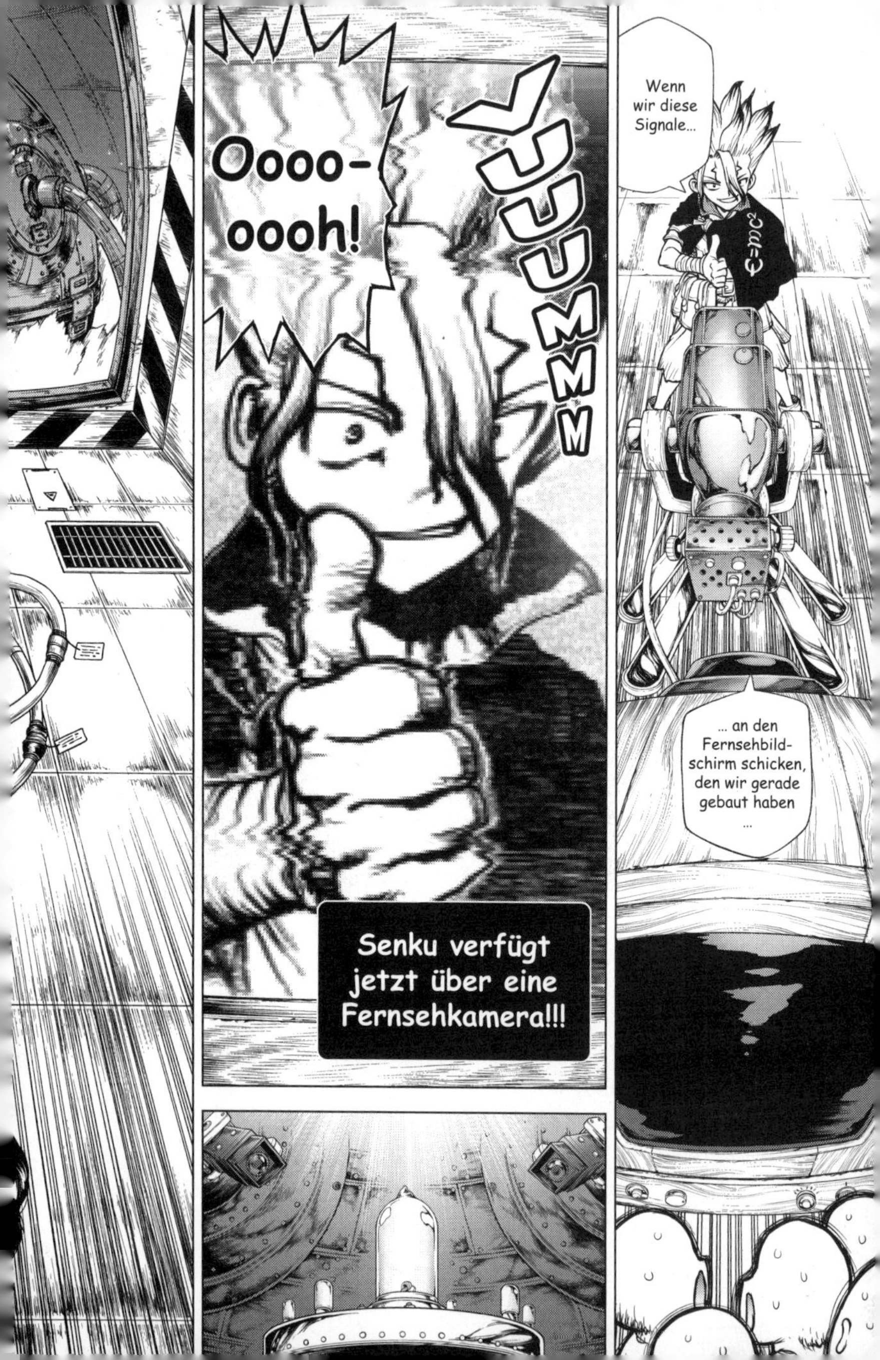

Wenn wir diese Signale...
... an den Fernsehbildschirm schicken, den wir gerade gebaut haben ...
Oooo-oooh!
YUUUMMMM
Senku verfügt jetzt über eine Fernsehkamera!!!

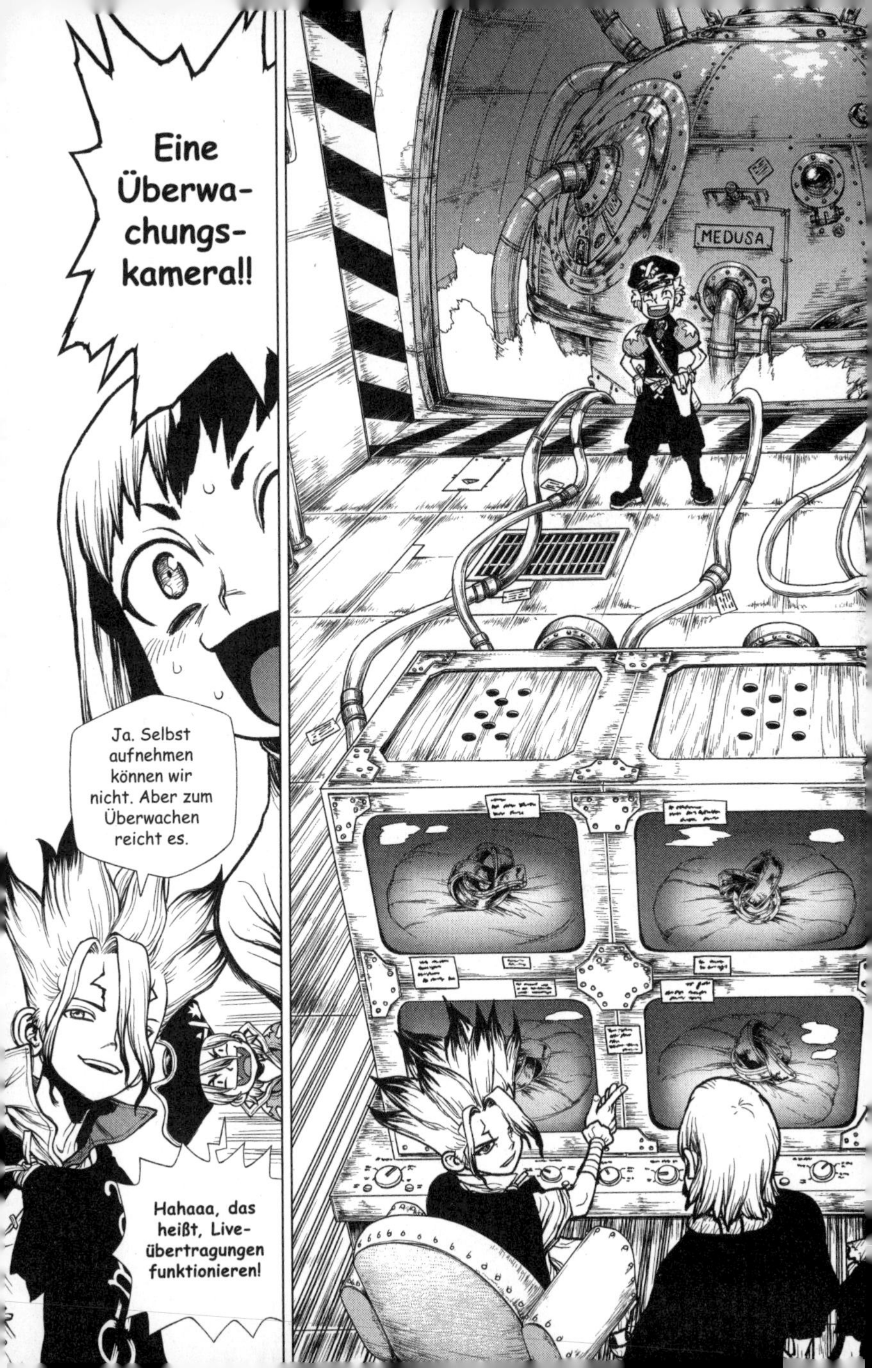
MEDUSA
Eine Überwa-chungs-kamera!!
Ja. Selbst aufnehmen können wir nicht. Aber zum Überwachen reicht es.
Hahaaa, das heißt, Live-übertragungen funktionieren!

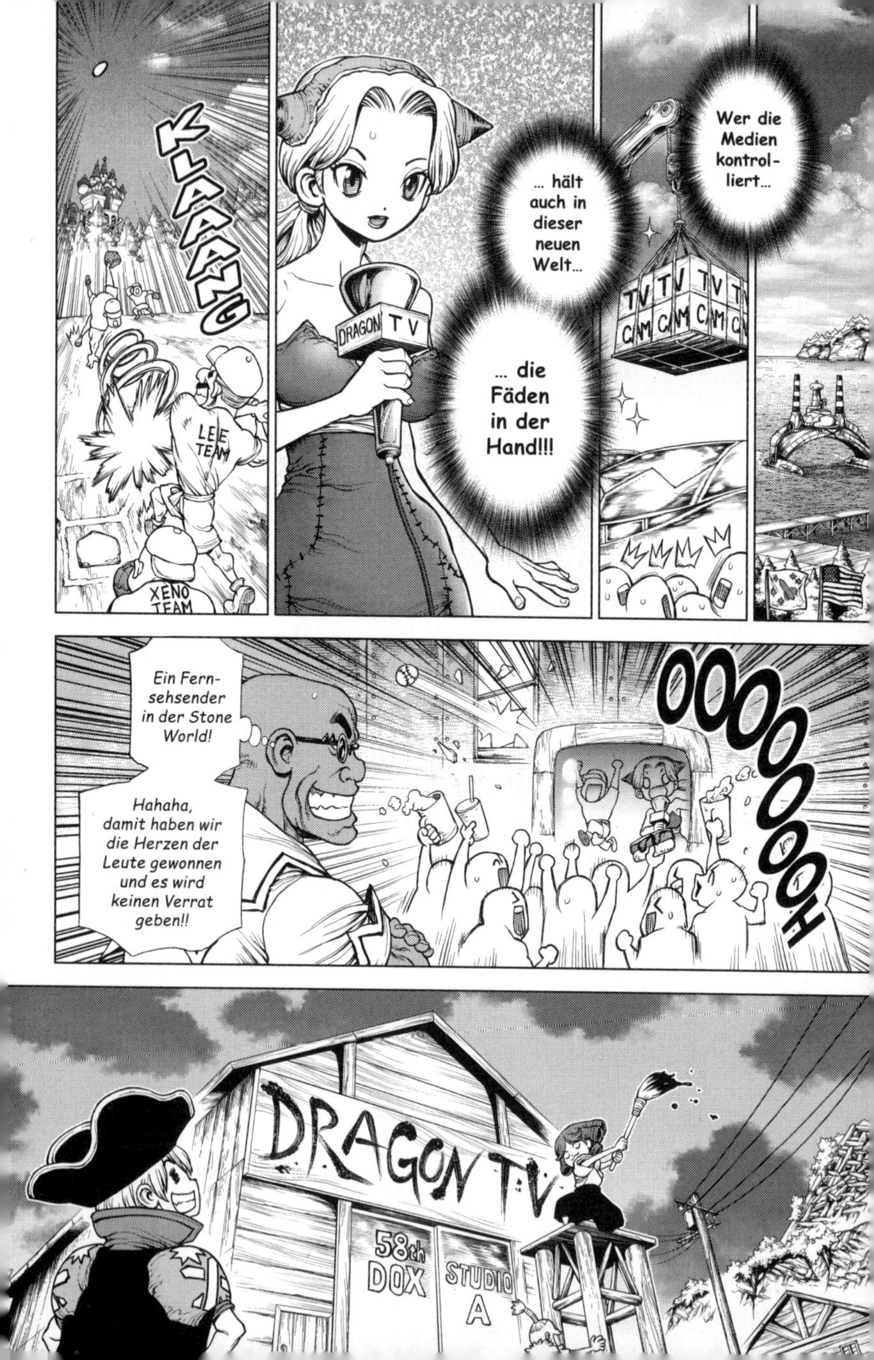
Wer die Medien kontrolliert…
… hält auch in dieser neuen Welt…
… die Fäden in der Hand!!!
DRAGON TV
TV CAM
KLAAANG
LEE TEAM
XENO TEAM
OOOOOOOH
Ein Fernsehsender in der Stone World!
Hahaha, damit haben wir die Herzen der Leute gewonnen und es wird keinen Verrat geben!!
DRAGON TV
58th DOX
STUDIO A

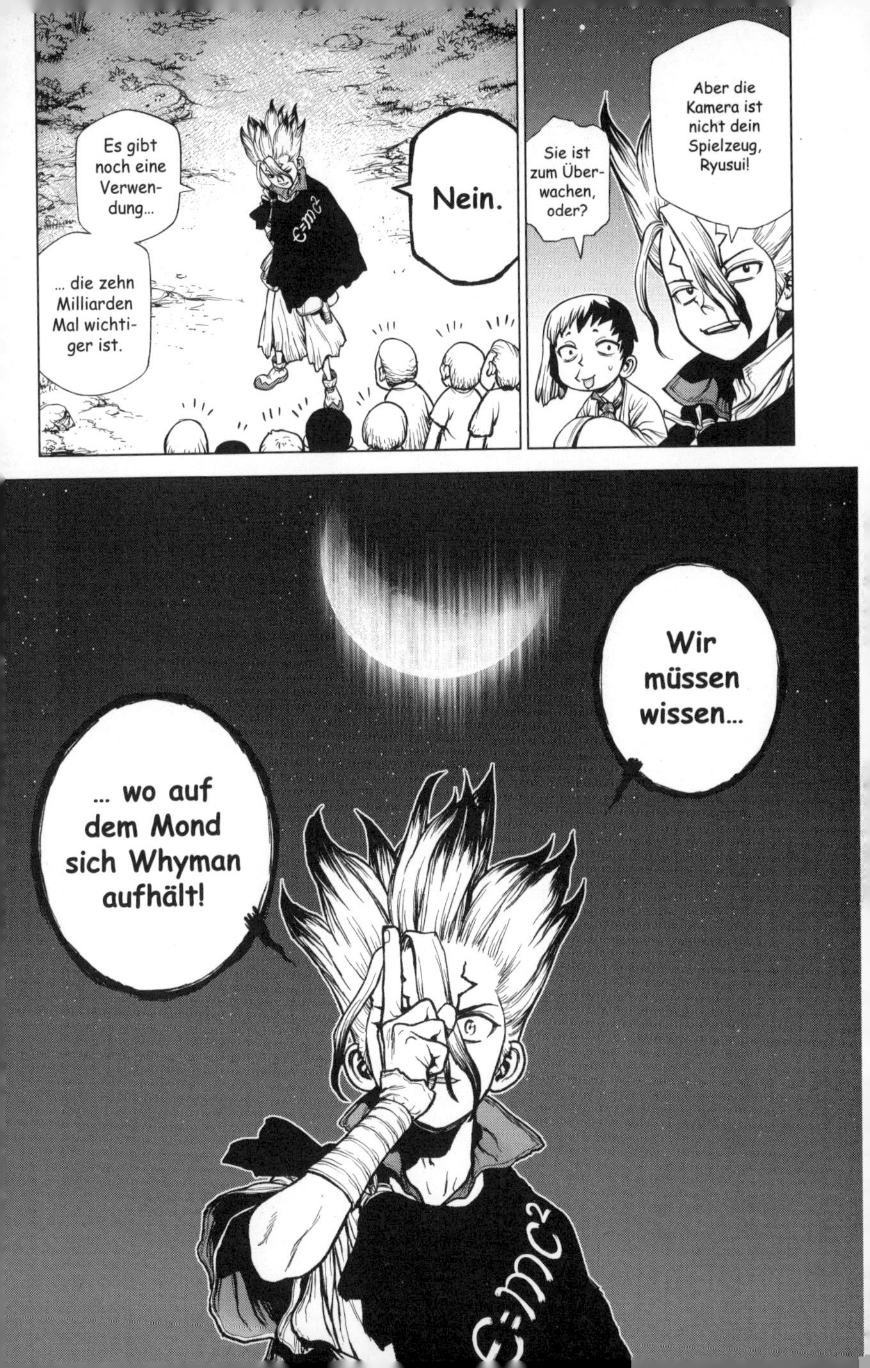
Aber die Kamera ist nicht dein Spielzeug, Ryusui!
Sie ist zum Überwachen, oder?
Nein.
Es gibt noch eine Verwendung...
... die zehn Milliarden Mal wichtiger ist.
Wir müssen wissen...
... wo auf dem Mond sich Whyman aufhält!

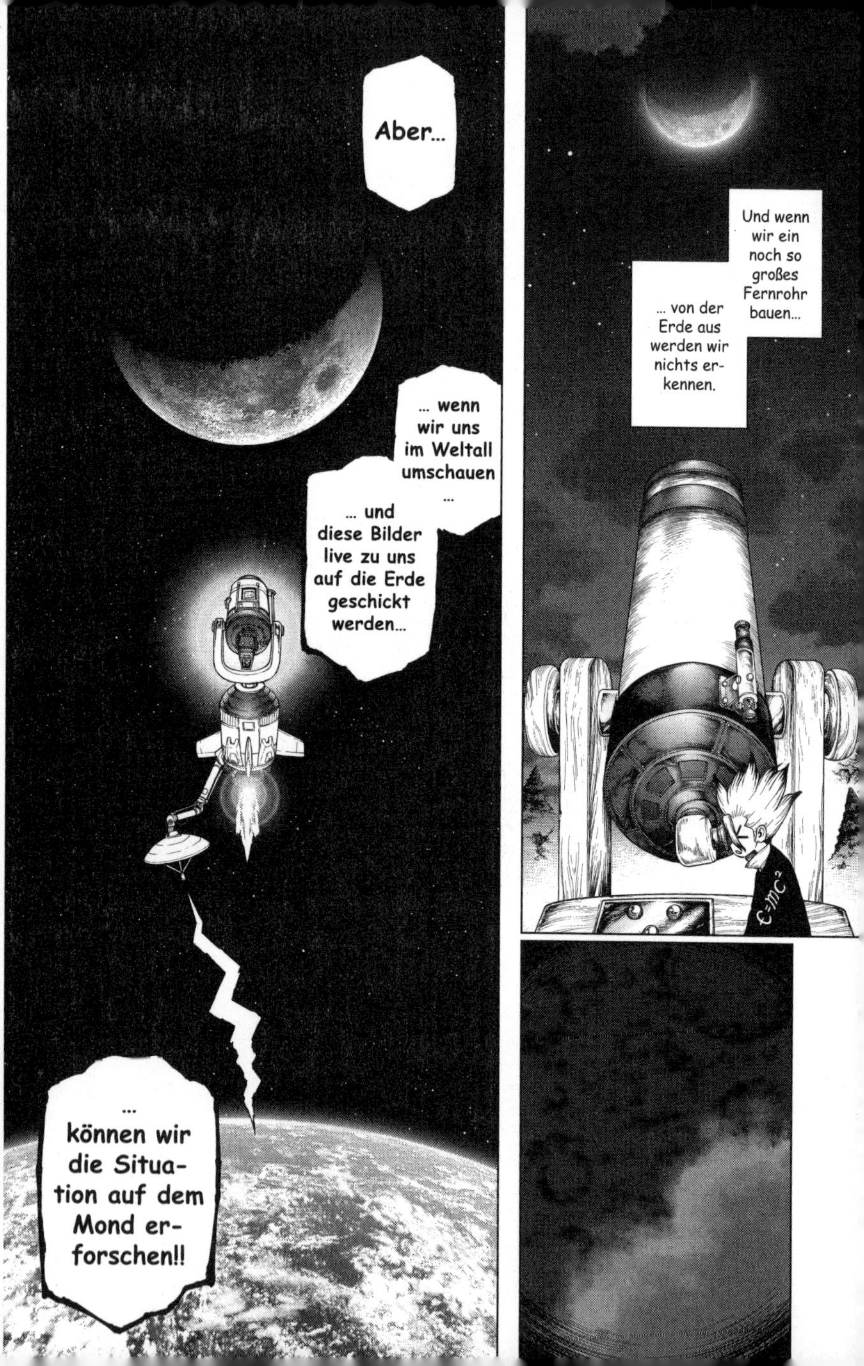

Und wenn wir ein noch so großes Fernrohr bauen...
... von der Erde aus werden wir nichts erkennen.
E=mc²
Aber...
... wenn wir uns im Weltall umschauen ...
... und diese Bilder live zu uns auf die Erde geschickt werden...
... können wir die Situation auf dem Mond erforschen!!

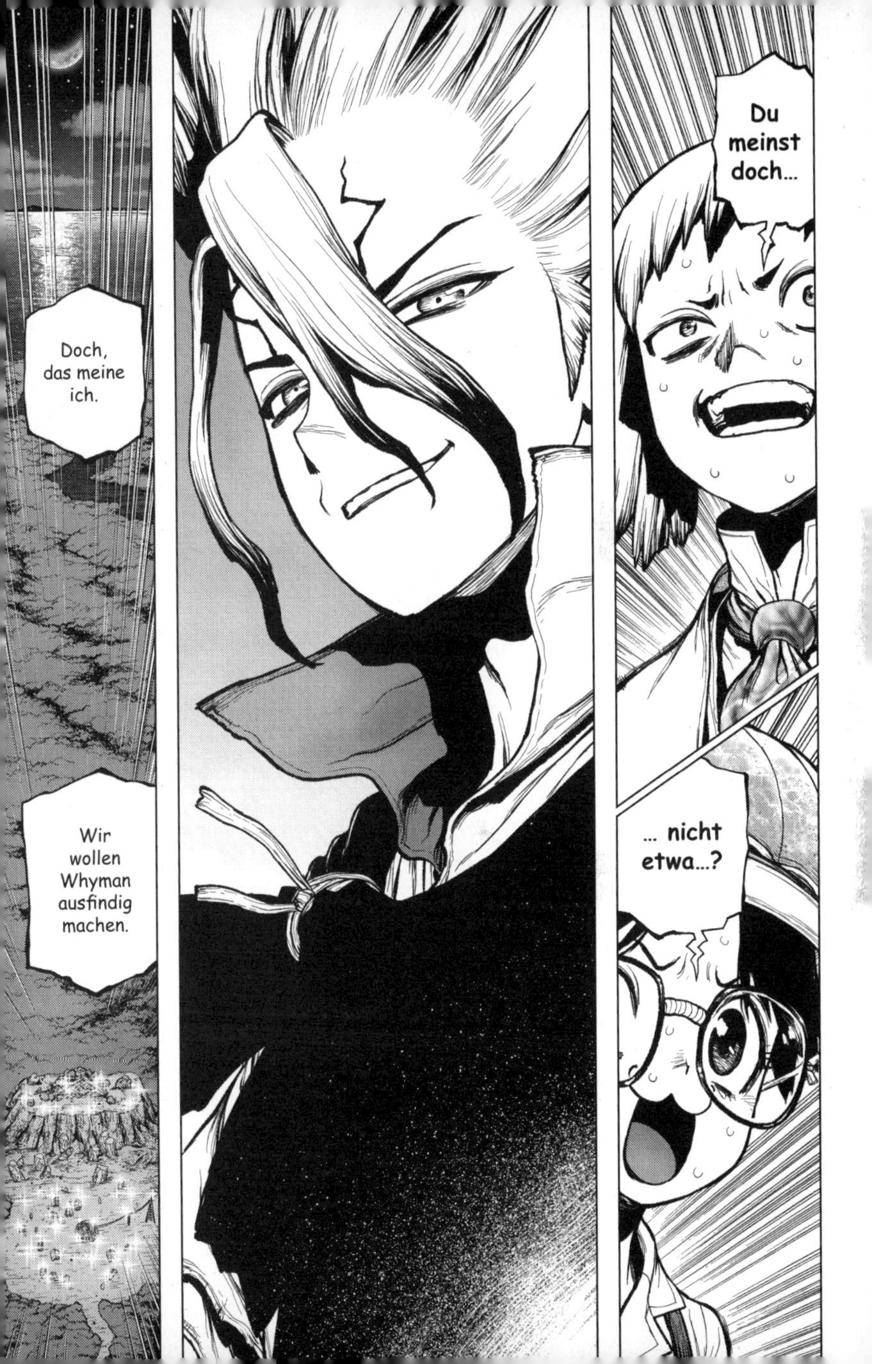
Du meinst doch...
... nicht etwa...?
Doch, das meine ich.
Wir wollen Whyman ausfindig machen.

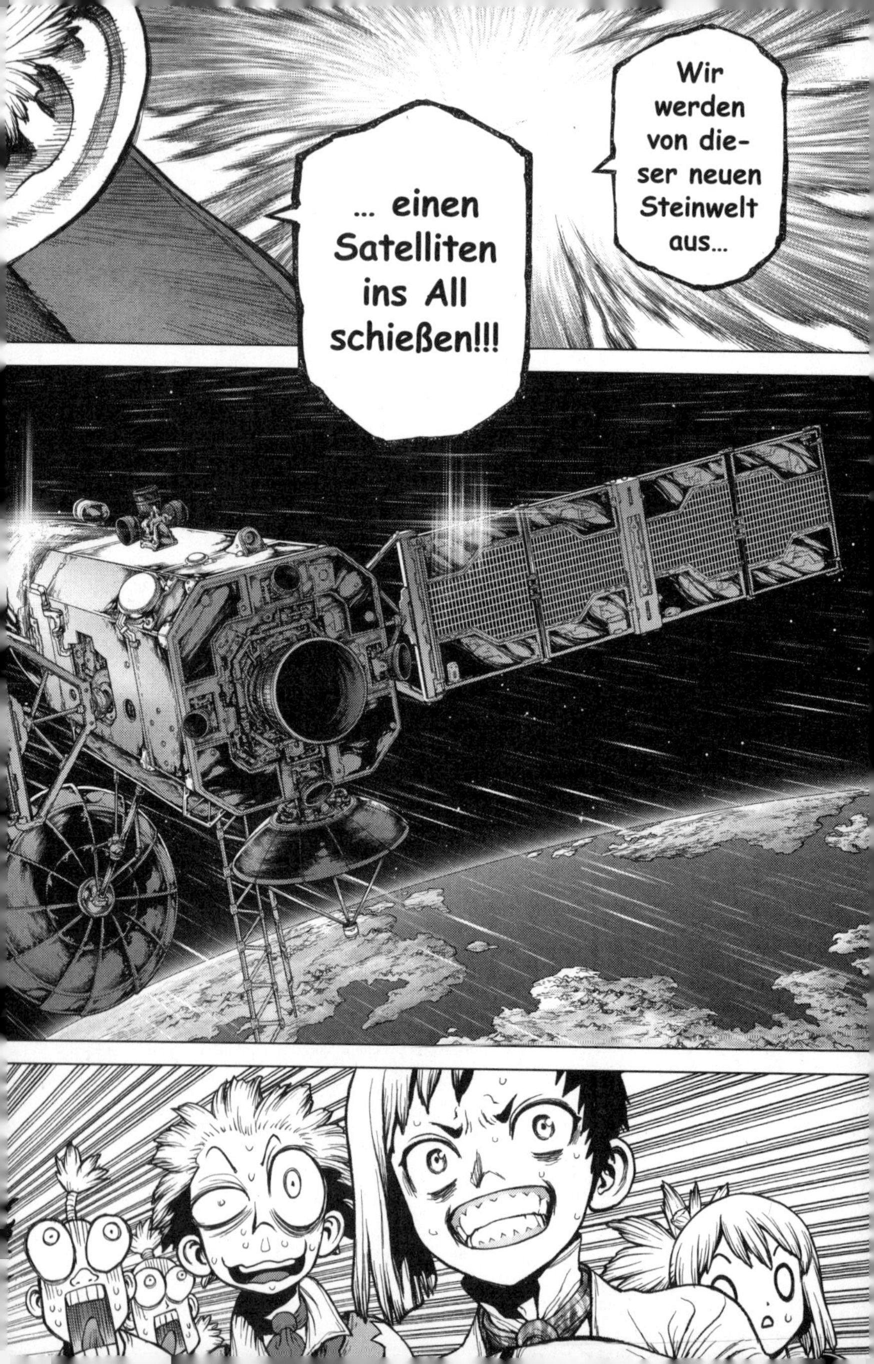
Wir werden von dieser neuen Steinwelt aus...
... einen Satelliten ins All schießen!!!

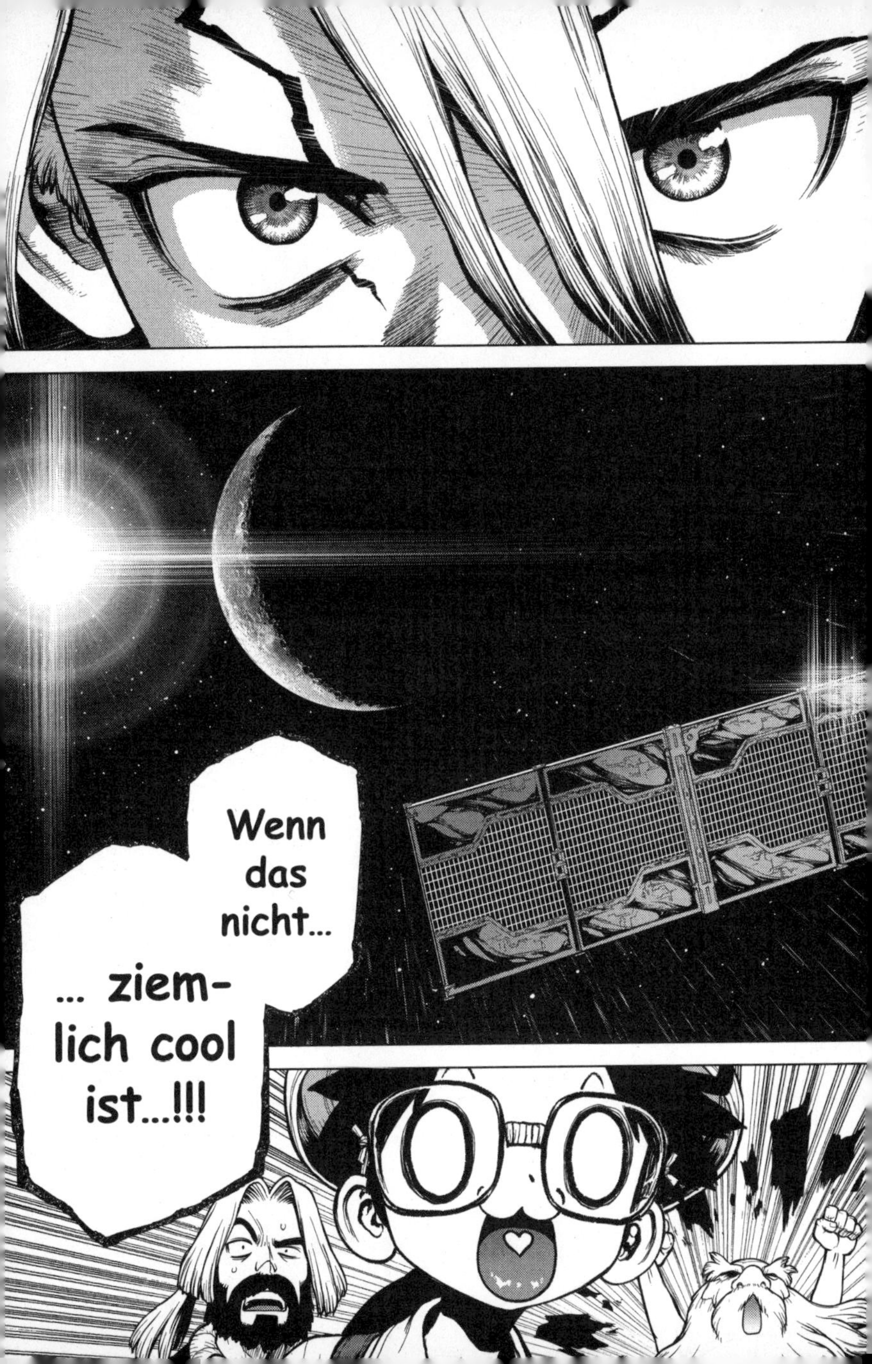
Wenn das nicht...
... ziemlich cool ist...!!!

Der Plan für die Mondlandung schreitet voran, und jeder empfindet anders!!

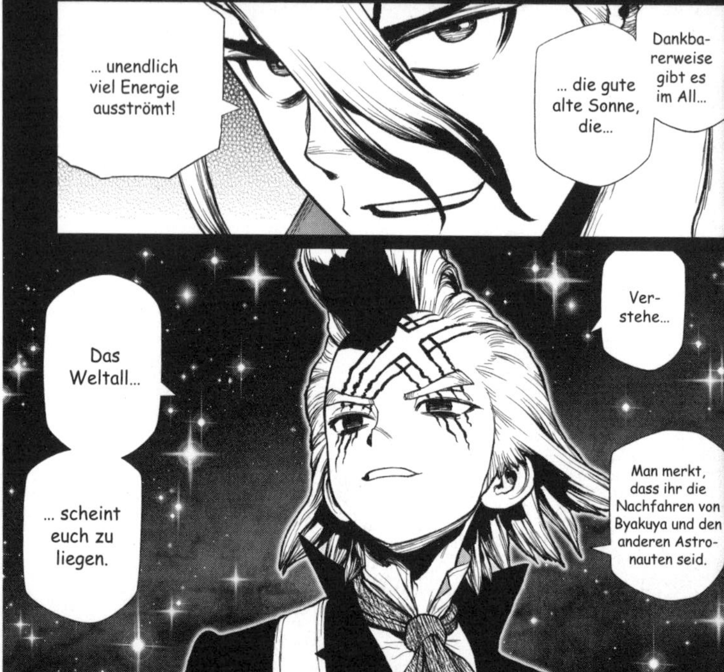

erscheint im August!

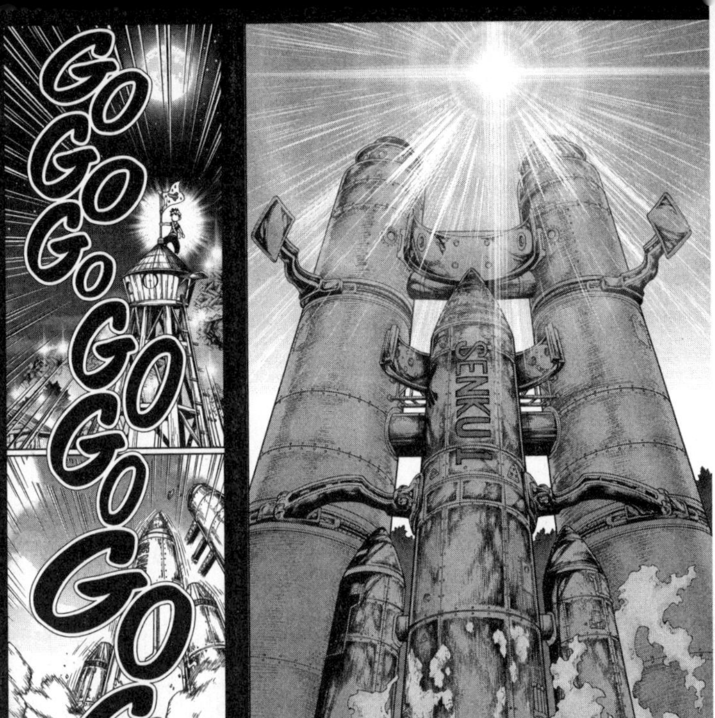

Wird der erste Schritt ins Weltall gelingen und die Rakete fertig werden?!

Dr.STONE 25

MISSION: Yozakura Family

HITSUJI GONDAIRA

VORHANG AUF FÜR DIE SCHRÄGSTE UND GEFÄHRLICHSTE FAMILIE DER WELT!

Taiyo Asano ist ein extrem schüchterner Oberschüler. Die einzige Person, mit der er unbeschwert reden kann, ist seine Kindheitsfreundin Mutsumi Yozakura. Doch dann stellt sich heraus, dass Mutsumi ein Geheimnis hat, das Taiyos Leben völlig auf den Kopf stellt: Ihre Familie besteht aus lauter Superspionen! Und als wäre das nicht schon aufregend genug, trachtet Mutsumis großer Bruder ihm auch noch nach dem Leben! Wie weit wird Taiyo gehen, um seine Haut zu retten?

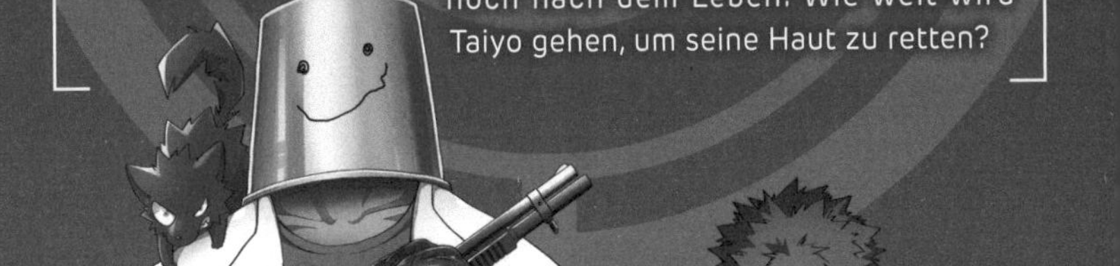

CARLSEN MANGA!
www.carlsenmanga.de
carlsen_manga
carlsenmanga

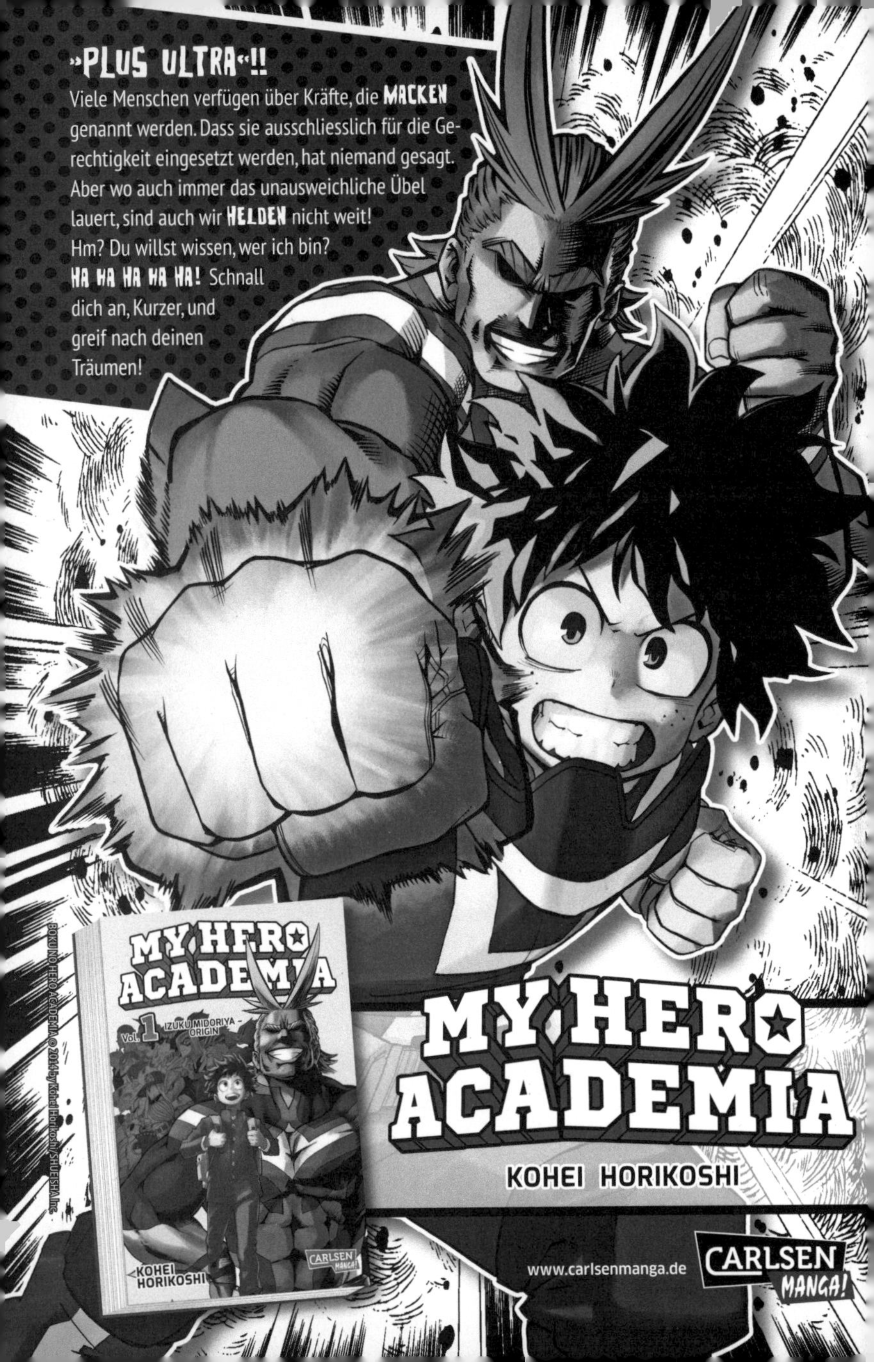
»PLUS ULTRA«!!
Viele Menschen verfügen über Kräfte, die MACKEN genannt werden. Dass sie ausschliesslich für die Gerechtigkeit eingesetzt werden, hat niemand gesagt. Aber wo auch immer das unausweichliche Übel lauert, sind auch wir HELDEN nicht weit! Hm? Du willst wissen, wer ich bin? HA HA HA HA HA! Schnall dich an, Kurzer, und greif nach deinen Träumen!
MY HERO ACADEMIA
Vol. 1 IZUKU MIDORIYA – ORIGIN
KOHEI HORIKOSHI
CARLSEN MANGA!
BOKU NO HERO ACADEMIA © 2014 by Kohei Horikoshi/SHUEISHA Inc.
MY HERO ACADEMIA
KOHEI HORIKOSHI
www.carlsenmanga.de
CARLSEN MANGA!

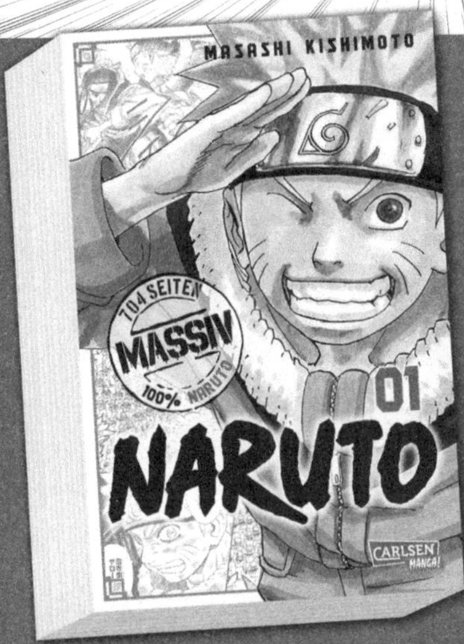
MASASHI KISHIMOTO
704 SEITEN
MASSIV
100% NARUTO
01
NARUTO
CARLSEN MANGA!

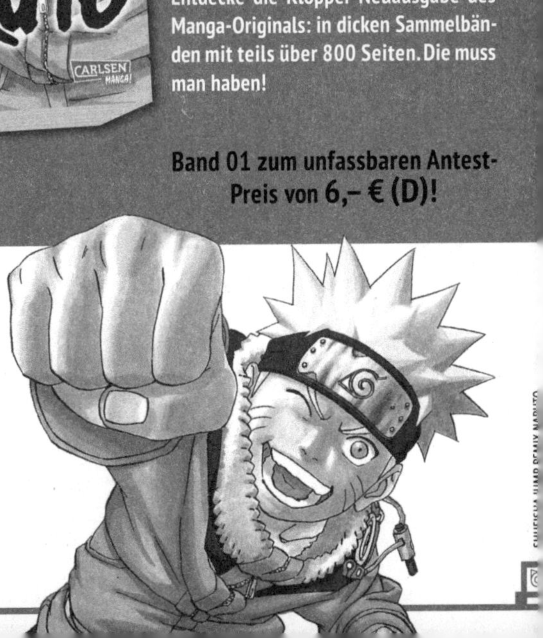

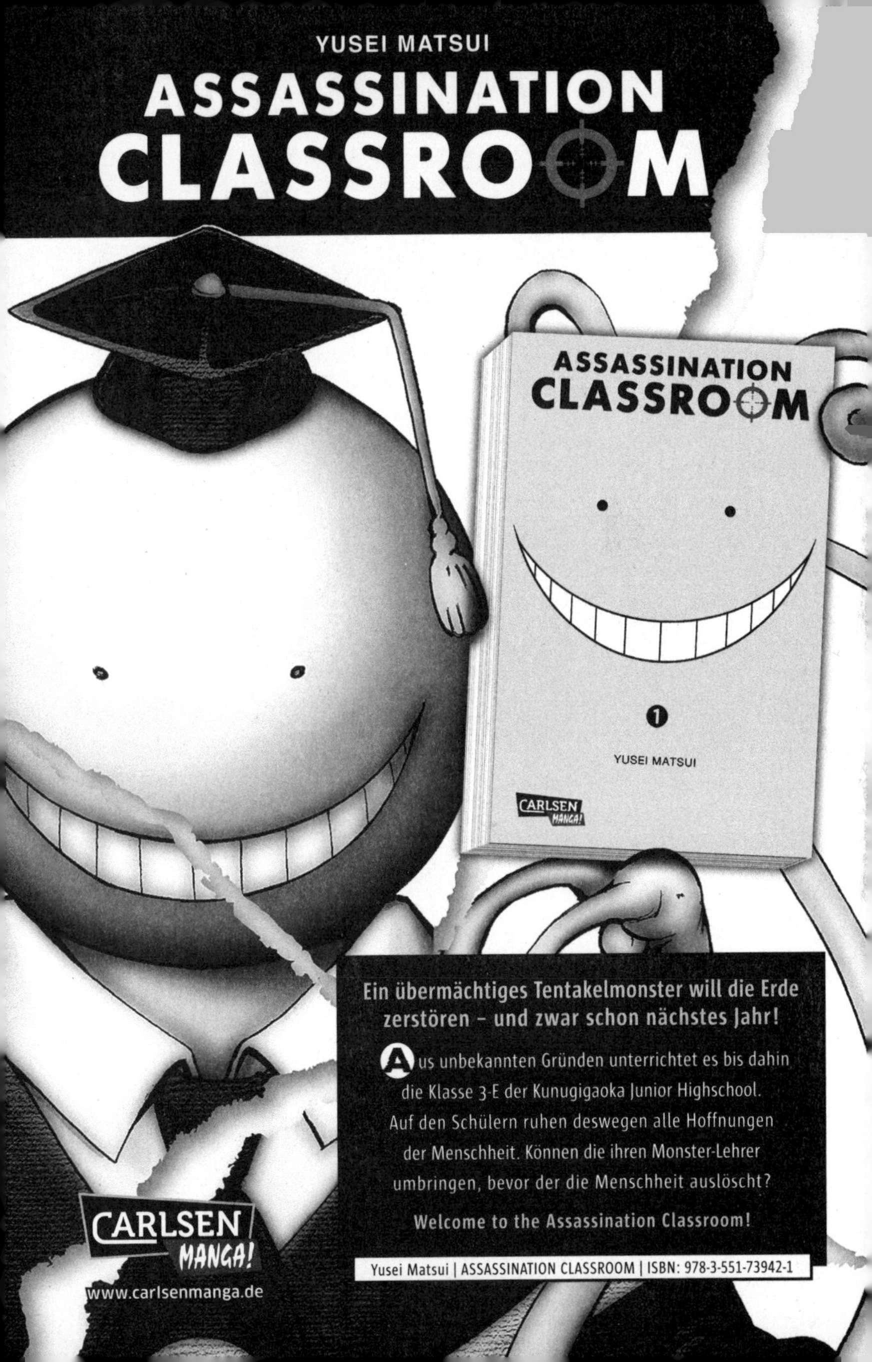
YUSEI MATSUI
ASSASSINATION CLASSROOM
ASSASSINATION CLASSROOM
1
YUSEI MATSUI
CARLSEN MANGA!
Ein übermächtiges Tentakelmonster will die Erde zerstören – und zwar schon nächstes Jahr!
Aus unbekannten Gründen unterrichtet es bis dahin die Klasse 3-E der Kunugigaoka Junior Highschool. Auf den Schülern ruhen deswegen alle Hoffnungen der Menschheit. Können die ihren Monster-Lehrer umbringen, bevor der die Menschheit auslöscht?
Welcome to the Assassination Classroom!
Yusei Matsui | ASSASSINATION CLASSROOM | ISBN: 978-3-551-73942-1
CARLSEN MANGA!
www.carlsenmanga.de

reiche Serien

Boruto
von Masashi Kishimoto, Ukyo Kodachi und Mikio Ikemoto

Narutos Sohn Boruto gilt als Wunderkind und ist genauso rebellisch wie einst sein Vater. Er bittet Sasuke ihn zu trainieren, um ein besserer Ninja als Naruto zu werden...

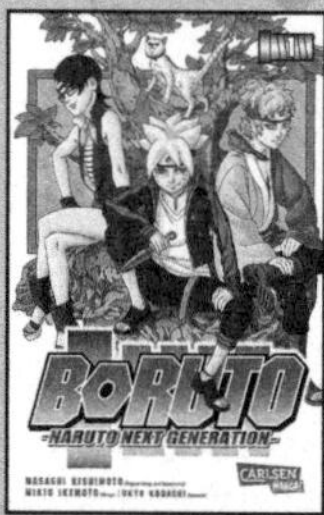

Naruto
von Masashi Kishimoto

Naruto will der beste Ninja der Welt werden. Weil in ihm ein mächtiges Geheimnis schlummert, wird er von vielen bösen und gefährlichen Ninja verfolgt...

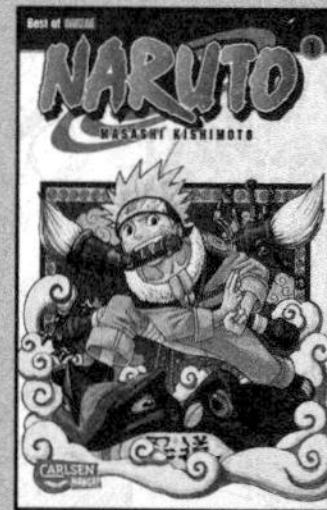

Fairy Tail
von Hiro Mashima

Verrückte Magier, geflügelte Katzen und gefährliche Monster – das ist die Welt von »Fairy Tail«. So nennt sich eine Gilde von sympathischen Outlaws, die mit ihren Zauberkünsten gegen das Böse in der Welt kämpfen, dabei aber mehr als einmal über das Ziel hinausschießen.

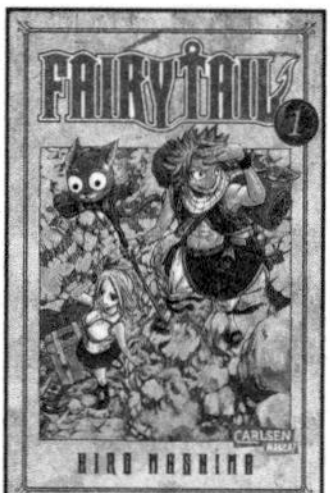

Edens Zero
von Hiro Mashima

Im Reich der Träume, dem Vergnügungspark Granbell, lebt Shiki allein unter Robotern, doch dann treffen die ersten Gäste seit 100 Jahren ein: Rebecca und ihre blaue Katze Happy. Die drei verstehen sich auf Anhieb gut und werden Freunde... Allerdings birgt dieses kleine Aufeinandertreffen große Veränderungen für ihr Schicksal!

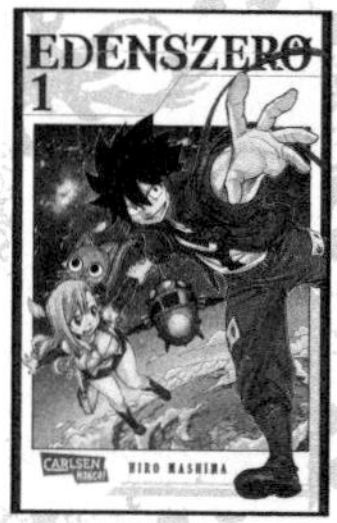

Assassination Classroom
von Yusei Matsui

Ein übermächtiges Tentakelmonster mit Smileygesicht droht die Erde zu zerstören. Aber erst nächstes Jahr ... Bis dahin unterrichtet das Monster die Klasse 9-E der Kunugigaoka Junior Highschool.

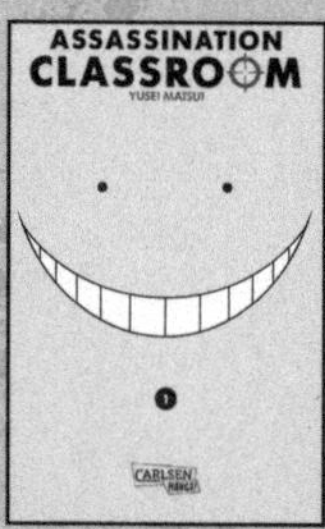

Soul Eater Massiv
von Atsushi Ohkubo

Maka ist Waffenschmiedin in einer spezieller Ausbildung. Ihre Sense namens Soul Eater hat ein Eigenleben und nimmt außerhalb des Kampfes die Gestalt eines ultracoolen Jungen an.

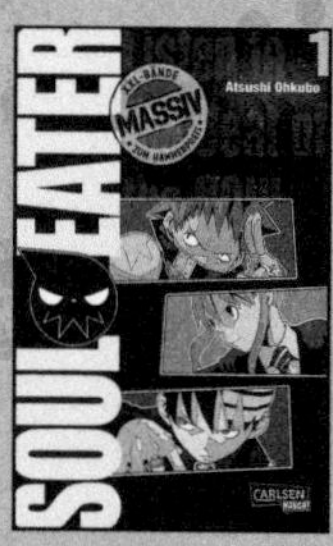

Manga Heroes

Action

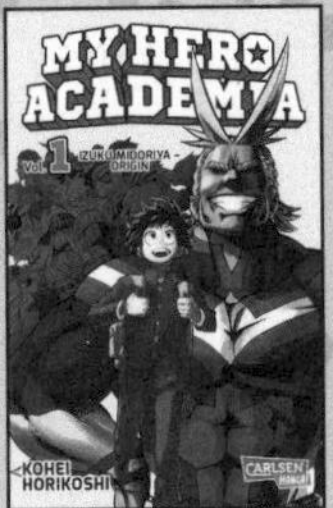

My Hero Academia

von Kohei Horikoshi

In der Welt von Izuku Midoriya besitzt 80% der Bevölkerung Superkräfte.
Doch wie und wo könnten die Helden lernen, ihre Fähigkeiten, die sogenannten »Macken« (jp. Kosei) effizienter zu nutzen? Natürlich an der MY HERO ACADEMIA!

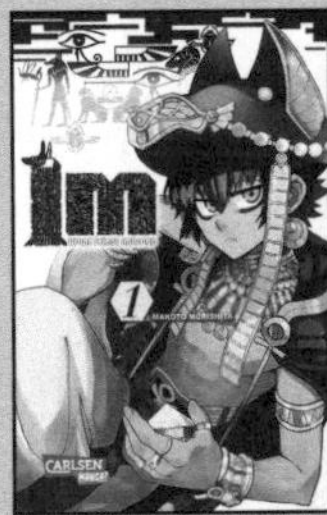

IM – Great Priest Imhotep

von Makoto Morishita

Der Hohepriester Imhotep aus dem antiken Ägypten weilt wieder unter den Lebenden. Im modernen Japan gestrandet, ist er ein Jäger, der die Menschen vor dem uralten Übel der Magai bewahren soll – gottgleichen Wesen, die nach der Vernichtung der Menschen trachten.

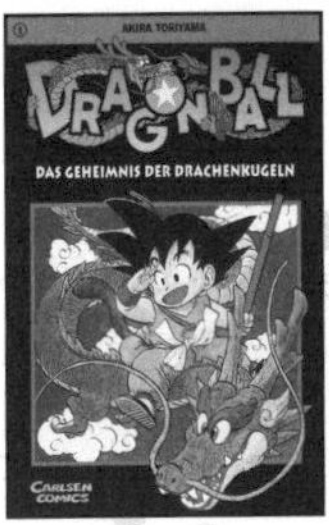

Dragon Ball

von Akira Toriyama

Der Legende nach gibt es sieben »Dragon Balls« auf der Welt. Bringt man alle zusammen, so erscheint der mächtige Drache Shenlong und erfüllt einen Wunsch. Nicht auszudenken, was passiert, sollten die »Dragon Balls« in falsche Hände geraten ...

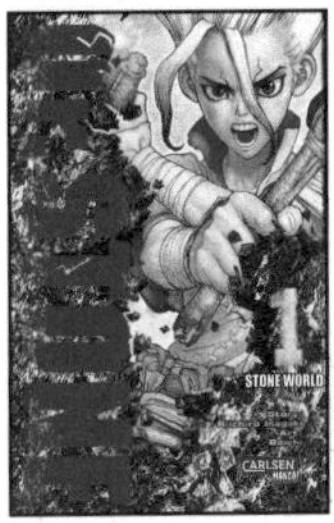

Dr. Stone

von Riichiro Inagaki und Boichi

Ein Augenblick, und die Menschheit erstarrt auf mysteriöse Weise zu Stein. Als die beiden Highschool-Schüler Senku und Taiju mehr als dreitausend Jahre später erwachen, beschließen sie, die menschliche Zivilisation im Alleingang neu aufzubauen!

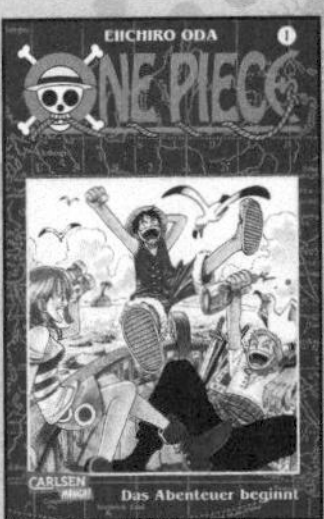

One Piece

von Eiichiro Oda

Monkey D. Ruffy und seine lustige Piraten-Crew sind auf der Suche nach dem größten Schatz der Welt: dem One Piece! Klar, dass sie da nicht die einzigen Piraten auf den Meeren sind...

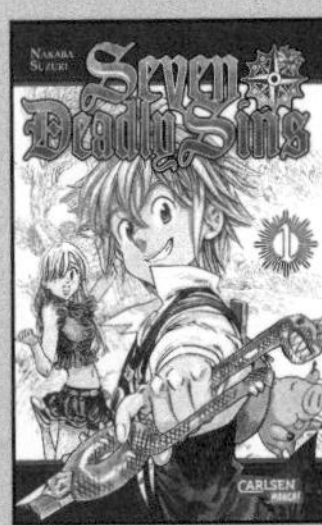

Seven Deadly Sins

von Nakaba Suzuki

Die »Seven Deadly Sins« gelten als die schlimmsten Verbrecher Britannias, Prinzessin Elisabeth macht sich dennoch auf die Suche nach ihnen, denn sie braucht dringend ihre Hilfe...

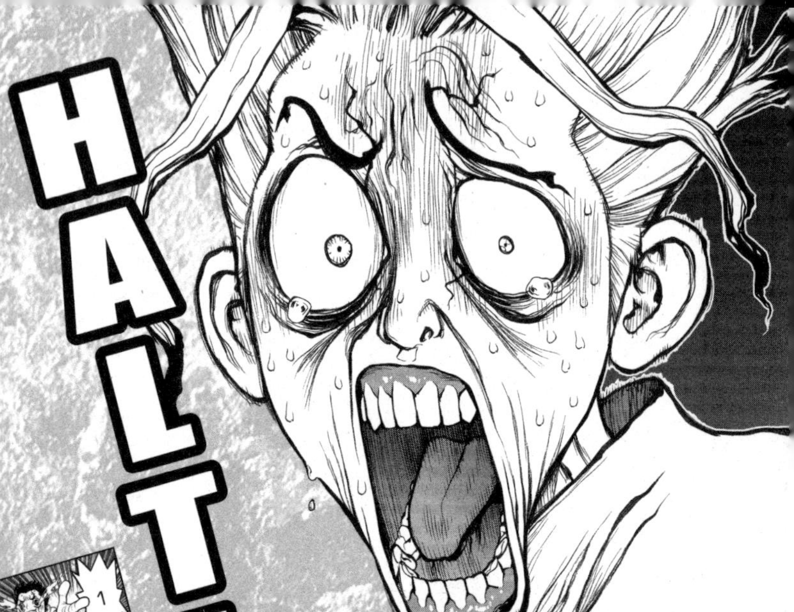

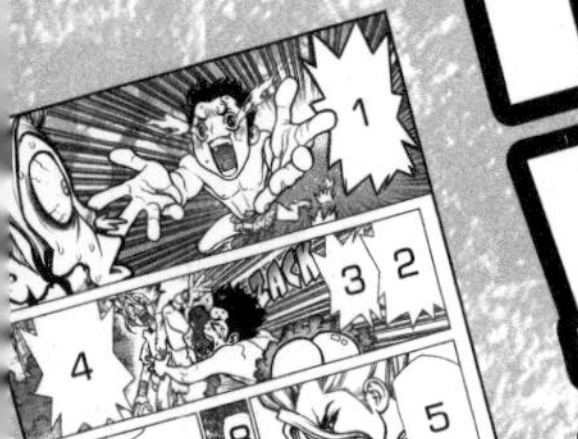

Dieser Comic beginnt nicht auf dieser Seite. **Dr. Stone** ist ein japanischer Comic. Da in Japan von »hinten« nach »vorne« gelesen wird und von rechts nach links, müsst ihr auch diesen Comic auf der anderen Seite aufschlagen und von »hinten« nach »vorne« blättern. Auch die Bilder und Sprechblasen werden von rechts oben nach links unten gelesen, so wie es die Grafik hier zeigt. Viel Spaß mit **Dr. Stone**!

CARLSEN MANGA
Deutsche Ausgabe/German Edition

Völckersstraße 14-20 · 22765 Hamburg
Aus dem Japanischen von Yuki Kowalsky

First published in Japan in 2017 by SHUEISHA Inc., Tokyo.
German translation rights in Germany, Austria, Luxembourg and German-speaking Switzerland arranged by SHUEISHA Inc. through VME PLB SAS, France.
Redaktion: Philipp Nakata
Textbearbeitung: Steffen Haubner
Produktionsmanagement: Tobias Hametner

ISBN: 978-3-551-76118-7

MIX
Papier aus verantwortungsvollen Quellen
FSC® C083411
Klimaneutrales Produkt